1900

La Coutume

 de Paris

PAR

V.-A. POULENC

AVOCAT A LA COUR D'APPEL

PARIS

IMPRIMERIE F. JOURDAN

36-38, RUE DE LA GOUTTE-D'OR, 36-38

.

La Coutume

de Paris

La Coutume de Paris

PAR

V.-A. POULENC

AVOCAT A LA COUR D'APPEL

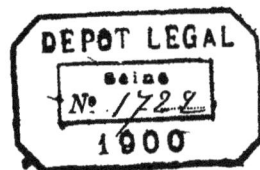

PARIS

IMPRIMERIE F. JOURDAN

36-38, RUE DE LA GOUTTE-D'OR, 36-38

—

PREMIÈRE PARTIE

CHAPITRE PREMIER

CONTRADICTION DE LA DOCTRINE
ET DE LA PRATIQUE

A ses débuts le clerc sous la férule, tout en ayant déjà une connaissance du droit quelquefois étendue, mais sans beaucoup de pratique, éprouve une grande gêne quand il s'essaie à la liquidation ; il a sous la main des ouvrages spéciaux, des formulaires aujourd'hui documentés et pesants, des compilations sérieuses mais difficilement assimilables, et qui bien qu'elles soient copieuses, ne peuvent cependant jamais être complètes. Avec tout cela une seule chose lui manque, le « moyen de s'en servir » qu'il n'acquerra qu'à tâtons, par une longue et dure pratique.

Quoique d'un ordre tout différent, elle n'est pas moins pénible la gêne de celui qui sorti de l'École avec un épais bagage théorique, pour entrer dans la pratique judiciaire, se voit obligé de se débrouiller seul dans les volumes souvent considérables que forment les liquidations : il sait, lui, que les partages judiciaires doivent être faits par lots et les lots tirés au sort ; il sait encore que les cohéritiers se devant entre eux, pour l'équité du partage, le rapport de ce qu'ils ont reçu antérieurement, à moins que ce ne soit par préciput et hors part dans les limites permises, le rapport de l'immeuble donné par le père à l'un de ses enfants doit être fait *en nature*, c'est-à-dire que cet immeuble rentre dans la masse à partager; tandis que le rapport des meubles s'opère *en moins prenant*, ce qui veut dire qu'en réalité il n'est pas fait, mais est compensé par un prélèvement égal au profit des autres héritiers, prélèvement immédiat et préalable au partage. C'est là le côté terre à terre et positif inhérent à la distinction des meubles et des immeubles, mais l'idée du rapport peut être généralisée. Si l'on raisonne sur des abstractions, le rapport en nature devient le rapport réel, tandis que le rapport en moins prenant s'appelle rapport fictif : « Le rapport, dit Demolombe (tome XVI, suc- « cessions, tome IV, n° 478), a pour but de remettre la suc- « cession au même état que si l'avantage sujet à rapport n'avait « pas été fait. Il est possible d'arriver à ce but par deux moyens : « On peut, en effet, soit faire rentrer effectivement en nature « dans la succession, comme s'il n'en était pas sorti, l'objet « lui-même qui a été donné, c'est le *rapport réel*, le plus « adéquat sans doute et le plus exact; soit imputer sur la « portion héréditaire du successible donataire la valeur de « l'objet qui lui a été donné, en autorisant les autres succes- « sibles à prélever une portion égale à cette valeur sur les « autres biens de la succession, c'est le *rapport fictif* et par « équivalent. »

Et que voit notre débutant dans les liquidations et les par-tages? Des rapports réels et fictifs, des rapports en nature et en moins prenant tels qu'il les conçoit? Le fait serait

appréciable; mais non, il y trouve des comptes seulement, interminables et pour lui toujours embrouillés, parce qu'il n'en
aperçoit pas le lien; tout au bout, jamais de lots, toujours des
attributions distinctes de tous les biens pris séparément; jamais
de prélèvements non plus, et s'il y est question de rapports, ils
ne sont pas imputables seulement sur la succession ouverte,
mais presque toujours encore sur une succession future : celui-là
s'endort sur les liquidations; l'ennui seulement se dégage pour
lui d'une difficile lecture; sans les quelques notions exactes,
nécessaires pour comprendre et qu'à défaut d'ouvrage analy-
tique l'expérience seule peut donner, son esprit, écrasé sous
l'accumulation condensée des énonciations et des chiffres, ne
peut percevoir une idée nette. Ce qui lui manque, c'est « le
moyen de comprendre », et ne l'ayant pas, il se désintéresse de
toute critique et en reste au tableau des attributions.

Inutile de parler du simple citoyen : celui au contraire à qui
la pratique et l'étude des affaires ont donné le moyen de s'en
servir ou le moyen de comprendre, car c'est le même, lit
facilement, comprend tout de suite et critique aisément; si je
ne prétends pas dire par là qu'il ne peut pas se tromper, il peut
du moins en connaissance de cause apprécier la liquidation qui
est sous ses yeux; toujours il s'étonne qu'on ne puisse le suivre,
tant cela lui parait clair et même simple, et en effet, c'est
clair et même simple, mais seulement pour celui qui possède bien
une idée, l'idée pratique de la liquidation, parce qu'il a pénétré
les abstractions sur lesquelles elle est basée.

La question de la forme du partage est la plus vaste et la
plus complexe du droit civil dont elle est le centre, le point où
tout aboutit; il n'en est pas, malgré l'apparence, de plus téné-

breuse ni de plus irritante, car même sans les opposer l'une à
l'autre, à côté de l'idée théorique il y a la réalisation pratique :
toute question de droit peut être examinée aux trois points de
vues de : la doctrine, la jurisprudence, entre l'enclume et le
marteau, la pratique. Les ouvrages de doctrine abondent comme
aussi les recueils de jurisprudence. Pour la pratique, le tout est
réuni en des compilations dont on ne peut méconnaître l'utilité,
et du reste bien faites, mais toujours asservies à la doctrine ;
elles ne nous présentent aucune vue d'ensemble, aucune idée
générale, et spécialement pour le partage la théorie de la
pratique reste à édifier. Jusqu'ici personne ne s'est avisé d'analyser dans un ouvrage précis et clair, du moins autant qu'il lui
serait possible, les quelques abstractions en lesquelles se
résume la méthode en usage, abstractions qui, aussitôt connues,
deviennent des idées simples. Et pourtant cette étude ne serait pas
seulement utile, elle est nécessaire ; chacun ne saurait passer toute
sa jeunesse à faire des partages pour en étudier et approfondir
les mystères ; il faudrait donc que l'un de ceux qui se sont soumis
à ce long apprentissage, cherchât à résumer le résultat de ses
tâtonnements dans ce genre d'exercice, pour mettre en lumière,
par une analyse exacte, le mécanisme des liquidations, et en
montrer en la démontant, l'armature légère invisible aux yeux
de ceux qui n'ont pas été initiés ; car cette armature et ce mécanisme sont uniformes sous une apparence variée. Ce serait
l'essai d'une introduction générale qui pourrait être, aux uns le
moyen de se servir de la méthode, aux autres le moyen de la
comprendre ; je dis bien l'essai, car l'idée simple devient vague
dès qu'on veut la saisir et la limiter ; elle s'évanouit dès qu'on
veut la préciser. Je l'ai poursuivie avec persévérance, et j'ai vu

clairement que pour faire une œuvre utile et sincère, il fallait, par une série de propositions progressives s'enchaînant entre elles avec la rigueur et la certitude mathématiques, dresser la théorie des [faits et tâcher avec hardiesse de formuler l'usage sans aucun autre souci que celui de l'exactitude, au risque de heurter les idées courantes et les opinions admises : formuler l'usage, c'est en dégager les principes essentiels, pour ensuite en montrer l'application.

La question ainsi posée s'élargit, car d'après les enseignements de la doctrine, la loi ne reconnaît pas l'usage ; *dura lex, sed lex*, la loi est la loi : si donc l'usage existe, c'est que la loi est inappliquée. J'aurai fait un grand pas si je parviens à montrer que la loi est inapplicable, parce qu'elle est à côté des nécessités qui viennent des faits, à côté des réalités de la vie. Toute connaissance exacte doit être basée sur l'étude des faits dont elle dégage la loi générale : en matière de droit la loi nous est imposée ; chacun peut la discuter, la critiquer, mais non pas la refaire. La doctrine l'explique et l'enseigne, la jurisprudence l'applique : bien au-dessous la pratique, le vulgaire agit, libre dans les limites qu'on lui a tracées ; mais si la doctrine est l'oracle, la pratique est la vie toujours exubérante dont la jurisprudence ne peut être que le frein.

Or, il existe actuellement entre la doctrine et la pratique, sur la question de la forme du partage, un incroyable malentendu qui les a menées jusqu'au divorce ; la cause en est facile à indiquer : le Code civil a été fait par des théoriciens qui ont pris la précaution de régler minutieusement toutes les questions de forme ; ils connaissaient peu la pratique et sans doute même l'ignoraient-ils ? Ce qui leur paraissait très compliqué était peut-

être très simple, comme ce qu'ils ont cru d'une simplicité
exemplaire et qui théoriquement pouvait l'être en effet, pouvait
aussi devenir dans la pratique excessivement complexe et
même irréalisable ; concluez : la forme qu'ils ont imposée ne
tenant aucun compte des nécessités de la pratique, courait grand
risque de verser dans l'arbitraire ; et quand on l'étudie, on ne
peut malgré soi se défendre de penser que ses auteurs, comme du
reste toutes les personnes étrangères à la pratique du droit, n'avaient
pas lu leur contrat de mariage ou bien ne l'avaient pas compris ;
sans cela, certainement, ils se seraient montrés moins âpres sur
les questions de forme, après avoir posé le principe général de
la liberté des conventions et celui plus particulier de l'immuta-
bilité des conventions matrimoniales après la célébration du
mariage. (1101 à 1106, 1108, 1134, 1135, 1387 à 1395, C. C.)

La doctrine aussi est l'œuvre de théoriciens ; elle regarde la
loi comme infaillible, elle enseigne que lorsque la loi est votée,
sa promulgation la consacre ; la pratique courbée sur la réalité
ne va pas si vite ; pour elle, après la promulgation vient
l'application, la plus dure des critiques ; voilà pourquoi depuis
que le Code civil a été promulgué, la doctrine et la pratique ont
marché en sens inverse ; la doctrine se cantonnant dans la
limite que la science du droit s'est tracée, la déduction des
plus extrêmes conséquences de principes imposés, s'absorbait
complètement dans l'étude et l'interprétation des textes, sans
jamais s'occuper des faits, directement, et se contentait de
problématiques hypothèses, sans jamais seulement s'inquiéter
si on pouvait la suivre ; tandis que la pratique tournée vers le
passé, tâchait de renouer de son mieux sa tradition brutalement
rompue, pour sortir de l'impasse où l'avaient acculée l'étroitesse

singulière du Code civil sur la question de forme, son obscurité et même son arbitraire, mais plus que tout l'excessive rigueur de son interprétation. Qu'on lise dans n'importe quel ouvrage de doctrine tout ce qui a trait au partage d'une succession comme au partage d'une communauté, aux rapports dûs entre cohéritiers comme au rapport des récompenses dues par chacun des époux à la communauté, c'est-à-dire des indemnités dues à la société d'intérêts qui a existé pendant le mariage entre les époux, de ce qu'elle a payé pour le compte de chacun d'eux; qu'on lise ensuite un partage judiciaire de succession, de communauté, de succession et communauté indivises, et l'on verra la profondeur du fossé. Le spectacle ne manque pas de gaité, et l'on se demande avec surprise comment un théoricien et un praticien, lorsqu'ils se rencontrent sur une question de partage, pourraient bien faire pour s'entendre.

J'ai reproché aux théoriciens de n'avoir jamais tenu compte des faits; ils me diront : De quels faits parlez-vous? nous ne connaissons comme faits que les décisions judiciaires, et nous en tenons compte. A cela je réponds : Les faits judiciaires ne sont qu'une bien faible partie des faits, le mouvement est ailleurs; les tribunaux, en affaires, ne connaissent que l'ex- ception, l'affaire sur laquelle se produit une contestation; mais pour un partage sur lequel on plaide, il y en a des milliers qui se règlent à l'amiable et dont les tribunaux ne connaissent pas. Or le code a été rédigé comme s'il n'y avait et ne pouvait y avoir que des faits judiciaires, et la forme du partage réglée comme si toutes les successions étaient obérées et toutes les communautés en déficit; cependant il y a encore des héritiers qui héritent réellement et qui touchent peu ou prou; le Code civil est l'œuvre de procéduriers et il en porte la marque : les procéduriers ne sont pas tant ceux qui font de la procédure par profession, que ceux qui ont subordonné le fond à la forme, les législateurs imprudents qui sur la question de partage, en croyant tout simplifier, et parce qu'ils ne connaissaient pas la question pratiquement, ont en réalité tout compliqué et tout embrouillé : c'étaient d'ailleurs des hommes politiques. De là est venu le malentendu qui en conduisant la doctrine et la pratique à une contradiction complète, a mis les magistrats dans la situation la plus gênante, entre une forme légale impraticable et une forme pratiquée qui n'est pas légale; au lieu d'arrêts de principes, il ne leur permet guère que des décisions d'espèce.

Comme pour se comprendre il faut s'expliquer, il n'y a aussi qu'un moyen pour faire cesser le malentendu : puisqu'ils ne vont jamais l'un vers l'autre, c'est d'obliger à se rejoindre sur cette question les deux mondes inverses de la pratique et de la doctrine, de dresser la théorie des chiffres en opposition de la théorie des mots; mais pour cela il est nécessaire d'abandonner à la fois, d'un côté l'esprit systématique de la doctrine, et de l'autre, l'habituelle prudence de la pratique, pour mieux dire, sa timidité intéressée et poltronne, sa maladresse à s'expliquer; à côté de l'idée théorique, le lecteur verra la méthode en usage; pour que chacun puisse enfin comprendre dans son originalité cette dernière, ouvrir un jour de souffrance sur la réalité, mettre un point sur un i, tel est mon but : quand il aura compris, chacun appréciera comme il le voudra.

Quant à moi qui ai voulu me faire, non point le champion d'une profession, mais seulement l'interprète et le divulgateur d'une idée, je suis bien tranquille sur le résultat, si je sais assez clairement m'exprimer pour être entendu, et si l'on veut bien accorder à la lecture de cette étude un peu de la patience et de l'attention que demandent les questions arides; car il s'agit de rendre limpide ce que les juristes n'ont pas encore compris : la réalité est simple ou complexe, mais tout en restant d'accord qu'elle ne vaut pas le rêve, elle est la réalité; et même si elle est complexe, il faut bon gré mal gré en tenir compte, car pour la simplifier il ne suffira jamais de le vouloir : il faut d'abord la connaître. Venons-en donc à la réalité :

DÉFINITION DU PARTAGE.

Le partage est la division d'une chose commune, entre ses différents copropriétaires, dans la proportion de leurs droits.

Forme du partage.

Au seul point de vue de la forme, le partage peut être amiable ou judiciaire.

Il est amiable, c'est-à-dire sans aucune forme impérative nécessaire, quand tous les copropriétaires sont majeurs, maîtres de leurs droits, présents ou dûment représentés, et d'accord.

Une seule de ces conditions manque-t-elle, le partage est nécessairement judiciaire : il doit, pour devenir définitif, être fait dans les formes prescrites par la loi; faute d'application de ces formes, il ne serait que provisionnel.

Partage sous forme de vente.

D'une manière plus générale, est qualifié partage au point de vue civil tout acte qui fait *cesser l'indivision*, soit que l'objet en ait été réellement fractionné entre les copropriétaires, soit qu'il ait été vendu, et que les droits des communistes se trouvent convertis en une créance de leur part proportionnelle sur le prix du bien ou des droits vendus. Les propriétaires en commun peuvent donc sortir de l'indivision par une vente, aussi bien que par un partage effectif.

La vente du bien ou des droits indivis peut porter sur la totalité ou seulement sur une fraction; elle ne constitue un partage que lorsqu'elle fait cesser l'indivision, du moins à l'égard de ceux des intéressés qui perdent tout droit de propriété sur la totalité du bien ou des droits indivis : elle prend alors le nom de licitation ou de cession de droits indivis, suivant qu'elle consiste dans la vente d'un bien déterminé, disons d'un corps certain, ou bien dans celle d'une universalité, c'est-à-dire d'un ensemble de biens.

La licitation ou la cession, lorsque l'acquéreur est étranger à l'indivision, ne sont à son égard qu'une vente, mais elles produisent l'effet d'un partage pour les copropriétaires dont les droits sont convertis en une créance de leur part proportionnelle sur le prix de la vente.

L'acquisition peut aussi être faite par l'un des copropriétaires.

Licitation au profit de l'un des propriétaires en commun.

Si l'indivision ne porte que sur un bien déterminé, la licitation devient un partage définitif et en produit tous les effets, quand un seul des communistes devient par elle propriétaire exclusif du bien indivis, c'est-à-dire lorsqu'il réunit à ses droits ceux de tous les autres.

Si l'indivision comprend d'autres biens, la licitation ne produit l'effet du partage que pour le bien qui en est l'objet.

Cession de droits indivis à l'un des propriétaires en commun.

L'indivision porte-t-elle sur une universalité, un ensemble de biens et droits, la cession de droits indivis ne constitue aussi un partage définitif et n'en produit tous les effets, que lorsqu'un seul des communistes devient, par l'acquisition des droits de tous les autres, propriétaire exclusif de l'universalité indivise.

Effets du partage.

L'effet du partage, par une fiction coutumière, devenue la fiction légale de l'article 883 du Code civil, remonte au jour où a *commencé l'indivision;* cette indivision est censée n'avoir pas existé, de sorte que chacun des copartageants, non seulement perd tout droit de propriété sur ce qui n'est pas compris dans sa part divise, mais il est supposé n'en avoir jamais été propriétaire. Au contraire, il est supposé être propriétaire des biens qui lui sont définitivement acquis, comme s'il les avait acquis directement tout seul, et s'il s'agit de biens dépendant d'une succession, comme s'il les tenait directement du défunt, et était, quant à ces biens, le continuateur de sa personne.

« 883. Chaque cohéritier est censé avoir succédé seul et « immédiatement à tous les effets compris dans son lot, ou à « lui échus sur licitation, et n'avoir jamais eu la propriété des « autres effets de la succession. »

C'est bien là ce qu'on appelle l'*effet déclaratif* du partage, par opposition à l'effet translatif qu'il avait en droit romain, où suivant son caractère réel le partage était regardé comme un échange. Cet effet déclaratif, en faisant rétroagir l'acte qui constitue le partage au jour où l'indivision a commencé, a pour conséquence de résoudre tous les droits réels qui auraient pu être constitués pendant la durée de l'indivision, par chacun des communistes, sur les biens qui par l'effet du partage se trouvent acquis définitivement à un autre'que lui; pour ne parler que des principaux droits réels, la vente comme l'hypothèque consenties par un autre que le propriétaire définitif sont radicalement annulées et censées n'avoir pas été faites : aussi le créancier ou l'acquéreur qui accepterait l'hypothèque ou la vente d'un bien déterminé par un seul des copropriétaires, sans la garantie des autres, serait-il sa dupe.

La fiction de l'effet déclaratif du partage est la conséquence de la théorie romaine des hypothèques occultes. La rétroaction peut seule faire disparaître les hypothèques dispensées d'être inscrites : hypothèque légale de la femme sur les biens du mari, hypothèque légale des mineurs et autres incapables sur les biens de leurs tuteurs. Leur caractère commun est d'être générales, et d'affecter de plein droit tous les immeubles présents et à venir du débiteur. (Art. 2122 C.C.)

Ces hypothèques sont dispensées d'être inscrites tant que dure le mariage ou la minorité, en un mot, l'incapacité qui est la raison de l'hypothèque : l'effet de l'inscription prise dans l'année qui suit la dissolution du mariage, la majorité ou le décès de l'incapable, remonte à l'origine. Aussi dans la pratique s'abstient-on de requérir inscription, à moins de nécessité absolue, à cause des inconvénients qu'en éprouverait le mari ou le tuteur en raison de son indétermination, l'hypothèque générale conservant les biens à venir, comme les biens présents de l'incapable; de sorte qu'en fait, la très grande majorité des hypothèques légales reste occulte.

Partage d'un bien déterminé.

Le partage d'un bien déterminé ne peut s'opérer qu'au moyen soit d'un fractionnement en lots, soit d'une licitation : inutile d'insister.

Partage d'une universalité.

L'objet du partage est rarement un corps certain; le plus souvent, c'est une universalité qui comprend ou peut comprendre toutes les espèces diverses de biens déterminés, et qui aussi est ou peut être grevée de dettes.

Théoriquement, ce partage ne peut avoir lieu que par cession ou lotissement; nous savons à quelles conditions la cession peut être un partage, inutile encore d'insister.

PARTAGE PAR LOTS.

Le partage par lots, c'est le *partage en nature*, c'est-à-dire la répartition des biens indivis en autant de parts, appelées lots, qu'il y a de copropriétaires ou de cohéritiers, du moins en principe, car il suppose ainsi des droits égaux sur l'ensemble.

Une masse générale des biens de l'indivision serait formée;

d'après l'estimation de la valeur des différents biens, cette masse serait divisée en lots que les ayants droit pourraient s'abandonner réciproquement à leur gré, quand le partage est amiable ; au contraire, quand le partage est judiciaire, l'estimation de la valeur des biens doit être faite par un expert commis en justice, et l'abandon des lots par voie de tirage au sort.

Cela est très beau en théorie, mais on ne peut guère procéder ainsi dans la pratique, parce que la réalité n'est pas aussi simple que le procédé est simpliste, et le partage s'opère par attributions.

PARTAGE PAR ATTRIBUTIONS.

Le partage par attributions est basé sur une méthode ayant ses règles précises.

Règles générales de la méthode pratique.

Cette méthode consiste essentiellement dans la juxtaposition de deux opérations générales, effectivement distinctes, la liquidation préalable et les attributions. Nous examinerons plus loin la liquidation, définissons d'abord l'attribution.

Attribution.

L'attribution est l'abandonnement que se font respectivement les copartageants, de corps certains dont la valeur totale est égale au montant de la valeur proportionnelle des droits de chacun d'eux sur l'ensemble. Au lieu de diviser tout l'actif en autant de lots qu'il y a de copartageants, ce qui, nous l'avons déjà dit, suppose qu'en principe ils ont des droits égaux, les biens composant l'indivision sont abandonnés, un par un, à l'un ou à l'autre des copartageants, pour leur valeur, par imputation sur le montant de ses droits dont la valeur a été préalablement établie.

Grâce à la liquidation préalable, le partage ne consiste plus que dans la simple répartition des biens eux-mêmes, répartition qui devient purement mécanique. La méthode au lieu de compliquer le partage, le réduit ainsi à sa plus simple expression, car le plus complexe peut toujours être contenu dans un simple tableau d'attributions. Qu'est-ce donc que la liquidation ?

DÉFINITION DE LA LIQUIDATION.

La liquidation est une opération de pure comptabilité; son but est l'évaluation de l'actif net de l'indivision.

Evaluation de l'actif net par la défalcation du passif.

La liquidation qui se trouve ainsi l'opération générale préliminaire du partage, repose sur la composition de deux masses, l'une active, l'autre passive, dont la balance donne la valeur nette de l'actif, *l'actif net,* le passif se trouvant non point payé ni prélevé, mais simplement déduit.

L'actif net est l'évaluation de l'indivision en espèces, la valeur marchande de *l'actif brut,* de l'actif partageable, celle du passif retranchée. L'actif net est donc un chiffre seulement, une simple évaluation déterminée par la défalcation du passif sur l'actif brut, c'est-à-dire par la soustraction de la valeur du passif sur celle de l'actif existant. Vous croiriez, sans doute, qu'il est inutile que ces choses-là soient dites?

Formation des masses.

La composition des masses est avant tout un procédé de calcul. Dans la masse active sont portés non seulement tous les biens composant l'universalité indivise, tous les biens existants, mais encore tous les éléments nécessaires pour l'évaluation de l'actif net : par exemple les rapports. Dans la masse passive on porte non seulement toutes les dettes, mais encore tout ce qui au point de vue des comptes doit être considéré comme un passif : cette expression de passif est générique et s'applique à tout ce qu'il est nécessaire de défalquer pour obtenir la valeur de l'actif net, par exemple, quand il s'agit de communauté, les reprises dites en deniers par opposition à celles des biens propres qui sont opérées en nature ; ces biens propres, lorsqu'ils sont des corps certains, n'ont pas à figurer dans le partage, on constate seulement qu'ils existent et sont personnels à l'un des époux ; leur inexistence donnerait lieu à une reprise en deniers de leur valeur, de même que s'il s'agissait d'une simple somme ; exemple : Une femme reprend en deniers, c'est-à-dire en valeur, le montant de sa dot qui lui a été constituée en espèces, tandis qu'elle reprend en nature une maison dont elle a hérité et qui existe, en ce sens qu'elle n'a pas été aliénée ; elle la reprend en nature, c'est-à-dire telle qu'elle se trouve, sauf règlement pour les impenses ; elle ne doit pas rembourser celles qui ne sont que des dépenses d'entretien, mais elle doit compte par exemple, de ce qui peut être considéré comme une réédification ayant donné à l'immeuble une plus-value réelle aux dépens de la communauté; si la maison n'existait pas, si elle avait été vendue, la femme ne pourrait reprendre que le prix touché par le mari, ce ne serait plus une reprise en nature, mais bien une reprise de la valeur en deniers, un passif pour la communauté. L'appréciation de la valeur de tous les éléments actifs et passifs d'une universalité indivise, par comparaison à l'unité monétaire, est le moyen qui permet de faire entrer dans une série de comptes et la liquidation n'est que cela, tous ces éléments divers et de nature différente, car cet actif et ce passif ne peuvent entrer dans la masse que pour leur valeur ainsi appréciée : c'est une vérité de La Palisse, mais nous verrons que les vérités de cet ordre ne sont pas à dédaigner.

Jouissance divise.

Cette valeur est en principe celle que ces divers éléments avaient au jour où a commencé l'indivision, parce que, en principe, tous les comptes sont arrêtés à ce jour. Il en est différemment quand les comptes sont arrêtés au jour où l'indivision finit. La valeur portée dans les masses est celle du jour où l'indivision finit, et non plus de celui où elle a commencé. Cette idée rentre dans l'expression « jouissance divise » (employée par la pratique seule), bien que dans son sens littéral cette expression paraisse indiquer seulement le jour où chacun des intéressés doit percevoir pour son profit, les fruits et revenus des biens compris dans son attribution; ce jour devrait être celui où l'indivision a commencé, où remonte l'effet du partage; pratiquement cependant, le plus souvent, il est celui où l'indivision finit, où le partage se trouve fait. L'inversion qui permet d'arrêter les comptes au jour où l'indivision finit, d'après la valeur des biens à ce même jour, alors que l'effet du partage doit rétroagir à celui où l'indivision a commencé, rentre ainsi dans la signification exacte de l'expression pratique *jouissance divise postérieure au décès*. Elle repose sur ce principe que chaque copartageant, ayant dès l'origine un droit acquis à sa quote-part, doit, suivant cette même quote-part, profiter de l'augmentation qui a pu se produire sur la valeur primitive de la masse entière ou bien en supporter la diminution. Ce résultat est obtenu par le partage d'après la valeur au jour où l'indivision finit.

Par ce même moyen, on ramène aussi l'effet du partage au jour où l'indivision finit, pour les fruits tant de l'actif que du passif courus à ce même jour, depuis celui où l'indivision a commencé; ces fruits et revenus sont compris dans le partage comme s'ils étaient des fonds et capitaux.

L'idée qu'exprime la jouissance divise, ainsi expliquée et entendue, est donc la *contre-partie de la fiction* qui fait remonter au jour où l'indivision a commencé, l'effet déclaratif du partage. Elle a des conséquences mathématiquement nécessaires, elle est donc d'une extrême importance; malgré cela, elle ne peut être traitée qu'incidemment dans cet ouvrage dont le but est d'exposer les principes élémentaires de la liquidation avec leur origine, en un mot le rudiment, tel un simple abécédaire d'arithmétique paradoxale. De plus, au point de vue théorique, ce procédé, bien qu'il soit le plus fréquemment suivi, n'est cependant que le dérivé du premier; aussi, pour l'exposé des règles élémentaires, supposerons-nous toujours les comptes arrêtés au *jour où l'indivision a commencé*.

CHAPITRE II

RAPPORT EN COMPTE

Il y a donc pour le partage, une méthode pratique très différente de la théorie des juristes ; elle est née d'une accumulation d'efforts séculaires, elle est comparativement un clair chef-d'œuvre du génie français, un outil merveilleux d'une extraordinaire simplicité dans l'application ; en elle-même elle est parfaite, car ses imperfections apparentes viennent non pas d'elle, mais de la complication du droit et des faits ; elle a été inventée parce qu'elle était nécessaire, et c'est pour cela que malgré tout elle dure encore. L'ampleur et la simplicité qui la rendent universellement applicable, tiennent à ce qu'elle est mathématique ; mais ses règles n'ont jamais été posées, et de là vient toute la difficulté qu'on a à la comprendre autrement que par la pratique, et celle que j'ai aujourd'hui à l'exposer : ses principes sont des abstractions ; l'application, pour ceux qui les ont pénétrés, et peu importe le moyen, ne présente que les difficultés inhérentes aux règles de l'arithmétique : tant qu'on ne les connait pas, on n'y comprend rien ; quand on les connait, on voit qu'elles sont le meilleur moyen, le seul, pour se tirer d'affaire ; mais il faut d'abord les apprendre ; c'est là question non point de mémoire, mais bien de réflexion. Si ces principes sont d'une application générale parce qu'ils sont abstraits, pour cela aussi leur étude exige un sérieux effort d'attention ; ceux qui n'ont pas été obligés de s'initier à tâtons aux règles de la liquidation, ceux qui n'ont point, comme moi, pendant des années, erré dans le labyrinthe en quête de l'issue, n'ont jamais compris la méthode pratique, parce qu'ils ne lui ont jamais donné l'attention qu'elle exige ; ils n'y voient naïvement que le procédé d'un scribe ignorant et routinier ; quand ils l'auront méditée, ils s'apercevront qu'elle part d'une idée profonde et qu'elle a sur la forme du partage rudimentaire, telle qu'ils la conçoivent et telle que l'imposa le Code civil, toute la supériorité de la comptabilité commerciale en partie double sur un livret de blanchissage : Elle aussi (bien que cette affirmation doive surprendre quelques praticiens qui théorisent en compilant, MM. Amiaud et Defrénois par exemple) est une partie double, mais basée sur des principes différents, car elle consiste dans la juxtaposition de la liquidation préalable et du partage qui l'une et l'autre contiennent les mêmes éléments, en comprenant à la fois les éléments de l'actif et ceux du passif de l'indivision, sur lesquels la méthode fait dans la première partie un calcul qu'elle applique dans la deuxième.

Il n'y a pas d'indivision, si embrouillée qu'elle soit, qui y résiste ; mais si la méthode est excellente en elle-même, l'exécution loin d'être parfaite, en a toujours été confuse, faute d'explications : Évidemment le praticien a des défauts, je ne veux pas les lui reprocher, j'en reste à la forme : il abuse des synonymes jusqu'à l'épuisement ; il emploie souvent des adverbes

inouïs ; croit-il ainsi expliquer ? son souci est bien certainement
de s'exprimer clairement ; mais il en a un autre, celui de se
garantir ; après avoir appris la méthode à tâtons, il l'applique
par habitude, il ne sait pas la raisonner, en faire l'analyse ;
il n'y a même jamais pensé, parce qu'il n'a jamais cru que cela
pût avoir pour lui un intérêt. Aussi ne faut-il pas toujours se fier
absolument aux termes dont il se sert ; il emploie ceux des
théoriciens dans un sens modifié sans être clairement défini,
parce qu'ils servent ainsi à exprimer une idée pratique toute
particulière, bien qu'elle soit correspondante de l'idée théorique ;
même lorsqu'il n'y a entre ces deux idées que la différence de la
théorie à la pratique, le sens de l'expression n'en est pas moins
changé : Par exemple, parlez à un praticien de rapport réel
et de rapport fictif, avec vous il dira rapport réel et même
rapport fictif ; mais comme dans la liquidation, le rapport en
nature n'a jamais été un rapport réel ni le rapport en moins
prenant un rapport fictif, il fera autre chose, un *rapport en
compte*, c'est-à-dire qu'il comprendra la valeur de l'objet du
rapport aussi bien réel que fictif, dans les opérations de la
liquidation et la portera à la masse active : ce qui n'empêche
pas M. Amiaud qui compile en théorisant, de nous dire au
tome III de son formulaire, verbo Partage (Liquidation, &.),
n° 2009 : « Le rapport se fait en nature ou en moins prenant.
Le *rapport en nature* consiste à faire rentrer dans la masse
partageable de la succession, pour figurer *dans les attributions*
ou le tirage au sort entre tous les héritiers, la chose même qui a
fait l'objet de la libéralité. Le rapport se fait *en moins prenant*
lorsqu'une valeur égale à celle des objets à rapporter par l'un
des héritiers est, soit retranchée de la part de cet héritier, ou

imputée sur cette part, soit ajoutée à celle de ses cohéritiers, pour la portion afférente à chacun d'eux. Le rapport en moins prenant est donc un *rapport en quelque sorte fictif;* l'héritier garde ce qui lui a été donné ; il le prend en moins dans la masse, c'est-à-dire qu'on le déduit sur sa part. »

On ne peut nier que cette définition ne soit aussi obscure que complexe : il ne faut pas que le lecteur fasse effort pour comprendre ce que M. Amiaud veut dire; il n'y parviendrait peut-être pas encore, faute de notions plus précises, et risquerait seulement de se dégoûter d'aller plus en avant. Mais il lui paraîtra évident et c'est bien là ce qui importe, que M. Amiaud entend tout au moins le rapport fictif d'une autre façon que Demolombe (voir page 4). De là dans les idées une confusion inévitable, la doctrine raisonnant très logiquement sur les notions qu'expriment les mots rapport réel et rapport fictif, M. Amiaud tâchant de la suivre, et les praticiens raisonnant de leur côté, très logiquement aussi, mais sur des chiffres : et vraiment, c'est le rôle de M. Amiaud qui est, en quelque sorte, le plus délicat, car il se voit obligé de raisonner avec la doctrine tout en donnant des formules aux praticiens, et rien ne me paraît difficile comme de concilier la doctrine et la pratique, sinon contenter tout le monde; aussi, pour ma part, y ai-je renoncé.

Pour comprendre la pratique, il faut donc se rendre un compte exact du sens des mots qu'elle emploie, de la déviation que peuvent subir les expressions qu'elle emprunte aux théoriciens, et même de l'usage incorrect qu'elle peut faire de termes auxquels ils donnent un sens précis : la confusion qui s'est produite sur le rapport fictif a été néfaste; quand le lecteur aura compris tout ce qu'il y a dans ces simples mots « rapport

en compte » qui sont l'expression exacte de l'idée pratique,
alors seulement il aura compris la liquidation, car le rapport en
compte en est l'âme : il est le *rapport de la valeur*, la forme
nécessaire pour la liquidation de tous les rapports possibles,
qu'ils soient dûs en nature aussi bien qu'en moins prenant;
c'est là un principe essentiel qu'il fallait indiquer tout d'abord,
sauf à en montrer plus tard l'application par la preuve de sa
nécessité, cette preuve aussi étant nécessaire, ce dont il faut
rougir, car en lui-même ce principe est la simple conséquence
d'un axiome, de l'axiome fondamental : dans la liquidation
il n'y a jamais que des chiffres, parce qu'elle ne peut avoir pour
objet que des comptes. Cet axiome n'a-t-il pas encore l'air d'une
autre vérité de La Palisse? Pénétrons donc dans la réalité par
l'abstraction : c'est pénible, mais c'est nécessaire.

RÈGLES GÉNÉRALES DE LA LIQUIDATION.

Nous savons que la méthode pratique consiste essentiellement
dans la juxtaposition de la liquidation préalable et du partage :
juxtaposition ne signifie pas fusion, et bien au contraire, les
deux parties doivent rester absolument distinctes et toujours
séparées; cette séparation a des conséquences nécessaires
qui peuvent se formuler par les trois règles suivantes, relatives,
la première à tous les rapports, la deuxième à tous les prélèvements, et la troisième à tous les préciputs.

RÈGLE GÉNÉRALE DES RAPPORTS.

*Dans la liquidation, il ne peut être fait que des rapports en
compte.*

Si la défalcation du passif n'est qu'une soustraction, le

rapport en compte n'est qu'une valeur additionnée. Pour que la liquidation puisse permettre de déterminer la valeur des droits des copartageants sur l'actif net, il est nécessaire que la valeur de tous les rapports figure dans la masse active, au même titre que la valeur de tous les biens existants, de là le rapport en compte.

Ainsi, dans la liquidation, qu'il s'agisse d'une communauté et des récompenses dues à cette communauté par chacun des époux ou par l'un d'eux seulement, ou bien qu'il s'agisse d'une succession et des rapports qui peuvent être dûs par les héritiers, dans la liquidation dis-je, il n'y a à proprement parler ni rapport en nature, ni rapport en moins prenant; c'est seulement dans les attributions que les rapports retrouvent leur caractère distinctif.

RÈGLE GÉNÉRALE DES PRÉLÈVEMENTS.

Théoriquement, des prélèvements immédiats devraient être faits avant tout partage : « C. C., art. 830. Si le rapport n'est « pas fait en nature, les cohéritiers à qui il est dû prélèvent « une portion égale sur la masse de la succession. Les « prélèvements se font, autant que possible, en objets de même « nature, qualité et bonté, que les objets non rapportés en « nature. » — « 1470. Sur la masse des biens, chaque époux ou « son héritier prélève : 1° ses biens personnels qui ne sont point « entrés en communauté, s'ils existent en nature, ou ceux qui « ont été acquis en remploi; 2° le prix de ses immeubles « qui ont été aliénés pendant la communauté, et dont il n'a « point été fait remploi; 3° les indemnités qui lui sont dues par « la communauté. » — « 1471. Les prélèvements de la femme

« s'exercent avant ceux du mari. Ils s'exercent pour les biens
« qui n'existent plus en nature, d'abord sur l'argent comptant,
« ensuite sur le mobilier, et subsidiairement sur les immeubles
« de la communauté : dans ce dernier cas, le choix des
« immeubles est déféré à la femme et à ses héritiers. » — « 1472.
« Le mari ne peut exercer ses reprises que sur les biens de
« la communauté. La femme et ses héritiers, en cas d'insuffi-
« sance de la communauté, exercent leurs reprises sur les biens
« personnels du mari. » Dans la liquidation, il ne peut être fait
de prélèvement d'aucune nature, on n'y trouve que la défalcation
de leur valeur. La valeur du prélèvement est défalquée de celle
de l'actif brut, lorsque pour le calcul de l'actif net ce prélèvement doit être considéré comme un passif. Cette règle contient
deux principes :

1º *Les prélèvements ne peuvent s'opérer que dans le
partage.*

Qu'il ne puisse être fait directement aucun prélèvement
dans la liquidation, c'est là encore un principe essentiel qu'il
faut observer sous peine de tout brouiller; la liquidation n'étant
qu'une série de comptes exclue tout prélèvement; ils sont
reportés dans ce qui constitue effectivement le partage, c'est-à-
dire dans la répartition des biens ; mais là, d'habitude, ils
se réalisent sans qu'aucun indice matériel les manifeste.

Pour vérifier si un prélèvement a été opéré effectivement, il
ne faut donc pas le chercher dans la liquidation, où il ne peut
être question que de chiffres, mais dans le partage, et là, sans
s'inquiéter de la forme matérielle, s'assurer que le prélèvement
est réalisé par l'attribution ou l'affectation des biens mêmes sur
lesquels il doit porter.

En fait, il n'y a jamais de prélèvements réalisés sous leur forme primitive, que lorsque cette forme est rendue nécessaire par l'insuffisance d'actif de l'indivision, et que dès lors il devient ainsi nécessaire de tenir compte de l'ordre des prélèvements divers, en raison des droits de préférence; dans ce cas, la liquidation se termine non plus par l'évaluation d'un actif net, mais au contraire par la détermination d'un déficit : il n'y a plus de partage à faire, puisqu'il n'y a pas d'actif net à partager, il ne reste à régler qu'une contribution aux dettes, il faut répartir l'actif existant entre les créanciers, au marc le franc, au sol la livre, disaient nos pères, en respectant le droit que peuvent avoir certains d'entre eux de passer avant les autres.

2° *La valeur d'un prélèvement légal ne doit être défalquée de l'actif brut que lorsqu'elle constitue un passif.*

Si les prélèvements ne figurent pas comme tels dans la liquidation, ils doivent cependant y être compris dans le passif à défalquer lorsqu'au point de vue des comptes, pour l'évaluation de l'actif net, ils constituent une dette de l'indivision, un passif pour la masse.

Il serait inexact de dire que tout ce qui théoriquement, d'après la loi, doit être prélevé, doit pratiquement pour l'évaluation de l'actif net, être défalqué : ainsi le prélèvement corrélatif d'un rapport dû théoriquement en moins prenant à une succession (art. 830, C. C.), ne doit pas être défalqué, parce qu'il n'est que la conséquence du rapport devant être opéré en moins prenant. Or, dans la liquidation, il ne peut être fait que des rapports en compte ; si le rapport en moins prenant disparaît, le prélèvement disparaît aussi; il ne doit donc pas figurer dans le passif à défalquer. Dans la liquidation il ne peut être question ni de rapport en moins prenant ni de prélèvement correspondant; si dans les attributions, comme il arrive le plus souvent, le rapport se trouve effectivement opéré, en moins prenant par suite d'une imputation sur la part de l'héritier qui en est débiteur, il n'y aura pas lieu pour cela à un prélèvement au profit des autres, parce que les droits de tous ont été établis au préalable proportionnellement sur l'actif net, et que les attributions n'y doivent rien changer : ce qui dans le partage en nature serait pour certains l'objet d'un prélèvement, se trouve dans la liquidation compris dans le calcul de leur droit proportionnel, autrement dit, ce prélèvement n'est en théorie que la conséquence du rapport en moins prenant considéré comme rapport fictif; dans la pratique il n'existe pas, parce que ce rapport fictif devient un rapport effectif de la valeur qui dans le partage, fait l'objet d'attributions au même titre que les biens existants, comme une créance de la masse sur l'un des héritiers.

Au contraire, les reprises en deniers que les époux ont à opérer sur la communauté (art. 1470 et suivants) deviennent au point de vue des comptes un passif de cette communauté; le droit à ce prélèvement existe en lui-même, indépendamment de la part de l'époux sur la masse. Il est donc nécessaire d'en comprendre la valeur dans le passif à défalquer pour l'évaluation de l'actif net. Cela nous permet de poser comme règle générale pratique de la liquidation de communauté, ce principe, que pour évaluer l'actif net, la valeur des reprises doit figurer à la masse passive comme celle des récompenses à la masse active.

Confusion sur le sens du mot prélèvement.

Aujourd'hui les deux masses sont établies sous les titres de masse active et masse passive; autrefois on dressait le plus souvent la masse passive sous le titre de prélèvements, mais à la place que cette expression occupait dans la liquidation elle signifiait : valeur des prélèvements à opérer, puisqu'elle n'a jamais contenu que des chiffres et que le prélèvement a toujours été entendu par les théoriciens dans le sens de « Prendre matériellement, avant tout partage, une partie des biens existants ». Cette expression n'avait donc dans la liquidation et ne pouvait avoir que le sens actuel de masse passive. La déviation de sens du mot prélèvement est à noter, bien qu'elle ne soit qu'un détail; elle a produit, dans la pratique même, des confusions qui durent encore.

M. Amiaud, dans son *Traité-Formulaire*, s'exprime ainsi, tome III, verbo Partage (Liquidation, &.), n° 1899 : « Les « récompenses étant portées à la masse active de la com- « munauté, beaucoup de personnes, par réciprocité, portent « les reprises à la masse passive. Bien que cette méthode « aboutisse au même résultat que le prélèvement, nous croyons « qu'il est plus conforme à l'esprit de la loi de ne pas porter « les reprises au passif et de les *prélever sur l'actif net* après « la balance des masses; le reliquat est ensuite partagé entre « les deux époux, ou leurs représentants : sur la masse des « biens, dit en effet l'article 1470, chaque époux ou son héritier « prélève. . . . . et l'article 1474 ajoute : le surplus « se partage par moitié entre les époux ou ceux qui les repré- « sentent. » M. Amiaud omet d'ajouter que ces articles et tous les autres, supposent, non pas la défalcation du passif, mais bien au contraire sa division de plein droit; chaque copartageant doit en effet, d'après la loi, payer directement sa quote-part des dettes : ainsi Demante (tome III, n° 204) nous dit que les dettes actives et passives d'une succession ne sont jamais communes entre les héritiers, à moins qu'elles n'aient pour objet une chose ou un fait indivisible. « Chacun devient « immédiatement créancier ou débiteur d'une part déterminée « dans chacune (art. 1220 C. C.); conséquemment, les créances « et les dettes n'ont pas besoin d'être comprises dans le partage « (Gord. L. 6, Cod. fam. ercisc.). » « Cependant, ajoute Demante, « les cohéritiers peuvent les y comprendre, pour leur convenance. « Mais il est évident, quant aux dettes, que cette opération ne « peut déroger en rien aux droits acquis aux créanciers contre « chaque héritier par l'*effet de la division légale*. » La loi n'a prévu pour le partage que la formation d'une seule masse générale, celle de l'actif (art. 828 C. C.), et pour opérer un prélèvement conforme à l'esprit de la loi, il faudrait que le passif n'entrât pas en compte, car d'après la loi, il se divise *intellectuellement* quand il est divisible : « 1217. L'obligation « est divisible ou indivisible selon qu'elle a pour objet ou une « chose qui dans sa livraison, ou un fait qui dans l'exécution, « est ou n'est pas susceptible de division, soit matérielle, soit « intellectuelle. » Partager une chose, c'est, à la lettre, la couper en deux au moins comme une poire : dès que le partage intellectuel est admis, on se demande qu'est-ce qu'il peut bien y avoir qui ne soit pas divisible. Et cependant il y a des choses qui légalement ne peuvent être divisées, le gage par exemple : « 2083, § 1. Le gage est indivisible nonobstant la divisibilité

« de la dette entre les héritiers du débiteur ou ceux du créan-
« cier. » Autre exemple, l'hypothèque : « 2114. L'hypothèque
« est un droit réel sur les immeubles affectés à l'acquittement
« d'une obligation. Elle est, de sa nature, indivisible, et subsiste
« en entier sur tous les immeubles affectés, sur chacun et sur
« chaque portion de ces immeubles. Elle les suit dans quelques
« mains qu'ils passent. » Nous nageons dans l'incohérence, car
l'indivisibilité du gage et de l'hypothèque, très équitable sans
doute, n'est qu'une fiction ; ce qui est absurde, mais nous y
reviendrons, c'est le partage de plein droit, le partage intellectuel ; quand j'y pense, maintenant, je crois rêver. Nos législateurs ont inversé la réalité en supposant divisé réellement ce
qui ne l'est encore qu'en esprit et qui pratiquement ne l'est
pas, et en déclarant indivisible ce qui pourrait parfaitement se
diviser, mais qu'il est meilleur de laisser en son entier.

La conséquence nécessaire de la division intellectuelle du
passif est que légalement le passif n'entre pas en compte, et qu'on
doit partager en nature l'actif brut seulement ; comme M. Amiaud
trouve sans doute que c'est absurde, il enseigne qu'on doit prélever les reprises sur l'actif net ; il en est même si bien convaincu
que dans ses formules il en donne de multiples exemples.

Prélever sur l'actif net ! mais cet actif net n'est qu'un chiffre,
une simple évaluation ; si je me suis jusqu'ici clairement
exprimé, le lecteur doit voir que le prélèvement préconisé par
M. Amiaud n'en est pas un, puisqu'il prétend le réaliser sur les
chiffres de la liquidation ; il ne saurait y avoir de prélèvement
que sur les biens eux-mêmes.

Le résultat est identique d'après l'auteur : je le crois bien,
et c'est aussi la preuve qu'il se trompe, parce qu'en nous parlant

de prélèvement, il n'en opère pas ; il ne fait qu'une défalcation distincte ; il subdivise sans aucune utilité la masse passive, et rien n'en devient plus clair. Ce n'est qu'une confusion de mots, une de plus ; mais les confusions de mots sont la cause de tout le malentendu, car si chacun en fait de son côté, il me paraît difficile qu'on s'entende ; on agite bien le grelot dans sa boîte à malices, mais en même temps on s'empale sur un mot et on fait du galimatias, sans le vouloir et mieux sans même s'en douter : c'est une faute, pour un homme d'esprit. Bien que M. Amiaud s'en réfère à l'esprit de la loi, il ne s'en tient même pas à la lettre : il reproduit seulement l'antique confusion qui faisait appeler la masse passive prélèvements, au temps de la coutume, en la faisant passer du général au particulier. Il est fâcheux qu'une pareille erreur, sur le caractère même des opérations liquidatives, ait pu se glisser dans un ouvrage si complet qui vise à l'exemple, et d'ailleurs se recommande à l'attention des praticiens par tant de bons côtés. Rien ne peut mieux que cette erreur d'un praticien aussi considérable que M. Amiaud, puisqu'il est pourvu de bénéfices dans la direction du Notariat, montrer l'utilité et même la nécessité d'une analyse exacte de la méthode pratique de liquidation.

RÈGLE GÉNÉRALE DES PRÉCIPUTS.

La valeur du préciput est défalquée de celle de l'actif net.

Pratiquement, l'expression de prélèvement éveille l'idée d'une dette ; elle se traduit dans la liquidation, par celle de défalcation sur l'actif brut. Le préciput, même lorsqu'il résulte d'une convention matrimoniale, éveille l'idée d'un avantage personnel à l'un des copartageants; c'est un droit hors part qu'il a sur les autres, à la valeur d'une somme ou d'une quotité qu'il est ainsi dispensé d'imputer sur sa part. Aussi, dans la liquidation, l'expression de préciput se traduit-elle par celle de défalcation sur l'actif net. Le préciput doit passer après le prélèvement, puisque cette dernière expression ne s'applique qu'au passif; les créanciers doivent être payés les premiers, et, après eux, les préciputaires, s'il en reste.

Le préciput n'existe pas de plein droit, il ne peut résulter que d'une convention.— C. C. art. 1515 : « La clause par laquelle « l'époux survivant est autorisé à prélever, avant tout partage, « une certaine somme ou une certaine quantité d'effets mobiliers « en nature, ne donne droit à ce prélèvement au profit de la « femme survivante que lorsqu'elle accepte la communauté, à « moins que le contrat de mariage ne lui ait réservé ce droit, « même en renonçant. Hors le cas de cette réserve, le préciput « ne s'exerce que sur la masse partageable et non sur les biens « personnels de l'époux prédécédé. » — 1516 : « Le préciput « n'est point regardé comme un avantage sujet aux formalités « des donations, mais comme une convention de mariage. » Dans tous les contrats de mariage, à Paris, on stipule pour le survivant des époux le droit de prendre, à titre de préciput, le mobilier commun, au moins jusqu'à une somme déterminée et même le surplus, mais en tenant compte de sa valeur d'après la prisée de l'inventaire. C'est le moyen, quoi qu'il puisse arriver, d'en empêcher la vente que la loi permet, sans aucun souci des convenances personnelles, et qui laisserait disperser aux enchères, par le ministère d'un huissier ou d'un commissaire-priseur, des objets dont la valeur est plus morale que réelle à cause du souvenir du défunt, et toujours précieux aux habitudes du survivant.

La loi écrite n'accorde à la veuve qui n'a pas de contrat de mariage, avec un vêtement de deuil, que le vivre et le couvert pendant le délai donné pour faire inventaire et délibérer. — 1465 : « La veuve, soit qu'elle accepte, soit qu'elle renonce, a « droit, pendant les trois mois et quarante jours qui lui sont « accordés pour faire inventaire et délibérer, de prendre sa « nourriture et celle de ses domestiques sur les provisions « existantes, et, à défaut, par emprunt au compte de la masse « commune, à la charge d'en user modérément. Elle ne doit « aucun loyer à raison de l'habitation qu'elle a pu faire, pendant « ces délais, dans une maison dépendante de la communauté, « ou appartenant aux héritiers du mari ; et si la maison qu'ha- « bitaient les époux à l'époque de la dissolution de la commu- « nauté était tenue par eux à titre de loyer, la femme ne « contribuera point, pendant les mêmes délais, au paiement « du dit loyer, lequel sera pris sur la masse. » — « 1481 : Le deuil « de la femme est aux frais des héritiers du mari prédécédé. « La valeur de ce deuil est réglée selon la fortune du mari. Il « est même dû à la femme qui renonce à la communauté. »

Tout cela a été réglé par le législateur avec un soin jaloux, mais il n'accorde même pas au survivant, que ce soit le mari ou que ce soit la femme, le droit de conserver le mobilier au prix de l'inventaire : il faut un contrat. A ces détails puérils et ridi- cules, à ces petitesses odieuses à force d'être mesquines, on pourrait croire que le Code civil a été rédigé par des grigous qui chipotaient des sous ; certains le disent qui d'ailleurs, ignorent le droit ; il n'en est rien cependant : les auteurs, grisés peut-être de phrases toutes faites, avaient seulement rêvé l'égalité ou la mort, et avec une logique sûre d'elle-même pensaient : « La loi, c'est nous », comme Louis XIV disait : « L'État, c'est moi ; » ils étaient féroces sans le savoir, et sincèrement croyaient bien faire, alors que, en matière de questions usuelles et pour tout ce qui regarde la réalité et la pratique des affaires, ils ne possédaient même pas le simple bon sens d'un saute-ruisseau, ils ne voyaient l'égalité que dans les mots ; d'autres la mettent dans les chiffres. Dans le partage d'une communauté, la femme survivante qui a un contrat prélève ses reprises en deniers, ou plutôt a théoriquement le droit de le faire, parce qu'elle est créancière, tandis que c'est comme ayant été commune en biens avec le défunt qu'elle peut exercer sur le mobilier le préciput convenu par le contrat de mariage. Aussi, dans la liquidation, ses reprises seront-elles comprises dans la masse passive de la communauté, par conséquent défalquées de l'actif brut, tandis que le préciput le sera de l'actif net, et si même il n'y en avait pas, resterait sans effet.

S'agit-il du partage d'une succession? C.C., 843 (Loi du 24 mars 1898) : « Tout héritier, même bénéficiaire, venant à « une succession, doit rapporter à ses cohéritiers tout ce qu'il a « reçu du défunt par donation entre vifs, directement ou indi- « rectement ; il ne peut retenir les dons à lui faits par le défunt, « à moins que les dons et legs ne lui aient été faits expressé- « ment par préciput ou hors part, ou avec dispense du rapport. « Les legs faits à un héritier sont réputés faits par préciput ou « hors part, à moins que le testateur n'ait exprimé la volonté « contraire, auquel cas le législateur ne peut réclamer son legs « qu'en moins prenant. » — 844 : « Les dons faits par préciput

« ou avec dispense de rapport ne peuvent être retenus ni les legs
« réclamés par l'héritier venant à partage que jusqu'à concur-
« rence de la quotité disponible : l'excédent est sujet à rapport. »
L'enfant qui a reçu un don par préciput et hors part, ou un legs,
ne le verra réduit que si la valeur en excède la part de l'actif
net représentant la quotité disponible, celle que le père défunt
a pu donner à son gré.

Dans le partage, une fois la liquidation faite, le passif est,
en règle générale, l'objet d'un *prélèvement en masse*, sous forme
d'une affectation spéciale de biens déterminés; tandis que le
préciput, sa valeur une fois défalquée, vient augmenter d'autant
la valeur de la part de celui qui y a droit. Le préciput n'est
jamais l'objet d'un prélèvement matériel; la valeur de tous les
dons étant rapportée en compte et la part de chacun calculée
sur l'actif net, la réalisation matérielle du préciput s'opère en
prenant plus. Le lecteur peut maintenant essayer de comprendre
la définition amphigourique, donnée par M. Amiaud, du rapport
en quelque sorte fictif (page 23), mais s'il n'y parvient pas encore,
il ne faut pas qu'il insiste.

EFFETS DE LA LIQUIDATION.

Transformation des « droits des parties ».

Avant la liquidation, les « droits des parties » n'étaient que
des fractions de l'actif indivis. La liquidation permet, par
l'évaluation de l'actif net, de transformer ces fractions en des
proportions sur l'actif net : c'est là ce qui caractérise la méthode
pratique et ce qui constitue toute son originalité, comme aussi
sa différence essentielle avec le système légal.

Pour la dévolution des successions, le principe du Code est celui de la Coutume, la saisine de l'héritier légitime, sa mise en possession de plein droit, suivant le vieil adage : « Le mort « saisit le vif, son hoir plus proche et habile à lui succéder. » (Art. 318 de la Coutume de Paris.)

« C. C., 723 (L. 25 mars 1896). La loi règle l'ordre de suc- « céder entre les héritiers légitimes et les héritiers naturels. « A leur défaut, les biens passent à l'époux survivant, et, s'il « n'y en a pas, à l'État. » — « 724 (L. 25 mars 1896). Les « héritiers légitimes et les héritiers naturels sont saisis de « plein droit des biens, des droits et actions du défunt, sous « l'obligation d'acquitter toutes les charges de la succession. « L'époux survivant et l'État doivent se faire envoyer en pos- « session. » — « 731. Les successions sont déférées aux enfants « et descendants du défunt, à ses ascendants et à ses parents « collatéraux, dans l'ordre et suivant les règles ci-après déter- « minés. » — « 732. La loi ne considère ni la nature ni l'origine « des biens pour en régler la succession. » — « 733. Toute suc- « cession échue à des ascendants ou à des collatéraux se divise « en deux parts égales : l'une pour les parents de la ligne « paternelle, l'autre pour les parents de la ligne maternelle. « Les parents utérins ou consanguins ne sont pas exclus par « les germains ; mais ils ne prennent part que dans leur ligne, « sauf ce qui sera dit à l'article 752. Les germains prennent « part dans les deux lignes. Il ne se fait aucune dévolution « d'une ligne à l'autre, que lorsqu'il ne se trouve aucun « ascendant ni collatéral de l'une des deux lignes. » — « 734. Cette première division opérée entre les lignes pater- « nelle et maternelle, il ne se fait plus de division entre les

« diverses branches; mais la moitié dévolue à chaque ligne
« appartient à l'héritier ou aux héritiers les plus prochés en
« degrés, sauf le cas de la représentation, ainsi qu'il sera dit
« ci-après. » — « 735. La proximité de parenté s'établit par le
« nombre de générations; chaque génération s'appelle un.
« degré. » -- « 736. La suite des degrés forme la ligne : on
« appelle ligne directe la suite des degrés entre personnes qui
« descendent l'une de l'autre; ligne collatérale, la suite des
« degrés entre personnes qui ne descendent pas les unes des
« autres, mais qui descendent d'un auteur commun. On dis-
« tingue la ligne directe, en ligne directe descendante et en
« ligne directe ascendante. La première est celle qui lie le
« chef avec ceux qui descendent de lui; la deuxième est celle
« qui lie une personne avec ceux dont elle descend. » —
« 737. En ligne directe, on compte autant de degrés qu'il y a
« de générations entre les personnes : ainsi le fils est, à l'égard
« du père, au premier degré; le petit-fils, au second; et réci-
« proquement du père et de l'aïeul à l'égard des fils et petit-
« fils. » — « 738. En ligne collatérale, les degrés se comptent
« par les générations, depuis l'un des parents jusques et non
« compris l'auteur commun, et depuis celui-ci jusqu'à l'autre
« parent. Ainsi, deux frères sont au deuxième degré; l'oncle
« et le neveu sont au troisième degré; les cousins germains
« au quatrième, et ainsi de suite. »

L'héritier peut accepter la succession simplement, ou sous
bénéfice d'inventaire; il peut aussi y renoncer. Celui qui
renonce est censé n'avoir jamais été héritier; celui qui accepte
sous bénéfice d'inventaire n'est tenu des dettes que jusqu'à
concurrence de l'émolument qu'il recueille; ainsi il est acceptant

si la succession est bonne, si elle présente un actif net ; il renoncera si elle est mauvaise, si elle se solde par un déficit; grâce à l'inventaire, il empêche la confusion de son propre patrimoine avec celui du défunt, si bien qu'en tout état de cause les créanciers de ce dernier ne peuvent rien lui réclamer personnellement, sauf, bien entendu, sa fraude. (C. C., art. 774, 775, 776, 777, 778, 784, 785, 786, 793, 794, 795, 797, 798, 802, 803, 804.) Tenons-nous-en à la règle légale, à l'acceptation, c'est-à-dire au cas où l'héritier est tenu des dettes, même au delà de son émolument, soit qu'il n'ait pas renoncé, soit encore qu'il ait perdu ce bénéfice par sa faute. L'acceptation se produit le plus souvent parce que l'héritier sait la succession avantageuse pour lui, sinon il aurait renoncé, ou tout au moins accepté sous bénéfice d'inventaire.

Quels que soient l'ordre et le rang des héritiers appelés et acceptants, qu'ils aient la saisine ou qu'ils ne l'aient pas si ce sont de simples successeurs, comme le conjoint survivant et l'État qui doivent être envoyés en possession par justice, je me place uniquement au point de vue du partage : comment se fait-il? Le lecteur connaît maintenant dans leur idée le système du lotissement qui est celui du fractionnement, et le système de l'attribution qui est celui de la proportionnalité.

La loi a adopté celui du fractionnement; elle a donc posé en principe que pour le partage d'une succession on devrait procéder à la formation d'une masse générale, pour en faire ensuite le lotissement (art. 828, C. C.) ; mais, inconséquente avec elle-même, elle aurait détruit ensuite l'unité de son système, par une disposition que la doctrine est allée chercher au titre des contrats, dans les effets de l'obligation divisible, l'article 1220.

« 1220. L'obligation qui est susceptible de division doit être
« exécutée entre le débiteur et le créancier comme si elle était
« indivisible. La divisibilité n'a d'application qu'à l'égard de
« leurs héritiers, qui ne peuvent demander la dette ou qui ne
« sont tenus de la payer que pour les parts dont ils sont saisis
« ou dont ils sont tenus comme représentant le créancier
« ou le débiteur. »

Il nous faut examiner séparément la portée de cet article,
au point de vue des créances, c'est-à-dire de l'actif successoral,
et au point de vue des dettes, c'est-à-dire du passif successoral.
L'article 1220 règle le partage des dettes actives et des dettes
passives, pour m'exprimer comme Demante.

Actif successoral.

La doctrine n'a jamais varié sur la portée de l'article 1220,
au point de vue des créances : elles sont partagées de plein
droit, malgré la contradiction évidente de cet article avec
l'article 832 (chapitre du partage), d'après lequel les créances
doivent être *réparties également entre les différents lots*
832. « Dans la formation et composition des lots, on doit éviter,
« autant que possible, de morceler les héritages et de diviser les
« exploitations; et il convient de faire entrer dans chaque lot,
« s'il se peut, la même quantité de meubles, d'immeubles, de
droits ou de créances de même nature et valeur. »

La jurisprudence s'est tirée de ce mauvais pas par une
habile distinction : les créances remboursées avant le partage
sont divisées de plein droit, celles qui ne sont pas encore
remboursées doivent être comprises dans la masse générale.

Cette distinction est suffisante pour le partage en nature par lots, ne supposant qu'une seule masse, mais pour le partage par attributions reposant sur le calcul de l'actif net, il est aisé de comprendre que la distinction devient inutile, et que les créances remboursées doivent entrer en compte aussi bien que celles qui ne le sont pas, parce que dans le partage, tant que dure l'indivision, les sommes encaissées le sont pour le compte de la masse : par le partage elles y sont rétablies. D'ailleurs, qui ne comprendra que la division de plein droit des créances est parfaitement absurde, entre des cohéritiers dont quelques-uns peuvent devoir un rapport d'avancement d'hoirie reçu en dot, supérieur à leur part héréditaire. Il est donc nécessaire de poser en principe que, pratiquement, pour l'évaluation de l'actif net, on ne doit tenir aucun compte de la division de plein droit des créances.

Passif successoral.

L'article 1220 divise les dettes de plein droit suivant la part héréditaire : il est très utile à la doctrine pour remplacer, dans la section 3 du titre du Partage, ce malheureux article 873 qui parle de portion virile, et que nous apprécierons tantôt.

Cette section règle la contribution et l'obligation aux dettes.

La *contribution* est la mesure dans laquelle l'héritier doit supporter la dette successorale, et nous venons de voir que c'est dans celle de sa part héréditaire. Mais l'*obligation* au paiement de la dette peut être différente de la contribution, parce que, de même que les créances, seules se divisent de plein droit les dettes dites divisibles; ne se divisent pas, au contraire, la dette indivisible et la dette même divisible mais garantie par hypothèque, ou tout autre gage. (C. C. 1217, 1218, 2083, 2114. Voir chap. 2, page 29.)

Pour comprendre, supposons une succession à partager entre quatre héritiers ayant droit égal. Le seul passif de la succession, du moins la seule dette importante est une hypothèque de 80,000 francs constituée sur un immeuble successoral d'une valeur de 100,000 francs ; chacun des héritiers est tenu de contribuer au paiement pour 1/4, soit 20,000 francs ; avec le système légal, cet immeuble se trouvera dans un des quatre lots ; celui des copartageants à qui il écherra, tout en ne devant contribuer que pour 20,000 francs, devra cependant payer la totalité des 80,000, parce que l'hypothèque suit l'immeuble, et que s'il ne paye pas il sera exproprié : c'est l'obligation aux dettes. Cet héritier, quand il aura payé les 80,000 francs, mais seulement alors, pourra réclamer à chacun de ses cohéritiers le remboursement de sa quote-part contributive, soit 20,000 francs ; voilà ce que les théoriciens appellent de la simplicité. S'ils avaient daigné s'abaisser jusqu'à jeter un regard sur la pratique ils auraient vu combien ils en sont loin.

Pratiquement, l'immeuble valant 100,000 fr., mais grevé d'un passif de 80,000 francs, n'a qu'une valeur nette de 20,000 francs; pour la simplification des comptes, ce passif hypothécaire est l'objet d'une défalcation préalable distincte sur la valeur de l'immeuble; on portera cet immeuble à la masse active pour une valeur non point de 100,000 francs, mais seulement de 20,000 francs et l'hypothèque ne paraîtra pas à la masse passive. L'immeuble porté à la masse active pour 20,000 francs, est attribué à l'un des cohéritiers pour cette somme seulement, qui s'impute sur part ; mais comme cet héritier reçoit en réalité 100,000 francs et non 20,000, il devient dès lors tenu à l'égard des autres d'acquitter la totalité de l'hypothèque. C'est là un partage effectif du passif, puisque l'indivision cesse entre les cohéritiers de la même façon qu'elle cesse pour l'immeuble lui-même. La dette est attribuée au copartageant qui reçoit l'immeuble, et même cette attribution de dette peut rester sous-entendue.

Ce procédé peut se réaliser aussi dans le partage judiciaire, grâce à la licitation ; quand le partage est judiciaire, l'immeuble doit nécessairement être licité, l'expertise ne pouvant être employée parce qu'elle a légalement pour but le lotissement et non l'attribution ; mais la licitation effectuée, le prix tenant lieu de valeur estimative, on peut procéder comme j'ai dit : on porte à la masse active le montant du prix d'adjudication, déduction faite du montant de l'hypothèque que l'adjudicataire devra payer directement aux créanciers : c'est toujours l'attri-bution sous-entendue de la dette.

Que les héritiers acceptants soient tenus envers les créanciers du paiement des dettes pour leur quote-part héréditaire, rien de plus naturel, les créanciers n'ayant pas à se préoccuper des conventions que les héritiers font entre eux ; mais que ce passif se partage de plein droit entre les héritiers alors qu'il est évident qu'il ne peut l'être tout entier, puisque la partie toujours la plus considérable, le passif hypothécaire, ne peut l'être, c'est ce qu'on ne comprend pas. La théorie romaine des obligations est sans doute admirable, à la condition qu'on n'en fasse qu'un moyen d'interpréter les conventions : elle détermine par une

analyse très délicate et subtile le droit du créancier et l'obligation du débiteur. Le tort est tout au moins d'en faire un
système de partage ; on n'aboutit qu'à laisser sans règlement
le passif, de même que les créances. La division de plein droit
n'est qu'un mot, une métaphore : il n'y a pas de partage effectif,
puisque l'indivision ne cesse pas ; ce qui devrait avoir lieu de
plein droit, ce n'est pas le partage, mais bien la séparation des
patrimoines du défunt et de l'héritier ; c'est-à-dire, l'inverse du
principe posé par la loi qui oblige à demander cette séparation,
alors qu'il n'y aurait réellement qu'à la constater en fait. Lisez
les articles du code.

« 877. Les titres exécutoires contre le défunt sont pareil-
« lement exécutoires contre l'héritier personnellement ; et
« néanmoins les créanciers ne pourront en poursuivre l'exé-
« cution que huit jours après la signification de ces titres à la
« personne ou au domicile de l'héritier. » — « 878. Ils peuvent
« demander, dans tous les cas, et contre tout créancier, la
« séparation du patrimoine du défunt d'avec le patrimoine de
« l'héritier. » — « 879. Ce droit ne peut cependant plus être
« exercé lorsqu'il y a novation dans la créance contre le défunt,
« par l'acceptation de l'héritier pour débiteur. — « 880. Il se
« prescrit, relativement aux meubles, par le laps de trois ans.
« A l'égard des immeubles, l'action peut être exercée tant
« qu'ils existent dans la main de l'héritier. » — « 881. Les
« créanciers de l'héritier ne sont point admis à demander la
« séparation des patrimoines contre les créanciers de la suc-
« cession. » — « 1271. La novation s'opère de trois manières :
« 1° Lorsque le débiteur contracte envers son créancier une
« nouvelle dette qui est substituée à l'ancienne, laquelle est

« éteinte ; 2° Lorsqu'un nouveau débiteur est substitué à l'ancien
« qui est déchargé par le créancier ; 3° Lorsque, par l'effet d'un
« nouvel engagement, un nouveau créancier est substitué à
« l'ancien, envers lequel le débiteur se trouve déchargé. » —
« 1273. La novation ne se présume point ; il faut que la volonté
« de l'opérer résulte clairement de l'acte. »

Quand on partage, il n'y a pour le paiement du passif de
procédé vraiment pratique que celui qui consiste à prélever,
c'est-à-dire à laisser une partie des biens indivis d'une valeur
suffisante pour le payer, soit à en charger les intéressés ou même
un tiers adjudicataire pour des portions que seules les circonstances permettent de déterminer, témoin le passif hypothécaire.

On peut faire une objection : les créanciers ne sont pas tenus
d'accepter ces combinaisons et peuvent poursuivre directement
chaque cohéritier pour sa quote-part. Il est facile d'y répondre :
à leur égard, rien n'est changé ; le créancier hypothécaire n'a
rien à craindre si sa garantie est bonne ; quant aux autres
créanciers, ceux qui n'ont pas de garantie immédiate, il est sans
exemple dans la pratique d'en voir un refuser celle qu'on lui
donne, la délégation sur des biens déterminés résultant de
l'affectation spéciale, alors qu'elle n'entraîne pas de novation,
c'est-à-dire de changement dans le droit, alors qu'elle laisse au
créancier tous les droits que lui donne la loi : cette délégation
n'est jamais acceptée expressément par les créanciers et n'a pas
besoin de l'être, mais si elle l'était, elle ne le serait évidemment
qu'avec l'indication qu'elle n'opérera pas de novation ; c'est
toujours prudent, malgré l'article 1273 ; avec l'interprétation
juridique des conventions tout est à craindre, et l'on n'est jamais
sûr de rien.

Le principe de la défalcation du passif est le seul pratique pour la liquidation, il est nécessaire pour la transformation des fractions primitives en proportions; il aboutit à faire supporter le passif, pour une portion correspondante à leur droit, par tous ceux qui ont une quote-part sur l'ensemble, que ce soient des héritiers, ou des légataires soit universels, soit à titre universel ; en permettant de régler le passif par voie de prélèvement en masse ou par tout autre moyen, il offre l'exacte application de cet autre principe que les théoriciens ont toujours à la bouche : « *Bona non intelligentur, nisi deducto aere alieno* », et qu'ils appliquent si mal, puisqu'il n'est que la définition latine de l'actif net ; on pourrait croire que chez nous personne ne connaît plus le latin ; il est vrai qu'il n'est pas nécessaire de le connaître pour comprendre qu'un défunt ne peut laisser à ses héritiers ou à légataires, que la valeur d'un actif net.

Pour conclure, redisons que le partage de plein droit, qu'il s'agisse de l'actif ou du passif, est du pur galimatias tiré du droit romain ; c'est la négation du partage et la continuation de l'indivision. Rien n'est réglé après une opération aussi simple, on a seulement réaffirmé, sous une forme ridicule puisqu'elle est absurde, que chaque cohéritier doit en définitive, recevoir sa part de l'actif et supporter la part correspondante du passif héréditaire.

CHAPITRE III

ANALYSE DE LA PARTIE DOUBLE

La méthode pratique telle qu'elle est, n'existe pas d'aujourd'hui; elle nous a été transmise, elle est à peine différente de ce qu'elle était sous l'empire de la Coutume de Paris; nos anciens nous l'ont léguée dans sa forme à peu près définitive, en tous cas dans son idée entière; aussi, pour en donner la vue d'ensemble nécessaire, n'ai-je pas cru pouvoir mieux faire que tâcher d'en exposer l'origine immémoriale.

La formation des lots est évidemment l'idée première, mais aussi l'idée rudimentaire du partage. Dans le droit coutumier, le principe du lotissement s'exprimait pour les successions par cet adage de Loisel, *Institutes coutumières*, livre II, titre VI, règle 1 : « Qui demande partage fait les lots, et coutumièrement « l'aîné lotit, le puîné choisit. » Et cet autre pour la communauté, livre III, titre III, règle 4 : « Qui demande partage doit « faire les lots. » Ces adages cependant n'étaient pas communs à toutes les Coutumes, et dans celles qui ne les admettaient pas, à ce que nous dit Eusèbe de Laurière, le commentateur de Loisel, les lots devaient être faits du consentement de tous les héritiers et jetés au sort. Il me serait dur de contester de pareilles autorités, surtout à la première citation : je tiens seulement à faire remarquer qu'on chercherait vainement dans le texte réformé de la Coutume de Paris, aussi bien que dans l'ancien, le mot lot ou son synonyme; quant au tirage au sort, il n'y en a jamais été question non plus. Sur l'article 305 de la Coutume de Paris, Tronçon s'exprime ainsi : « La Coutume « de Paris n'a rien ordonné des partages, prisées et estimations « des héritages et maisons, tant des villes que des champs, et « de ce qui doit être observé par les particuliers; ce qui n'a pas « été obmis dans la Coutume d'Anjou, Bretagne, Berry, Nor-« mandie, Titre de Partage d'Héritages; pour savoir comment « les partages se doivent faire en nostre Coustume, voyez « Baquet, chapitre 26, des droits de justice. » Mais Baquet, et Tronçon après lui, n'ont vu que les formalités judiciaires.

Admettons cependant, jusqu'à plus ample informé, qu'à l'époque de la rédaction des Coutumes, le lotissement avec ou sans tirage au sort fut, à Paris même, la forme habituelle des partages; cela devait tenir à ce qu'ils ne comprenaient que des immeubles, alors que la propriété mobilière était vile, que les prélèvements à opérer étaient indépendants de tous comptes et portaient sur une fraction des immeubles : ainsi dans la Coutume de Paris, par le douaire coutumier, la femme avait l'usufruit de la moitié des héritages (lisez immeubles) que le mari tenait et possédait au jour des épousailles et bénédiction nuptiale, et de la moitié de ceux qui lui advenaient en ligne directe depuis la consommation du mariage, sans aucune charge des dettes postérieures; ce qui revient à dire : l'usufruit de la moitié des immeubles du mari. Mais le douaire coutumier, pratiquement, a toujours été exceptionnel ; pour que la femme n'y eût pas droit, il suffisait que le contrat de mariage contînt la stipulation d'un douaire préfix, celui d'une somme déterminée à prendre sur les biens du mari, ou d'une rente. Le douaire préfix faisait s'évanouir le douaire coutumier, sans même qu'il en fût question, à moins qu'une clause expresse ne le maintînt (art. 261 de la Coutume de Paris : Femme douée de douaire préfix ne peut demander douaire coutumier, s'il ne lui est permis par son traité de mariage). Or, à Paris du moins, dans tous les contrats de mariage faits durant la période intermédiaire de la Révolution au Code civil, et même auparavant, que j'ai pu voir, en bien petit nombre du reste, j'ai trouvé la stipulation d'un douaire préfix par cette formule : « Le « futur époux a doué et doue la future épouse d'une somme « de. . . . . . (en rente) », sans la moindre prévision du douaire coutumier.

Il pouvait en être de même, c'est-à-dire le lotissement était encore théoriquement possible, malgré le préciput du fils ainé portant, d'après le texte de la même Coutume au titre des fiefs, sur le manoir principal, avec la basse-cour contiguë et l'enclos d'un arpent de terre y attenant que par une image naïve, on appelait le vol du chapon. Ce préciput n'était pas tout le droit d'aînesse ; la part de l'aîné comprenait en outre, quand il n'y avait que deux enfants, les deux tiers, et quand il y en avait plus de deux, la moitié des fiefs et héritages tenus noblement, le droit d'aînesse n'existant pas sur les terres tenues en roture, les censives. De nos jours, le droit d'ainesse a disparu de même que le douaire, mais le père et la mère peuvent avantager l'un de leurs enfants, l'aîné ou un autre, de la quotité disponible de tous leurs biens, c'est-à-dire de la part dont la loi leur permet de disposer même au profit d'un étranger. D'après le § 1 de l'article 913 du Code civil, la quotité disponible, quand il y a deux enfants, étant d'un tiers, l'enfant avantagé reçoit deux tiers tandis que l'autre n'en a qu'un; quand il y a trois enfants ou plus, la quotité disponible est d'un quart : supposons-en trois, l'enfant avantagé reçoit la moitié de tous les biens, tandis que les deux autres se partagent l'autre moitié. — 913, § 1 : « Les libéralités, soit par actes entre vifs, soit par testament, « ne pourront excéder la moitié des biens du disposant, s'il ne « laisse à son décès qu'un enfant légitime; le tiers, s'il laisse « deux enfants; le quart, s'il en laisse trois ou un plus grand « nombre. » Les parents peuvent donc ainsi constituer à l'un de leurs enfants un véritable droit d'aînesse, plus important que l'ancien, puisqu'il se réalise aujourd'hui sur tous les biens de leur succession, sans distinction de biens nobles et de biens roturiers; ils instituent ainsi un aîné qui n'aura plus, il est vrai, le vol du chapon, mais un arpent de terre n'est qu'une misère, et dans le partage des biens ruraux, les bâtiments sont toujours comptés pour peu, leur valeur étant essentiellement relative, d'autant plus que ce sont assez souvent des bicoques. Il est bien certain que la disposition de la quotité disponible au profit de l'aîné n'est pas habituelle à Paris, mais l'usage existe encore aux anciens pays de droit écrit, où l'aîné, dans les campagnes, est régulièrement avantagé d'un préciput : c'est une coutume à laquelle le paysan dont La Bruyère a jugé l'âme d'après la peau et M. Zola d'après la sienne, est très attaché encore.

Supposons le père mort. Autrefois, après la détermination

des biens immeubles du mari sur lesquels le douaire de la veuve devait s'appliquer, et après le prélèvement du préciput de l'aîné opéré en nature, c'est-à-dire après distraction du manoir principal et du vol du chapon, il ne restait plus à fractionner que des terres faciles à diviser et à lotir. Et pourtant le partage, même ainsi entendu, n'a pu guère être que théorique, par cette raison que lorsqu'il ne comprenait qu'un seul héritage rural, une exploitation ou un fief, il aurait produit le morcellement qu'aujourd'hui encore, d'instinct, les familles évitent comme la ruine, à moins qu'elles ne puissent faire autrement.

On peut inférer de ce qui se passe aujourd'hui à ce qui devait se passer autrefois : un héritage rural échoit à quatre enfants ; l'aîné a été avantagé de la quotité disponible, il a donc droit à un quart du tout, plus un quart des trois autres quarts : sa part est à celle de chacun de ses cadets comme 7 est à 3. Après la mort des parents, l'aîné paie la part des autres, ou la complète s'ils ont été dotés, c'est-à-dire s'ils sont mariés, et si les autres acceptent, peut ainsi parvenir à conserver l'héritage paternel intact, mais bien souvent lourdement grevé d'hypothèques. Il n'y a pas de raison pour qu'autrefois il n'en fût pas ainsi.

Quoi qu'il en soit, de très bonne heure certainement, les complications des textes et des faits conduisirent la pratique à substituer au principe du lotissement celui des attributions, au procédé du fractionnement de l'ensemble en parties égales celui de l'abandon successif, c'est-à-dire un par un, de tous les biens déterminés qu'il y a lieu de partager, et lorsqu'il s'agit de biens ruraux déjà morcelés, de tous les lopins de terre compris dans l'indivision, à l'un ou à l'autre des copartageants ; ainsi la valeur

de chaque bien attribué s'imputait sur celle de la part de l'attri-
butaire, le mot lot pouvant parfaitement s'appliquer à l'ensemble
des abandonnements faits à chacun des copartageants ; mais si
le système des lots a été jamais exclusivement pratiqué à Paris,
il n'était déjà plus observé depuis bien longtemps quand le
Code civil fut promulgué. Le total des attributions n'est en
somme qu'un lot formé par décomposition et en détail ; bien loin
donc d'être une forme inférieure, l'attribution est la forme
rationnelle et large, qui par sa souplesse permet de réaliser
des partages pour lesquels la forme primitive du lot ne suffit pas.

On se ferait pourtant de la méthode pratique une idée bien
superficielle, si l'on croyait que toute son originalité consiste
dans la décomposition du lot ; l'idée est autrement profonde, et
en réalité, dès l'origine, les deux systèmes du partage en nature
et du partage par attribution ont été diamétralement opposés.

Le partage en nature, définition exacte du partage au moyen
de lots, n'éveille que l'idée de fractionnement ; aussi est-il
uniquement basé comme méthode de calcul sur le système des
fractions, par moitié, par tiers, par quart, etc., c'est-à-dire par
simples quotités. Ce système est celui que le Code civil adopta :
en théorie, il est très simple ; le rapport des immeubles étant
opéré en nature et celui des meubles en moins prenant, on
comprend aisément comment, ce dernier étant compensé immédiatement par un prélèvement préalable au partage, ce qui
reste peut être fractionné en lots. Dans ce système, le passif
aussi se fractionne entre les héritiers qui en sont tenus chacun
pour une part égale à celle qu'il prend sur l'actif, mais ce fractionnement ayant lieu de plein droit, nous savons que théoriquement dans le partage il n'est point question du passif, malgré

l'article 870 C. C. : « Les cohéritiers contribuent entre eux au
« paiement des dettes et charges de la succession, chacun dans
« la proportion de ce qu'il y prend. » Pour régler cette contribution, la loi emploie bien ici le mot de proportion mais si l'on
veut saisir la pensée du législateur, c'est fraction qu'il faut lire ;
proportion, fraction, tout cela ne revient-il pas au même pour
un brave homme de législateur ?

C'est l'idée romaine du partage, malgré que pour le passif le
principe romain de la *part virile*, c'est-à-dire par tête d'héritier,
ait fait place à celui de la *part héréditaire*, unissant par la
même fraction le droit à l'actif et la charge du passif : en droit
romain, il y avait une différence entre la part virile et la
part héréditaire, la portion des biens à recevoir pouvant être
différente pour les héritiers institués par testament, de
même qu'elle peut l'être effectivement de nos jours pour les
légataires qui ne tirent leur droit que de la volonté du testateur,
comme à Rome les héritiers institués, tandis que la qualité
d'héritier tient chez nous uniquement à la naissance : En France
on fait des légataires, on ne fait pas des héritiers par testament ;
Dieu seul fait les héritiers, disait le vieil adage. C'est d'ailleurs,
au point de vue du partage, une pure question de mots dont il
ne faut pas s'exagérer l'importance, le quart revenant à un légataire n'étant pas sensiblement différent de celui qui revient à
l'héritier.

Ce qui fait différer Rome antique et Paris, c'est l'usage : En
France, en règle générale, les gens qui ont des enfants ne font
pas de testament, et l'on ne saurait les en blâmer puisque le
testament ne leur servirait guère qu'à déshériter leurs enfants ;
ils le peuvent en partie, mais ils se gardent bien de le faire.

A Rome, un homme ayant des enfants pouvait par son testament instituer des héritiers, comme nous, si nous n'avons pas d'enfants, nous faisons des légataires. Supposons un Romain ayant institué deux héritiers, sans fixation de part : il avait deux immeubles représentant par leur valeur, l'un les 3/4 de sa succession, l'autre 1/4 ; il les attribuait à chacun de ses héritiers institués, et chacun de ceux-ci, malgré la différence de valeur de ce qu'il recevait, était tenu de moitié des dettes : c'était la part virile. Nos législateurs ont donc simplifié le système romain en l'adoptant, car tous les juristes enseignent que c'est par suite d'une erreur seulement, que l'article 873 du Code civil parle de *portion virile* au lieu de *portion héréditaire*. « 873. — Les « héritiers sont tenus des dettes et charges de la succession, « personnellement pour leur part et portion virile, et hypothé- « cairement pour le tout; sauf recours, soit contre leurs cohé- « ritiers, soit contre les légataires universels, à raison de la part « pour laquelle ils doivent y contribuer. »

« Les héritiers sont tenus personnellement, nous dit Colmet « de Santerre (Manuel élém. de D. C. 1885, t. II p. 87), c'est-à-dire « obligés envers chaque créancier, chacun pour sa *part héré-* « *ditaire*; la dette se divise entre eux dans la même proportion « que l'hérédité. — Exemples : Deux fils héritiers : chacun d'eux « doit moitié de chaque dette. — Un père et un frère héritiers : « le père doit un quart de chaque dette, et le frère trois quarts. « — L'article 873, qui établit cette division, emploie une expres- « sion impropre : part virile, qui signifierait part calculée *pro* « *numero vivorum*, par tête. L'inexactitude de l'expression « est démontrée par l'article 1220 qui divise les dettes dans la « proportion dans laquelle les héritiers représentent le débiteur,

« et il est constant qu'ils le représentent *pro portione heredi-taria.* » Grâce à cette légère rectification, le partage légal devient donc, apparemment, d'une simplicité exemplaire.

Eh bien, n'en déplaise aux théoriciens, cette simplicité apparente est l'achoppement de notre système légal ; avec la division de plein droit du passif, qu'il s'agisse de portion virile ou de portion héréditaire, le partage devient impossible, et je dis au lecteur, s'il est versé si peu que ce soit dans la pratique judiciaire : Vous savez bien que les partages ne se font pas ainsi et vous n'osez pas vous en plaindre.

Il ne manquera pas de gens pour me demander ce qui se passait à Rome ; à ceux-là je répondrai d'abord que ce qui se passait à Rome m'intéresse infiniment moins que ce qui se passe dans mon pays ; ensuite, que les Romains étaient probablement affligés de la déplorable cacophonie dont nous sommes dupes, puisque ce sont leurs admirateurs qui nous en ont dotés, en leur empruntant leurs lumières ; il est aussi très probable qu'à Rome comme chez nous, à côté des théoriciens existaient des praticiens qui bafouillaient peut-être, mais en tout cas pouvaient prévenir ceux qui ne connaissaient pas le droit, et les mettre en garde ; dès lors, on devait très rarement trouver dans la pratique, même à Rome, des testaments sans fixation de part et contenant cependant des attributions de biens ; c'est à peu près comme si je parlais d'attributions sans liquidation : j'ai bien peur que le partage du passif par portion virile n'ait toujours été à Rome, une simple hypothèse, de même que chez nous le partage de plein droit.

Opposée à l'idée de fraction, celle de proportion se présente comme un progrès, et si le partage par attributions est aussi complexe dans son idée que simple dans l'application, c'est parce qu'à l'inverse du partage en nature il a pour base une partie double fondée uniquement sur le système des opérations décimales.

Imaginez un vaste calcul de proportion ramenant tout à des chiffres et à une commune mesure, par l'évaluation de l'actif net de l'indivision. Cette évaluation est obtenue par la défalcation de la valeur du passif sur celle de l'actif brut, opération qui nécessite l'établissement de deux masses, l'une active, l'autre passive; l'évaluation de l'actif net obtenue permet de fixer la valeur proportionnelle de la part de chaque intéressé sur ce même actif net; ce calcul aboutit à ce résultat, que le montant total du passif défalqué et de la valeur réunie des droits proportionnels de tous les intéressés sur l'actif net, est égal à la valeur brute de l'actif partageable. Dès lors la répartition des biens indivis d'après leur valeur devient aisée, c'est un simple jeu de patience.

Supposons une indivision à partager entre deux personnes, dont l'une a droit à 1/3 et l'autre à 2/3.

Tous les comptes sont arrêtés au jour où a commencé l'indivision. (Le plus souvent, je l'ai déjà dit, mais il est bon de le répéter, les comptes sont au contraire arrêtés au jour où finit l'indivision (voir chapitre 1er, page 19) ; mais il ne peut être facile de bien comprendre cette inversion que lorsqu'on connait déjà la première, celle qui résulte du principe général de la méthode.)

La valeur de l'actif est estimée à 150

Celle du passif à   30

Après défalcation il reste comme actif net 120

Dont le 1/3 est de   40

40 est la mesure commune, la proportion cherchée.

Il revient au premier copartageant qui a droit à 1/3, une valeur égale à la commune mesure, soit une valeur de. . .   40

Au deuxième qui a droit à 2/3, une valeur qui est le double de la commune mesure, soit une valeur de . . .   80

En tout, la valeur totale de l'actif net 120

Et si l'on ajoute la valeur du passif défalqué . . . : . 30

On obtient un total égal à la valeur de l'actif brut . . 150

La liquidation est faite, et la répartition consiste à reproduire cette division de la valeur de l'actif sur les biens eux-mêmes.

Si le premier copartageant en reçoit pour une valeur de 40

Et le deuxième pour une valeur de. 80

Il en restera encore pour une valeur égale à celle du passif. . . . . : . . . . : . . . . : . . . 30

Et on obtient de nouveau une valeur totale égale à celle de la masse active . . . : 150

Dans cette pratique, le passif se trouve toujours payé par les copartageants suivant leur droit sur l'ensemble, proportionnellement à leur émolument, parce qu'il est toujours réellement prélevé en masse bien qu'il ne le soit pas matériellement; le prélèvement matériel est rendu inutile par la défalcation; prélever le passif ou laisser des biens qui l'équivalent, ont donc pratiquement le même sens; il n'y a lieu de s'attacher qu'à la nature des biens affectés au paiement.

L'idée générale de la partie double qu'il faut retenir, est qu'elle repose entièrement sur une proportion calculée d'après la valeur de l'actif net; cette proportion est la commune mesure des droits proportionnels des intéressés sur l'actif net, et d'après les règles élémentaires de l'arithmétique, leur plus grand commun diviseur correspondant au plus petit dénominateur

commun des fractions primitives équivalentes ; quand les droits
de tous les copartageants sont égaux, la proportion qui les
détermine est la même que leur commune mesure, et il n'y a
qu'une seule proportion à chercher ; quand ces droits sont inégaux,
la liquidation fixe d'abord une proportion qui est seulement leur
plus petit commun multiple et en même temps, leur plus grand
commun diviseur ; et comme les fractions représentant les droits
des copartageants aboutissent nécessairement à ce plus grand
commun diviseur, ou à l'un de ses multiples indiqué par
les numérateurs, les différentes proportions qui les équivalent
sont la suite du même calcul ; en se reportant à l'exemple que
j'ai donné, la première proportion serait 40 et la deuxième 80 ;
c'est peut-être complexe comme idée, mais très simple dans
l'application.

Appelez x la proportion cherchée, A l'actif brut, P le
passif, a et b les numérateurs des fractions primitives, et vous
aurez cette formule qui vous rappellera peut-être, de pénibles
souvenirs scolaires :

$$\frac{A - P}{x} = \frac{a + b}{1} \quad \text{d'ou } x = \frac{A - P}{a + b}$$

$$\text{En effet} \quad \frac{150 - 30}{x} = \frac{1 + 2}{1}$$

$$\text{D'ou } x = \frac{150 - 30}{1 + 2} = \frac{120}{3} = 40$$

La méthode de la liquidation consiste, dès l'établissement
de la masse active, à passer des biens eux-mêmes à leur valeur,
sur laquelle s'opèrent tous les calculs qui aboutissent à la
répartition de la valeur totale de l'actif, après la proportion

obtenue. Le partage a son point de départ dans la répartition de la valeur totale de l'actif, qui est le point d'arrivée de la liquidation ; il consiste uniquement à reproduire cette répartition sur les biens indivis ; par conséquent, il repasse de la valeur des biens aux biens eux-mêmes ; le passif se trouve compris dans la répartition comme il s'est trouvé compris dans le calcul de la proportion ; c'est ainsi que le total de la répartition effective doit être le même que celui de la masse active, par conséquent de l'actif brut.

Répartition d'abord de la valeur de l'actif, puis répartition de l'actif lui-même, telle est, dans sa plus simple expression, la partie double complexe dont une proportion est le lien. Proportion et non point fraction, voilà le principe de l'usage qui nous est venu de la Coutume de Paris, le mot du problème dont des milliers de volumes ont fait une énigme, ce qu'il faut approfondir pour comprendre, ce qu'on devra chercher dans cet ouvrage puisque le montrer est son but. Mais c'est assez généralisé, replongeons-nous dans la réalité de la pratique.

RÈGLE GÉNÉRALE DU PARTAGE.

Le partage ne consiste réellement que dans les attributions aux divers intéressés, et les dispositions prises pour l'acquit du passif.

Règle générale de l'Attribution.

Dans la liquidation, le caractère et les effets des rapports sont, pour ainsi dire, suspendus : tous les rapports figurent dans la masse active : celui de l'immeuble dû en nature fait considérer cet immeuble comme un élément de l'actif existant, tandis que celui d'une somme, par exemple, la fait considérer comme une créance échue de la succession sur l'héritier ; tout cela revient au même : c'est ainsi que dans la liquidation il n'y a aucune différence entre le rapport en nature et le rapport en moins prenant, puisque tous deux y figurent sous la forme d'un moyen terme, le rapport en compte ; leur valeur circule dans les comptes avec celle de tous les autres éléments de l'indivision, si bien qu'un rapport entre dans la liquidation, non point comme réel ou fictif, mais toujours comme un simple chiffre n'ayant par lui-même qu'une valeur abstraite : dans la liquidation il n'y a jamais eu et il n'y aura jamais que des rapports en compte, c'est-à-dire des additions.

L'attribution seule, détermine le caractère et les effets du rapport : elle peut transformer un rapport dû théoriquement en nature en un rapport en moins prenant, et, inversement, un rapport dû théoriquement en moins prenant en un rapport en nature : Ainsi, l'attribution de l'immeuble à celui qui en doit le rapport, fait de ce rapport un rapport en moins prenant, une imputation, tandis qu'au contraire l'attribution d'une somme à un autre que celui qui la doit, fait du rapport de cette somme un rapport en nature, en ce sens qu'après le partage le débiteur devra la solder, sans oublier de demander quittance. Le lecteur peut maintenant, si le cœur lui en dit, essayer de comprendre la définition amphigourique donnée par M. Amiaud du rapport en quelque sorte fictif (page 23); mais s'il n'y parvient pas encore il ne faut pas qu'il insiste, car moi j'ai désespéré de jamais comprendre, et je vais vous dire pourquoi : quand je soupçonne avoir compris, je ne comprends plus la définition que M. Amiaud donne du rapport en nature.

Acquit du passif.

Pour acquitter le passif, il est fait une affectation spéciale de biens déterminés d'une valeur égale, qui devront être employés au paiement; un pouvoir est donné généralement à l'un des intéressés, pour le réaliser.

Grâce à la répartition préalable de la valeur de l'actif brut, grâce à la liquidation, il est parfaitement indifférent pour le résultat, que le partage commence par le prélèvement du passif ou finisse par ce qui en tient lieu. L'affectation au passif consiste exactement à laisser dans l'indivision les biens destinés à le payer : sans être un prélèvement matériel, elle y équivaut, puisque si on ne prélève pas on laisse les biens qui sous une autre forme seraient prélevés. La méthode pratique opère donc le prélèvement en masse du passif dans le partage, alors que la loi a supposé sa division de plein droit.

Si les biens affectés au passif sont laissés dans l'indivision, il ne faut pas les confondre cependant avec ceux qui ne sont pas compris dans le partage, quelle qu'en soit la raison, car le partage peut n'être que partiel. Cette confusion serait facile, si on ne tenait compte que des mots, parce que dans la pratique l'expression : biens laissés dans l'indivision, s'applique, comme du reste dans la doctrine, aux biens qui ne sont pas compris dans le partage, et non point à ceux qui sont affectés au paiement du passif.

Autre manière d'acquitter le passif.

Par l'affectation spéciale avec mandat donné à l'un des co-partageants pour la réaliser et payer le passif, on arrive pratiquement au même résultat que si la totalité du passif était ajoutée aux droits de ce même copartageant, restant ainsi seul chargé d'en faire le paiement, grâce à l'attribution des mêmes biens qui sans cela auraient fait l'objet de l'affectation spéciale ; il n'y a là qu'une différence de forme économisant aux intéressés le paiement de frais d'enregistrement. L'affectation spéciale est tarifée à l'impôt fixe de 3 fr. 75. Au contraire, l'addition du passif à la part d'un intéressé et l'attribution à lui faite des biens qui dans le premier cas font l'objet de l'affectation spéciale, seraient au point de vue fiscal les éléments d'une vente dont le montant du passif à payer serait le prix, déduction faite de la part de ce copartageant dans le passif. Or, la vente est tarifée à l'impôt proportionnel y compris les décimes, de 2 fr. 50 % s'il s'agit de meubles, et de 6 fr. 875 % s'il s'agit d'immeubles. Telle est la raison éminemment pratique qui fait donner la préférence à l'affectation spéciale avec mandat, et le fisc le sait bien.

On peut suivre cependant une autre méthode qui aboutit au partage effectif du passif, faisant cesser l'indivision entre les intéressés. Dès qu'on ne prélève plus le passif en masse, on doit le partager comme l'actif, par attributions. Il est très difficile pratiquement de le diviser en parts exactement équivalentes aux fractions primitives, sans fractionner démesurément les dettes, et c'est une raison pour laquelle, autant qu'on le peut, on s'en tient généralement au prélèvement en masse ; mais, principalement à cause de la partie du passif qui est hypothécaire, par conséquent remboursable à long terme, et qui d'ailleurs suit l'immeuble hypothéqué, il arrive que la valeur du passif total soit divisée arbitrairement en parts qui ne sont pas équivalentes aux fractions primitives ; chacun des copartageants est alors tenu envers les autres d'acquitter la portion mise à sa charge pour le paiement de laquelle sa part, augmentée d'autant, lui a valu une attribution équivalente. Dans ce cas, il paiera non plus sa part héréditaire sur chaque dette, mais certaines dettes déterminées mises spécialement à sa charge en totalité ou pour une somme fixée.

Ce moyen ne peut être qu'exceptionnel parce qu'il est difficile que la division soit exactement équivalente aux fractions primitives ; or, dès qu'elle ne l'est pas, elle a pour résultat de donner lieu lors de l'enregistrement du partage à la perception d'un impôt de vente à payer sur l'augmentation de biens excédant la part proportionnelle, l'attribution du supplément de biens correspondant à cette augmentation n'étant qu'une vente. Aussi ce moyen ne s'applique-t-il guère qu'au passif hypothécaire, comme il a été expliqué au chapitre précédent, et le seul procédé généralement employé pour le passif ordinaire est-il celui de l'affectation spéciale, avec mandat donné à l'un des copartageants, sauf encore pour la dette de l'indivision qui est une créance de l'un des copartageants ; la valeur en est généralement ajoutée au montant de la part de ce dernier qui reçoit alors une attribution totale égale à ses droits comme copropriétaire et comme créancier, ainsi réunis et totalisés.

PROCÉDÉS DE LA MÉTHODE PRATIQUE.

Importance de la formation des masses.

Le partage par attributions n'est réduit à son extrême simplicité que parce qu'il est précédé de la liquidation; celle-ci
repose elle-même entièrement sur la formation des masses qui
deviennent ainsi la base de tous les calculs. Elles servent à une
double fin : Pour la liquidation, elles permettent de déterminer
la valeur de l'actif net. Pour le partage, elles établissent, l'une
l'actif à répartir, l'autre le passif à prélever ou payer. Contenant tout, les masses deviendraient trop touffues; de là, le
besoin de les simplifier.

Simplification des masses.

Deux moyens permettent d'y arriver : 1° les observations
préliminaires; 2° la compensation en compte.

Observations préliminaires.

Pour simplifier les diverses opérations de la liquidation et
en même temps pour permettre à l'esprit exercé de saisir rapidement l'ensemble de cette œuvre souvent considérable, l'usage
s'est établi de dégager ces opérations de tout ce qui ne rentre
pas dans une énonciation pure et simple, ou du moins que le
praticien croit telle, soit de l'actif, soit du passif. Tout ce qui
peut indiquer, non point la nature de cet actif et de ce passif et
leur quantum, mais seulement leur origine, tout ce qui n'est

qu'accessoire, en un mot toutes les énonciations qui n'aboutissent pas à un chiffre sont rejetées des masses. Et c'est ainsi
que la liquidation est précédée d'observations où sont analysées
successivement toutes les questions qui se rattachent à la composition des masses, aux articles desquelles ces observations
se réfèrent par des renvois.

Compensation en compte.

La compensation légale n'a lieu que pour deux personnes à la
fois créancières et débitrices l'une de l'autre, et entre deux
sommes liquides et exigibles constituant deux dettes réciproques
qui s'éteignent à concurrence de la plus faible.

« C. C. 1289. Lorsque deux personnes se trouvent débitrices
« l'une envers l'autre, il s'opère entre elles une compensation
« qui éteint les deux dettes, de la manière et dans les cas
« ci-après exprimés. » — « 1290. La compensation s'opère de
« plein droit par la seule force de la loi, même à l'insu des
« débiteurs ; les deux dettes s'éteignent réciproquement,
« à l'instant où elles se trouvent exister à la fois, jusqu'à concur-
« rence de leurs quotités respectives. » — « 1291. La compen-
« sation n'a lieu qu'entre deux dettes qui ont également pour
« objet une somme d'argent, ou une certaine quantité de choses
« fongibles de la même espèce et qui sont également liquides et
« exigibles. — Les prestations en grains ou en denrées non
« contestées, et dont le prix est réglé par les mercuriales,
« peuvent se compenser avec des sommes liquides et exi-
« gibles. » La compensation légale, lorsqu'elle résulte d'un
partage, ne peut donc être que la conséquence de l'approbation

qui rend ce partage définitif, car jusqu'à cette approbation rien n'est parfait.

La compensation en compte consiste dans la soustraction anticipée, l'une de l'autre, de deux sommes de nature inverse, c'est-à-dire, l'une active, l'autre passive pour un même compte, par exemple, des recettes et des dépenses : la perfection et l'approbation du partage dans lequel ce compte est établi, feront produire à cette compensation les effets de la compensation légale; de provisoire, elle deviendra définitive.

Il y a cependant une nuance essentielle : La compensation légale n'a lieu que pour deux personnes à la fois créancières et débitrices l'une de l'autre. Dans la liquidation, l'entité qui représente une réunion d'intérêts, comme par exemple une succession ouverte, une communauté dissoute, bien qu'elle ne soit pas une personne morale, c'est-à-dire un être fictif ayant une individualité distincte, doit pourtant, au point de vue de la compensation en compte, être considérée comme une unité; elle entre dans tous les comptes, et pour parler très exactement, c'est à elle que tous les comptes sont rendus. L'un des copartageants rend un compte d'administration des biens d'une communauté dissoute encore indivise, et qu'il s'agit de partager; il a fait des recettes et des dépenses; on pourrait porter les premières à la masse active, les deuxièmes à la masse passive; on arrive au même résultat par une voie plus simple, en compensant les recettes et les dépenses, et en portant le solde seulement, recettes nettes ou dépenses nettes, à la masse active ou à la masse passive. On a donc fait une simplification qui ne modifie en rien les résultats de la liquidation, et qui est une compensation en compte, entre l'administateur d'un côté, et de l'autre, la communauté encore indivise, c'est-à-dire la réunion des intérêts de ceux qui à ce moment représentent cette communauté dissoute et parmi lesquels l'administrateur lui-même se trouve compris, c'est-à-dire encore la masse.

La compensation en compte, au lieu de suivre le partage, précède même la liquidation, car elle résulte toujours de la balance de comptes préalables.

Règle générale de la compensation en compte.

La compensatien en compte est le levier de la liquidation. Elle ne peut être exacte que lorsqu'elle élimine deux sommes égales, mais de nature inverse, l'une active, l'autre passive pour le même compte, en un mot, deux sommes qui dans des comptes réguliers doivent être retranchées l'une de l'autre et non pas additionnées. C'est là ce que j'entends exprimer en disant que sa seule règle est de ne pas modifier la balance des masses, le résultat de la défalcation du passif. Cette compensation n'est donc qu'un moyen de simplification.

Exemple : Supposons une indivision entre deux personnes, dont l'une a droit à 1/3 et l'autre aux 2/3. Le premier communiste doit le rapport d'une valeur de 20 qu'il a reçu antérieurement, en avancement d'hoirie. De plus, pendant le temps qui s'est écoulé entre l'ouverture de l'indivision et le partage, il a administré. Pour tout régler à la fois, on arrête les comptes au jour où l'indivision doit prendre fin. Le premier copartageant, rend son compte, non à son copartageant, mais à la masse.

Pendant son administration, il a encaissé une valeur totale
de   75

Il a payé une partie du passif qui est échue, d'une
valeur de   15

Compensation faite, le compte présente un solde actif
de.   60

La masse active comprendra :

1° Le rapport par le premier copartageant d'une valeur
de 20 qu'il a déjà reçue en avancement d'hoirie   20

2° Le reliquat actif de son compte d'administration . .   60

3° Et l'actif restant d'une valeur que nous estimons à .   70

Total de l'actif à partager   150

Le passif encore à payer est supposé de   30

Après défalcation, l'actif net se trouve de.   120

Dont le tiers est de   40

Et les deux tiers sont de   80

Nous rentrons ainsi dans l'exemple déjà donné.

Le 1ᵉʳ copartageant a droit à 40 ; il lui est attribué : 1° 20 dont
il a fait le rapport parce qu'il les a déjà touchés, et 2° 20 à
prendre sur le reliquat de son compte. Il restera donc débiteur
sur ce solde de compte d'une valeur de 40 dont il doit, après le
partage, le rapport en nature, c'est-à-dire le paiement.

Le 2° qui a droit à 80, recevra les 70, valeur des biens
existant en nature, et un complément de 10 à prendre sur
le reliquat du compte d'administration présenté par le premier.

Les 30 qui restent sur le solde de ce même compte sont
affectés à l'acquit du passif ; le premier copartageant en sera tenu
à l'égard de l'autre. Il va sans dire que la répartition peut être

faite autrement; cela regarde les intéressés et les créanciers, d'après les circonstances.

Règles de la compensation des reprises et des récompenses.

Toutes les balances ne sont pas des compensations. Si la pratique est simpliste et confond dans le langage, sous la même expression de balance, le résultat de toute soustraction, la confusion s'arrête là; dans la liquidation même, la balance de la masse active et de la masse passive n'opère qu'une simple défalcation de valeur déterminant l'actif net : ce n'est qu'un moyen de calcul, car le passif n'est pas payé par cela seul qu'il a été déduit.

Au contraire, la balance de tous les comptes qui précèdent la liquidation, c'est-à-dire l'établissement des masses, est une compensation équivalant au paiement : le solde seul survit, actif ou passif. Après l'exemple des comptes d'administration, en voici un autre, celui de la compensation des reprises et récompenses de chaque époux, à l'égard de la communnuté.

Pour déterminer la valeur de l'actif net d'une communauté, la liquidation doit fixer d'abord la valeur totale de l'actif brut, c'est la masse active; puis la valeur totale du passif, c'est la masse passive, et nous avons déjà posé ce principe que : la récompense due par un époux à la communauté est un actif de la communauté, tandis que, inversement, la reprise en deniers d'un époux est un passif de la communauté; cette deuxième proposition est le corollaire de la première : alors même que la reprise en deniers ne serait pas considérée comme une créance de l'époux, et que celui-ci pourrait la prélever à à titre de propriétaire, au point de vue liquidatif, il est toujours nécessaire, pour l'évaluation de l'actif net, de comprendre cette reprise dans le passif à défalquer de l'actif brut, et par conséquent de la traiter comme une dette de la communauté.

Mais on peut compenser, tout compenser, en suivant cette règle pratique, que la compensation ne doit pas influer sur l'actif net, et ni l'augmenter, ni le diminuer; sinon ce n'est plus une compensation, mais une erreur de compte.

Dès qu'il a existé une communauté, il faut distinguer aussi bien pour le mari que pour la femme, c'est-à-dire pour chacun des époux :

1° La créance qu'il a contre l'autre époux;

2° Et la créance qu'il a contre la communauté.

Et inversement :

1° La dette qu'il a envers l'autre époux;

2° Et la dette qu'il a envers la communauté.

Compensation des créances et des dettes des époux l'un envers l'autre.

Les créances et dettes des époux se compensent à concurrence de la somme la plus forte; le solde seulement constitue définitivement l'un des époux créancier et l'autre débiteur. L'application de la compensation est ici régulière, puisque entre les époux ce qui est la créance de l'un est la dette de l'autre : il y a donc compensation entre un actif et un passif pour un même compte.

Compensation des reprises et récompenses de chaque époux
vis-à-vis de la communauté.

Bien qu'il n'y ait toujours que les deux époux en présence, et que la communauté soit pour eux simplement un fonds commun et non une personne morale, pour respecter les droits des tiers et régler les droits des époux par des comptes réguliers, il est nécessaire de distinguer ce fonds commun de celui qui appartient en propre à chacun des époux, et en réalité, tous les comptes doivent être établis comme s'il existait trois personnes distinctes, les deux époux et la communauté. C'est une nécessité pratique pour déterminer la valeur de l'actif net de la communauté. La doctrine du reste est de cet avis : « Bien qu'on puisse dire que la masse c'est la communauté et que la communauté ce sont les époux, il n'en résulte pas, dit M. Laurent, tome 22, que les époux débiteurs de la masse le seront l'un envers l'autre; le texte même du code le dit, il faut distinguer les récompenses que les époux doivent à la communauté et les dettes dont l'un est tenu envers l'autre. » Et M. Laurent conclut que la masse ne se confond pas avec les époux. Il faut donc avant tout et pour chaque époux liquider séparément ses reprises et récompenses vis-à-vis de la communauté, et les compenser.

Si comme il arrive souvent, chaque époux est à la fois créancier de reprises et débiteur de récompenses, il ne sera créancier ou débiteur définitif que par le résultat de la compensation de ses reprises et récompenses, dont la différence, la balance, le constituera définitivement créancier ou débiteur de la communauté. Ici encore il y a compensation d'une créance et d'une dette entre l'un des époux et la communauté. Cette compensation est régulière, elle a lieu entre un actif et un passif de communauté, elle ne modifiera donc pas la balance des masses de communauté; aussi se réalise-t-elle toujours (à moins qu'il ne s'agisse de récompenses relatives à un avancement d'hoirie : celles-là ne peuvent jamais être compensées, parce que pratiquement elles sont toujours *indéterminées*, ceci pour mémoire).

La cour de Rouen cependant s'y est trompée, et elle n'est pas la seule. Voici le cas : (Voir Laurent, tome 22, n° 488.) Une femme meurt après avoir institué un légataire de tous ses immeubles, et légué tous ses biens meubles à son mari commun en biens; le mari meurt peu de temps après, faisant ses deux sœurs légataires universelles.

La femme avait des reprises à exercer sur la communauté et elle devait des récompenses; mais comme les reprises étaient supérieures aux récompenses, leur compensation constituait la femme définitivement créancière de la communauté, pour l'excédent des reprises sur les récompenses. La cour de Rouen n'admit pas le principe de cette compensation, et laissant à la femme ses reprises totales, elle mit les récompenses dues par elle à la charge de ses légataires à titre universel et par conséquent pour une partie à la charge du légataire des immeubles. La Cour de Cassation, le 15 mai 1872 (Dalloz, 72-1-197; Sirey, 1872-1-313), en cassant cet arrêt, a posé des principes qui consacrent la règle de la méthode pratique. D'après cet arrêt, lorsqu'il y a lieu de partager en même temps une communauté et la succession de l'un des époux, on doit d'abord établir la masse active et la masse passive de la communauté telles qu'elles étaient composées au moment de sa dissolution, afin de fixer la valeur de la part qui revient à la succession dans l'actif net de la communauté : l'arrêt dit improprement « afin d'attribuer s'il y a lieu, à la succession, la part qui lui revient dans la communauté ». Parmi les éléments de la masse active ou passive, figurent les sommes dont les époux sont créanciers à titre de reprises ou débiteurs à titre de récompenses. Il faut donc une liquidation préalable qui établisse cette qualité de créancier ou de débiteur, elle ne peut résulter que de la balance faite entre le total des reprises et le total des récompenses. Si la balance démontre que lors de la dissolution de la communauté le montant des reprises de la femme excédait le montant des récompenses dues par elle, il s'ensuit qu'elle était, non pas débitrice, mais créancière de la communauté.

La compensation des reprises et récompenses de chaque époux donnera donc, soit un reliquat actif, reprises en deniers nettes sur la communauté, soit un reliquat passif, récompenses nettes dues à la communauté. *Le résultat de cette compensation, qu'il soit actif ou passif, doit toujours figurer à la masse correspondante de la communauté.* (Voir ch. 2, page 29.)

1re conséquence : Supposons pour chaque époux une reprise nette. La compensation des reprises nettes des époux serait une erreur de compte, parce que les reprises nettes des époux sont un passif de communauté, par conséquent des valeurs de même sens, entre lesquelles, au point de vue liquidatif, il peut bien y avoir addition, mais non soustraction; en les compensant, on augmenterait le reliquat de la balance finale des masses de communauté du montant total des sommes compensées; on fausserait donc le calcul de la valeur de l'actif net, en augmentant cette valeur du même total. Par conséquent, pour la régularité des comptes, si la liquidation des reprises et récompenses donne pour chaque époux une reprise nette en deniers, les reprises nettes des deux époux doivent dans la liquidation de la communauté figurer à la masse passive.

2e conséquence : Supposons maintenant à la charge de chaque époux une récompense nette. La compensation des récompenses nettes de chaque époux serait une erreur de compte. C'est l'inverse du cas précédent, mais la question est la même. Les récompenses nettes des époux sont un actif de communauté et en les compensant on diminuerait du montant total des sommes compensées le reliquat de la balance finale des masses de communauté ; on fausserait donc la valeur de l'actif net, en diminuant cet actif de la même somme totale. Et par conséquent, quand chacun des époux est par la liquidation des reprises et récompenses constitué définitivement débiteur envers la communauté, d'une récompense nette, les récompenses des deux époux doivent figurer à la masse active de communauté.

3° conséquence : Supposons maintenant l'un des époux créancier d'une reprise nette et l'autre débiteur d'une récompense nette. Il serait absurde de compenser ces deux sommes, bien que le résultat final de la balance des masses n'en dût pas être modifié, parce qu'il s'agit non de comptes entre les époux, mais de compte entre chacun des époux et la communauté.

DÉFALCATION DU PASSIF, COMPENSATION EN COMPTE ET BALANCE.

La méthode tire ainsi de la règle arithmétique de la soustraction trois notions qu'il est essentiel de ne pas confondre,
et sur lesquelles je n'hésite pas à me répéter :

1° La défalcation du passif sur l'actif brut, le principe même
de la liquidation; elle ne peut résulter que de la balance des
deux masses ou de leurs subdivisions quand elles sont nécessaires,
et ne sert qu'au calcul de la valeur de l'actif net, en opérant la
soustraction d'un chiffre sur un autre : elle n'est pas une soustraction définitive, car elle n'a aucun effet réel sur l'actif et le
passif, elle ne les augmente ni les diminue, son rôle s'arrête à
la liquidation où elle détermine seulement un chiffre abstrait
sur lequel on se basera pour transformer les droits des copartageants en sommes proportionnelles; elle n'est donc que le
moyen de calcul nécessaire pour déterminer la proportion
qui est la commune mesure facilitant la répartition de l'actif.

2° La compensation en compte, procédé n'ayant qu'un but
de simplification, et que j'ai qualifié de levier de la liquidation.
Elle est une soustraction réelle et définitive dont le reliquat
seul survit, actif ou passif : elle ne doit pas modifier le résultat
de la défalcation du passif, et cependant elle diminue toujours
d'une somme égale le montant des deux masses. Elle résulte de
la balance de tous les comptes établis antérieurement à la formation des masses, dans le but de ne porter à celles-ci que des
chiffres définitifs. Ces chiffres figurent suivant le cas dans la
masse active ou passive : ils y opèrent un effet réel pour le partage. S'ils représentent un actif, c'est une créance qui fait partie

des biens indivis et que l'on partage. S'ils représentent une dette, ils augmentent le passif qui d'une manière ou d'une autre est toujours prélevé. Les comptes les plus communs se réglant par compensation sont les comptes d'administration, et la liquidation même des reprises et des récompenses de chacun des époux à l'égard de la communauté.

3° La balance qui est l'opération mécanique de toute comptabilité, le moyen de réaliser soit la défalcation du passif, soit la compensation en compte.

UTILITÉ DE LA MÉTHODE.

La transformation que cette méthode opère dans la forme générale du partage a sa raison d'être essentielle dans sa nécessité pratique.

Au point de vue du liquidateur :

La liquidation réduisant tout à des chiffres permet de résoudre tous les cas qui se présentent, depuis le plus simple jusqu'au plus complexe ; son cadre élastique les embrasse tous. Le procédé primitif des prélèvements immédiats et du lotissement du surplus est loin d'avoir la même souplesse. Praticable dans les partages très simples, non seulement il cesse de l'être dans les partages difficiles où sa simplicité théorique ne produit pratiquement qu'une confusion inextricable, parce qu'au lieu de simplifier, il complique tout ; mais lorsqu'il est possible, il est souvent gênant et cela toutes les fois que le praticien, en raison même non pas des difficultés du partage seulement, mais de l'étendue des comptes, de l'accumulation des chiffres, a besoin d'une méthode sûre qui le dirige et le préserve des erreurs. Avec le système des prélèvements immédiats, il n'y a pas de contrôle, l'erreur est toujours possible, et on ne peut pas nécessairement s'apercevoir de son existence. Avec la méthode générale, au contraire, toutes les opérations peuvent être contrôlées ; l'erreur, si elle existe, est prouvée par ce seul fait que les comptes ne cadrent pas ; le praticien sûr qu'elle existe n'a plus qu'à la chercher. On ne peut sans y être passé avoir une idée de l'ennui que cause une erreur matérielle, cette erreur invisible que l'on ne sait où trouver dans le fouillis des chiffres, alors que souvent elle devrait sauter aux yeux ; l'exaspération qu'éprouve un bon vieux qui cherche partout ses lunettes, et quand il désespère de les trouver, s'aperçoit qu'elles sont sur son nez et qu'il les a seulement relevées, ne peut en donner qu'une faible idée ; l'erreur matérielle, l'erreur bête, insignifiante, est banale, courante, c'est la plaie des comptes, le contrôle est la seule sauvegarde que le praticien ait contre elle ; ce sont là les petits côtés qui parfois deviennent les grandes causes : quant à moi, j'ai toujours été incapable de faire une très longue addition sans me tromper du premier jet.

Contrôle :

Le mécanisme de contrôle est très simple : il repose sur l'égalité de valeur de l'actif partageable avec : 1° le montant total des droits proportionnels des intéressés et du passif défalqué ; 2° le montant total des attributions et de l'affectation spéciale à l'acquit du passif ; le contrôle est ainsi le simple résultat de la partie double.

Au point de vue du lecteur :

On peut voir que cette méthode ne va pas sans quelques complications qui dans le partage d'une simple indivision peu importante peuvent paraître puériles ; à quoi bon cet excès d'opérations décomposées successives qui paraissent bien inutiles. L'unité réelle de ces opérations est l'une des grandes utilités de la méthode. Les subdivisions qui réduisent les masses, de même que les complications apparentes de contrôle, ont pour but et pour résultat, de permettre à l'esprit exercé de voir rapidement l'ensemble de la liquidation. Il ne suffit pas, en effet, que la liquidation soit faite, il faut qu'elle soit lue et comprise, et si l'on ne connait pas la méthode suivant laquelle elle est faite, si l'on n'est pas pénétré de ses règles élémentaires essentielles, l'esprit se perd dans cette œuvre touffue. Si l'on possède au contraire son mécanisme, en réalité si simple, on voit tout de suite en quoi la liquidation qu'on examine diffère, dans sa composition, du type général, ce qui est déjà un grand point. On le pense bien, ce que j'ai analysé jusqu'ici, c'est la liquidation dans sa simplicité, dans son innocence ; en réalité, elle est complexe et diverse ; l'essentiel est de bien se rendre compte de son cadre primitif, car c'est toujours sur ce même cadre que viennent se greffer d'elles-mêmes les opérations les plus complexes des partages.

___

CHAPITRE IV

PRATICIENS ET PRATICIENS

___

D'où nous vient donc la partie double, cette forme si simple, et même, s'il plaît aux théoriciens, si parfaite du partage ? La première partie, jusques et y compris le calcul de la proportion, est la forme dans laquelle se calculaient à Rome même toutes les quartes, la Falcidie, quarte réservée à l'héritier institué par testament, la Légitime, quarte réservée à l'héritier légitime, et les autres. Le principe de la défalcation du passif, mais on le trouve exprimé dans les Institutes de Justinien, par ces mots si clairs à propos de la Falcidie : *Ante deducitur æs alienum, item funeris impensa, et pretia servorum manu missorum.* (Institutes, livre 2, titre 22, § 3.) On retranchait d'abord le passif, les frais funéraires et la valeur des esclaves affranchis. Les Romains eux-mêmes n'avaient certainement pas inventé le principe de la soustraction, il était connu du premier homme qui fit un compte.

Un beau jour un praticien avisé constata : 1° qu'obtenir une proportion calculée après la défalcation du passif, c'était non seulement diviser l'actif net d'après cette proportion, mais encore diviser la valeur totale de l'actif brut suivant à la fois les droits fixés par cette proportion et la valeur du passif préalablement défalqué; 2° qu'il suffisait de se servir de cette division de la valeur totale, comme d'un cadre qu'on posait sur les biens indivis et dans lequel on n'avait plus qu'à les faire entrer, pour que le partage s'en trouvât réduit à son maximum de simplicité : la partie double était trouvée; de ce jour-là, elle a été pour les praticiens du droit ce qu'a été pour d'autres le fil à couper le beurre. A quelle époque remonte son heureuse invention? Là-dessus je ne puis satisfaire personne, mais je ne serais pas surpris outre mesure le jour où de savants historiens découvriraient qu'à Rome aussi, à côté des théoriciens il y avait des praticiens qui, après avoir calculé la quarte Falcidie par exemple, faisaient le partage suivant des proportions et non point suivant des fractions, car tout est là : du moment qu'ils défalquaient le passif, les Romains arrivaient comme nous, nécessairement, à la proportion sur l'actif net, équivalant la fraction primitive de l'actif et du passif : le quart de l'actif brut est une fraction; de même le quart du passif; mais le quart de l'actif net est une proportion, nécessairement, parce qu'il n'est qu'une valeur : c'est tout le principe de la partie double. Voilà l'idée pratique qui s'impose à tous ceux qui font des chiffres; elle nous expliquerait par suite de quelle tradition transmise de siècle en siècle, imposée sans effort par les civilisés aux barbares qui ne savaient pas lire, il n'a jamais été question de lots dans la Coutume de Paris; mais pour ce qui est de l'origine, ce n'est pas même une hypothèse que je fais là, ce n'est qu'une supposition, une conjecture, et je ne peux rien affirmer sans preuve; car hélas! les praticiens dont je parle

n'ont jamais écrit pour l'histoire. Quoi qu'il en soit, depuis que
la partie double est mise en application, même par simple routine, et quel que soit le nom dont on peut la baptiser, la liquidation seule devient compliquée; toutes les questions que les
théoriciens cherchent dans le partage sont déplacées et trans-
posées sous une autre forme dans les chiffres. Le résultat le plus
important est l'inversion produite dans l'idée du rapport. Il se
présente d'abord sous la forme du rapport en compte, et la
distinction du rapport en nature et du rapport en moins prenant
cesse d'être un principe, pour devenir la simple conséquence
de l'attribution aboutissant à l'obligation de livrer ou à l'imputation. En règle générale le rapport aboutit à l'imputation sur
la part du débiteur; mais comme cette imputation a lieu dans le
partage effectif, après la liquidation qui est le partage de la
valeur, pour s'exprimer exactement il faudrait dire que l'imputation du rapport s'opérant en moins prenant, les autres cohéritiers doivent, non point prélever, mais prendre plus.

Qu'est-ce que tout cela prouve, sinon qu'en matière de droit
comme en tout autre, la science qui n'est point positive reste
vaine? Les règles théoriques du partage, telles que l'École les
enseigne, n'existent qu'en imagination, puisque les règles pratiques sont différentes; cela montre que la méthode juridique
habituelle, inexacte dans la démonstration, est incertaine et
insuffisante pour l'investigation et l'observation des faits. En
m'essayant à poser des règles pratiques, n'ai-je pas réussi à fixer
la réalité? Cela prouvera ce que personne n'ignore, à savoir
que l'on peut toujours se tromper et manquer le but, si le
point essentiel n'était, avant tout, d'indiquer le but qu'il faut
atteindre.

C'est fini aujourd'hui : les théoriciens doivent — le plus tôt sera le mieux — se résigner à apprendre la pratique ou à laisser faire, car si la partie double telle qu'elle a été expliquée n'est exclusive en elle-même d'aucune forme, et pourrait peut-être à la rigueur, en laissant de côté le fractionnement de plein droit du passif, s'appliquer aussi bien au lotissement qu'à l'attribution, n'était la terrible question de l'inégalité des parts et l'obligation du tirage au sort, nous verrons cependant que l'élimination de celui-ci et même du lotissement provient d'une autre cause qui les rend impossibles matériellement : cette cause est l'imputation sur la première succession à échoir, de l'avancement d'hoirie, c'est-à-dire de la donation faite à la fois par le père et la mère, à valoir sur la part de l'enfant doté dans la succession du premier mourant des donateurs ; là est tout le secret, puisque aussi bien l'arithmétique en est un.

Mais l'avancement d'hoirie est aujourd'hui une bouteille à l'encre, si jamais il en fut : avant d'en venir à l'idée assez complexe de l'imputation égale à la part héréditaire dans la première succession échue, qui laisse le rapport à cette même succession *indéterminé*, il nous faudra d'abord bien établir la différence qui séparait autrefois la communauté coutumière de la communauté réduite aux conquêts, parce que ce genre d'imputation ne peut être séparé de ce dernier régime, pas plus qu'il ne peut l'être aujourd'hui de la communauté réduite aux acquêts ; cette matière est trop vaste pour être traitée ici, même incidemment, et je me contenterai d'expliquer comment l'usage de la liquidation a pu se perpétuer malgré le Code civil.

De tout temps, à Paris, les partages mêmes judiciaires paraissent avoir été faits le plus souvent dans les offices des notaires, non point que ces derniers en aient eu seuls le privilège, mais parce que seuls ils possédaient, avec les aptitudes professionnelles nécessaires, la connaissance des règles spéciales qui déterminent l'imputation de l'avancement d'hoirie.

Un extrait de l'*Institution au Droit Français*, par Argou, avocat au Parlement de Paris, donnera une idée nette en même temps que générale du partage tel que l'entendaient avant la Révolution tous ceux qui n'étaient pas rompus à la pratique spéciale de la liquidation. La simple lecture, sans qu'on s'efforce d'approfondir les questions non encore expliquées, donnera une teinte suffisante bien que superficielle et sera d'autant plus intéressante que la forme légale d'autrefois, telle qu'Argou l'a expliquée, est à peu de chose près la forme actuelle directement émanée de l'ancienne. L'ouvrage d'Argou, publié en 1692, que représente à peu près aujourd'hui l'*Avocat de tout le monde* par M. Cunisset-Carnot, eut beaucoup de succès, puisqu'il eut depuis de nombreuses rééditions, annotées successivement par Bretonnier, Barbier et Boucher d'Argis, avocats au même Parlement ; c'est dans la 10e édition, (1771), que l'extrait a été pris. « Livre II, chapitre 28 : *Des partages, des rapports et des dettes de la succession.* » « Lorsqu'une succession est échue à plusieurs cohéritiers, il arrive rarement qu'ils s'accordent tous ensemble pour la posséder par indivis, c'est-à-dire en commun ; c'est pourquoi on fait ordinairement des partages entre cohéritiers pour assigner à chacun les corps héréditaires qui doivent composer son lot, c'est-à-dire sa portion, afin qu'il en puisse jouir par lui-même, indépendamment des autres.

« Avant que de procéder aux partages, il faut nécessairement sçavoir en quoi consistent les biens de la succession, et pour cela il faut faire deux choses, sçavoir un inventaire de tous les meubles et de tous les titres de la succession, et obliger chaque cohéritier à rapporter à la masse des biens de la succession les choses qui doivent y être rapportées.

« Lorsque les héritiers sont tous présents, tous majeurs, et qu'ils sont d'accord ensemble, il n'est pas nécessaire de faire apposer le scellé sur les effets de la succession. Ils peuvent faire faire l'inventaire par tel notaire que bon leur semble, mais s'il y a des héritiers absents ou des mineurs n'ayant ni père ni mère, il faut pour la sûreté des uns et des autres faire apposer le scellé, afin que les titres et effets de la succession ne puissent pas être soustraits avant que l'inventaire soit achevé ; les créanciers sont aussi en droit de faire mettre le scellé, afin qu'on ne détourne pas les effets à leur préjudice ; et quand le scellé a été mis à la requête des héritiers ou d'un créancier, les autres créanciers peuvent s'opposer au scellé, et alors on ne peut ni le lever, ni procéder à l'inventaire, sans y appeler les opposants.

« *On a accoutumé de priser et estimer les meubles inventoriés et de faire mention de la prisée dans l'inventaire même, et pour cela, s'il y a diverses natures de meubles, on les fait estimer par des personnes qui sont d'une profession à en connaître le prix ; les livres par des libraires ; les lits, tapisseries et autres meubles meublants sont prisés par un huissier-priseur.* (Note de Barbier.)

« S'il n'y a ni mineurs, ni absents, ni créanciers opposants, les héritiers peuvent, si bon leur semble, partager entre eux les meubles en nature et empêcher qu'ils ne soient vendus ; mais quand il y a des héritiers mineurs ou absents, ou des créanciers opposants, alors il faut de nécessité vendre les meubles publiquement à l'encan, et le prix provenant de la vente entre dans la masse des biens qui doivent être partagés.

« *Il faut en excepter la vaisselle d'argent, qui ne peut être vendue à l'encan, mais doit être vendue à l'Hôtel des Monnaies, à moins que la veuve ou les héritiers ne la gardent pour la prisée, qui à cet égard est toujours le prix du tarif.* (Note de Boucher d'Argis.)

« Nous avons dit que la Coutume de Paris ne permet pas d'être héritier et donataire tout ensemble. Nous avons dit aussi qu'il y a de certaines coutumes, qu'on appelle coutumes d'égalité parfaite, dans lesquelles il n'est pas permis de donner à un de ses héritiers présomptifs au préjudice des autres, soit en directe, soit en collatérale. Et enfin, par le Droit romain, les enfants qui viennent à la succession de leur père sont obligés de rapporter ce qu'il leur a donné, à moins que le père ne l'ait donné par préciput, ou qu'il n'ait prohibé le rapport.

« *L'auteur en cet endroit, et (ailleurs), appelle toujours le Droit romain, le droit commun. Cependant il y a plusieurs auteurs qui prétendent que le Droit romain n'est point le droit commun de la France.* (Note de Barbier.)

« Ainsi par le droit commun, auquel la Coutume de Paris est conforme, les enfants sont obligés de rapporter à la succession du père ou de la mère les libéralités qu'ils en ont reçues ; mais ce rapport cesse s'ils veulent se tenir à leur don et renoncer à la succession.

« Dans les coutumes d'égalité, ce rapport est d'une nécessité absolue, tant en directe qu'en collatérale : *celui qui renonce à la succession est obligé de rapporter aussi bien que celui qui l'accepte.* Il est vrai que le rapport n'est nécessaire que lorsqu'il y a des cohéritiers qui le demandent, parce qu'il n'a été introduit qu'en leur faveur, et pour conserver l'égalité entre eux; d'où il résulte que s'il n'y avait que des créanciers du défunt qui voulussent obliger l'héritier du donataire de rapporter, ils n'y seraient pas recevables.

« Cela présupposé, il faut examiner quelles choses doivent être rapportées, et de quelle manière les rapports doivent être faits.

« Le fils doit rapporter à la succession de son père et de sa mère tout ce qu'ils lui ont donné, soit en argent, soit en autres effets, comme terres, rentes, charges, etc...

« Quant à la manière de rapporter, il faut faire distinction entre l'argent comptant, les offices et les autres natures de biens.

« L'argent comptant donné ou prêté par le père et la mère à leurs enfants se rapporte *rarement en nature,* l'enfant qui l'a reçu l'impute ordinairement sur sa portion, et il y a une infinité d'occasions dans lesquelles ce rapport en nature pourrait causer la ruine de ceux qui seraient obligés de le faire; les pères et les mères ne donnent pas de grosses sommes à leurs enfants pour les enfermer dans un coffre, sans en tirer aucun profit; la destination ordinaire des sommes données est d'en faire un emploi utile, pour l'acquisition d'une charge, d'une terre, d'une maison ou d'un autre immeuble, ou même pour payer les dettes d'un mari et liquider ses biens, de sorte qu'il serait très difficile de retrouver les mêmes sommes dans le temps qu'il faut faire les rapports et les partages, à moins toutefois que les autres cohéritiers aient un intérêt raisonnable et considérable que le rapport soit fait en argent comptant :

ce qui dépend de la prudence du juge pour la manière dont le rapport doit être fait. (Note de Boucher d'Argis.)

« A l'égard des offices, il y en a de trois sortes : sçavoir, les offices de la Maison du Roi, les offices domaniaux, qui ne consistent que dans la perception des droits qui y sont attachés, comme les Greffes, les Gardes des petits sceaux, etc., et les Offices de Judicature ou de Finance, qui consistent principalement dans la fonction et dans l'exercice, quoiqu'il y ait souvent des émoluments très considérables, et surtout à ceux de Finances, comme sont les Trésoriers de l'Épargne des parties casuelles, les Receveurs généraux des Finances, etc.

« Si le père a acheté un office de la Maison du Roi à son fils, ce n'est pas proprement une charge, mais de l'argent qu'il lui a donné, c'est pourquoi le prix de l'achat doit être rapporté à la succession.

« Si, au contraire, le père possédait l'office, et qu'il en ait fait pourvoir son fils, ou qu'il en ait obtenu la survivance du Roi, il n'y a, en ce cas, nul rapport ; car, comme ces sortes d'offices périssent par la mort du titulaire, qui ne les peut jamais vendre, que par la permission expresse du Roi, ou du chef duquel ils dépendent, ils ne sont point sujets aux règles des successions, des partages, ni des rapports.

« Les offices domaniaux, au contraire, ne sont pas proprement des offices ; les propriétaires, la plupart du temps, ne les exercent pas, et se contentent d'en tirer le revenu ; c'est pourquoi il les faut mettre au rang des autres immeubles.

« Il n'y a donc que les offices de Judicature et de Finance qui soient sujets à une jurisprudence particulière, au sujet des rapports.

« La première règle est qu'on n'oblige jamais l'enfant qui en a été pourvu, de les rapporter *en nature* ; il serait trop dur de dépouiller un officier de sa charge, de le réduire à mener une vie privée, et de lui ôter le rang et les prérogatives que son office lui donne ; on ne le peut jamais contraindre à s'en démettre, qu'en lui faisant son procès pour prévarication, ou pour quelque autre cause qui mérite une peine infamante.

« La seconde règle est que, quand le père a acheté la charge pour son fils, il doit rapporter le prix qu'elle a coûté, et les frais de la réception, si le père les a payés pour lui.

« Mais quand un père donne à son fils la charge dont il est pourvu, c'est où est la difficulté ; et voici les distinctions que l'on y fait.

« Si la charge n'a rien coûté au père, ou s'il l'a achetée à très bon marché, il peut la donner à son fils, pour un prix moindre que sa véritable valeur, pourvu qu'il ne soit pas au-dessous de celui que le père en a payé, et le fils ne sera obligé de rapporter que cette estimation ; ce qui a été introduit favorablement, afin de faciliter aux enfants les moyens de soutenir l'éclat de leur famille, dans un cas où le père ne diminuera rien de son ancien patrimoine.

« Si au contraire le père avait acheté l'office beaucoup plus qu'il ne vaut, lorsqu'il le donne à son fils, il faut bien l'estimer au-dessous de ce qu'il lui a coûté, mais au-dessous de sa juste valeur, par la raison que le père en ce cas ne peut plus gratifier son fils, sans diminuer le bien qu'il avait avant l'acquisition de la charge, et que de l'autre côté, il n'est pas juste que le fils paye plus de la charge à son père qu'il n'en aurait payé à un étranger.

« Que si le père n'a point fait d'estimation, en donnant l'office à son fils, il doit alors en rapporter la juste valeur, eu égard au temps de la donation, et non pas au temps du partage, parce que le fils ayant été propriétaire incommutable de la charge au moment du don, sans pouvoir être contraint de la rapporter en nature, et sans avoir de son côté la faculté de la rapporter malgré ses cohéritiers, il en doit courir les risques et par la même raison il doit jouir de tous les avantages qui surviennent.

« Il n'en est pas de même des autres immeubles, comme des terres, des maisons ; la coutume dit que le donataire qui les a en sa possession lors du partage les doit rapporter *en essence et espèce*, ou *moins prendre* en autres héritages de la même succession, de pareille valeur et bonté. La règle est de les rapporter en espèce (en nature).

« L'héritier donataire, qui avant le partage a vendu sans fraude l'héritage qui lui avait été donné, n'est pas obligé de le rapporter en espèce ; mais dans ce cas, aussi bien que dans tous les autres, où le rapport en espèce n'est pas nécessaire, le donataire en doit l'estimation eu égard au temps du partage, déduction faite des dépenses utiles et nécessaires qu'il y a faites ; et en ce cas, dans les dépenses utiles doivent être comprises toutes celles qui augmentent le prix de l'héritage, n'étant pas juste que les autres cohéritiers s'enrichissent à ses dépens.

« Le donataire n'est obligé en aucun cas de rapporter les fruits des choses données, ni les intérêts de l'argent qui sont échus durant la vie du donateur, mais il est tenu de rapporter ceux qui sont échus du jour que la succession a été ouverte.

« Il est nécessaire d'observer qu'en Pays Coutumier, lorsqu'un père et une mère ont marié conjointement leurs enfants, et qu'ils leur ont fait quelque avantage, si la femme a parlé au contrat de mariage elle est censée avoir donné la moitié, et le père l'autre, et par conséquent, lors de l'ouverture de la succession du premier décédé, l'enfant donataire n'est obligé de rapporter à la succession que la moitié de ce qu'il a reçu. Il en est de même lorsque la mère accepte la communauté, quoiqu'elle n'ait pas parlé au contrat de mariage, parce que le mari, comme maître de la communauté, est censé avoir donné aux dépens de la communauté ; mais si la femme renonce à la communauté et qu'elle n'ait point parlé dans le contrat de mariage, alors le rapport doit être fait tout entier sur la succession du mari, parce que c'est lui qui a tout donné.

(Je le regrette pour l'auteur, mais ce qu'il appelle le rapport par moitié, la fente de l'avancement d'hoirie, n'a jamais été réalisé dans la pratique ; ce n'est qu'un mot.)

« En pays de droit écrit, il n'en est pas de même, c'est le père seul qui est obligé de doter ses enfants ; ainsi le rapport se fait toujours sur la succession du père, à moins que la mère n'ait donné du sien, ce qu'on ne présume jamais, lorsqu'elle ne l'a pas dit expressément.

« *L'auteur dit en cet endroit que dans les pays de droit écrit la dot est à la charge du père seul, et que le rapport s'en fait entièrement sur la succession du père. Cette jurisprudence n'est pas bien certaine. (Note de Bretonnier.)*

« Lorsque les rapports sont faits, et que par ce moyen la masse de la succession est certaine, il y a encore un préalable avant que de procéder au partage, c'est de faire faire l'estimation des corps héréditaires qui n'ont point de prix certain, comme des maisons, des terres, des rentes foncières non rachetables, autrement il serait difficile de faire des partages dans une juste égalité, et la moindre lésion, en ce cas, pourrait donner atteinte au partage, au lieu que quand il y a eu estimation précédente, il faut qu'il y ait eu lésion du tiers au quart pour faire casser un partage fait entre majeurs, c'est-à-dire qu'il suffit que la lésion excède le quart, quoiqu'elle n'aille pas entièrement au tiers; mais il n'est pas nécessaire que cette estimation soit faite par des experts nommés en justice, les cohéritiers peuvent convenir entre eux de quelques amis communs, qui vraisemblablement puissent connaitre la valeur des choses estimées. La seule chose qui est requise pour donner une véritable forme au partage, est que l'estimation soit rédigée par écrit, et qu'elle soit faite en détail, surtout si ce sont des terres, afin qu'on puisse au moins savoir la valeur de la portion qu'on fait entrer dans chaque lot. *L'estimation étant rédigée par écrit, elle ne peut être faite que par des experts en titre d'office.* (Note de Barbier.)

« Les partages sont souvent faits à l'amiable entre les cohéritiers, qui choisissent tel conseil que bon leur semble. Ils peuvent être faits sous seing privé ; mais il est plus prudent de les faire par-devant notaires, tant pour acquérir hypothèque sur les biens propres des cohéritiers, pour les soultes de partage et la garantie des lots, que pour leur donner une date certaine contre les tierces personnes qui pourraient y avoir intérêt; mais quoique les parties se soient contentées de faire les partages sous seing privé, les lots ne laissent pas d'être affectés par privilège à la garantie les uns des autres, mais les autres biens des cohéritiers n'y sont pas hypothéqués.

(L'acte authentique entraînait autrefois de plein droit comme de nos jours les décisions judiciaires, une hypothèque générale assurant l'exécution des conventions.)

« Souvent aussi, il y a des cohéritiers difficiles qui ne viennent point à partage, à moins qu'ils n'y soient contraints en justice ; en aucun cas, les juges qui ordonnent qu'il sera procédé au partage, renvoyent quelquefois les parties par-devant des parents et amis communs, quelquefois devant des avocats. Aux requêtes du Palais et au Parlement, on commet souvent un Conseiller, par-devant lequel le partage est fait. Mais au Châtelet, quand le partage est ordonné, et que les parties ne sont pas renvoyées par-devant des parents et amis communs, les commissaires font les partages ; ce droit est attribué à leurs charges ; mais soit que le partage ait été fait par des parents, des Avocats ou un commissaire, il le faut faire homologuer, c'est-à-dire, confirmer par sentence ou par arrêt : *Cela ne se pratique plus*, (note de Barbier), à moins que toutes les parties ne consentent de le signer par-devant notaires, autrement, il n'emporterait ni hypothèque, ni exécution sur les biens des cohéritiers qui ne voudraient pas l'exécuter.

« Les partages volontaires ou forcés sont faits différemment, suivant la différente manière de faire les rapports ; car si les rapports sont faits en moins prenant, et non pas en espèce, il faut commencer à égaler les héritiers entre eux, c'est-à-dire que s'il y a des enfants donataires, et d'autres qui ne le soient pas, ou qu'ils soient donataires par portions inégales, il faut donner à ceux qui n'ont point de don, ou qui l'ont moindre que les autres, autant qu'il en faut pour les rendre égaux, et le leur donner autant que l'on peut, en même nature de biens, et en effets de même nature et bonté. Par exemple, si le donataire a eu de l'argent comptant, les autres prendront pour être égalés tout ce qu'il y aura de bons effets mobiliers jusques à concurrence du don ; et s'ils ne suffisent pas, ils choisiront les meilleurs contrats de constitution (rentes foncières), et enfin ils viendront aux autres immeubles. Que si le donataire a des héritages qu'il n'ait pas rapportés en espèce, les autres seront égalés, s'il se peut, en autres héritages de pareille nature et bonté : c'est ce qu'on appelle les égalements en matière de partage.

« Lorsqu'il n'y a point de rapport en moins prenant, ni par conséquent, d'égalements à faire, ou lorsque les égalements sont faits, on commence à procéder au partage des effets qui restent à partager, et la forme de faire le partage est encore suivant les différentes coutumes.

« Par le droit commun observé par toutes celles qui n'ont point de disposition contraire, le commissaire ou les arbitres nommés par le juge font autant de lots qu'il y a de cohéritiers ; et si le partage est fait à l'amiable, les cohéritiers eux-mêmes peuvent faire les lots, ou les faire faire par telle personne que bon leur semble.

« Quand les lots sont faits, les cohéritiers les tirent au sort, et chacun est obligé de prendre celui qui lui est échu, à moins qu'ils ne veuillent s'accorder d'une autre manière.

« Il faut que les lots soient égaux entre eux, autant que l'on peut ; et cela est très facile, lorsqu'il n'y a que des effets mobiliers, ou des rentes constituées à partager ; mais lorsqu'il y a des maisons, des terres, ou autre chose de cette nature, qu'on ne peut pas diviser également, la chose est plus difficile ; mais pour y remédier on peut mettre des maisons dans un lot, des terres dans l'autre, des rentes constituées et même des deniers et effets mobiliers dans le troisième : ce qu'on ne doit pourtant faire que rarement, et du consentement des parties, car l'égalité des lots se doit rencontrer aussi bien dans la qualité que dans la quantité des effets qui les composent ; mais quelque chose que l'on puisse faire, il est presque impossible, pour faire des lots commodes aux uns et aux autres, lorsqu'il y a des maisons et des terres à partager, qu'il n'y ait toujours quelques lots plus forts ou plus faibles les uns que les autres ; et quand cela se rencontre, on charge le lot le plus fort de payer une somme au plus faible : c'est ce qu'on appelle la soulte de partage.

« Il y a quelquefois des effets très difficiles ou très incommodes à partager dans les successions. Par exemple, s'il y a deux héritiers, et qu'il n'y ait dans toute la succession qu'une seule maison, qui ne puisse pas être divisée sans incommodité, il faut nécessairement en venir à une licitation, c'est-à-dire qu'il faut mettre aux enchères l'immeuble qu'on ne peut commodément diviser, l'adjuger à celui qui en donnera le plus, et en partager le prix ; quelquefois la licitation se fait entre les seuls cohéritiers, c'est-à-dire qu'il n'y a qu'eux qui soient reçus à enchérir, afin de conserver l'héritage dans la famille. *Cela ne se fait jamais, et les étrangers sont toujours reçus à enchérir dans les licitations.* (Note de Barbier.) Mais le plus souvent on y admet les étrangers : ce qui est même nécessaire, quand il y a des cohéritiers qui ne sont pas en état d'enchérir, pour empêcher que l'héritage ne soit adjugé à d'autres à trop vil prix.

« Lorsqu'il n'y a pas une incommodité très grande et très nuisible dans la division d'un héritage, on ne doit jamais en ordonner la licitation, à moins que tous les cohéritiers n'y consentent; car il n'est pas permis de priver un des cohéritiers malgré lui de sa part, ni de l'obliger à en recevoir de l'argent, quand elle peut lui être livrée en nature.

« Il y a des Coutumes où celui qui demande le partage fait les lots, et les autres choisissent; d'autres où l'aîné fait les lots, et les·puinés choisissent, et d'autres où les puinés font les lots, et l'aîné choisit.

« Quelques Coutumes permettent aux pères et aux mères de faire partage à leurs enfants, soit par testament, ou par acte entre vifs, afin d'éviter les contestations qui pourroient naître entre eux; et les enfants sont obligés de se tenir à ces partages, à moins qu'il n'y ait une lésion considérable; quelques Coutumes disent que la lésion doit être d'un sixième; ces sortes de partages sont autorisés et reçus favorablement en justice, dans les Coutumes mêmes qui n'en disposent pas, pourvu qu'il paroisse que le père et la mère ont conservé l'égalité entre leurs enfants . . . . .

« Les héritiers sont obligés de payer les dettes du défunt, mais la question est de sçavoir a quelle portion chaque cohéritier en doit sa part.

« Il est certain que les dettes purement réelles, comme les arrérages courant de rentes foncières, les cens et autres de cette nature, qui ne sont dûs que par la chose même, doivent être payées par le possesseur de l'héritage qui en est chargé, soit que le possesseur ait succédé seul à cet héritage, comme à un propre de sa ligne, soit que dans le partage l'héritage soit tombé dans son lot : mais les arrérages échus de ces charges foncières sont du nombre des dettes personnelles, qui doivent être payées par tous les héritiers.

« Ces dettes ne font point de difficulté dans le droit romain ; elles doivent être payées par les héritiers, suivant leurs portions héréditaires : ce que les lois appellent *in viriles portiones* ; c'est-à-dire que si l'héritier est institué pour une moitié ou pour un quart, il paiera la moitié ou le quart des dettes, quoique l'émolument qu'il tire de la succession soit plus grand ou moindre que sa portion héréditaire. Voici l'exemple que la loi en donne : le testateur n'ayant que deux terres de valeur très inégale, institue Pierre et Jacques ses héritiers, sans dire pour quelles portions, mais il ordonne que Pierre aura l'une des terres, et Jacques l'autre : ils sont, dit la loi, tous deux héritiers chacun pour moitié, et néanmoins, pour accomplir la volonté du testateur, chacun d'eux prendra la terre qui lui a été assignée, et celui qui aura la plus considérable ne paiera que la moitié des dettes, parce que cette assignation des terres est un prélegs et un préciput qui ne peut être sujet aux dettes par le Droit romain, parce qu'il ne fait pas une partie essentielle de l'institution.

« Il n'en est pas de même dans notre droit coutumier...

« La plupart des coutumes veulent que les dettes soient payées par chacun des cohéritiers, à proportion des émoluments qu'ils tirent de la succession, ce que la Coutume de Paris explique en ces termes : Pour telle part et portion qu'ils en amendent. (L'article 334 dit exactement : *Ils sont tenus entre eux de contribuer au payement des dettes, chacun pour telle part et portion qu'il en amende...*)

« La disposition de la Coutume de Paris de payer les dettes (l'auteur aurait dû dire plus exactement *de contribuer aux dettes*) à proportion de l'émolument a été trouvée si juste qu'elle a été

étendue par la jurisprudence des arrêts à toutes les coutumes qui ne contiennent point de disposition contraire.

« Tout ce qui est ordonné par les diverses coutumes pour le payement des dettes de la succession ne regarde que les cohéritiers entre eux, car à l'égard des créanciers, il leur est libre de poursuivre chaque cohéritier personnellement pour sa portion héréditaire et hypothécairement pour le tout, s'il possède des immeubles de la succession, sauf le recours de celui qui a payé plus qu'il ne devait par la coutume, contre les autres cohéritiers qui doivent l'en acquitter. »

Supposez qu'un cataclysme analogue à celui de la Révolution, aussi imprévu que préparé de longue main, s'abatte sur notre société, et l'on pourra s'imaginer dans cent ans, en lisant seulement les ouvrages écrits par la doctrine, que de nos jours les partages judiciaires se faisaient exactement suivant les formes réglées par le Code civil. Or, il n'en est pas ainsi, pas plus d'ailleurs qu'avant la Révolution il n'en pouvait être exactement, ainsi qu'Argou et ses annotateurs l'ont expliqué.

Quand ils parlaient de partages judiciaires faits par d'autres que les notaires, prenaient-ils seulement leurs désirs pour la réalité, ou bien voulaient-ils réserver contre les notaires les droits d'autres corporations? Toujours est-il qu'en matière de liquidation ils se montrent d'une indifférence si profonde qu'ils ne nous en apprennent même pas le nom.

Lors de la préparation du Code civil et du Code de procédure civile, le privilège que les notaires s'étaient approprié en fait a été sérieusement mis en question : il est nécessaire, pour que le lecteur voie les difficultés qui se présentèrent, de lui mettre sous les yeux le rapport d'un témoin actif, Favard de Langlade,

Conseiller d'État, membre de la Chambre des Députés, et enfin Président de la Cour de cassation sous la Restauration, auteur de « La Conférence du Code civil avec la discussion particulière du Conseil d'État et du Tribunat », qu'il a signée : Un Jurisconsulte qui a concouru à la confection du Code.

Dans son « Répertoire de la Nouvelle Législation », tome 3, au mot Notaire, section 2, Favard de Langlade nous apprend :

« Le Code civil et le Code de procédure ont accordé de nouvelles attributions aux notaires, dans les partages judiciaires où il y a lieu à des rapports, prélèvements, etc. . . Dans ces cas, le juge-commissaire renvoie les parties devant un notaire dont elles conviennent ou qui est nommé d'office, si les parties ne s'accordent pas sur le choix.

« On procède devant cet officier aux comptes que les copartageants peuvent se devoir à la formation de la masse générale, à la composition des lots et aux fournissements à faire à chacun des copartageants. (C. C., art. 828; Code de procéd., art. 976.) — (Ce dernier article est aujourd'hui abrogé, celui qui l'a remplacé est de 1841.)

« Ces attributions ont donné lieu à des discussions sérieuses entre les notaires de Paris et les avoués au tribunal de première instance de cette ville. Il est bon de faire connaître ce qui s'est passé à ce sujet au Conseil d'État, pour qu'on se pénètre bien de l'esprit des dispositions du Code de procédure sur ce qui concerne les partages renvoyés devant les notaires.

« Dans un premier projet du Code de procédure, communiqué par le Conseil d'État à la section de législation du Tribunat pour avoir ses observations, il était dit (art. 948) que les copartageants comparaîtraient devant le juge-commissaire qui,

s'il ne trouvait pas à propos de faire lui-même le partage, renverrait les parties devant un notaire, etc., etc.

« L'article 954 du même projet portait que pour le tirage
et la délivrance des lots le tribunal renverrait les parties soit
devant le juge-commissaire, soit devant le notaire.

« Enfin, il était dit que le procès-verbal d'acte de partage
serait retenu et conservé au greffe.

« Les notaires de Paris publièrent plusieurs mémoires pour
établir que l'article 828 du Code civil attribuait exclusivement
aux notaires la confection des partages, lorsque toutes les difficultés étaient jugées; et que si le Code de procédure laissait au
juge-commissaire la faculté, ou de faire lui-même le partage,
ou de renvoyer les parties devant un notaire, il en résulterait
que l'état de notaire serait dépouillé de la plus belle et de la
plus utile de ses attributions. Ils faisaient ensuite sentir combien
il était intéressant pour la société que les minutes des partages
restassent déposées dans l'étude des notaires qui sont, en quelque
sorte, les archivistes de leurs clients.

« De leur côté les avoués du Tribunal de première instance,
très intéressés à ce que les tribunaux conservassent la faculté
donnée par le projet au juge-commissaire de faire lui-même le
partage, firent valoir toutes les considérations qui pouvaient
militer en faveur de ce système déjà adopté par le Conseil
d'État.

« Dans cette position critique, les notaires prirent le parti
d'envoyer une députation au chef du gouvernement pour lui
soumettre un nouveau mémoire.

« Les membres de la Chambre des Notaires de Paris furent
appelés au Conseil d'État. C'est dans cette séance mémorable,

présidée par le Chef du gouvernement, qu'il fut décidé : 1° que
le juge-commissaire ne pourrait jamais faire le partage, et qu'il
serait toujours obligé de renvoyer les parties devant un notaire
(Code de procéd., art. 976); et 2° que le notaire ne déposerait pas
au greffe la minute du procès-verbal de partage, mais qu'il en
remettrait seulement l'expédition à la partie la plus diligente
pour en poursuivre l'homologation devant le Tribunal (art. 981).

« L'exactitude des faits dont nous venons de rendre compte
est garantie par ce qu'a dit M. Siméon, alors Conseiller d'État,
dans l'exposé des motifs, des articles qui donnèrent lieu à la
discussion entre les avoués et les notaires de Paris. (Voyez ce
rapport dans le reeueil de la discussion du Code de procédure,
édition de Firmin Didot, page 332.)

« Nous ajouterons que cette discussion entre les notaires et
les avoués n'avait pas pour seul objet les partages judiciaires;
elle s'étendait aux ventes volontaires, et à celles qui ont lieu
sous l'autorité ou la surveillance de la justice.

« Sur les premières, il est à remarquer que depuis un certain
nombre d'années avant l'époque de la Révolution, l'usage
s'était établi au Châtelet de Paris, et s'était continué dans les
tribunaux qui l'avaient remplacé, de faire procéder devant le
juge à des adjudications publiques d'immeubles, sur la simple
requête d'un propriétaire majeur, et conséquemment sans
aucune espèce de discussion judiciaire. Cet usage était évidemment contraire au droit reconnu aux notaires, par l'article
premier de la loi du 25 ventôse an XI, de recevoir tous les actes
auxquels les parties doivent ou veulent donner le caractère
authentique. Aussi a-t-il été proscrit par l'article 746 du Code de
procédure civile, qui a prononcé la peine de nullité contre

toutes enchères qui seraient faites en justice, pour des immeubles dont la vente est purement volontaire. »

Par ce qui se passe aujourd'hui, nous voyons comment l'accord s'est fait entre les deux Chambres des Notaires et des Avoués. Les notaires procèdent seuls aux adjudications volontaires, les avoués de même aux adjudications judiciaires. On finit toujours par s'arranger, en y mettant de la bonne volonté. Mais depuis le Code de procédure civile, les notaires ont seuls le privilège de faire les partages judiciaires; ainsi a été implicitement consacré, sans que le législateur l'ait voulu, le très ancien usage qui a fait naître la liquidation, et l'acte authentique est devenu légalement nécessaire pour le partage judiciaire, au moment où il cessait de produire l'hypothèque générale qui était auparavant la seule raison de son utilité.

La vénalité des charges restait supprimée. De mauvaises langues prétendront peut-être qu'elle a été rétablie à la Restauration, sous la Monarchie constitutionnelle, par la première loi de finances, de la même manière que trois siècles auparavant, en 1510, sous la Monarchie féodale, avait été supprimée l'antique coutume de l'exclusion, sans que personne en ait rien dit, et sans que personne en ait rien su; mais les théoriciens prétendent que c'est inexact, jugez-en plutôt : la loi du 28 avril 1816, article 91, a seulement autorisé les titulaires d'offices ou charges publiques, à *présenter leur successeur à l'agrément du roi;* ce n'était pas le rétablissement de la vénalité des charges, et la preuve en est qu'aujourd'hui encore on peut vendre une maison, mais non point un office, parce qu'il n'est pas dans le commerce, on le cède seulement; de même on ne l'achète pas, on en traite; le nouveau titulaire n'est pas un acquéreur, il n'est qu'un cessionnaire, aussi paie-t-il non point absolument un prix, mais plutôt une juste indemnité. La preuve en est encore que la cession serait annulée par le refus d'acceptation de la chancellerie, si elle contenait le mot de vente; il est donc bien certain que la vénalité des charges a disparu avec l'ancien régime et que l'expression n'a pas été rétablie; par conséquent, les offices ne sont point dans le commerce, malgré qu'il y ait des gens qui prétendent qu'on les maquignonne quelquefois. La vénalité des charges n'est que le le produit monstreux, le bâtard de la monarchie héréditaire et de droit divin. Était-ce une raison suffisante pour la supprimer brutalement? Évidemment ce n'était pas la peine, si l'on devait la rétablir ensuite; mais pourquoi ne le dit-on pas?

DEUXIÈME PARTIE

CHAPITRE PREMIER

COMMUNAUTÉ

La forme de l'attribution est liée au régime de mariage opposé au régime de la communauté coutumière, la communauté réduite aux conquêts (en principe biens acquis par les époux pendant le mariage autrement que par succession, donation ou legs) appelée de nos jours communauté d'acquêts.

Le régime de la communauté coutumière est défini par l'article 220 de la coutume : « Homme et femme conjoints ensemble par mariage sont communs en biens meubles et conquêts immeubles faits durant et constant ledit mariage. Et commence la communauté du jour des épousailles et bénédiction nuptiale. » La caractéristique du régime était dans le sort différent des immeubles et des meubles appartenant personnellement à chacun des époux ; les immeubles restaient propres, tandis que les meubles devenaient communs. Il en est de même aujourd'hui pour le régime de la communauté légale, sauf que cette dernière commence au jour du mariage civil.

Il est intéressant de suivre la progression du point de départ de la communauté. La dernière phrase de l'article 220 (et commence la communauté du jour des épousailles et bénédiction nuptiale) a été ajoutée lors de la Réformation du texte de la Coutume en 1580, et une modification analogue fut faite à l'article 248 relatif au Douaire coutumier : « Douaire coutumier est de la moitié des héritages que le mari tient et possède au jour des épousailles (et bénédiction nuptiale) et de la moitié des héritages, qui depuis la consommation dudit mariage et pendant icelui échéent et adviennent audit mari. »

A l'origine, avant que le Douaire fût devenu coutumier, alors qu'il n'était que conventionnel, c'est-à-dire d'une somme à prendre sur les biens du mari, fixée par les conventions matrimoniales, la femme le gagnait à l'église même où le mariage était célébré : il était arrêté d'avance, entre les parents et amis qui devisaient de la *dot* dont la fille serait *douée par le futur*, à la porte même de l'église ; mais par suite d'une distinction qui va être bientôt expliquée, on finit par admettre que la femme gagnait son Douaire non pas à l'église, mais au coucher.

Par contre, la femme n'acquerrait pas la communauté à l'église, par le seul fait du mariage. On distinguait : 1° Les pays où la communauté ne lui était acquise que par la cohabitation avec le mari pendant l'an et jour : « Compaignie se fait selon nostre coustume, pour seulement manoir ensemble, à un pain et à un piot, un an et un jour, puisque li meubles de l'un et de l'autre sont mêlés ensemble. » (Beaumanoir, Coutume de Beauvoisis, chapitre 21.) « Nota que par usage et Coustume, deux conjoints ou affins demeurans ensemble par an et jour, sans faire division ou protestation, ils acquierrent l'un et l'autre communauté quant aux meubles et conquests ; pour ce, si deux conjoints ont un fils, et après, l'un d'iceux conjoints va de vie à trépas, et depuis a icelui fils demeuré avec le survivant sans faire inventaire, partage ne division, tout ce que le survivant a conquesté, il reviendra à communauté avec le fils. » (Grand Coutumier dit de Charles VI, livre 2, chapitre 40.) C'est le principe de l'indivision commune; continuée entre le survivant des époux et les enfants. 2° Et ceux où la communauté s'acquerrait avant l'an et jour : Dans ceux-là (nous dit Laurière, sur l'article 220, aussi bien qu'au titre du Douaire, et sur l'article 248), la femme n'acquerrait la communauté qu'au coucher, ainsi que le Douaire. « De là, ajoute Laurière, nos auteurs concluent que le Douaire est *pretium delibatæ pudicitiæ*, et en ce point ils se sont trompés, comme en plusieurs autres.

« Peu de gens sçavent ce que c'est qu'un Douaire, quoiqu'il n'y ait rien de si commun, ni de si fréquent qu'un Douaire dans le commerce de la vie.

« Tacite, *De Moribus Germanorum*, écrit que les Allemans ne recevoient point en mariage de dot de leurs femmes, et que c'était les maris qui les dotaient. *Dotem non uxor marito, sed uxori maritus offert*. Et nos premiers François qui étaient originaires d'Allemagne retinrent cette coutume.

« En l'année 524, les Pères du Concile d'Arles ordonnèrent, suivant les loix romaines, qu'il n'y aurait à l'avenir aucun mariage sans dot, *Nullum sine dote fiat conjugium, juxta possibilitatem fiat dos, nec sine publicis nuptiis quisquam nubere presumat*. Voïez la loi 3 cod. Th. *de Nuptiis*, et Gratian. Caus. 30 Q. 5.

« Ainsi ce fut après ce Concile une nécessité absolue aux maris, de doter leurs femmes, puisque c'étoit à eux, suivant leurs mœurs, de fournir la dot. Et afin que la constitution, qui était de l'essence du mariage, en fût plus certaine et plus authentique, nos Rois de la seconde race ordonnèrent, que les maris doteraient leurs femmes, de l'avis des amis communs et du curé, ou du prêtre qui devait donner la bénédiction nuptiale.

« *Sancitum est, ut nuptiæ ab his qui nubere cupiunt, fiant, quia sæpe in nuptiis clam factis, gravia peccata tam in sponsis aliorum, quam et in propinquis, sive adulterinis conjugiis, et quod pejus est dicere, consanguineis adcrescunt, vel adcumulantur. Ex his autem, procreari solent, cæci, claudi, gibbi, et lippi, sive alii turpibus maculis aspersi. Et hoc ne deinceps fiat, cavendum est, sed prius, conveniendus est sacerdos, in cujus parochia numptiæ fieri debent, in Ecclesia coram populo, et ibi inquirere una cum populo ipse Sacerdos debet, si ejus propinqua sit, aut non, aut alterius uxor, vel sponsa, vel adultera, et si licita omnia pariter invenerit, tunc per consilium et benedictionem Sacerdotis, et consultu aliorum bonorum hominum, eam sponsare et legitime dotare debet.* Lib. 7 Capitular., cap. 79.

« Ce Capitulaire est encore observé dans les mariages ; et de là vient que cette formule rapportée par Beaumanoir, et prescrite par les rituels, se dit à l'église en présence du prêtre, par le mari qui constitue le Douaire à sa femme: « Je vous doue du Douaire dont il a été convenu entre vos parents et les miens, duquel ces deniers sont la représentation. » Où il faut remarquer, que dans les bas siècles, on a changé par erreur l'usage des deniers que le mari met dans la main de sa femme ; car au lieu qu'ils sont à présent la représentation du Douaire, ils étaient autrefois le prix des femmes que les maris achetaient, et au moyen duquel les femmes passaient en leur puissance...

« Les théologiens et les Canonistes ont fait distinction *inter matrimonium ratum et matrimonium consummatum*. Ils ont appelé *matrimonium ratum* celui qui a sa perfection par le consentement des parties. Et ils ont appelé *matrimonium consummatum* celui qui a été consommé par la cohabitation. Depuis (cette distinction) on agita la question de sçavoir si la femme devait gagner son Douaire à l'église ou au coucher ; et l'avis commun fut qu'elle ne le devait gagner qu'au coucher, ou à la consommation, parce que c'était par la consommation que le mariage était accompli et qu'il devenait indissoluble. Ce qu'on prouvait par le chapitre 2 *Extr. de conversione conjugalorum*, et par le chapitre *Commissum 16. Extr. de sponsalibus*, qui permettent à l'un des mariez avant la consommation de se séparer, et d'entrer en religion, sans le consentement de l'autre ; et de là vient que, selon nos Coutumes, *au coucher la femme gagnait son Douaire*, et non parce que le Douaire est le prix de la virginité, comme on l'a mal écrit jusqu'à présent, sans faire attention que les veuves qui se remarient sont douées comme les filles, et que les unes et les autres n'ont cet avantage que pour s'entretenir honnêtement, après le décez de leurs maris, et pour donner à leurs enfants une éducation convenable à leur état. *Dos*, dit Bracton, *est id quod liber homo dat sponsæ suæ ad ostium Ecclesiæ, propter nuptias futuras, et onus matrimonii, et ad sustentationem uxoris et educationem liberorum, cum fuerint procreati, si vir premoriatur.* Lib. 2, cap. 39.

« Aujourd'hui la femme gagne son Douaire à la bénédiction nuptiale, où il doit lui être constitué, et elle en est saisie selon l'article 256, quoique son mari décède avant la consommation. Ce qu'il faut néanmoins entendre, pourvu que l'intention des parties ait été de consommer leur mariage ; car si immédiatement après la bénédiction, le mari ou la femme s'étaient séparez, dans la résolution d'entrer en religion, la femme n'aurait pas de Douaire en cas de précédez du mari, parce qu'ils se seraient désunis avant la perfection entière de leur mariage. Et dans ce cas l'ancien droit aurait encore lieu. »

« Les mariages se font au ciel et se consomment en la terre » a dit cet excellent Loisel qui, paraît-il, en avait fait l'expérience. (Ins. Cout., lib. I, T. 2, R. 2.) L'extraordinaire controverse de l'église et du coucher cessa en 1580 par les modifications aux articles 220 et 248 de la Coutume de Paris, qui mirent fin sur ce point aux disputes des Docteurs *in utroque jure*, en donnant décidément le pas à l'église, aussi bien pour la communauté que pour le Douaire.

Ce dernier n'a plus pour nous qu'un intérêt purement historique, puisqu'il n'a pas été maintenu par le Code civil, tandis que la communauté coutumière a servi de type à notre communauté légale. Quant au droit canon, nous n'avons plus à nous en occuper, puisque la loi a posé le principe de la perfection du mariage civil sans qu'il soit besoin d'aucune cérémonie religieuse.

Aujourd'hui, la femme ne peut plus avoir qu'une seule dot ; autrefois, elle en avait deux : les père et mère dotaient leur fille, plus ou moins, suivant leurs moyens, et suivant le nombre de leurs enfants, pour l'aider à subvenir aux charges d'une famille nouvelle ; mais soit à l'église, soit au lendemain du mariage, la femme avait acquis la dot constituée par le mari : le Douaire. Entre ces deux dots existait cette différence essentielle, que la première, la dot réelle donnée par les père et mère produisait un effet immédiat, en servant aux besoins du ménage, tandis que le douaire, la dot due par le mari, ne pouvait avoir qu'un effet futur, à partir de la dissolution du mariage, pour le cas probable où le mari, étant généralement le plus âgé, mourrait le premier : à partir de son décès, la veuve douairière qui pouvait être une marchande de quatre-saisons, aussi bien qu'une marquise, avait alors droit à un usufruit sur les biens de son mari d'après la communauté coutumière, ou à une rente d'après la communauté réduite aux conquêts; l'usufruit n'est qu'une rente dont la valeur est indéterminée, par conséquent incertaine : aussi la pratique a-t-elle toujours penché vers la rente.

Le douaire a donc été d'abord d'une somme, ensuite d'un usufruit, et enfin d'une rente. Sa suppression est peut-être une conquête de la liberté politique, mais c'est un sacrifice que les temps nouveaux ont imposé aux femmes; elles l'ont accepté par pure ignorance, il ne m'est pas permis d'en douter, mais il y a des moralistes de comédie qui vous diront que le douaire était immoral, comme tous les usages des barbares : pensez donc qu'ils achetaient leurs femmes : le douaire, c'est le morgengab des Germains, et nous ne sommes pas des Français, nous sommes des Latins, parait-il. Ces benêts ont fait de nous les esclaves des Romains qui, avant tout, étaient des brutes et des bêtes de proie; il est vrai que ce n'est pas là ce qui nous manque.

Le douaire coutumier se rattachait à la communauté coutumière, comme le douaire préfix était lié à la communauté réduite aux conquêts; nous avons maintenant la communauté légale et la communauté réduite aux acquêts. Je ne parlerai pas de la communauté légale ici, sinon pour dire que même ceux qui

n'apportent rien en ménage doivent faire un contrat pour l'éviter,
tant elle est pratiquement absurde. La communauté réduite aux
acquêts est basée sur l'assimilation des meubles aux immeubles
dont elle rend la distinction inutile. Or, de très longue date, le
régime primitif de la communauté coutumière a été remplacé
dans l'usage par l'acceptation dans le contrat de mariage d'une
simple communauté des conquêts, mobiliers et immobiliers,
c'est-à-dire la communauté entre les époux des bénéfices et
économies réalisés soit en commun, soit séparément, pendant
le mariage, une société de gains réservant à chacun d'eux la
propriété ou tout au moins la reprise de la valeur, non seulement
de son apport, mais de tous ses biens personnels, les propres,
présents et à venir, meubles et immeubles ; c'est la communauté
universelle sauf la reprise par chacun des époux, ou ses héritiers, de tous les biens présents au jour du mariage, et de tous
ceux qui lui adviendront pendant sa durée, par succession,
donation et legs, ou qui tiendront lieu des mêmes biens, parce
qu'ils les auront remplacés ; par conséquent c'est la reprise de
tous les biens apportés par chacun des époux, et de tous ceux
qui lui écherront personnellement à titre gratuit ou seront acquis
en remploi des mêmes biens. De sorte que seuls les revenus
des biens propres de chacun des époux et les bénéfices réalisés
pendant la durée de la communauté, qu'ils soient mobiliers ou
immobiliers, deviennent communs ; c'étaient autrefois les Conquêts, aujourd'hui ce sont les Acquêts. (C. C., 1498 et 1499.)

« 1498. Lorsque les époux stipulent qu'il n'y aura entre eux
« qu'une communauté d'acquêts, ils sont censés exclure de la
« communauté, et les dettes de chacun d'eux actuelles et futures,
« et leur mobilier respectif présent et futur. En ce cas, et après

« que chacun des époux a prélevé ses apports dûment justifiés,
« le partage se borne aux acquêts faits par les époux ensemble
« ou séparément durant le mariage et provenant tant de l'in-
« dustrie commune que des économies faites sur les fruits et
« revenus des biens des deux époux. »

« 1499. Si le mobilier existant lors du mariage, ou échu
« depuis, n'a pas été constaté par inventaire ou état en bonne
« forme, il est réputé acquêt. »

Nous devons nous arrêter à ce mot et le bien définir ; il s'est
produit, par la substitution du mot Acquêt à celui de Conquêt,
une confusion qui rend quelquefois pénible la lecture des
anciens auteurs : quand on a compris, c'est très simple, mais
il y a un mauvais moment à passer pour comprendre.

Voyons d'abord la question théoriquement :

Supposons une personne non mariée : sous la Coutume, elle
pouvait avoir deux espèces de biens : 1° Ceux qui lui advenaient à titre gratuit, *de ses proches quels qu'ils fussent, par
voie de succession*, et seulement de *ses ascendants, par donation
ou par legs* : c'étaient les propres, les biens de famille, les anciens
alleux ; 2° Ceux qui lui étaient acquis à titre onéreux, en principe comme le fruit d'un travail ou d'une économie, et ceux
qui lui venaient par *donation ou legs, de tout autre qu'un
ascendant :* c'étaient les acquêts. Un célibataire ou un veuf
pouvait donc avoir des propres et des acquêts. Cette personne
se mariait-elle : ses biens propres, à l'égard de l'autre époux,
appelés propres de communauté, étaient tous ses biens personnels, quelle que fût leur provenance ou leur origine, à la
fois propres et acquêts, sauf que dans la communauté coutumière
ils se réduisaient aux immeubles, les meubles tombant en com-

munauté : les conquêts étaient les biens acquis par lui (comme aussi par l'autre époux) pendant le mariage, qui devenaient communs par le fait du mariage, mais qui auraient été pour lui des acquêts, s'il n'avait pas été marié. Telle était la différence entre les acquêts et les conquêts : ces derniers n'étaient qu'une partie des acquêts de chaque époux, réalisés pendant le mariage :

« Conquêts se font par deux, acquêts se font par un. »

Pothier. — Traité des Propres. — (L'auteur traite ici de la communauté coutumière seulement, et non de celle réduite aux conquêts.) — « *De la division des biens en acquêts et* « *propres.* — L'esprit de notre droit coutumier est que chacun « conserve à sa famille les biens qui lui en sont venus. De là « est venue la distinction entre les acquêts et les propres. On « appelle acquêts les immeubles qui ne nous viennent pas de « famille, et que nous avons acquis nous-mêmes, soit à titre « onéreux, par l'achat que nous en avons fait, soit à titre « gratuit, comme par la donation ou legs qu'on nous en « aurait fait. Il faut pourtant en excepter ceux qui nous « auraient été donnés ou légués par nos pères, mères ou « autres ascendants, car ces titres équipollent à celui des « successions, et sont des propres et non des acquêts.

« *Qu'est-ce qu'un propre réel?* — Le terme de propre se « prend différemment dans notre droit, selon les différentes « matières. En matière de communauté de biens entre mari « et femme, on appelle propre tout ce qui n'entre point en « communauté. C'est pourquoi les acquêts que chacun des « conjoints a fait auparavant le mariage sont appelés propres « de communauté, parce qu'ils n'y entrent pas. Ce n'est point « de cette espèce de propres que nous entendons parler ici.

« Nous remettons à en parler dans notre Traité de Commu-
« nauté. En matière de succession, de donation, de testament,
« de retrait lignager (faculté laissée aux parents de côté et
« ligne de racheter le propre venu de leur côté et ligne et
« vendu par un des leurs, en remboursant le prix et les loyaux
« coûts), on appelle propres les immeubles qui nous sont
« échus de la succession de quelques-uns de nos parents. »

Du même auteur : Traité de la Communauté, Ire partie,
chapitre 2, n° 105. « En matière de communauté, le terme
« de conquêts est opposé à celui de propres. On entend par
« conquêts les héritages qui sont de la communauté, et par
« propres ceux qui n'en sont pas. » (L'auteur traite encore ici
de la Communauté coutumière.)

Nous venons de voir que la différence entre la communauté
coutumière et la communauté réduite aux conquêts était dans
le sort des meubles propres ou acquêts : dans la première, les
meubles étaient tous communs, quelle que fût leur origine ;
dans la deuxième, il en était des meubles comme des immeubles.
Nous savons aussi que de nos jours la différence entre la
communauté légale et la communauté réduite aux acquêts est
la même : donc si nous écartons la communauté coutumière
comme nous avons écarté la communauté légale, la communauté
réduite aux acquêts d'aujourd'hui doit être exactement la
communauté réduite aux conquêts d'autrefois. Elle l'est en
effet, pratiquement, sauf que par suite de la substitution de mots
qu'on trouve dans le Code civil, aujourd'hui dans la communauté d'acquêts les biens que nous appelons acquêts sont les
mêmes que les praticiens d'autrefois appelaient conquêts, tandis
que ceux que nous appelons propres sont à la fois les anciens

propres et les anciens acquêts. Malgré que les meubles soient assimilés aux immeubles, l'intérêt de la question se porte seulement sur ceux-ci et sur les valeurs nominatives, parce que l'usage se généralise d'insérer dans les contrats de mariage une clause d'après laquelle les meubles corporels dits meubles meublants et les meubles incorporels non nominatifs, les valeurs au porteur, présents et à venir, sont vendus à la communauté pour leur prix d'estimation par le contrat de mariage lui-même ou par inventaire, de manière qu'ils sont de suite remplacés dans l'avoir de l'époux, par une reprise à faire plus tard, de leur valeur, sur la communauté.

Il va être maintenant facile de comprendre la différence, d'ailleurs théorique, existant entre les conquêts d'autrefois et les acquêts d'aujourd'hui. Le bien, meuble ou immeuble, donné ou légué par tout parent autre qu'un ascendant, reste maintenant propre à l'époux qui le reçoit. Autrefois, théoriquement, il était acquêt quand il advenait avant le mariage et conquêt s'il advenait pendant, alors qu'il aurait été propre à l'époux, vis-à-vis de son conjoint et des héritiers de celui-ci (propre de communauté), s'il lui fût échu avant : c'était une absurdité qui se trouvait réparée par la réserve faite au profit de chaque époux, dans le contrat de mariage, de tous les biens qui lui adviendraient par succession, donation ou legs : ces biens devaient rester propres (de communauté) et retourner par succession aux proches de côté et ligne, c'est-à-dire les biens venant du côté paternel aux parents de la ligne paternelle et les biens venant du côté maternel aux parents de la ligne maternelle, pour le cas bien entendu où l'époux ne laisserait en mourant ni enfants ou descendants d'eux, ni frère et sœur ou descendants d'eux, ni père et mère, et n'eût pas disposé par donation entre vifs ou à cause de mort ou encore par testament.

La réserve de propres faite dans tous les contrats était bien le rappel de la règle *paterna paternis, materna maternis,* mais avant tout elle voulait dire que ce qui appartenait à l'un des époux ne devait pas aller aux parents de l'autre, et pour cela ne tomberait pas dans la communauté, ou n'y entrerait jamais que sauf reprise tout au moins de la valeur. Donc si les propres sont toujours en principe les biens de famille, les conquêts d'autrefois étant les acquêts d'aujourd'hui, les acquêts d'autrefois sont maintenant compris dans les propres ; mais le bien donné ou légué à un époux par un non parent, un étranger, était-il propre ou acquêt? Devenait-il conquêt ou propre de communauté? Bien fin celui qui le dira, s'il tient quelque compte des textes, des commentaires et des formules des contrats. Aujourd'hui, avec la formule actuelle des contrats de mariage, ce bien reste propre certainement, et voilà tout au moins un doute que nous n'avons plus. La distinction théorique et pratique des propres et des acquêts, des propres ordinaires et des propres de communauté, doit être connue si l'on veut comprendre non point seulement la pratique, mais encore et surtout les anciens auteurs : lorsqu'ils nous parlent d'acquêts, ils n'entendent pas les biens qu'aujourd'hui nous désignons ainsi, ni même très exactement ceux qu'appelaient ainsi les praticiens d'autrefois, car tous les auteurs ne sont pas exactement du même avis que Pothier. Ainsi, sur l'article 278 de la Coutume de Paris, Laurière fait « remarquer que tout ce qui était donné par père et mère à leurs enfants, au delà de leur portion héréditaire, était réputé acquêt ». C'étaient pourtant des biens de famille ; mais ce n'est point ici le lieu de mettre d'accord Laurière et Pothier. La loi a d'ailleurs rendu la distinction inutile, puisque dans la dévolution des successions, il n'y a plus de règles spéciales pour les propres, l'ancienne règle *paterna paternis, materna maternis* ayant été supprimée par le Code civil et remplacée par une simple division en deux moitiés, la fente entre les deux lignes, lorsque la succession est recueillie par des ascendants ou des collatéraux. Mais nos législateurs se sont perdus dans le détail, par suite de leur défaut de méthode et de cette extraordinaire illusion qui leur a fait s'imaginer qu'ils pouvaient tout prévoir.

Jugez-en :

« 745. Les enfants ou leurs descendants succèdent à leurs
« père et mère, aïeuls, aïeules ou autres ascendants, sans distinc-
« tion de sexe, ni de primogéniture, et encore qu'ils soient issus
« de différents mariages. — Ils succèdent par égales portions
« et par tête quand ils sont tous au premier degré et appelés
« de leur chef : ils succèdent par souche, lorsqu'ils viennent tous
« ou en partie par représentation. »

« 739. La représentation est une fiction de la loi dont l'effet
« est de faire entrer les représentants dans la place, dans le degré
« et dans les droits du représenté. »

« 740. La représentation a lieu à l'infini dans la ligne
« directe descendante. — Elle est admise dans tous les cas, soit
« que les enfants concourent avec les descendants d'un enfant
« prédécédé, soit que tous les enfants du défunt étant morts avant
« lui, les descendants desdits enfants se trouvent entre eux en
« degrés égaux ou inégaux. »

« 741. La représentation n'a pas lieu en faveur des ascen-

« dants ; le plus proche, dans chacune des deux lignes, exclut
« toujours le plus éloigné. »

« 742. En ligne collatérale, la représentation est admise en
« faveur des enfants et descendants des frères ou sœurs du
« défunt, soit qu'ils viennent à sa succession concurremment
« avec des oncles ou tantes, soit que tous les frères et sœurs du
« défunt étant prédécédés, la succession se trouve dévolue à
« leurs descendants en degrés égaux ou inégaux. »

« 743. Dans tous les cas où la représentation est admise, le
« partage s'opère par souche : si une même souche a produit
« plusieurs branches, la subdivision se fait aussi par souche,
« et les membres de la même branche partagent entre eux par
« tête. »

« 744. On ne représente pas les personnes vivantes, mais
« seulement celles qui sont mortes naturellement ou civile-
« ment. — On peut représenter celui à la succession duquel on
« a renoncé. »

« 746. Si le défunt n'a laissé ni postérité, ni frère, ni sœur,
« ni descendant d'eux, la succession se divise par moitié entre
« les ascendants de la ligne paternelle et les ascendants de la
« ligne maternelle. L'ascendant qui se trouve au degré le plus
« proche recueille la moitié affectée à sa ligne, à l'exclusion
« de tous autres. — Les ascendants au même degré succèdent
« par tête. »

« 748. Lorsque les père et mère d'une personne morte sans
« postérité lui ont survécu, si elle a laissé des frères, sœurs, ou
« des descendants d'eux, la succession se divise en deux portions
« égales, dont moitié seulement est déférée au père et à la mère,
« qui la partagent entre eux également. — L'autre moitié

« appartient aux frères, sœurs ou descendants d'eux, ainsi qu'il
« sera expliqué dans la section V du présent chapitre. »

« 749. Dans le cas où la personne morte sans postérité laisse
« des frères, sœurs, ou des descendants d'eux, si le père ou la
« mère est prédécédé, la portion qui lui aurait été dévolue
« conformément au précédent article se réunit à la moitié déférée
« aux frères, sœurs ou à leurs représentants, ainsi qu'il sera
« expliqué à la section V du présent chapitre. »

« 750. En cas de prédécès des père et mère d'une personne
« morte sans postérité, ses frères, sœurs ou leurs descendants
« sont appelés à la succession, à l'exclusion des ascendants et
« des autres collatéraux. — Ils succèdent, ou de leur chef, ou
« par représentation, ainsi qu'il a été réglé dans la section II
« du présent chapitre. »

« 751. Si les père et mère de la personne morte sans posté-
« rité lui ont survécu, ses frères, sœurs ou leurs représentants
« ne sont appelés qu'à la moitié de la succession. Si le père ou
« la mère seulement a survécu, ils sont appelés à recueillir les
« trois quarts. »

« 752. Le partage de la moitié ou des trois quarts dévolus
« aux frères ou sœurs, aux termes de l'article précédent, s'opère
« entre eux par égales portions, s'ils sont tous du même lit ; s'ils
« sont de lits différents, la division se fait par moitié entre les deux
« lignes paternelle et maternelle du défunt ; les germains prennent
« part dans les deux lignes, et les utérins et consanguins chacun
« dans leur ligne seulement : s'il n'y a de frères ou sœurs que
« d'un côté, ils succèdent à la totalité à l'exclusion de tous autres
« parents de l'autre ligne ».

« 753. A défaut de frères ou sœurs ou de descendants

« d'eux, et à défaut d'ascendants dans l'une ou l'autre ligne, la
« succession est déférée pour moitié aux ascendants survivants ; et
« pour l'autre moitié, aux parents les plus proches de l'autre
« ligne. — S'il y a concours de parents collatéraux au même
« degré, ils partagent par tête. »

« 754. Dans le cas de l'article précédent, le père ou la mère
« survivant a l'usufruit du tiers des biens auxquels il ne succède
« pas en propriété. — 755. Les parents au delà du douzième
« degré ne succèdent pas. »

« A défaut de parents au degré successible dans une ligne,
« les parents de l'autre ligne succèdent pour le tout. »

Il y a cependant une bonne raison qui rend logique la
substitution du mot acquêt à celui de conquêt, son incertitude ;
on a pu voir déjà combien le sens en était vague dans la
Coutume de Paris, dans d'autres les acquêts se confondaient
avec les conquêts ; en outre, aux anciens pays de droit écrit aussi
existait l'usage de la communauté réduite aux conquêts dans
son principe et sauf des différences de détail, sous la forme d'une
société d'acquêts se superposant au régime dotal. Cet usage a
été consacré par le Code civil (art. 1581) si bien qu'aujourd'hui
l'idée est retournée seulement, le régime dotal avec société
d'acquêts n'est en somme que la communauté d'acquêts avec,
comme garantie spéciale pour la femme, le principe de l'inalié-
nabilité de ses propres ; ce principe aussi a dégénéré et sans
doute même avait dégénéré avant que le Code civil l'eût adopté,
les biens dotaux sont habituellement aliénables sans même
aucune formalité, à Paris du moins, par suite de conventions
matrimoniales, mais il doit être fait remploi du prix d'aliénation
sous la responsabilité de l'acquéreur, et le plus souvent encore

sous la seule responsabilité des intermédiaires de la vente et du remploi.

La pratique est encore allée plus loin : la clause de remploi dotal, quand elle est employée à Paris, prescrit que les intermédiaires ne seront responsables que de la matérialité et non de l'utilité du remploi ; les intermédiaires ne répondent ainsi que du mouvement des fonds et se lavent les mains de tout le reste ; c'est pour cela qu'on voit à Paris tant d'annonces pour le remploi des biens dotaux.

Dans le Midi, au contraire, on met le plus souvent dans les contrats de mariage contenant adoption du régime dotal avec ou sans société d'acquêts, que la dot de la femme, inaliénable en principe, pourra être aliénée cependant sans que le mari soit tenu à aucun remploi, pourvu qu'il ait des immeubles suffisants pour répondre du remboursement à la femme ou à ses héritiers par invocation de l'hypothèque légale.

Cela peut montrer la différence des usages du Nord et du Midi ; il n'y a entre eux qu'une inversion ; alors que dans le Midi le régime dotal a pu être le principe dont la société d'acquêts n'était que l'accessoire, dans le Nord le principe est la communauté ; sous ce régime, le mari seul est responsable du remploi des biens de la femme, mais s'il n'a pas de biens suffisants que puisse atteindre l'hypothèque légale, il n'offre pas de garantie pour le cas où il n'aurait pas exécuté le remploi, et la femme perdrait ses propres lorsque son hypothèque légale ne pourrait lui en faire recouvrer tout au moins la valeur. Comme on dénie, peut-être à tort, à la femme, la raison nécessaire pour savoir se conduire, et qu'on craint qu'elle ne se laisse entraîner par le mari prodigue, on insère quelquefois dans le contrat de mariage contenant adoption de la communauté la clause du remploi dotal qui rend les tiers acquéreurs responsables à la place du mari ; mais cette responsabilité s'éparpille tant et si bien qu'elle disparaît complètement et peut devenir une pure duperie.

Ainsi ce qui devrait être pour la femme une garantie contre ses propres entraînements, est, à vrai dire, à peu près illusoire ; il faut dire exactement : tous les biens dotaux, théoriquement inaliénables, peuvent toujours être vendus, car il y a des accommodements avec la loi tout autant qu'avec le ciel. D'innombrables agences, à Paris et ailleurs, s'occupent de la vente des biens dotaux et de leur remplacement par des biens fictifs ; quand on a des yeux, il suffit de lire la dernière page des journaux, celle des annonces, ou de lever le nez en passant dans les rues ; aux bons endroits, on lit : Vente de biens dotaux ; vous savez maintenant ce que cela veut dire : la dotalité n'est plus qu'une souffrance secrète qu'on guérit aujourd'hui aussi aisément que les autres, tant la médecine a fait de progrès à notre époque. Dieu merci, nous n'avons pas disette d'empiriques ; les précautions enfantines prises par nos législateurs sont un excellent moyen pour faire des dupes, ou du moins peuvent le devenir, car on ne saurait prétendre que toute vente de biens dotaux cache nécessairement une fraude.

CHAPITRE II

EXCLUSION OU SÉPARATION DES DETTES

Dans la communauté coutumière le sort du passif suivait celui de l'actif ; si tous les meubles des époux tombaient en communauté, leurs dettes mobilières y entraient également : au contraire, les dettes immobilières ayant comme type la rente foncière, depuis ameublie par le Code civil, article 529, étaient exclues de la communauté de même que les immeubles propres qu'elles grevaient. Il n'en était pas ainsi dans la communauté réduite aux conquêts : si son premier principe était la réserve des propres, qu'ils fussent mobiliers ou immobiliers, le deuxième était l'exclusion de la communauté, des dettes des époux antérieures au mariage et de celles qui grevaient les biens leur advenant pendant sa durée et leur demeurant propres, que ces dettes fussent mobilières ou immobilières ; si bien que dans la communauté réduite aux conquêts, le passif commun ne comprenait que les dettes contractées pendant le mariage, comme il n'y avait de conquêts que les acquêts faits dans le même temps.

La réserve des propres paraît une dérogation à l'article 220 de la Coutume, alors que le principe de l'exclusion des dettes se trouve dans l'article 222 inséré en 1580 : « Combien qu'il soit convenu entre deux conjoints qu'ils paieront séparément leurs dettes faites auparavant le mariage, ce néanmoins, ils en sont tenus s'il n'y a inventaire préalablement fait ; auquel cas, ils demeurent quittes, représentant l'inventaire ou l'estimation d'icelui. » Cet article est écrit dans la Coutume réformée à la suite de l'ancien 109 devenu le nouveau 221 et ainsi conçu : « A cause de laquelle communauté, le mari est tenu personnellement païer les dettes mobiliaires dues à cause de sa femme, et en peut être valablement poursuivi durant leur mariage ; et aussi la femme est tenue, après le trépas de son mari, païer la moitié des dettes mobiliaires faites et accrues par ledit mari tant durant ledit mariage, qu'auparavant d'icelui, et ce jusques à la concurrence de son émolument dans la communauté. »

Au point de vue des dettes, il fallait donc distinguer d'après les textes deux communautés différentes : la communauté coutumière régie par l'article 221, qui était tenue des dettes mobilières des époux même antérieures au mariage, et une autre communauté dont étaient exclues aussi bien les dettes mobilières personnelles des époux que les dettes immobilières grevant leurs propres.

L'erreur des théoriciens a été de croire qu'il pouvait exister un régime de mariage fondé sur la seule exclusion, la séparation des dettes, comme ils disent : celle-ci n'a jamais existé seule ; elle a toujours supposé la réserve des propres, et dans la pratique n'a jamais été comprise autrement ; d'ailleurs, sans la réserve des propres, l'exclusion des dettes n'aurait pas le sens commun.

Les théoriciens se sont trompés parce qu'ils n'ont pas lu attentivement les contrats de mariage, et aussi parce que la formule habituellement employée par les praticiens était, au point de vue de la logique ordinaire, mal équilibrée : elle mettait en vedette, par une clause générale, l'exclusion des dettes, après avoir dit que, conformément à la Coutume, il y aurait entre les époux une communauté de tous les meubles et des conquêts ˙mmobiliers, tandis que la réserve des propres y était insérée accessoirement, comme en un coin, et le plus souvent divisée, c'est-à-dire faite séparément pour chaque époux : on la trouve, dans la donation faite à l'un des époux par ses ascendants, dans la déclaration d'apport de l'autre, dans la déclaration de mise en communauté d'une certaine somme ou de certains biens prenant le nom d'ameublissement quand elle s'appliquait aux immeubles. C'est à la suite de la mise en communauté qu'était faite le plus fréquemment la réserve des propres : elle s'y exprimait ainsi : « Des biens meubles (et immeubles) de chacun des époux il entrera en communauté pour une somme de. . . . . . *le surplus restera propre*, » ou par toute autre indication analogue.

A toutes les époques et aujourd'hui comme autrefois, un praticien, parlant d'exclusion des dettes, a toujours sous-entendu « réserve des propres ». Ce que les théoriciens ont appelé la séparation des dettes n'a jamais été que la communauté réduite aux conquêts ; voici le texte entier d'un contrat de mariage dressé par Bonot et son compagnon, notaires au Châtelet de Paris, en 1664, entre deux orphelins (je ne dis pas pauvres) qui seraient aujourd'hui deux modestes bourgeois (les noms des parties contractantes ont été changés).

« Pardevant les notaires gardenotes du Roy, nostre sire, en son Chastelet de Paris, soubzsignez :

« Furent présens en leurs personnes :

« Charles de la Plaine, portemanteau ordinaire du Roy, demeurant à l'Hostel du Petit Bourbon, paroisse de Sainct Germain de l'Auxerrois, fils de défuncts Symon de la Plaine et Catherine Lefranc, ses père et mère, d'une part ;

« Et dame Marie Boivin, vefve de feu sieur Henry Brulat, marchand, bourgeois de Paris, y demeurant rue Ticquetonne, paroisse Sainct Eustache : au nom et comme tutrice et stipullant pour damoiselle Catherine du Taillis, fille de défuncts sieur Anthoine du Taillis et de damoiselle Henriette Boivin, ses père et mère.

« En la présence et du consentement de Monsieur Jean Desmartins, pareillement bourgeois de Paris : au nom et comme subrogé tuteur de ladicte damoiselle Catherine du Taillis, acceptante, et de son consentement, pour elle et en son nom, d'autre part.

« Lesquelles partyes en la présence et du consentement de leurs parens et amis, sçavoir :

« De la part dudict sieur de la Plaine, futur époux : Très haulte et très puissante Princesse Madame Anne Marie de Martinosy, Espouze de très hault et puissant Prince, Monseigneur Henry de Bourbon, Prince du sang et de Conty, Filz de France ; Messires : Antoine de Monneau, seigneur de la Bazinière ; Arnaud, valet de chambre ordinaire de la Reyne ; et Olivier de Faye, Conseiller et Secrettaire du Roy, Maison et Couronne de France, et de ses Finances, Controlleur Général en la grande Chancellerie de France, amis dudict sieur futur époux.

« Et de la part de ladicte damoiselle future espouze : Anne Marie du Taillis, sa sœur, vefve de noble homme François..., Docteur Régent de la Faculté de... à Paris ; François Auguste du Taillis, frère ; ladicte Dame Brulat, tante ; le dict sieur Desmartins, subrogé tuteur et damoiselle Louise Dupoirier, sa femme ; Illustrissimes et révérendissimes Seigneurs : Jean Destrades, conseiller du Roy en ses conseils d'Estat et privé ; Antion, Evesque de Condom, Abbé de Bailly ; messire François Bourlon, conseiller du Roy en ses conseils et en sa cour de Parlement de Paris ; messire Nicolas Bourlon, seigneur de Bailly, conseiller de sadicte Majesté en sesdicts conseils, et Maistre ordinaire en sa Chambre des Comptes ; messire Claude Baillon, Conseiller du Roy en ses Conseils ; messire Jacques Baillon, seigneur de Marigny, conseiller du Roy et auditeur en sa Chambre des Comptes.

« Volontairement ont reconnu et confessé avoir faict entre eux les traité, promesses et conventions cy après, pour raison du futur mariage desdicts sieur de la Plaine et damoiselle du Taillis, lequel mariage ilz espèrent faire solemniser en face de nostre mère Saincte Eglize, le plus tost que faire ce pourra.

« *Sçavoir est que lesdicts sieur et damoiselle futurs espoux seront communs en tous biens, meubles et conquêts immeubles suivant la Coustume de cette ville, Prévosté et Vicomté de Paris, encores que leurs biens se trouvent scitués, et qu'ils fassent leur demeure, en autres Coustumes contraires, auxquelles ils ont desrogé et desrogent par ces présentes ;*

« *Ne seront tenus dès debtes et hipothecques l'un de l'autre sy aucunes y a, créées avant la cellébration dudict mariage, et s'il y en a seront payées et acquittées par celuy qui les*

aura faictes et créées, et sur son bien particullier, sans que
celuy de l'autre en soit tenu ny obligé.

« Ledict futur espoux a pris ladicte damoiselle future
espouze avec ses biens et droicts paternels et maternels, mobiliairs et immobiliairs, contenus en l'inventaire qui a esté faict
des biens demeurez après le décedz de ses feuz père et mère,
à la Requête de lad. dame tutrice des enfans mineurs desd.
desfuncts sieur et damoiselle du Taillis, en la présence dudict
sieur subrogé tuteur, clos en justice ; desquels biens et droicts
successifs portez audict inventaire, en appartient le quart à la
dicte damoiselle future espouze, comme héritière pour ledict
quart desdicts desfuncts ses père et mère.

« Plus ladicte dame Marie Boivin, vefve Brulat a par ces
présentes, apromis en faveur du dict futur mariage donner à la
dicte future espouze sa niepce, la veille des espouzailles, la
somme de Dix Mil Livres Tournoys, en argent comptant, et ce
pour la bonne amityé qu'elle lui porte, à la charge toutes fois
qu'elle ny ledict sieur futur espoux ne pourront demander à la
dicte dame Boivin de son vivant, ny à ses héritiers après sa
mort, aucun compte ny reliqua des fruicts de la tutelle et administration par elle faicte des biens délaissés par les décedz des
dicts père et mère de ladicte damoiselle future espouze, contenus audict inventaire. Lesquels biens, ils seront tenus les
prendre et en jouir avec leurs frères et sœurs en l'estat qu'ils
sont à présent ; et en cas qu'ils voulussent demander ledict
compte de tutelle, ils seront tenus auparavant que d'estre
receus à en faire action, de rendre et restituer à ladicte dame
Boivin ou à ses héritiers, ladicte somme de Dix Mil Livres
avec les intérests d'icelle à raison du denier vingt, à compter du

jour qu'ils auront receu, jusques à laquelle restitution d'icelle ; parce que sans ces conditions ladicte dame Boivin n'eust donné à lad. future espouze sa niepce, ladicte somme de Dix Mil Livres. Laquelle somme, cessant ladicte action du compte de tutelle, ladicte dame Boivin veult et entend demeurer à la dicte future espouze sa niepce, par préciput et advantage, sans qu'elle soit tenue la rapporter ou moins prendre, venant à sa succession, laquelle ladicte dame Boivin veult et entend aussy estre partagée après son decedz, entre ladicte future espouze et ses autres cohéritiers.

« *De tous lesquels biens en entrera en la Communauté ladicte somme de Dix Mil Livres Tournoys et le surplus sera et demeurera propre à lad. future espouze et aux siens, de son costé et ligne, ensemble tout ce qui lui escherra constant ledict mariage, par succession, donation ou autrement, tant en meubles qu'immeubles.*

« Ledict futur espoux a doué lad. damoiselle future espouze de la somme de Quinze cents Livres de rente viagère par chascun an, en cas qu'il n'y aye point d'enfans dudict mariage, et où il y aurait des enfans vivans, au jour de la dissolution du dict mariage, ledict Douaire sera réduit à Mil Livres aussy de rente viagère par chascun an ; à prendre ledict Douaire sitost qu'il y aura lieu sur tous les biens meubles et immeubles présens et advenir dudict sieur futur espoux qui en demeureront chargez et hipothecquez à fournir et faire valoir ledict Douaire sans que ladicte damoiselle future espouze aie besoin d'en faire demande en justice.

« Le survivant desdicts sieur et damoiselle futurs espouz aura et prendra par préciput et avant partage des meubles de lad. Communauté, tels qu'il voudra choisir, réciproquement, jusques à la somme de Deux Mil Livres Tournoys, selon la prisée de l'inventaire et sans crue, ou lad. somme en deniers, au choix dudict survivant.

« Sy pendant le mariage il est vendu ou aliéné aucuns biens propres appartenans auxd. sieur et damoiselle futurs espouz ou à l'un d'eulx, remploy sera faict en autres héritages ou rentes, pour sortir pareille nature de propres, et appartiendront à celuy du costé duquel ils auront esté aliénnez, et aux Siens de son costé et ligne ; et sy au jour de la dissolution de lad. Communauté ledict remploy ne se trouvait avoir esté faict, les deniers s'en reprendront sur la masse d'icelle, et où elle ne suffirait à l'esgard de la future espouze, ce qui s'en deffaudra sera repris sur les propres dud. sieur futur espouz.

« Sera loisible à ladicte damoiselle future espouze seulement, de renoncer à ladicte Communauté ou l'accepter. Et en cas de renonciation, reprendra franchement et quittement tout ce qu'elle aura apporté audict mariage et tout ce qui lui sera advenu et eschu constant iceluy, par succession, donation ou autrement, mesmes, icelle damoiselle future espouze, si elle survit, ses Douaire et préciput susdicts, sans estre tenue d'aucunes deptes de ladicte Communauté, encore que lad. damoiselle future espouze y eust parlé et s'y fust obligée, dont ladicte damoiselle future espouze sera acquittée par les héritiers dudict sieur futur espouz, et sur ses biens ; pour raison de quoy elle aura hipothèque du jour du présent contrat.

« Led. futur espouz a fait faire un bref inventaire de tous ses biens et effects tant mobiliairs qu'immobiliairs, qui demeurera annexé à la minutte des présentes. *Desquels biens en demeurera ameubly et en entrera en lad. Communauté, pareille somme de Dix Mil Livres, et le surplus desd. biens et effects ensemble tout ce qui escherra au dict futur espouz, par succession, donation ou autrement tant en meubles qu'immeubles, luy demeurera propre et aux Siens de son costé et ligne.*

« Lesdicts sieur et damoiselle futurs espouz ont par ces présentes faict don mutuel un d'eulx à l'autre et au survivant d'eulx deulx, des biens de lad. communauté, pour en jouir par le survivant à sa Caution Juratoire, pourvu qu'au jour de la dissolution dudict mariage il n'y aye lors enfans vivans.

« Et pour faire insinuer ces présentes, au greffe des Insinuations dudict Chastelet de Paris, et ailleurs où il appartiendra, dans les quatre mois d'huy suivant l'ordonnance, les dicts sieur et damoiselle futurs espouz font et constituent leur procureur irrévocable, le porteur des présentes, auquel ilz donnent pouvoir de ce faire, et tout ce qui sera requis et nécessaire, et en requérir acte.

« Par ainsi a esté le tout convenu, accordé et stipulé entre lesdictes partyes, Promettans. Obligeans. Renonçans (1). »

_____

(1) Bref Inventaire des effects apartenans à Charles de la Plaine portemanteau ordinaire du Roy, pour estre attaché à la minutte du Contract de mariage ce jourd'hui passé entre lui et damoiselle Catherine du Taillis, suivant la clause portée audict Contract de mariage.

Premièrement, pour le prix et composition de lad. charge de porte-manteau ordinaire du Roy, ledict sieur de la Plaine a payé au sieur de la Sablonnière la somme de Vingt Mil Cinq Cents Livres comme appert par quittance reçue par Ogier et son compagnon Notaires au Chastelet de Paris, le dix huit Décembre Mil six cent soixante.

Plus il est deub aud. Sr de la Plaine par Mre François des Essarts, chevalier marquis de Lignières et dame Françoise Marie de Grancé, son

Tous ceux qui ont l'habitude de manier le contrat de mariage, ceux qui savent le réduire à son cadre, à l'arête, auront été frappés de l'identité de celui de 1664, qui est le plus ancien dont le *texte entier* ait passé par mes mains, avec la formule actuelle : il y a, en plus, des détails caractéristiques d'une similitude étonnante. Ainsi donc, deux siècles, avec au milieu le Code civil, après la plus terrible des révolutions, n'y ont produit que des changements de mots, le cadre ne s'est pas modifié : alors il paraît extraordinaire que de la rédaction de la Coutume en 1510 à 1664, un siècle et demi seulement ait suffi pour opérer une transformation profonde, car nous savons par Jean des Mares qui est mort plein de vieillesse, bien que décapité en 1383, qu'à son

espouze Dix huit cents Livres de rente annuelle racheptable Trente deux Mil quatre cents livres de principal, comme appert par Contract reçu par Le Sommelier et Le Cat Notaires le premier Septembre Mil six cent soixante deux.

Plus il lui est deub pour dix sept mois et dix jours des arrérages de lad. rente jusques à ce jourd'hui la somme de Deux Mil cent livres.

Plus il est deub au sieur de la Plaine environ onze ou douze cents Livres par le sieur de Vallières par sa promesse du...

Plus il est deub audict sieur de la Plaine par Pioche lieutenant des eaux et forests de Chaulny la somme de Mil Livres aussy par promesse.

Plus en pierreries et vaiselle d'argent la somme de Trois Mil Livres.

Plus en tapisseries, licts, et autres meubles meublans environ de valleur Deux Mil cinq cents Livres.

Ce jourd'hui est comparu par devant les Notaires du Roy au Chastelet de Paris soubzsignez ledict Charles de la Plaine porte-manteau ordinaire du Roy, lequel pour satisfaire à la clause portée au Contract de mariage d'entre led. sieur de la Plaine et damoiselle Catherine du Taillis ce jourd'hui passé par devant les Notaires soubzsignez a mis ès mains de Bonot l'un desd. Notaires, le Bref Inventaire des biens à luy appartenans dont Coppie est cy-dessus escrite pour estre attachée à la Minutte dud. Contract, lequel inventaire il a certiffié estre véritable et a demandé acte de la présente certification pour luy servir ce que de raison, ce qui luy a esté octroyé. A Paris en la maison où est demeurante dame Marie Boivin vefve du Sieur Henri Brulat, vivant bourgeois de Paris, tante et tutrice de ladicte damoiselle Catherine du Taillis, l'an Mil six cent soixante quatre le dimanche dixième jour de.....

époque on faisait des *traités de mariage*, et il ne nous apparait pas que la mode en fût nouvelle. Le contrat de mariage est aussi vieux que notre société ; son origine se perd dans la nuit. C'est dans son étude qu'on peut suivre la tranformation de l'usage ; mais pour le comprendre, il faut le lire dans son entier et sans aucun parti pris de système.

Pour le montrer, nous allons prendre sur le fait une modification qui est actuelle. A la fin des contrats de mariage qui de nos jours reçoivent leur exécution, on trouve très souvent une donation réciproque entre les futurs époux qui représente l'ancien don mutuel dont on a pu voir l'application dans le contrat qui vient d'être rapporté en entier. Les futurs époux se faisaient habituellement donation l'un à l'autre, pour que le survivant en profite, de ce dont la loi leur permet la disposition. Eh bien, avant qu'il soit longtemps, on ne trouvera plus de contrat de mariage contenant cette donation mutuelle, ce qui arrivera nécessairement quand tous les contrats qui étaient en effet latent avant 1884 seront épuisés, c'est-à-dire quand la génération conjugée avant cette date sera morte. Pourquoi ? Parce que depuis 1884 on ne met plus de donations mutuelles dans les contrats de mariage, à cause des articles 299 et 300 du Code civil, une première fois abrogés et que la loi sur le divorce a fait revivre. — « Art. 299. L'époux contre lequel le « divorce aura été prononcé perdra tous les avantages que « l'autre époux lui avait faits, soit par contrat de mariage, « soit depuis. » — « Art. 300. L'époux qui aura obtenu le « divorce conservera les avantages à lui faits par l'autre époux, « encore qu'ils aient été stipulés réciproques et que la récipro- « cité n'ait pas lieu. » Par ces articles, les auteurs du Code civil avaient voulu atteindre l'époux coupable, mais ce grand coup de glaive n'était qu'un vaste coup d'épée dans l'eau, ce qui n'a pas empêché les législateurs de 1884 de recommencer.

D'après le Code civil, toutes les donations entre époux faites pendant le mariage sont essentiellement révocables, *quoique qualifiées entre vifs*, dit l'article 1096, et entre parenthèses, on ne saurait mieux faire entendre que ce sont des donations à cause de mort débaptisées, parce que pratiquement ce qui différencie les donations entre vifs des donations à cause de mort, c'est que les premières ont un effet actuel et immédiat, dès l'acceptation, tandis que les secondes ne pouvaient avoir qu'un effet futur, c'est-à-dire à partir du décès du donateur. (Aujourd'hui, elles sont prohibées légalement.) On a donc encore fait une simple confusion de mots, en appelant les donations entre époux donations entre vifs; et cette confusion a bien été volontaire, mais pour le montrer il faudrait encore un volume. Si dans la pratique les futurs époux se sont jamais fait des donations mutuelles par contrat de mariage, c'est pour les faire participer à l'*irrévocabilité* des conventions matrimoniales. Or, comme depuis 1884, lorsqu'on se marie, il est impossible de prévoir au profit duquel des deux époux pourra être plus tard prononcé le divorce, il en résulte un aléa : celui des deux époux qui sera condamné perdra le bénéfice de la donation irrévocable sans trouver de contre-partie; alors pourquoi voulez-vous qu'il abandonne en se mariant, le droit de révoquer la donation qu'en des temps plus heureux il aura lui-même faite à son conjoint. D'où, depuis 1884, disparition radicale des donations mutuelles dans les contrats de mariage : on n'en fait plus maintenant parce qu'elles seraient irrévocables. Ce résultat logique et

même plus, ce résultat nécessaire ne pouvait être imprévu que
pour les gens qui se paient de mots; il ne faut pas vouloir trop
bien faire, ni être plus royaliste que le roi; les législateurs
doivent respecter la liberté civile de ceux qui les nourrissent à
ne rien faire, ou à faire pis. Ces deux articles contiennent
la suppression des donations irrévocables entre époux; on
pourrait, en exagérant un peu, prétendre que ceux qui rédigent
les lois ne connaissent point la loi. Si le divorce est nécessaire,
abrogez donc au moins ces deux articles qui sont parfaitement
absurdes, et remplacez-les par un autre plus simple, disant que
toutes les donations entre époux seront révoquées de plein droit
par le fait du divorce, et aussitôt la donation mutuelle irrévocable reparaîtra dans les contrats : elle y est bien à sa place,
tout en n'étant pas obligatoire.

Voilà comment se modifie peu à peu la formule générale du
contrat; chaque absurdité de la loi y a un contre-coup nécessaire;
nous allons voir maintenant une modification plus importante et
plus ancienne.

Le jour où l'on dépouillera les archives des notaires, on
comptera par milliers les minutes des contrats faits sur le type
de celui que j'ai rapporté, comme cadre général. Or il est celui
de la communauté réduite aux conquêts (avec une mise en communauté au total de vingt mille livres) bien qu'il commence par
l'adoption du régime de la communauté coutumière de tous les
meubles et des conquêts. Les praticiens ont toujours procédé
ainsi; encore aujourd'hui, pour en arriver à la communauté
d'acquêts, ils commencent par la communauté légale. En somme
ils disent au début : « Nous partons du principe posé par la loi,
mais nous le modifions de la façon suivante, » et ils en arrivent

à la communauté réduite aux conquêts ou, ce qui revient au même aujourd'hui, réduite aux acquêts.

Dans notre exemple, la réserve des propres pour la future épouse est faite ensuite de sa déclaration d'une mise en communauté de dix mille livres, et pour le futur époux elle se trouve à la fin du contrat, à la suite de l'annexe du bref inventaire de ses biens et de sa mise en communauté. Si la réserve des propres n'est pas faite sous la forme d'une clause générale intéressant les deux époux, elle y est bien cependant et pour tous les deux. .

Pourquoi les praticiens procédaient-ils ainsi, car il y a toujours un motif même pour les choses en apparence les plus bizarres? Parce que l'exclusion des dettes était toujours générale et entière, tandis que par suite de l'habitude prise de mettre une partie des propres en communauté, la réserve n'était plus que partielle, bien qu'en réalité elle portât toujours sur la plus grosse part : les futurs époux faisaient chacun une mise en communauté égale, mais la valeur en provenait tantôt de leurs apports, tantôt des donations qu'ils recevaient.

De nos jours, où la mise en communauté est complètement abandonnée, à Paris du moins, la réserve des propres prend le plus souvent sa place naturelle en tête du contrat, avant la clause d'exclusion des dettes, parce qu'aujourd'hui cette réserve est toujours générale. Les théoriciens ne s'y tromperaient plus ; mais ce n'est plus à faire maintenant, surtout pour Claude de Ferrière, le savant et pitoyable auteur de la « Science parfaite du Notaire, ou le Parfait Notaire, » ouvrage refondu par son fils. (Il existe un autre « Parfait Notaire » par Massé, mais postérieur au Code civil.)

Résumer nettement tous les principes de la doctrine, en faire

un corps d'études spéciales pour le praticien, y ajouter les
diverses formules des actes, les clauses plus ou moins particulières qu'on rencontre, cela constitue un savant ouvrage,
mais un ouvrage de doctrine seulement, et qui manque son but,
si l'on s'arrête à son titre. Le théoricien examine les diverses
clauses sans parvenir à se détacher du point de vue théorique;
il ne peut pas se rendre compte du degré de leur importance
pratique, et il passe à côté de la question parce qu'il met tout
au même plan. Tel est l'ouvrage de Ferrière : restons-en au
contrat de mariage, nous y trouvons dix clauses différentes,
dont neuf sont toutes particulières, arrêtent spécialement son
attention et prennent une importance égale. Eh bien, dans la
pratique, elles s'appliqueront une fois chacune sur mille, et la
dixième qui aura paru insignifiante à l'auteur, qui du moins le
paraît dans l'ouvrage à côté des autres, s'appliquera 991 fois;
les théoriciens n'ont pas le sens des proportions : le cas exceptionnel, tout intéressant qu'il soit en lui-même, n'en reste pas
moins particulier, et ce qui importe dans la pratique, ce qui
constitue la science spéciale au professionnel, ce qu'il apprend
avec le métier, c'est la règle générale avec ses exceptions,
chaque chose conservant sa valeur et restant à sa place.

La formule n'est qu'un cadre, tout peut y entrer à la condition qu'on sache l'y mettre et qu'on sache tout raccorder; l'art
du praticien ne consiste que dans ce raccord, dans la mise au
point; il modifie, suivant le cas, une partie ou l'autre d'une
manière très souvent insensible, en changeant quelques mots,
pour faire du tout un ensemble; ce sera mal écrit et de forme
négligée au point de vue du style; mais c'est le fond qui importe,
et qui est très soigné sous la confusion apparente; cette confu-

sion d'ailleurs n'existe que pour ceux qui ne connaissent pas la pratique; elle vient de ce que la même formule sert à tout, comme un tissu sur lequel on brode. C'est dans ces variations sur un même cadre toujours identique, que le professionnel se dévoile; c'est là que celui qui sait, juge celui qui ne sait pas : aussi bien pour lire un acte authentique, un contrat de mariage par exemple, faut-il le lire attentivement, surtout dans les coins.

Ferrière, parce qu'il ne connaissait pas la pratique, croyait, comme tous ses prédécesseurs, que l'exclusion des dettes était la règle de la communauté conventionnelle, et la réserve des propres l'exception : il s'est arrêté à l'apparence, et pour cela ses formules de contrats de mariage sont amusantes ; la clause générale de l'exclusion des dettes est en tête, mais la réserve des propres ne s'y trouve qu'au petit bonheur, suivant qu'elle était ou non dans les clauses insérées : le raccord y manque ; il y a de ces formules commençant par l'exclusion des dettes qui ne contiennent pas de réserve des propres, ou qui du moins, ce qui est encore pis, ne la contiennent que pour l'un des époux. La première formule du chapitre 20, livre 4, et la première du chapitre 22, même livre, ne contiennent cette réserve que pour la future épouse qui fait une mise en communauté sur la dot à elle constituée en avancement d'hoirie : et ce sont cependant des formules type ; notez que dans leur ensemble, elles sont absolument identiques au contrat plus haut cité, mais Ferrière a oublié de les mettre au point, en négligeant de faire consentir au futur époux une mise en communauté égale à celle de la future, avec réserve de surplus de ses propres : toute la pratique est dans ce détail omis par Ferrière dans toutes celles

de ses formules qui ne contiennent pas de donation au futur
époux par ses ascendants. Et cependant, il a écrit un chapitre
spécial pour la réserve des propres. Je ne reproche pas à
Ferrière de n'avoir pas connu la pratique, s'il ne l'a jamais
apprise, mais je lui reproche son état d'esprit, celui de tous les
théoriciens qui négligent d'étudier l'usage, et prétendent ensuite
imposer leur opinion, alors qu'ils ne s'appuient que sur des mots.
Dédaignant la synthèse, ils ont toujours distingué, toujours
divisé, faisant des théories différentes, étrangères l'une à l'autre,
de ce qui dans la réalité n'en doit être qu'une seule, avec,
suivant les circonstances, ses exceptions et ses variantes.
Il existe entre toutes les clauses possibles, légales ou illicites,
loyales ou simplement habiles, une corrélation, une loi de
concordance que Ferrière ne soupçonnait pas, parce qu'elle
ne peut s'apprendre que par la pratique.

La communauté dite coutumière, celle qui résultait du texte
de la loi, comme aujourd'hui la communauté légale, ne laissait
aux époux que la propriété de leurs immeubles. La communauté
réduite aux conquêts leur laissait aussi celle des meubles ;
cette dernière a donc son origine non dans l'exclusion des dettes
antérieures au mariage, mais dans la réserve ou réalisation des
propres mobiliers, dont l'exclusion des dettes n'est que la
conséquence : on peut voir un cas de cette réserve indiquant
sans doute l'origine plus ancienne, dans l'article 93 de la
Coutume de Paris elle-même (cet article est de la Réformation) :
« Somme de deniers donnée par père, mère, aïeul ou aïeule, ou
autres ascendants, à leurs enfans, en contemplation de mariage,
pour être employée en achat d'héritage, encore qu'elle n'ait été
emploïée, est réputée immeuble, à cause de sa destination. »

Voilà une réserve de propres mobiliers de plein droit, puisqu'elle résulte de la loi, mais si celle-là était tacite, elle n'empêchait pas la réserve expresse, sous une forme ou sous une autre, dans tous les contrats qui contenaient l'exclusion des dettes.

Bien que la clause de séparation des dettes, pour parler comme les théoriciens, n'ait par elle seule aucun sens, ni aucune application pratique, les auteurs du Code civil (et cela va montrer combien ils ont pataugé en cette matière), alors qu'ils n'accordaient à la communauté réduite aux acquêts (C. C., livre 3, titre I, chapitre 1, deuxième partie, section I) que deux articles dont un tout petit, 1498 et 1499, cités au Chapitre premier, page 114, en ont donné : (section 2), cinq à *la clause qui exclut de la communauté le mobilier en tout ou en partie*, 1500 à 1504 ; (section 3), cinq à *la clause d'ameublissement*, 1505 à 1509 ; (section 4), quatre à *la clause de séparation des dettes*, 1510 à 1513, et un très long, 1514 (section 5), à *la faculté accordée à la femme de reprendre son apport franc et quitte*. Je ne citerai pas ici tous ces articles, mais la seule distribution des sections et l'énoncé de leurs titres montrent que les auteurs ont étudié isolément toutes les clauses anciennes qu'ils ne voulaient pas proscrire. La manière dont ils les ont séparées montre qu'ils n'avaient point l'habitude de lire un contrat de mariage en son entier. Ils ont ergoté sur des mots, sans connaître les faits : un ignorant, fût-il élu par tous les ignorants du monde, ne cesserait pas pour cela d'être un ignorant.

La communauté d'acquêts, le régime le plus universellement adopté, est l'intermédiaire entre la communauté universelle et la séparation des biens. Celle-ci semblerait n'avoir été accordée par la loi que pour éluder plus commodément toutes les prescriptions légales sur les donations entre époux, à une époque où tous les biens sont facilement convertissables en argent, si l'on veut bien admettre que la transmission manuelle, fût-elle interdite, ne saurait être empêchée, car elle peut se faire sans laisser de traces. Du reste la séparation de biens peut servir de moyen presque infaillible pour duper les créanciers dans les faillites productives ; il suffit généralement de mettre des titres au porteur d'un tiroir dans un autre, et d'avoir du toupet. Quand on sait étouffer ses scrupules, ce régime devient ainsi le plus accommodant, en même temps que le plus immoral ; ce ne sont pas les arguties sur les mots qui permettront jamais d'empêcher les fraudes ; il faudrait ouvrir l'œil et le bon. Mais les magistrats s'engourdissent dans la procédure et le droit pur.

CHAPITRE III

ADMINISTRATION ET PARTAGE
DE LA COMMUNAUTÉ

Loisel, dans ses Institutes, livre I, titre 6, de Vouerie, nous dit par sa règle première : « Bail, Garde, Mainbour, Gouverneur, Légitime Administrateur et Régentant sont quasi tout un. » Ce qui nous explique suffisamment la règle 3 : « Le Mari est Bail de sa femme; » et Laurière ajoute en note « que c'est donc plutôt comme Bail, Gardien, ou Mainbour, que le mari a l'administration des biens de sa femme, que comme chef de la communauté ». Au titre du Mariage (livre I, titre 2), Loisel nous apprend, règle 14 : « Ce qui se disait jadis, que le mari se devait relever trois fois la nuit, pour vendre le bien de sa femme, a finalement esté réprouvé par plusieurs arrêts et coutumes modernes; » cette règle se complète par la règle 13, celle qui la précède dans l'ouvrage : « Le mari ne pouvant directement ni indirectement obliger les propres de sa femme. »

Le mari n'était donc qu'un administrateur pour les biens de la femme. Qu'était-il pour ceux de la communauté? Nous le voyons dans l'article 225 de la Coutume : « Le mari est Seigneur

10

« des meubles et conquêts immeubles par lui faits durant et
« constant le mariage de lui et de sa femme, en telle manière
« qu'il les peut vendre, aliéner ou hypothéquer, et en faire et
« disposer par donation ou autre disposition faites entre vifs à
« son plaisir et volonté, sans le consentement de sa dite femme,
« à personne capable et sans fraude. » Laurière ajoute sa petite
note, comme pour modérer : « Le mari est Seigneur des meubles
« et conquêts immeubles, mais il n'en est pas propriétaire, si
« ce n'est de sa moitié seulement. Et s'il peut vendre, aliéner,
« hypothéquer et donner la moitié de sa femme, ce n'est que
« parce qu'il en a la libre administration en qualité de chef de
« la communauté, comme il se void dans les autorités sui-
« vantes. »

« Les Coutumes notoires, art. 19 : « Tous les conquests que
« deux mariez font durant leur mariage, sont communs à eux,
« en telle manière que chacun d'iceux mariez a droit en la moitié
« desdits conquests, et à lui appartient icelle moitié de son plein
« droit pour sa portion. » L'article 163 : « Item, les biens, dettes
« et créances d'homme et de femme conjoints par mariage,
« sont communs ensemble entre eux durant leur dit mariage,
« combien que le mari en ait le bail, gouvernement et autorité. »

Voilà l'usage officiel : Qu'en pensaient les intéressés ? La
pratique nous l'apprend : Sur l'administration des biens de la
femme, elle est d'accord avec le texte, les pouvoirs du mari
n'excédant pas ceux d'un administrateur ; mais sur l'administration de la communauté, elle diffère : le mari en était, d'après le
texte, seigneur et maitre, il en pouvait disposer à son gré, même
contre la volonté de sa femme ; c'est aussi par la tendance à
restreindre le droit du mari, que l'usage s'était établi de réduire

par contrat de mariage la communauté aux conquêts, parce que
le bon sens public a toujours pensé que le droit de disposition
donné au mari était exorbitant et se rapprochait trop de celui
du paterfamilias romain ; l'usage a toujours tendu à le limiter
à un droit d'administration sans jeu de mots, trouvant que c'était
bien assez faire pour la paix du ménage, d'accorder au mari
un pouvoir d'administration sans contrôle. On comprendrait la
loi limitant le pouvoir du mari et laissant aux intéressés la
faculté de l'étendre, on ne la comprend pas donnant au mari,
sous le nom d'administration, le pouvoir exorbitant d'aliéner
malgré la femme, même à titre gratuit, sans permettre de le
restreindre.

« C. C. 1421. Le mari administre seul les biens de la com-
« munauté. Il peut les vendre, aliéner et hypothéquer sans le
« concours de sa femme. » — « 1422. Il ne peut disposer entre
« vifs à titre gratuit des immeubles de la communauté, ni de
« l'universalité ou d'une quotité du mobilier, si ce n'est pour
« l'établissement des enfants communs. Il peut néanmoins dis-
« poser des effets mobiliers à titre gratuit et particulier, au
« profit de toutes personnes, pourvu qu'il ne s'en réserve pas
« l'usufruit. »

Pour comprendre l'intérêt qu'il y avait et qu'il y a encore pour
la femme, à adopter la communauté réduite aux acquêts, il
suffit de se rappeler que si le mari pouvait à son gré disposer
des biens communs, il ne pouvait en aucune façon disposer des
biens propres de la femme : or la communauté coutumière,
comme aujourd'hui la communauté légale, absorbant tous les
biens meubles des époux, quelle que fût leur origine, chacun ne
pouvait avoir et conserver sous ce régime que des propres im-

mobiliers ; en restreignant la communauté aux conquêts, chacun se réservait la propriété de tous ses biens personnels, présents et à venir, meubles et immeubles ; le mari, s'il conservait son pouvoir illimité sur les conquêts, ne pouvait donc plus disposer que des revenus des propres de sa femme : c'était pour elle autant de gagné ; elle sauvait les meubles. Avant le Code, la femme, par son contrat de mariage , échappait à la communauté coutumière, comme depuis elle évite la communauté légale.

Et il ne s'agit pas, puisque nous en sommes à l'administration, des biens de la femme seulement : L'usage tend à l'unification des pouvoirs de tous les administrateurs ; pourquoi les pouvoirs du père sur les biens de ses enfants sont-ils différents suivant que la mère est vivante, ou bien qu'elle est morte ? C'est absurde ; le tuteur est un père ou le remplace ; il faut le bien choisir, car ce n'est pas avec un article de loi qu'on le rendra honnête, s'il ne l'est pas ; mais s'il offre les garanties légales, si ses biens sont suffisants, puisque ses pupilles sont ses créanciers privilégiés, que risquent-ils ? élargissez le rôle du tuteur : Voilà un homme ayant un immeuble de 100,000 francs sur lequel vient en bon rang l'hypothèque légale, même non inscrite, de son pupille qui n'a qu'un capital insignifiant ; il est ridicule que ce tuteur responsable de son administration, ne puisse pas vendre une valeur qui périclite, sans réunir le Conseil de famille et sans prendre l'avis du tribunal ; à notre époque, il arrive toujours trop tard ; quand survient une catastrophe comme celle du Comptoir d'Escompte, par exemple, le mineur est ruiné et personne n'est responsable : chacun s'en lave les mains ; il faudrait supprimer l'ingérence du Tribunal civil qui ne sert à rien, et étendre les pouvoirs du Conseil de famille ; celui-ci est le juge

naturel du tuteur pendant toute la durée de son administration ;
quand elle finit, il doit être l'arbitre entre le tuteur et le pupille devenu capable, et ce n'est que contre sa décision qu'il
devrait pouvoir être fait appel aux tribunaux ordinaires.

« Après le trépas de l'un desdits conjoints, les biens de
ladite communauté se divisent en telle manière, que la moitié
en appartient au survivant, et l'autre moitié aux héritiers du
trépassé. » C'est l'article 229 de la Coutume réformée, se complétant pour le droit de la femme ou de ses héritiers, par l'article 237 : « Il est loisible à toute femme, noble ou non noble, de
renoncer, si bon lui semble, après le trépas de son mari, à la
communauté des biens d'entre elle et sondit mari, la chose
étant entière, et ce faisant, demeurer quitte des dettes mobiliaires dues par sondit mari au jour de son trépas, en faisant
bon et loïal inventaire. » La communauté n'est donc qu'une
société à laquelle la femme ou ses représentants peuvent, au jour
de sa dissolution, renoncer si elle leur est désavantageuse, si
l'actif existant ne vaut point le passif ; le droit de renoncer est
légalement la contre-partie du pouvoir de disposition sans
contrôle donné au mari, sous le nom d'administration.

« Femme veuve renonçant à la communauté jetait jadis sa
ceinture, sa bourse et ses clés sur la fosse de son mari. Maintenant il faut renoncer en justice et faire inventaire. » (Loisel,
liv. 2, titre 2, règle 30.) Le privilège de renonciation, calqué sur
le type romain de la renonciation à une succession, ne fut d'abord
accordé qu'aux veuves nobles de ceux qui mouraient aux expéditions lointaines que les juristes appelaient alors les « Voyages
d'outremer », que nous appelons les Croisades, et qui n'étaient
politiquement que des expéditions coloniales.

L'origine de ce privilège est indiquée par l'auteur du grand Coutumier de Charles VI, livre 2, chapitre 41 : « La raison pourquoy le privilège de renonciation fut donné, ce fut parce que le métier des hommes nobles est d'aller ès guerre, et voyages d'outremer, et à ce s'obligent, et aucunes fois y meurent et leurs femmes ne peuvent être de léger acertenées (garanties) de leurs obligations faites à cause de leurs rançons et de leurs pleigeries (dation d'otages), qui sont pour leurs compaignies et autrement, et pour ce, ont le privilège de renonciation, et ont d'usage, si comme le corps est en terre, de jetter leur bource sur la fosse, et de ne retourner à l'Hostel où les meubles sont, mais vont gésir autre part, et ne doivent emporter que leur commun habit et sans autre chose. Et parmi ce, elles et leurs héritiers sont quittes à toujours des dettes. Mais s'il y a fraude tant soit petite, la renonciation ne vaut rien. »

A la réformation de la Coutume en 1580, le droit de renonciation fut donné aux femmes non nobles et cessa d'être un privilège, sinon pour les femmes ; or, en même temps, le nouvel article 228 leur accordait le bénéfice de l'émolument, restreignant ainsi leur obligation aux dettes communes, à la part qu'elles recevaient dans l'actif de la communauté, leurs biens personnels, leurs propres restant indemnes. (Art. 228.) « Le mari « ne peut par contrat et obligation faite devant ou durant le « mariage, obliger sa femme sans son consentement, plus « avant que jusqu'à la concurrence de ce qu'elle ou ses héritiers « amendent de la communauté, pourvu toutefois qu'après le « décez de l'un des conjoints, soit fait loïal inventaire, et qu'il « n'y ait faute, ni fraude de la part de la femme ou de ses « héritiers. » Il est évident que le bénéfice de l'émolument ne libérait pas la femme des dettes auxquelles elle s'était personnellement obligée, mais la renonciation à la communauté ne l'en déchargeait pas davantage ; alors, de même qu'aujourd'hui, en tout état de cause elle restait tenue comme caution des dettes du mari qu'elle avait garanties en s'y obligeant personnellement avec lui. Il est permis de se demander quel avantage la femme pouvait bien tirer du privilège de la renonciation qui lui était si libéralement octroyé, puisque par le seul fait de l'inventaire elle ne pouvait être tenue des dettes communes que jusqu'à concurrence de son émolument dans la communauté : renoncer à cette communauté ne l'avançait à rien, si ce n'est à la dispense de faire inventaire.

Le Code civil a posé lui aussi le principe du partage par moitié de la communauté. « C. C. 1474. Après que les prélève- « ments des deux époux ont été exécutés sur la masse, le « surplus se partage par moitié entre les époux ou ceux qui les « représentent. » Mais tout en imposant aux époux qui ne font pas de contrat, le régime inextricable de la communauté légale, il permet aux autres, à ceux qui font un contrat, toutes les communautés possibles, depuis la plus restreinte, la communauté d'acquêts, jusqu'à la plus étendue, la communauté universelle de tous biens, présents et à venir ; il admet le partage inégal de la communauté et même l'attribution totale à un seul des époux, si bien que l'on peut par l'application des principes qu'il énonce, dresser un contrat de mariage par lequel l'un des époux se dépouille entièrement au profit de l'autre, non seulement de sa part dans la communauté, mais même de tous ses biens présents et à venir : il suffit que les deux époux adoptent la communauté universelle de tous biens présents et à venir (article 1526) et que toute la communauté soit attribuée à l'un d'eux (article 1520). L'autre n'aura pas un centime : c'est légal, cela résulte de la combinaison de ces articles 1520 et 1526 :

« C. C. 1526. Les époux peuvent établir par leur contrat de « mariage une communauté universelle de leurs biens tant « meubles qu'immeubles, présents ou à venir, ou de tous leurs « biens présents seulement, ou de leurs biens à venir seulement. » — « 1520. Les époux peuvent déroger au partage égal établi par « la loi, soit en ne donnant à l'époux survivant ou à ses héri- « tiers, dans la communauté, qu'une part moindre que la « moitié, soit en ne lui donnant qu'une somme fixe pour tout « droit de communauté, soit en stipulant que la communauté « entière, en certains cas, appartiendra à l'époux survivant, ou à « l'un des époux seulement. »

Le cas s'est vu, bien qu'il soit rare, et la jurisprudence n'est point contraire. Les enfants, s'il y en a, peuvent être complète- ment exclus de la succession du premier mourant de leurs parents, si l'attribution totale de la communauté est faite au survivant, de même que par une autre combinaison, tout aussi bien permise malgré son évidente absurdité, l'époux survivant pourrait être entièrement dépouillé au profit des héritiers du défunt, fussent-ils des collatéraux au douzième degré. L'article 1855 dit bien : « La convention qui donnerait à l'un des associés, la totalité des bénéfices est nulle, » mais cet article est au titre du contrat de société, et ne s'applique pas à la communauté entre époux; et voici le plus merveilleux : ce complet dépouill- lement des héritiers de l'un des époux au profit de l'autre époux, ou bien de l'un des époux au profit des héritiers de son conjoint, ne constitue même pas une donation. O Mânes de Daguesseau !

« Cette stipulation, dit le § 2 de l'article 1525, n'est point réputée un avantage sujet aux règles relatives aux donations soit quant au fond, soit quant à la forme, mais simplement une convention de mariage et entre associés, » et les juristes sont suffisamment d'accord sur ce point, que dans la pensée du législateur, ce paragraphe dépasse la portée de celui qui le précède dans ce même article, malgré la restriction qu'il contient, et s'applique aussi aux stipulations permises par l'article 1520, pourvu qu'elles aient un caractère aléatoire.

« C. C. 1525 § 1. Il est permis aux époux de stipuler que la « totalité de la communauté appartiendra au survivant ou à « l'un d'eux seulement, sauf aux héritiers de l'autre à faire la « reprise des apports et capitaux tombés dans la communauté, « du chef de leur auteur. » Voici ce qu'en dit Demante, tome VI, n° 193 *bis*, 1 et 2. Il faudrait bien se garder, par exemple, de lui demander si ce qu'il en dit s'est jamais vu, car il ne s'est jamais inquiété que des mots; quant à moi je n'hésite pas à dire que toutes les clauses et conventions dont il parle ne se voient jamais, précisément parce que Demante et ses pareils les ont si bien analysées que personne n'en voudrait plus, si elles ont jamais tenté quelqu'un.

« La convention qui attribue toute la communauté à l'époux survivant, qui dépouille par conséquent de tout droit sur l'actif commun les héritiers du prédécédé, a un caractère aléatoire : chacun des époux a la chance d'avoir tout ou de n'avoir rien.

« La clause peut encore avoir le caractère aléatoire sans présenter pour chaque époux la chance de recueillir tout l'actif; c'est lorsqu'elle est stipulée au profit de tel des époux s'il survit; la loi parle de cette convention quand elle suppose que la communauté doit appartenir à l'un des époux seulement. La chance consiste pour cet époux à recueillir le tout s'il survit et la moitié seulement s'il prédécède, et pour l'autre à recueillir la moitié s'il survit et rien s'il prédécède.

« Le caractère aléatoire de ces conventiens les soustrait à l'application des règles sur les donations entre vifs, et en particulier aux dispositions sur la quotité disponible.

« Il faut, du reste, ne pas appliquer la disposition finale de l'article 1525 hors des cas qu'elle a spécialement prévus. Elle traite des conventions aléatoires dont nous venons de parler et, par conséquent, elle est inapplicable toutes les fois que la stipulation revêt un autre caractère.

« L'article a maintenu pour les héritiers de l'époux prédécédé le droit de *reprendre les apports de leur auteur;* il présume que la convention des parties n'avait pas cette portée d'abandonner au survivant non seulement les bénéfices de la communauté, mais encore les apports du prémourant. Telle est l'hypothèse dans laquelle la convention échappe aux règles sur les donations.

« *Cependant la convention contraire est possible, elle n'est pas illicite.* L'époux survivant aura droit à toute la communauté, en y comprenant les apports de l'autre. Mais cette stipulation, qui n'est pas littéralement celle que prévoit l'article 1525, pourrait bien être considérée comme une donation, parce qu'elle contient l'abandon des apports. Toutefois, quand elle conserve le caractère aléatoire, ce qui arrive lorsque la stipulation est faite au profit du survivant quel qu'il soit, nous pensons qu'il y a lieu de la traiter comme régie par l'article 1525 *in fine.* Au moment du mariage, le chiffre des apports que chaque époux fera pendant toute la durée de la communauté est nécessairement incertain, et par conséquent chaque époux acquiert la chance de profiter des apports faits par son conjoint, qui seront peut-être supérieurs aux siens, moyennant qu'il court la chance de perdre ses propres apports s'il n'est pas le survivant.

« Nous ne dirions pas la même chose, quand la clause est faite au profit de tel des époux s'il survit; l'autre époux, s'il prédécède, perdra tous ses apports sans qu'aucune chance favorable compense ce désavantage quand il survit; car il ne fait alors que partager la communauté, c'est-à-dire qu'il recueille la moitié de ses propres apports et la moitié de ceux faits par le conjoint, représentant la moitié qu'il abandonne dans les siens. Il y a donc, quand cet époux prédécède, un véritable avantage pour l'autre, avantage qui devrait être soumis à la réduction. »

Tout est possible, alors, on se demande à quoi peut servir le luxe de dispositions accessoires que le Code étale, puisqu'il finit par permettre absolument tout ce qu'il défend ailleurs, à la seule condition que l'on sache bien s'y prendre. Quand je dis qu'il permet tout, il faut s'entendre : ainsi l'article 1521 interdit la clause par laquelle la charge du passif serait répartie entre les deux époux suivant des fractions différentes de celles de leur droit sur l'actif, comme si une supposition aussi absurde pouvait éclore autre part que dans le cerveau d'un juriste étranger aux faits et croyant à la réalité de ses plus folles hypothèses.

« C. C. 1521. Lorsqu'il a été stipulé que l'époux ou ses héri-
« tiers n'auront qu'une certaine part dans la communauté, comme
« le tiers ou le quart, l'époux ainsi réduit ou ses héritiers ne
« supportent les dettes de la communauté que proportionnelle-

« ment à la part qu'ils prennent dans l'actif. — La convention « est nulle si elle oblige l'époux ainsi réduit ou ses héritiers à « supporter une plus forte part, ou si elle les dispense de sup- « porter une part dans les dettes égale à celle qu'ils prennent « dans l'actif. » En voici le commentaire par Demante, même tome, n° 189 *bis*, 1, 2, 3 et 4 :

« La convention qui donne à l'un des époux une quote-part supérieure à la moitié, et par conséquent à l'autre une quote-part inférieure à cette moitié, est souvent destinée à établir entre les deux époux l'égalité vraie, parce qu'il est possible que l'un des deux ait un talent ou une industrie qui doit contribuer dans une proportion considérable à l'accroissement de la communauté.

« Cette division exceptionnelle de l'actif entraîne une division proportionnelle du passif, tant au point de vue de la contribution, c'est-à-dire des rapports des époux entre eux, qu'au point de vue de l'obligation, c'est-à-dire des rapports entre les époux et les créanciers.

« Le premier point ne souffre pas de difficultés : celui des époux qui aurait payé la totalité d'une dette de communauté aura contre l'autre un recours, dont le résultat sera de faire supporter à chacun des conjoints dans la dette une part proportionnelle à la part qu'il prend dans le passif.

« Au point de vue de l'obligation aux dettes communes, on doit dire également que la division s'opère proportionnellement à la quote-part de chaque époux dans l'actif. L'article 1521, en effet, n'a pas fait de distinction entre l'obligation et la contribution aux dettes, et l'expression qu'il emploie : « Les époux sup- « portent les dettes, » comprend aussi bien le règlement des rapports des époux avec les créanciers que celui des rapports des époux entre eux. D'ailleurs, il n'est pas douteux que la convention matrimoniale puisse modifier, même à l'égard des tiers, les règles qui, en l'absence de convention expresse, régissent la situation pécuniaire des époux.

« Il faut du reste réserver l'application des principes généraux sur l'obligation des époux envers les créanciers. Ainsi le mari pourra toujours, malgré la clause qui nous occupe, être poursuivi *pour le tout* à raison des dettes contractées par lui ou avec son autorisation ; et la femme elle-même, qui plus ordinairement pourrait profiter de la clause dans ses rapports avec les créanciers, sera exposée à des poursuites *pour le tout* quand il s'agira de dettes entrées de son chef dans la communauté, ou pour lesquelles elle sera obligée solidairement avec son mari ; c'est-à-dire qu'il faut appliquer les articles 1484 et 1488, avec cette différence que le recours, quand il peut être intenté, n'a pas pour objet une moitié de la dette, mais une fraction inférieure ou supérieure à cette moitié.

« La loi prohibe la convention qui répartirait entre les époux le passif dans une proportion autre que celle adoptée pour l'actif. C'est une dérogation à l'article 1855 qui, en matière de société ordinaire, interdit seulement la clause qui affranchirait de toute contribution aux pertes la mise de l'un des associés. On a redouté qu'une pareille clause ne servît entre époux à déguiser des avantages indirects ; le mari, chef de la communauté, aurait pu contracter des dettes et faire des acquisitions pour augmenter les droits de celui des deux conjoints qui aurait droit à une part plus forte dans l'actif et qui supporterait une part plus faible du passif.

« Quand les époux ont fait la convention qui leur est interdite par l'article 1521, 2ᵐᵉ alinéa, ce n'est pas seulement la clause relative au passif qui est nulle, mais la convention tout entière. Le texte est catégorique sur ce point; car après avoir parlé de la convention qui change la proportion du partage de l'actif, il dit : La convention est nulle si elle oblige l'époux à supporter dans le passif une part plus ou moins forte que celle qu'il recueille dans l'actif. La loi ne statue donc pas seulement sur une convention relative au passif, mais sur celle dont elle vient de parler qui intéresse l'actif, et qu'elle suppose compliquée d'une stipulation sur le passif. C'est une convention complexe, considérée comme un tout, qu'elle déclare nulle, et elle ne fait qu'appliquer les principes sur l'effet des conditions contraires aux lois (art. 1172). *Les parties n'auraient probablement pas fait la stipulation sur l'actif, si elle n'avait eu pour corrélatif celle qui a trait au passif* .»

L'erreur de Demante est toute dans cette illusion qu'on puisse jamais pratiquement, j'entends honnêtement, faire une stipulation pour l'actif, et une autre pour le passif qui serait différente. Il n'y a de convention sérieuse que sur une valeur réelle, la valeur nette et non point sur une valeur brute qui est un actif seulement apparent. Voulez-vous bien comprendre la différence du point de vue juridique et du point de vue pratique ? Un juriste plein de tendresse veut me faire donation d'un immeuble superbe d'une valeur de 500,000 francs ; j'ouvre de grands yeux remplis d'étonnement pour contempler ce philanthrope, et m'aperçois que l'immeuble est grevé de 450,000 francs d'hypothèques inscrites, sans compter celles qui sont occultes; il est vrai qu'en passant dans les rues on ne voit que les maisons. Je dis alors au bon juriste, étonné à son tour : Laissez-moi mes chansons et mon somme et gardez votre immeuble ; moi je n'apprécie que l'actif net, et pour cela, pour bien faire mes comptes, je dois déduire de la valeur brute celle du passif et les loyaux coûts : je constate que malgré l'apparence, vous ne me faites cadeau que de vos dettes ; comme le fisc ne tient compte, lui aussi, que de la valeur brute, sur laquelle il me réclamera un droit de mutation de francs : 11,25 %, le seul avantage que je retirerais de votre libéralité, si j'avais la maladresse de l'accepter, serait d'être obligé de payer sans délai, à l'État notre père, la somme de 56,250 francs qui ne laisse pas d'être considérable, même pour moi, faute de quoi l'on saisirait mon pauvre mobilier. Le bénéfice net de cette belle opération se chiffrerait donc pour moi dès maintenant à 6,250 francs de perte sèche, sans compter les autres frais dont je ne parle pas, les honoraires du notaire qui seraient d'au moins 1 %, le timbre, etc., et surtout les déboires que me préparent vos créanciers. Gardez votre maison, Monsieur, je préfère votre malédiction : elle ne me coûtera pas, je l'espère, plus qu'elle ne peut me rapporter. Le bon juriste ne reviendra pas de son étonnement : il me répondra qu'il n'y a pas de lien nécessaire entre l'actif et le passif, ni entre le droit civil et le droit fiscal ; surtout il ne comprendra jamais qu'il ne me donnait rien, et très sincèrement, ne pouvant se défaire de sa méthode, s'en ira mécontent, en prétendant que je ne connais pas mes véritables intérêts. Dès qu'ils parlent d'obligation et de contribution aux dettes, les juristes ne savent plus ce que c'est que l'addition, ni ce que c'est que la soustraction, ils ont volatilisé les chiffres et subtilisé l'arithmétique. Par excès d'analyse, ils en sont arrivés à décom-

poser les opérations simples : les Romains du reste l'avaient
fait avant nous et l'honneur doit leur en revenir.

La méthode d'interprétation par le raisonnement sur le
possible et non point sur le réel, est la même qui présida
à la rédaction. Malgré les terribles efforts des commentateurs
pour les remettre d'aplomb, nos articles de loi s'en vont tout
de guingois, permettant tout et le défendant en même temps :
la loi reprend ici ce qu'elle accorde ailleurs ; ainsi elle a
maintenu pour la femme, le droit de renoncer à la communauté, et aussi le droit de n'être tenue des dettes communes
que jusqu'à concurrence de son émolument dans la commuauté.
Ce dernier droit est en somme le bénéfice d'inventaire, et s'il
était libéralement donné à la femme, elle ne serait jamais
obligée de renoncer à la communauté, ce qui lui ôte tout
droit sur l'actif ; mais le Code civil, après le lui avoir accordé,
ne lui laisse précisément, dans le cas où il pourrait lui être
le plus utile, que le choix entre l'acceptation pure et simple
qui l'oblige à toutes les dettes, et la renonciation qui lui fait
perdre tout droit sur l'actif, en présumant même cette dernière :
article 1463. « La femme divorcée ou séparée de corps, qui n'a
« point, dans les trois mois et quarante jours après le divorce ou
« la séparation définitivement prononcés, accepté la commu-
« nauté, est censée y avoir renoncé, à moins qu'étant encore
« dans le délai elle n'en ait obtenu la prorogation en justice,
« contradictoirement avec le mari, ou lui dûment appelé. »
Dans quel but, pour quelle utilité, le Code civil a-t-il donc
accordé à la femme le bénéfice d'émolument ? Pourquoi dit-il
pompeusement dans l'article 1483 : « La femme n'est tenue des
dettes de la communauté, soit à l'égard du mari, soit à l'égard

des créanciers, que jusqu'à concurrence de son émolument, pourvu qu'il y ait eu bon et fidèle inventaire, et en rendant compte tant du contenu de cet inventaire que de ce qui lui est échu par le partage. »

CHAPITRE IV

AVANCEMENT D'HOIRIE

Dès qu'il faut partager, que ce soit une communauté ou une succession, ou encore les deux réunies, la forme de l'attribution est d'une manière rigoureuse, nécessitée par la forme usuelle née aussi de la Coutume, de la donation faite par les parents à leurs enfants, quand ils les marient, par leur contrat de mariage même : c'est l'avancement d'hoirie, c'est-à-dire une recette que fait l'enfant, en compte sur la succession future du donateur. Appelez-le donation ou avance, ou de tout autre nom qu'il vous plaira, il importe peu : pour l'égalité des enfants, il doit être rapporté au partage dès que la succession est ouverte, si bien qu'en dernière analyse l'avancement d'hoirie se réduit pour l'enfant qui l'a reçu, à une anticipation de jouissance pendant le laps de temps qui s'écoule entre le jour de son mariage et celui de la mort du parent donateur. M. Colmet de Santerre paraît bien être de cet avis, puisqu'il dit au tome 2 de son « Manuel élémentaire de Droit civil, page 74 : « *Motifs du rapport :* maintenir l'égalité entre les cohéritiers, la loi présumant que le défunt n'a pas voulu détruire cette égalité. Quand le défunt a fait une donation entre vifs, il est considéré comme ayant voulu faire *jouir par avance* l'héritier de tout ou partie de sa part héréditaire. (Avancement d'hoirie.) » L'avancement d'hoirie ne procure donc à l'enfant pendant la vie du donateur, qu'une jouissance anticipée analogue à la jouissance viagère que la donation en usufruit faite par le prémourant des époux, octroie au survivant dispensé de donner caution et de faire emploi. A la mort du donateur, l'enfant doit rapporter la valeur et même éventuellement par l'effet du partage le don lui-même, tandis que la succession de l'époux survivant doit toujours la restitution du capital ; mais de même que l'usufruitier n'aura profité que des fruits tout en ayant pu disposer librement du capital, l'enfant donataire ne bénéficie en fait que de la rente, puisqu'il doit imputer le capital sur sa part héréditaire en rapportant la valeur au partage. « Meubles ou immeubles donnez par *père ou mère* à leurs enfans, sont réputez donnez en advancement d'hoirie. » En commentant ce texte, qui est celui de l'article 278 de la Coutume de Paris, Claude Ferrière a écrit : « Cet article qui était le 159 de l'ancienne Coutume, contient une *règle presque générale pour toute la France*, que tout ce qui est donné par *père et mère* à leurs enfants, soit meubles ou immeubles, est réputé donné en avancement d'hoirie, quoiqu'il n'en soit fait aucune mention.

« Donner en avancement d'hoirie c'est donner aux enfants comme et en qualité de futurs héritiers, *quasi in antecessum seu anticipationem futuræ successionis*.

« Ce qui est donné en avancement d'hoirie est sujet à rapport par les enfants donataires, dans les successions de ceux qui ont fait les donations.

« Cependant il faut observer que, quoique notre Coutume, dans cet article, porte généralement que meubles ou immeubles donnés par *père et mère* à leurs enfans sont réputés donnés en avancement d'hoirie, néanmoins cela ne s'entend pas généralement de tout ce que les *père et mère* donnent à leurs enfans; à l'égard des immeubles, ils sont sans distinction sujets à rapport, comme étant réputés donnés en avancement d'hoirie.

« A l'égard des meubles ou choses mobiliaires, il faut voir quelles choses sont réputées données en avancement d'hoirie; pour cet effet il faut observer que tout ce qui est donné en avancement d'hoirie est sujet à rapport, et que tout ce qui est sujet à rapport est réputé donné en avancement d'hoirie; comme au contraire, tout ce qui n'est point sujet à rapport, n'est point réputé donné en avancement d'hoirie. » Ne voilà-t-il pas un critérium sérieux !

Il y avait des dons de choses mobilières qui n'étaient pas réputés faits en avancement d'hoirie, mais peu nous importe, l'intérêt de la citation n'est pas là : supposons un don mobilier sujet à rapport, comme fait en avancement d'hoirie ; le lecteur doit voir la conséquence singulière qui résultera de la communauté coutumière, comme elle résulterait de nos jours de la communauté légale. L'avancement d'hoirie d'effets mobiliers ou d'espèces tombe dans la communauté de l'époux donataire qui n'en profite personnellement que pour moitié, alors qu'il sera tenu seul du rapport intégral à la succession du donateur. Nous le savons déjà, c'est précisément pour éviter que les propres mobiliers ne tombent en communauté que les époux adoptent aujourd'hui la communauté d'acquêts, comme autrefois ils adoptaient la communauté réduite aux conquêts. Aussi les formes d'imputation complexes que nous allons bientôt examiner, étaient-elles strictement liées à la communauté réduite aux conquêts, de même qu'aujourd'hui elles le sont à la seule communauté d'acquêts, la seule qu'on adopte, parce que ces formes se sont toujours appliquées non point exclusivement mais du moins le plus souvent, à l'avancement d'hoirie consistant dans une somme payée ou promise, à la dot constituée en espèces; depuis bien longtemps, la donation d'immeubles est pratiquement exceptionnelle.

Dans ses notes sur les articles 26 et 278 de la coutume réformée, que je résume ici en les complétant, Laurière nous fait connaître non point l'origine de l'avancement d'hoirie, mais combien cette origine est lointaine.

Anciennement à Paris, les dons faits par les *père et mère* à leurs enfants, qu'ils émancipaient en les mariant, ne devaient pas être rapportés : si tous les enfants étaient mariés, tous succédaient sans rapporter ce qu'ils avaient reçu; mais si tous les enfants n'étaient pas mariés, ceux qui étaient restés en *celle*, c'est-à-dire à la maison paternelle, succédaient seuls à l'exclusion des autres, à moins que ces derniers n'eussent été *réservés* dans leur contrat de mariage. Les enfants mariés et réservés venaient à la succession, en concours avec ceux non mariés, mais en rapportant ce qui leur avait été donné. De même, si tous les enfants étaient mariés et réservés, tous succédaient, mais tous devaient rapporter ce qu'ils avaient reçu. L'enfant réservé était donc l'enfant tenu du rapport, et la réserve n'était qu'une clause d'égalité dans la succession des père et mère, d'où nous pouvons inférer, sauf à le prouver par la suite, qu'à l'origine, la succession des père et mère était considérée comme une seule succession qu'on partageait seulement après la mort du survivant des deux époux. Cette unique succession primitive a été disjointe, aujourd'hui elle est fendue.

L'ancien droit a été révélé à Laurière par la décision 236 de Jean des Mares, que nous devrons plus tard étudier. « *Se enfans sont mariez de biens communs de père et de mère, et autres enfans demeurent en celle, c'est-à-dire en domicile de père et de mère, iceux enfans renoncent taisible-ment à la succession de père et de mère, ne ni puent rien demander au préjudice des autres demeurant en celle, supposé qu'ils rapportassent ce que donné leur a été en mariage, car par le mariage, ils sont mis hors la main de père et de mère. si ce n'est que par exprès, il eut été réservé, au traitié de mariage, que par rapportant, ce qui donné leur a été en mariage, ils puissent succéder à leur père et mère, avec leurs frères et sœurs, qui sont demeurez en celle. Et si tous les enfans avaient été mariez vivans père et mère, et au traitié de leur mariage ait été dit, que par rapportant, etc... comme dit est : Toutesfois après la mort de père et de mère ils viengnent à la succession d'iceux sans rapporter : car il n'y a nuls enfans demeurez en celle, mais sont de pareille condition, c'est à sçavoir mariez.* »

L'enfant réservé avait le droit de revenir au partage et en même temps était tenu de rapporter, tandis que l'enfant non réservé ne pouvait venir au partage, même en rapportant ; il était exclu, mais de même qu'en cette matière le mot de réserve avait alors un sens très différent de celui qu'il a aujourd'hui où il exprime la part de sa succession que le père ne peut ôter à l'enfant, idée même de l'ancienne légitime, celui d'exclusion ne doit pas être entendu dans le sens rigoureux du mot latin *exheredatio* ; l'exclusion n'était que la conséquence de la dispense de rapport, ou si l'on veut elle n'avait lieu que moyennant cette dispense ; elle n'était qu'un partage anticipé à forfait, à la discrétion des père et mère.

« Or, nous dit Laurière, selon cet ancien droit, *si le père avait donné au fils en avancement d'hoirie, le fils était réservé, sinon il ne l'était pas.* » Avancement d'hoirie équivalait donc à obligation de rapporter, et d'après ce très ancien usage, permettait de rétablir la masse à partager dans son intégralité. Indépendante de toute règle de dévolution, cette forme de donation portait en elle-même une clause d'égalité dans les deux successions, paternelle et maternelle, qui devait la faire prévaloir sur toute autre, à l'avènement de la démocratie.

La dot primitive était en pays de coutume, liée au principe de l'exclusion, tandis que l'avancement d'hoirie donnait le droit de revenir au partage en rapportant ; les père et mère avaient donc d'après l'usage, le choix d'exclure leur fille de leur succession future en lui constituant une dot qui ne serait dans aucun cas rendue comme étant sa portion dans le partage opéré ainsi par anticipation à forfait, ou de lui faire seulement une avance sur sa part à établir après leur décès. Les uns choisissaient la dot, les autres l'avancement d'hoirie, mais dans un même cas, la dot pouvait être importante parce qu'elle était définitive, tandis que l'avancement d'hoirie eût été minime ; la faiblesse des pères nobles pour leurs filles a toujours été un sujet de comédie, ils en sont arrivés avec le temps, à leur constituer des dots considérables et même disproportionnées à leur état de fortune.

Si la donation d'immeubles est rare de nos jours, elle était habituelle à cette époque lointaine, où l'on manquait d'argent : l'immeuble donné pouvait être une terre noble ou une terre roturière, un fief ou une censive, mais les textes ne parlent que de fiefs. Dans le Droit féodal, à toute mutation de fief, le nouveau vassal devait l'hommage au Seigneur suzerain ; l'hommage était accompagné de la Foi, c'est-à-dire du serment de Fidélité : « Tout nouveau Vassal doit la Foi à son Seigneur, et lui en faire quelque Reconnaissance. Le doit aller trouver en son Chef-lieu, là demander s'il y est, ou Autre pour lui, ayant pouvoir de le recevoir en Foi ; puis mettant le Genouil en Terre, nue Teste et sans Épée ni Éperons, lui dire : Qu'il lui porte la Foi et Hommage qu'il est tenu de lui faire, à cause du Fief mouvant de lui, et à lui appartenant, à tel titre ; et le Requérir qu'il lui plaise de l'y Recevoir. Le Vassal faisant la Foi doit mettre ses Mains-jointes entre celles de son Seigneur disant : Sire, ou Monsieur, je deviens vostre Homme, vous promets Foi et Loiauté de ce jour en avant, viens en Saisine vers vous, et comme à Seigneur vous offre cé. Et le Seigneur lui répondre : Je vous Reçoi et Prens à Homme, et en nom de Foi vous Baise en la bouche, sauf mon Droit et l'Autruy. » (Loisel, Inst. Cout., livre 4, titre 3, Règles 4, 5 et 6.) L'hommage et la foi constituaient l'aveu, la reconnaissance qui devait être suivie du dénombrement, c'est-à-dire de l'inventaire, baillé en forme probante et authentique, écrit en parchemin, passé devant notaires ou tabellions, dans quarante jours à compter de ladite réception en foi et hommage (art. 8 de la Coutume). Les intéressés y apposaient leur sceau, en souvenir du temps où tout seigneur féodal pouvant se vanter de ne savoir lire ni signer, vu sa qualité de gentilhomme, le Suzerain et le Vassal se contentaient d'y tracer chacun une croix.

« Et par faute d'homme, droits et devoirs, non faits et non payés, le seigneur féodal pouvait saisir et mettre en sa main le fief mouvant de lui, et l'exploiter en pure perte, en faisant les fruits siens, pendant la mainmise, à charge d'en user en bon père de famille » (art. 1er de la Coutume), ce que Loisel exprimait ainsi : Quand le Vassal dort, le Seigneur veille.

Le Roturier qui achetait un fief, ce qui était pour lui et ses descendants le point de départ des quatre quartiers, ce qui veut dire quatre générations nécessaires pour acquérir la noblesse par usucapion, ne rendait point l'hommage, à l'origine ; il ne devait régulièrement que le serment de fidélité, avec le *profit*, le droit de rachat, le *relief* : « Droit de relief, dit l'article 47, est le revenu du fief, d'un an, ou le dire de preud'hommes, ou une somme pour une fois offerte de la part du Vassal, au choix et élection du Seigneur féodal. » Aussi le roturier ainsi pourvu n'avait-il plus qu'un seul souci, celui d'être admis à rendre l'hommage.

Et quand les *père et mère* donnaient en mariage, à l'un de leurs enfants, un fief, on devait, pour l'impôt du relief dû en principe au Seigneur féodal à chaque mutation, distinguer si le fief était donné en avancement d'hoirie, ou non. S'il était donné en avancement d'hoirie, on le considérait comme une *portion prématurée de la succession des père et mère*, et le relief n'était pas dû ; le donataire ne devait au Seigneur féodal que *la bouche et les mains*, une simple politesse : l'hommage était dans ce cas un enregistrement gratuit. Mais si le fief était donné en faveur de mariage purement et simplement, en simple don, le relief était dû comme si la donation eût été faite à un parent collatéral.

La Coutume de Meulun, très conforme à l'ancien droit observé à Paris, nous dit Laurière (sous l'article 26), a encore retenu quelque chose de cette disposition dans l'article 63 où elle décide « que quand aucun donne à sa fille un ou plusieurs fiefs, par traité de mariage, et autrement qu'en avancement d'hoirie, le mari paiera rachat au Seigneur féodal ».

« *Pour abolir cet usage,* » apparemment, les rédacteurs de la Coutume de Paris y insérèrent l'article 159 qui consacrait le principe de l'avancement d'hoirie et devenu, à la Réformation, l'article 278 : « *On ordonna par cet article, que les meubles ou immeubles donnez par père et mère à leurs enfans, seraient réputéz donnéz en advancement d'hoirie,* » (Laurière, sous l'article 278), ce qui pour un honnête homme voulait dire simplement que toutes les donations faites en ligne directe par les parents aux enfants, en faveur de mariage, seraient affranchies du relief envers le seigneur suzerain, comme une extension à toutes ces donations du principe posé par l'article 17 : « Item, le fils, son père et mère, aieul ou ayeule ont donné aucun héritage tenu en fief, en advancement d'hoirie, ne doit que la bouche et les mains au Seigneur féodal dudit fief, ne plus que si ledit fief estait escheu par le trépas et succession de ses père et mère, ayeul ou ayeule. » Peut-être aussi comme l'article 17 était au titre des fiefs, et pouvait paraître s'adresser aux nobles seulement, l'article 159 devait-il se présenter comme une extension aux roturiers de l'exonération du relief pour les donations en ligne directe.

Mais Laurière, insoucieux des questions fiscales, ne s'occupe que du droit civil, et très justement d'ailleurs continue : « Il « s'ensuit que la fille dotée à Paris, qui a reçu sa dot en avance-

« ment d'hoirie, doit être censée réservée, dans les coutumes
« où les filles dotées sont exclues, et surtout dans celles
« d'Anjou, Maine, Touraine et autres semblables, qui ne
« requièrent pas de *réserve expresse.* » Laurière en était si
bien convaincu, que sous l'article 26 il répète en insistant :
« Voilà quel était autrefois l'effet de la clause d'avancement
« d'hoirie, et l'on ne croyait point alors qu'on dût un jour douter
« si cette clause doit passer pour une réserve à succession dans
« les coutumes où les filles nobles dotées et apparagées sont
« exclues de plein droit des successions directes, surtout lorsque
« ces coutumes ne requièrent point de réserve expresse. » Cela
peut montrer au lecteur que les questions et les difficultés qui
existent aujourd'hui encore, sur l'avancement d'hoirie, ne
datent pas de notre époque.

Laurière s'écartant ainsi de la question fiscale, un doute me
vient : à première lecture, j'avais cru que ces mots qu'il emploie,
« *pour abolir cet usage,* » intéressaient le relief ; ne serait-ce
pas de l'exclusion que Laurière aurait voulu parler ? N'est-ce
point là le but qu'auraient poursuivi les rédacteurs de la Coutume de Paris ? La pensée de l'auteur est confuse, et je ne
puis pour l'instant résoudre le problème ; un point est bien certain, du moins me le paraît, c'est que l'usage supprimé n'était
pas l'avancement d'hoirie, puisque l'article 278 qui était l'ancien 159 obligeait à regarder toutes donations en ligne directe,
comme un avancement d'hoirie. Mais pourquoi cet article 278
dit-il *père ou mère,* alors que tout le monde dit et écrit *père
et mère ?* Là est le grand mystère ! pourrons-nous l'éclaircir ?
En tous cas, il serait difficile d'admettre qu'on ait voulu supprimer
l'avancement d'hoirie.

Quoi qu'il en soit, l'origine de l'avancement d'hoirie devient dès lors évidente ; elle est dans le relief, comme le ver dans la poire : Avant la rédaction de la Coutume, le relief était dû à toutes les mutations du fief, exception faite pour la succession en ligne directe ; toutes les donations étaient en principe sujettes au relief et payaient le droit ; pour en exempter la donation en ligne directe, faite par contrat de mariage, le praticien a dit : Ce n'est pas une véritable donation, ce n'est qu'une avance sur la succession future, un avancement d'hoirie ; par conséquent le relief n'est pas dû. Nous avons ainsi l'explication de la chose et du mot : le praticien les a autrefois imaginés contre le fisc féodal, comme aujourd'hui, à l'encontre du fisc démocratique, il distingue soigneusement de la vente ordinaire la licitation qui est la vente entre copropriétaires indivis, dispensée d'impôt de transcription lors de son enregistrement, quand elle vaut partage, c'est-à-dire quand elle fait cesser l'indivision. Mais alors l'avancement d'hoirie n'est en lui-même rien moins que féodal, sinon qu'étant dirigé contre le suzerain, il profitait au vassal qui pouvait de son côté, à l'égard d'un autre, être un suzerain, contre lequel son propre vassal pouvait à son tour l'utiliser.

Quand on rédigea la Coutume, l'exonération du relief pour le fief acquis par voie de donation en ligne directe sous la forme de l'avancement d'hoirie, fut consacrée par l'article 17 qui vient d'être rappelé, de même que l'exonération pour le fief acquis par voie de succession, toujours en ligne directe, devint l'objet de l'article 3 : « Quand aucun fief échet par succession de père, mère, aïeul ou aïeule, il n'est dû au Seigneur féodal dudit Fief, par les descendants en ligne directe, que la bouche et les mains, avec le serment de fidélité, quand lesdits père *et* mère, aïeul ou aïeule ont fait et païé les droits et devoirs en leurs tems. » De nos jours où l'avancement d'hoirie paie le relief sous une autre forme, comme du reste toutes les donations, — relief d'ailleurs sensiblement plus élevé que l'ancien, en ligne collatérale où il était seulement dû, — il n'y a plus d'inconvénient à l'appeler donation. Ce qu'il faut et ce qui suffit, c'est de s'entendre sur le sens des mots.

Peu de gens, d'après Laurière, savaient pourquoi l'article 159 avait été mis dans la Coutume, et en même temps il fait remarquer, — cela en 1699, — que néanmoins, malgré l'article, dans les contrats de mariage des enfants que les père et mère marient, la clause d'avancement d'hoirie est toujours de style. Si l'on s'en tient aux mots, Laurière a raison ; on comprend la clause avant que l'avancement d'hoirie fût consacré par le texte, on ne la comprend plus après ; pourquoi était-elle dans tous les contrats ? Pour un excellent motif que Laurière ne nous donne pas, parce que, comme tous les autres théoriciens d'ailleurs, il ne l'avait pas vue : dans les contrats de mariage on ne s'occupait pas de relief, puisqu'il n'en était pas dû, ni de l'exclusion, expression qui avait disparu à Paris, mais du rapport de l'avancement d'hoirie, parce que ce dernier était toujours fait par « les père et mère » ensemble, « conjointement », quand tous deux étaient vivants, et le plus souvent constitué et payé en biens communs. Les conséquences en ont échappé à tous les juristes, et peut-être ont-ils cru que cela voulait dire imputation sur la communauté ? L'imputation de l'avancement d'hoirie sur la seule communauté est une contradiction, dont seuls les théoriciens étaient capables : **dans la** pratique sérieuse cela ne s'est jamais vu ; il ne s'impute que sur les successions des père et mère, qui, cela est vrai, comprennent chacune une moitié de l'actif net de communauté.

L'avancement d'hoirie n'en est donc pas resté à sa forme simple : même avant le Code civil, rarement il portait sur un bien déterminé, un corps certain, et le plus souvent consistait en une somme payée ou promise ; il affectait la forme d'une double imputation sur les deux successions du père et de la mère, soit que la donation en eût été faite par eux conjointement, soit qu'elle fût faite après le décès de l'un d'eux par le survivant. Pour bien comprendre, il faut se représenter deux époux mariés en communauté, et leurs enfants : suivant le cas, supposer au jour de l'établissement des enfants les deux époux vivants, ou l'un d'eux déjà mort, mais sa succession restée indivise ; il existe dans ce dernier cas une indivision complexe de la communauté dissoute et de la succession ouverte, indivision que l'époux survivant administre. Tout cela est beaucoup plus simple qu'on ne pourrait croire, la difficulté est d'abstraire.

Pratiquement, quand les deux époux sont vivants au moment du mariage de l'enfant, la donation a toujours été faite par tous les deux conjointement, mais l'imputation en peut être prévue par les donateurs sur leurs deux successions futures, dans des formes différentes que nous examinerons bientôt.

Lorsque au contraire, l'un des époux est mort, la donation ne peut être faite que par le survivant, car lui seul peut être donateur : mais l'imputation de la donation faite en avancement d'hoirie peut être prévue par lui sur la succession ouverte et non encore partagée de l'époux défunt, dans la limite du droit successoral du donataire, en même temps que sur la sienne propre, encore à échoir. Une explication est ici nécessaire, pour bien montrer par ce qui se voit aujourd'hui, la différence de ce cas avec celui de la donation conjointe dont il n'est cependant que le dérivé. Un homme meurt laissant une veuve et des enfants mineurs : le plus souvent, surtout dans les petites fortunes, en raison des frais excessifs des partages judiciaires, la veuve se contente de faire un inventaire et reste dans l'indivision, attendant, pour en sortir par un partage amiable moins onéreux, la majorité de tous ses enfants. Si elle en marie un avant la majorité des autres, la somme qu'elle lui donne en dot peut s'imputer sur deux successions : celle de l'époux défunt, déjà échue mais toujours indivise, et la sienne propre, encore future ; la partie de la dot qui devra être imputée sur la succession de l'époux défunt n'est, en principe, qu'une avance sur cette succession indivise, faite par l'époux survivant administrateur à l'enfant qui devra la lui rembourser lors du partage de cette succession. Voilà ce qui a toujours différencié la donation conjointe de la donation par le survivant, les conditions d'imputation que nous allons examiner restant identiques : dans la première, la donation conjointe, il y a toujours deux donations, imputables sur deux successions, toutes deux encore à échoir ; dans l'autre, la donation par le survivant, il y a d'abord une avance sur une succession déjà échue mais encore indivise, puis une donation sur une succession encore future. Cette différence est capitale par la gravité de ses conséquences dont la première peut déjà être indiquée ici, parce qu'elle est générale et s'applique aux deux sortes d'imputation que nous allons examiner : l'enfant doté par les époux conjointement, doit un rapport à la succession du premier mourant ; l'enfant doté par le survivant, pendant l'indivision qui suit le décès du premier mourant des époux, à charge d'imputation sur la succession déjà ouverte mais indivise, ne doit aucun rapport à celle-ci, il ne doit que le remboursement au survivant, quand avec lui il partagera la succession ouverte, en même temps que la communauté.

Dans la pratique on arrive cependant, pour la simplification du partage, quand il est fait avant la mort de l'époux survivant qui a doté, à l'assimilation de la donation conjointe et de la donation par le survivant, grâce à un procédé bien simple : en arrêtant les comptes, non pas au jour où l'indivision a commencé, mais à celui où elle finit; c'est encore une idée qu'exprime la *jouissance divise* postérieure au décès du prémourant, dont l'explication a été donnée, Première Partie, Chapitre Ier, page 19.

CHAPITRE V

IMPUTATION DE L'AVANCEMENT D'HOIRIE

L'imputation de l'avancement d'hoirie sur les deux successions paternelle et maternelle devrait juridiquement s'opérer
par moitié, parce que le rapport de cet avancement d'hoirie doit,
suivant la loi, être fait aussi par moitié à chacune d'elles. Tel
est le principe posé par le premier paragraphe de l'article 1438
du Code civil : « 1438. Si le père et la mère ont doté conjoin-
« tement l'enfant commun, sans exprimer la portion pour
« laquelle ils entendaient y contribuer, ils sont censés avoir doté
« chacun pour moitié, soit que la dot ait été fournie ou promise
« en effets de la communauté, soit qu'elle l'ait été en biens
« personnels à l'un des deux époux. — Au second cas, l'époux
« dont l'immeuble ou l'effet personnel a été constitué en dot a,
« sur les biens de l'autre, une action en indemnité pour la moitié
« de ladite dot, eu égard à la valeur de l'effet donné au temps
« de la donation. » Il en était de même autrefois : l'imputation
devait théoriquement s'opérer par moitié, à moins qu'elle n'eût
été prescrite par sommes ou fractions inégales. Pour les théoriciens l'imputation par moitié est la règle qu'ils supposent

12

toujours acceptée, à moins d'indication contraire. A elle se ramène l'imputation sur la communauté, expression que seuls les théoriciens emploient parce qu'ils ne définissent pas les mots et ne regardent pas les résultats. Imputer sur la communauté revient, en effet, à dire imputer sur les deux successions par moitié, puisque la communauté se partage en deux moitiés entre les deux époux ; vainement on voudrait faire une différence pour le cas où la femme renonce à la communauté, car de deux choses l'une : ou la femme est donatrice de l'avancement d'hoirie pour une moitié, et alors elle reste tenue malgré sa renonciation à la communauté, ou bien elle n'est pas donatrice, et par sa renonciation l'actif de la communauté devenant actif du mari seul, la donation ne s'impute en réalité que sur la succession de celui-ci. Aussi l'imputation sur la communauté n'a-t-elle été prévue par le Code civil, art. 1439, que pour la donation faite par le mari seul, en vertu de son pouvoir discrétionnaire sur la communauté : « 1439. La dot constituée par le mari seul « à l'enfant commun, en effets de la communauté, est à la charge « de la communauté ; et, dans le cas où la communauté est « acceptée par la femme, celle-ci doit supporter la moitié de la « dot, à moins que le mari n'ait déclaré expressément qu'il « s'en chargeait pour le tout ou pour une portion plus forte que « la moitié. » Mais c'est là une règle à laquelle l'usage a toujours obstinément résisté : Dans les anciens pays coutumiers, même de nos jours, la donation d'effets communs aux enfants est toujours faite par le mari et la femme conjointement, et doit toujours être imputée sur les successions des donateurs : la communauté ne fait que l'avance aux époux de la somme ou des biens donnés, et rien n'est plus logique, puisque la communauté n'a pas la qualité d'une personne morale, d'un individu distinct ayant une existence indépendante de celle des époux ; elle n'est que la réunion de leurs intérêts communs pendant le mariage.

L'imputation par moitié s'appliquait également à la dot constituée conjointement par le père et la mère et à celle constituée par le survivant avant le partage de la succession du prédécédé. Pour s'en convaincre, il suffit de lire le commentaire de Claude de Ferrière sur l'article 304 de la Coutume de Paris : « Les enfans venans à la succession de *père ou mère*, doivent rapporter ce qui leur a été donné, pour avec les autres biens de ladite succession être mis en partage entre eux, ou moins prendre. » Voici la partie de ce commentaire qui nous intéresse :

« La dot se rapporte par moitié dans les successions du père et de la mère, lorsqu'elle a été constituée également par les père et mère; mais ils peuvent constituer inégalement, c'est-à-dire l'un donner plus que l'autre. Et quoique les père et mère donnent en mariage à leur fille un héritage seulement qui soit des propres de l'un desdits père et mère, néanmoins il est rapportable par moitié en chaque succession, s'il n'est stipulé au contraire.

« Quand le père ou la mère survivant qui a la tutèle de sa fille, la marie et la dote, sans déclarer de quels biens, par arrêt de 1622, il a été jugé que la dot s'impute moitié sur la succession échue et moitié sur celle à échoir du survivant. »

On peut voir déjà combien est simple, pour ne pas dire ingénu, le principe du rapport et de l'imputation par moitié exposé par Ferrière, principe qui est encore aujourd'hui celui de tous les juristes, et qui, je me hâte de le dire, n'a jamais pu être suivi dans la pratique, même lorsque le rapport et l'imputation par moitié étaient stipulés par le contrat de mariage, parce qu'il s'y trouvait contredit par un autre principe, celui de la solidarité des donateurs. Le principe du rapport et de l'imputation par moitié est absurde ; c'est là ce qu'il nous faut approfondir en réservant toujours le point mystérieux : pourquoi Ferrière, parlant de donation conjointe, dit-il les père *et* mère, alors que l'article 304 de la Coutume réformée, de même que l'article 278, disait père *ou* mère? Cela ne saurait être éclairci de sitôt.

Pratiquement, dans les contrats de mariage, la manière prévue pour l'imputation de l'avancement d'hoirie était généralement l'imputation indéterminée, mais égale à la part de l'enfant dans l'actif net de la première succession, encore à échoir ou déjà échue suivant le cas, par conséquent l'imputation proportionnée à la part héréditaire dans cette première succession : imputation proportionnée ne veut pas dire proportionnelle à l'importance des deux successions ; celle-ci exigerait que les deux successions échoient en même temps, ou à si peu d'intervalle, qu'elles puissent être partagées en même temps. Il n'en peut être ainsi, et lorsque exceptionnellement le cas se présente, il n'y a plus de proportion à chercher, puisque les droits des enfants étant les mêmes dans les deux successions, l'imputation peut se faire en bloc sur la masse totale, sur les deux successions réunies et confondues. Nous verrons que dans ce fait pratiquement indiscutable se trouve l'origine historique de l'imputation proportionnée de l'avancement d'hoirie.

Pour le cas ordinaire, celui d'un intervalle entre l'ouverture des deux successions, assez grand pour que le partage de la première succession échue puisse être fait en même temps que celui de

la communauté dissoute, et avant l'ouverture de la deuxième
succession, la seule proportion admise, la seule qui ait pu l'être,
consiste à faire supporter l'avancement d'hoirie par cette première succession échue, jusqu'à concurrence de la part de
l'héritier donataire dans l'actif net, en réservant l'excédent, s'il
y en a un, pour la deuxième succession à échoir : l'enfant doté
ne peut jamais être tenu de rembourser cet excédent après le
décès du premier mourant des père et mère ; l'idée de ce remboursement est contraire à l'esprit de l'imputation d'abord sur
l'une, puis sur l'autre succession, consécutivement. L'imputation n'est donc proportionnée qu'à la première succession
ouverte, en ce sens qu'elle est égale à la proportion qui fixe la
part de l'enfant doté dans la succession du premier mourant des
père et mère, et ce qui pourra rester à imputer sur la deuxième
succession est une simple différence. Si la dot constituée est
de 30,000 fr. et que la part de l'enfant donataire dans l'actif net
de la succession du prémourant de son père ou de sa mère
s'élève à 20,000 fr., cette somme est la proportion cherchée pour
laquelle la dot s'impute sur la succession du premier mourant ;
la différence, soit 10,000 fr., devra s'imputer sur la succession
encore future de l'époux survivant, sur la succession du dernier
mourant.

L'imputation proportionnée a pour résultat de faire supporter par la première succession, la plus grande part possible
de l'avancement d'hoirie ; elle aboutit à l'imputation totale sur
cette première succession, quand la part héréditaire nette de
l'enfant est égale ou supérieure à l'avancement d'hoirie qu'il a
reçu. C'est seulement dans le cas contraire, lorsque la part de
l'enfant est inférieure, qu'il se produit une imputation égale à

cette même part, laissant un excédent à imputer plus tard sur
la succession encore future de l'époux survivant. Cette manière
de procéder est on ne peut plus logique : en étendant la charge
du défunt jusqu'à sa dernière limite qui est la valeur même de
la part héréditaire nette, tout ce que l'enfant doit recueillir dans
la première succession, elle allège la charge de l'époux survivant et la réduit au minimum. L'idée de l'imputation proportionnée est tout simplement admirable de bon sens ; aussi son
succès est-il très grand : elle a fixé l'usage.

Ce genre d'imputation s'appliquait aussi bien à la donation
conjointe, qu'à celle faite par le survivant pendant l'indivision.
Que le lecteur se rappelle les explications qui lui ont été déjà
données : dans la donation conjointe, il y a deux donations
réunies, imputables sur deux successions encore à échoir ; dans
la donation par l'époux survivant, imputable d'abord sur la
succession de l'époux défunt, il y a une avance sur une succession
déjà échue, puis une donation sur une succession encore future.
Dès qu'il s'agit d'imputation proportionnée, cela constitue
théoriquement, et surtout pratiquement, une différence essentielle, grosse de conséquences, et qui tient à ceci : la proportion
est indéterminée ; elle ne peut être fixée que par la liquidation
de la succession elle-même.

Nous savons qu'il est de règle, pour l'équité du partage, que
l'héritier rapporte à la succession la donation qu'il a reçue :
l'enfant doté par le survivant des époux n'a rien reçu du défunt,
et en principe ne doit pas de rapport à sa succession ; il ne
devra lors du partage que la restitution à l'époux survivant
de ce qui lui a été avancé, c'est-à-dire, suivant le cas, soit une
somme ou une fraction déterminée d'avance, c'est le point de

vue juridique, soit une valeur égale au montant de sa part dans la succession de l'époux défunt à moins que cette part ne soit supérieure, c'est le point de vue pratique : (nous supposons momentanément, pour ne pas compliquer la question, que la dot reçue est plus forte que la part à recevoir). En d'autres termes, ce que l'enfant reçoit du survivant, soit avance, soit donation, par imputation déterminée ou indéterminée, n'entre en aucune façon, lorsque les comptes sont arrêtés au jour où l'indivision a commencé, dans le calcul de sa part sur la successsion déjà ouverte au moment où il a été doté.

Le contraire se produit pour l'enfant doté par les époux conjointement : non seulement ici il y a deux donations, mais ces deux donations ont été faites pendant la durée de la communauté, si bien que la dot, à peu près généralement promise en espèces, se trouve payée le plus souvent des deniers de la communauté. (La monnaie, les espèces livrées par les époux ont toujours été et sont encore aujourd'hui, toujours des biens communs, celles qui leur appartiennent personnellement, entrant dans la communauté aussitôt qu'elles leur sont acquises ; cela tient à ce que les espèces sont des biens fongibles qui n'ayant aucun caractère distinctif empêchant de les confondre, tombent dans la communauté, quelles que soient leur origine et leur provenance. Dans la communauté d'acquêts, les biens fongibles de chacun des époux donnent naissance à une reprise de leur valeur, contre la communauté qui les encaisse. Les époux mariés en communauté ne peuvent donc pas avoir d'espèces qui leur restent personnelles ; elles tombent immédiatement dans la communauté, à moins d'exécution immédiate d'un remploi prévu par le contrat de mariage, remploi indiquant l'origine des deniers; et les exceptions relatives aux Caisses d'Épargne et à la Caisse des Retraites pour la vieillesse, ne concernant d'ailleurs que de faibles sommes, confirment la règle.) La dot étant constituée conjointement et payée en deniers communs, un rapport est dû à la première succession, ce qui au point de vue des comptes veut bien dire qu'une partie de la donation conjointe, sinon toute, doit entrer dans le calcul de la part héréditaire nette.

Si l'imputation était prévue par somme ou fraction déterminée, il n'y aurait point de difficulté, puisque le montant du rapport serait connu d'avance : celui de la somme ou fraction fixée. Mais l'imputation étant indéterminée, parce qu'elle doit être proportionnée à la part héréditaire, l'enfant donataire doit le rapport à la succession du prémourant des donateurs d'une partie de la dot égale à sa part nette dans cette même succession, le rapport non de ce qu'il a reçu, mais seulement de ce qui peut s'*imputer*, parce que ce qui lui a été donné par le défunt, c'est non point tout ce qu'il a reçu, mais seulement ce qui, en fin de compte, doit rester à la charge de ce donateur, l'excédent, s'il y en a un, se trouvant donné par l'autre époux. Par conséquent, il est dû rapport à la succession du prémourant d'une somme, d'une valeur indéterminée qui peut être égale mais non supérieure à la proportion qui fixera la valeur nette de la part héréditaire de l'enfant. La question aboutit à une impossibilité, relative, je me hâte de le dire, mais impossibilité tout de même, dont le lecteur peut voir dès à présent l'évidence, mais dont il n'appréciera toute la gravité qu'en suivant le calcul à faire pour en sortir. Ce calcul est le nœud et la clef de la liquidation de communauté et succession : nous y arriverons bientôt, mais pour le moment il importe de bien préciser le point

où nous en sommes, le résultat maintenant acquis : le rapport
à faire à la première succession pour la donation conjointe, est
indéterminé comme l'imputation à laquelle il est égal ; voilà
où gît la difficulté, parce que pour faire la liquidation qui doit
déterminer l'imputation, il faudrait connaître le montant du
rapport ; or, on ne peut le connaître que par l'imputation, c'est
là l'impossibilité, la première, car nous en verrons bientôt une
autre, heureusement, qui nous permettra d'en sortir.

S'il est vrai que deux négations valent une affirmation, n'en
connaissant encore qu'une, pour le moment, tout ce que nous
pouvons faire, c'est de poser la formule du rapport indéterminé, égal à l'imputation. Supposons les deux successions partagées en une seule masse, après le décès de l'époux survivant :
la totalité de l'avancement d'hoirie, Av, devra être rapportée à la
masse unique S ; mais si l'on sépare les deux successions et que
l'on partage la première échue $S\alpha$, avant que l'autre, $S\omega$, échoie,
le rapport R dû à $S\alpha$ est de la totalité de l'avancement d'hoirie,
moins ce qui ne pourra pas s'imputer, la différence r restant à
imputer plus tard sur $S\omega$, et nous avons $R = Av - r$, puisque
$Av = R + r$. R et r sont deux quantités variables qui se coordonnent et dont le total est toujours égal à l'entier : or r n'existe
pas nécessairement, il n'est que possible, et l'impossibilité de
calculer R vient non point de ce que R est indéterminé, mais
bien de ce que la différence possible r est indéterminable avec
les seules données que jusqu'ici nous connaissions, puisque $S\omega$
restera dans les limbes, aussi longtemps que le survivant des
deux époux restera sur la terre ; et cependant, on peut calculer
la valeur de r, auparavant, ainsi que nous le verrons bientôt.

Or, c'est seulement pour un seul cas, pour la dot constituée

par le survivant des époux, que Claude de Ferrière a observé
l'imputation proportionnée, comme on peut le voir par la suite
de son commentaire sur l'article 304 de la Coutume :

« Mais quand elle (la dot) est déclarée constituée tant sur la
succession échue que sur la succession à échoir, on tient qu'elle
se prend premièrement sur celle qui est échue, et ce qui reste
sur la succession à échoir. »

Sur ce même cas, et tout en tenant le même silence sur le
premier qui cependant était l'essentiel, Ferrière s'est exprimé
plus explicitement dans le livre 12, chap. 4, du Parfait Notaire,
où on lit :

« Chopin sur la coutume d'Anjou, livre 3, titre 3, touchant le
rapport de la dot, nombre 2, dit :

« Que dans les coutumes de France, la dot promise, baillée
et payée par les père et mère, se doit rapporter sur les successions desdits père et mère par moitié, parce que c'est une charge
commune aux père et mère, de doter leurs enfants, comme il a
été jugé par plusieurs arrêts.

« Cette règle souffre une exception, qui est lorsque après la
mort du père ou de la mère, le survivant marie sa fille, et lui
donne quelque somme de deniers en dot, tant pour la succession
du premier décédé déjà échue, que sur les biens de celui qui
dote : en ce cas, — la clause portant la constitution de dot sur
la succession échue et sur celle qui est à échoir, — la somme
promise est imputée premièrement sur celle qui est déjà échue,
si elle est suffisante, sinon le surplus est imputé sur la succession à échoir, comme il a été jugé par arrêt du 23 février 1646,
rapporté par M. Leprêtre. »

Ferrière, et avec lui tous les juristes, n'ont observé que les faits pratiques soumis à l'appréciation des juges, le déchet. Ils n'ont pas vu ce que personne ne contestait alors, l'imputation proportionnée de la donation conjointe : mais nous lisons clairement exprimés, les deux cas de cette imputation, en commençant par l'essentiel, dans un ouvrage mieux renseigné que le « Parfait Notaire », le « Traité des Contrats de mariage », dont j'ai trouvé sur les quais la deuxième édition publiée sans nom d'auteur à Paris, au Palais, chez Damien Beugnié, Grand'Salle, au pilier des consultations, au Lyon d'or, en 1722.

Premier cas :

« *Clause d'imputation de la dot sur la première succession à échoir.* (Page 215.)— On peut aussi stipuler que toute la somme promise s'imputera sur la première succession à échoir, à la charge que les autres enfans prendront autant dans cette succession, si les fonds sont suffisans, *sinon que l'imputation de ladite somme sur la première succession qui échoiera, sera réduite à proportion de ce que chacun pourra en amender.* » Voilà ce que l'auteur appelle imputation sur la première succession à échoir.

Les explications qui suivent montrent bien que l'excédent devait s'imputer sur la deuxième succession à échoir, car la réduction portait non pas sur la donation qui était toujours conjointe, mais sur l'imputation seulement. C'était du reste si logique, que les praticiens d'avant le Code n'ont jamais cru devoir préciser davantage, et c'est probablement pour cela que les théoriciens ne les ont pas compris : il leur eût été cependant bien facile de se renseigner ; l'auteur poursuit :

« La clause ainsi construite pourvoit à l'égalité, et à empêcher que l'effet de la dot donnée ne se trouve diminué par un rapport qu'il faudrait faire du total, à la première succession, où les autres enfans ne trouveraient pas de quoi être égalez en biens, à toute la dot reçue par leurs cohéritiers qui auraient été mariez.

« Si la dot était donnée absolument sur la première succession à échoir, il faudrait que celui qui l'aurait reçue la rapportât entièrement, ou renonçât à la succession qui serait ouverte. Car en renonçant, il pourrait conserver la dot sauf à fournir la légitime aux autres enfans. Cette légitime, dans la Coutume de Paris, article 307, et autres qui n'ont point de dispositions contraires, est la moitié de ce que les père et mère auraient laissé à leurs enfans, s'ils n'eussent pas fait de donation. »

Mais la dot n'était pas donnée absolument sur la première succession à échoir, l'auteur vient de nous le dire. Les théoriciens comprendront-ils maintenant l'imputation égale à la proportion de la part héréditaire : ils verront par ce qui se fait aujourd'hui combien peu de chose est changé.

L'auteur ou plutôt les auteurs de ce livre étaient évidemment très au courant de la pratique, mais non pas au point de vue de la liquidation : ils ont très exactement rapporté la clause, ils en ont compris touté la portée théorique, mais ils ne paraissent pas en avoir soupçonné la terrible conséquence pratique, l'*indétermination* du rapport. S'ils l'avaient vue, ils n'auraient certainement pas manqué de la faire ressortir, car c'eût été assurer à l'ouvrage un succès tout particulier, par la nouveauté de l'idée; d'ailleurs, pas plus que Ferrière, ils ne connaissaient la loi de concordance des nombreuses clauses dont ils parlaient; mais ce qui m'importe, c'est la preuve irréfutable que la rédaction de la clause que j'ai citée et qui contient la règle pratique toujours

existante, donne à mes constatations : la question de l'imputation proportionnée, que seuls encore les praticiens du contrat
de mariage et du partage connaissent bien, est certainement
très ancienne et de beaucoup antérieure au Code civil. Quant
aux conséquences, je tâcherai de les faire connaître.

L'ouvrage cité est profondément inconnu ; la première édition
que j'ai retrouvée à la bibliothèque du Palais, où elle est classée
sous le nom de Guérin de Tubermont, a été publiée en 1708 :
Elle présente sur ce point une différence avec la deuxième ; elle
fait suivre la clause de ces mots : « *afin qu'il y ait égalité. Ou
bien père et mère feront la donation précisément à la charge
de la rapporter à leurs successions.* »

Un alinéa suit, relatif à la dot promise et donnée en *entier*
sur la première succession à échoir ; il n'est pas reproduit dans
la deuxième édition. Pour celle-ci, l'auteur, sans aucun doute, a
pris des renseignements auprès des praticiens, et a pu ainsi se
convaincre que l'avancement d'hoirie n'a jamais existé sans
l'égalité entre les cohéritiers, et qu'on n'a jamais voulu dire dans
un contrat de mariage, qu'un avancement d'hoirie constitué
conjointement par les père et mère s'imputerait seulement sur
la succession de l'un d'eux, exclusivement à l'autre. En revanche
ce qui se voit toujours, c'est l'avancement d'hoirie imputable
d'abord sur la première succession à échoir, et même entièrement si c'est possible : tel est le sens, sinon la rédaction.

Dans la deuxième édition, postérieure à la première. de
quatorze années, l'ouvrage a été entièrement refondu évidemment par un nouvel auteur qui, pas plus que le premier, ne s'est
nommé. Voici ce qu'on lit dans la préface :

« L'auteur de ce livre né et domicilié en province, a déclaré avec justice et sincérité, dans la préface de la première édition, que la matière qu'il a traitée se trouve répandue dans tous les livres; mais que n'y étant pas traitée avec suite et intention de l'épuiser, il y a beaucoup de choses qui ne s'y trouvent pas rassemblées, et qui ne s'apprennent que par une expérience journalière, formée sur des événements souvent imprévus, qui donnent lieu à une infinité de clauses qui n'étaient pas en usage auparavant. C'est ce qui l'a excité au travail qu'il a donné au public, et dont le public a fait sentir son besoin par le prompt débit qu'a eu son livre.

« On est entré dans les mêmes vues en songeant à le faire réimprimer. . . . .

« C'est avec cette intention qu'on a augmenté l'ouvrage de l'auteur, qui n'avait pas immédiatement sous les yeux tout ce qu'on peut découvrir au Palais, sur les matières qui y abondent de tant d'endroits du Royaume. On s'est servi pour cela des meilleurs livres, et des plus récents de l'usage du Palais, des arrêts rapportéz dans les livres imprіméz de nouveau, de cette tradition que les Avocats entretiennent entre eux par la communication qu'ils se font des espèces qui leur surviennent, et des réflexions que les matières qui se présentent leur donnent lieu de faire. »

Bien que cet ouvrage ait été refondu, sans doute par un avocat au Parlement de Paris, il ne nous présente pas la clause d'imputation sur la première succession à échoir, comme spéciale à la Coutume de Paris, il nous la présente sous un caractère de généralité, sans indiquer à son application une limite territoriale. Dans tous les pays de coutume, on trouvera cette clause ou son analogue ; il m'était impossible de faire de pareilles recherches, mais en dehors de l'ouvrage même, voici une preuve que cette clause était appliquée hors du ressort de la Coutume de Paris.

Au tome 7 du Traité du droit françois à l'usage du Duché de Bourgogne, par Jean Bannelier, n° 1094, nous lisons : « Il est quelquefois convenu que toute la somme promise s'imputera sur la première succession à échoir, à la charge que les autres enfans prendront autant dans la même succession ; et, au cas où il y aurait insuffisance, l'imputation de ladite somme sur la première succession qui écherra, sera réduite à ce que chacun des enfans se trouverait en amender et recueillir. »

On trouvera aussi l'imputation proportionnée dans le ressort de la Coutume d'Orléans, bien que Pothier ne l'aie pas vue, ou du moins comprise, puisqu'il nous dit seulement dans son Introduction au titre 17 de cette Coutume, section 6, art. 3, § 2, n° 86 : « Lorsqu'il est porté par la donation, que la dot s'im-
« putera en entier sur la succession du prédécédé, le prédécédé
« est censé avoir seul donné le total, et le rapport ne s'en fera
« qu'à sa succession. Mais s'il est seulement dit qu'au moyen
« de la dot qui m'est donnée par mes père et mère, je ne
« pourrai demander partage au survivant, qu'en rapportant la
« dot entière, à la succession du prédécédé, si je n'ai pas
« demandé partage au survivant, et que je l'aie laissé jouir de
« ce qui pouvait me revenir dans les biens de la succession du
« prédécédé, le rapport se fera *par moitié* à chacune des deux
« successions. »

On la trouvera, sous une rédaction ou sous une autre, non seulement dans les anciens pays coutumiers, mais aussi dans les anciens pays de droit écrit, en un mot dans toute la France,

parce qu'elle était la forme devenue nécessaire de l'avancement d'hoirie qui, lui, s'était répandu partout.

Deuxième cas.

« *Constitution de dot tant pour droits successifs déjà
échus, que pour ceux à échoir,* page 219. (Voir aussi le
Parfait Notaire, livre 4, chap. 10.) Il arrive souvent surtout
quand c'est un père ou une mère survivant qui marie sa fille à
un homme qui désire sçavoir sur quels biens il peut compter du
chef de sa femme, que celui qui fait la constitution promet une
somme tant pour le droit successif mobiliair et immobiliair,
fruits, profits et revenus échus à la future par le décès de son
père ou de sa mère, qu'en avancement d'hoirie sur sa propre
succession à échoir.

« En ce cas, la somme est premièrement imputée sur la
succession du père ou de la mère décédé, *le surplus, s'il y en a,*
sur la succession du survivant ; ainsi jugé au rapport de
M. Méliand, par deux arrêts, l'un du 23 février 1646, cité dans
une annotation sur le chapitre 36 de la centurie première de
M. Le Prêtre, l'autre du 8 mai 1646, rapporté par M. Le Grand,
sur l'article 14 de la Coutume de Troyes, où la question est fort
bien traitée. Elle l'est aussi fort amplement, sur l'article 304 de
la Coutume de Paris, en la nouvelle édition de Ferrière, mais
d'une manière qui fait désirer que cette édition, où il peut y
avoir des choses utiles, ne soit pas aussi peu correcte qu'elle
l'est.

« Enfin la même question a été jugée par un autre arrêt du
21 avril 1682, confirmatif de la sentence du Bailly du Comté de
Beauvais, au profit de Claude de Regnonvel et Marie du Bos,
sa femme, contre Marguerite Foy veuve de Claude du Bos.

Cette jurisprudence est conforme à la loy *cum post 43 ff de administ. et peric. tutorum*, et à une maxime qu'on a souvent en bouche : *nemo liberalis nisi liberatus*.

« Le survivant des père et mère n'entre guère dans cette promesse, qu'il n'ait en vue de se dispenser de rendre compte à sa fille des biens du prédécédé. C'est pourquoi l'on peut ajouter : *sans que les futurs époux puissent demander aucun compte, ni partage de la succession échue à la future épouse, qu'en rendant tout ce qui leur a été donné en mariage par le présent contrat.* » (Tronçon sur l'article 281 de la Coutume de Paris.)

L'adjonction de ce complément à la clause tendait à retarder le partage jusqu'au décès de l'époux survivant : aujourd'hui on ne le voit plus, et cependant la donation par le survivant des époux, avec imputation d'abord sur la succession déjà échue, se pratique toujours, ce qui prouve bien malgré l'auteur, que cette clause n'avait pas d'intérêt que pour l'époux survivant, dispensé ainsi de fournir des comptes. Lorsque tous les enfants ont été dotés soit par les deux époux, soit par le survivant, et que la dot qui leur a été constituée est supérieure à la valeur de leur part héréditaire dans la première succession, il est facile de comprendre que même devenus tous majeurs, ils n'ont aucun intérêt à en demander le partage, et qu'ils s'abstiennent, économisant des frais inutiles; ils attendent le décès de l'époux survivant pour partager à la fois la communauté et les deux successions de leur père et de leur mère. Or, le plus souvent, la dot constituée aux enfants excède leur part dans la première succession, par suite de la fréquence des donations entre époux; de nos jours, sauf l'exception des seconds mariages, les époux ayant enfant peuvent se donner l'un à l'autre, soit le quart en propriété et le quart en usufruit de toute leur succession, soit la moitié en usufruit (article 1094 du Code civil). Autrefois, les époux, en mariant leurs enfants pouvaient réserver pour le survivant d'eux l'usufruit des biens communs : c'était un des cas du don mutuel (articles 280 et 281 de la Coutume de Paris ; voir aussi l'article 257, et Loisel, Inst. cout., livre Ier, titre 3, règle 15). Si l'on tient compte de ceci, qu'en fait c'est le plus souvent la femme qui survit, qu'elle avait déjà par le douaire coutumier l'usufruit de la moitié des biens propres du mari, ou à son défaut, par suite d'une stipulation expresse de son contrat de mariage, une somme ou une rente préfixe à prendre sur les biens du mari, on verra aisément qu'autrefois comme aujourd'hui, et même davantage, la part des enfants dans la première succession, au moins en propriété et jouissance immédiate, se trouvait considérablement réduite, et par là, à peu près toujours inférieure à l'avancement d'hoirie total ; ils n'avaient donc rien à gagner au partage.

Quant à l'époux survivant, il n'a pas non plus d'intérêt à le demander, parce que lui aussi n'a rien à y gagner ; si les dots constituées aux enfants sont supérieures au montant de leur part dans la succession de l'époux défunt, le survivant ne peut pas leur réclamer l'excédent qui est précisément la part restant à sa charge dans la donation faite en commun.

Aussi, surtout dans les petites fortunes, les intéressés restent-ils dans l'indivision et font bien. Le survivant administre, dote sur l'indivision les enfants restés à la maison, et il faut le reconnaitre, le père ou la mère survivant qui dans ce cas abuse et dilapide, et qu'il devient nécessaire de priver de son administration, est et a toujours été une exception, même à Paris. Par contre aussi, ne trouve-t-on nulle part, autant d'avarice acoquinée à plus de richesse.

Le type des deux cas de l'imputation proportionnée ressort très nettement des citations faites : il est aujourd'hui à Paris et partout où s'étend son rayonnement, la seule forme de donation à l'enfant qui soit d'un usage général ; mais déjà à Paris, — où seulement j'ai pu faire quelques insignifiantes recherches, — pendant la période intermédiaire de la Révolution au Code civil, il était d'un usage courant, toutes les formes qui de près ou de loin se rattachaient aux usages féodaux ou aux offices, ayant disparu d'elles-mêmes.

L'imputation proportionnée appelée à supplanter dans l'avenir l'imputation déterminée, se présentait il est vrai, et peut-être le plus souvent pour la donation conjointe, sous la simple forme de l'imputation sur la première succession à échoir, par abréviation, sans que rien indiquât : 1º que cette première imputation devait être égale à la part à recueillir dans la succession du premier mourant, si l'avancement d'hoirie était plus considérable ; 2º et que l'imputation de l'excédent, s'il y en avait un, devrait être faite sur la succession du dernier mourant. Pour un praticien qui ne se laisse pas influencer, il ne saurait cependant y avoir aucun doute : quand l'imputation d'une dot constituée par le père et la mère conjointement, est seulement indiquée comme devant se faire sur la première succession à échoir, sans plus, si lors du partage de cette première succession échue un excédent reste, il doit s'imputer nécessairement sur la succession future de l'époux survivant, parce qu'il faut bien que l'avancement d'hoirie constitué conjointement s'impute sur une succession ou sur l'autre, et ce qui l'a montré, puisque cela est devenu nécessaire, c'est la précision que cette forme a acquise dans la pratique, depuis les difficultés d'interprétation qu'a soulevées le Code civil.

Aujourd'hui, la donation conjointe est faite par le père et la mère, *solidairement entre eux, en avancement d'hoirie, et par imputation d'abord sur la part du donataire dans la succession du prémourant des donataires, et subsidiairement pour l'excédent seulement, s'il y en a un, dans celle du survivant.* Le plus souvent, elle est faite en biens communs, c'est la règle générale.

On s'étonnera peut-être de ne plus trouver dans cette rédaction le mot de proportion ; quelle en est la raison ? La pratique a-t-elle craint que cette expression ne soit interprétée dans le sens de proportion sur les deux successions, par conséquent impossible à calculer sur la première succession seule, et par conséquent encore, nulle ? A-t-elle pensé qu'elle pourrait calculer librement la proportion, quand elle n'en parlerait plus ? Quoi qu'il en soit le mot a disparu : Nous savons d'ailleurs maintenant que la proportion existe moins dans l'imputation que dans la part héréditaire.

Donc, la clause de donation conjointe prévoyant simplement l'imputation sur la première succession à échoir, n'était ni vicieuse, ni incorrecte, ni imprécise ; elle était parfaitement claire, mais pour les seuls praticiens, puisque leur tort a peut-être été de ne s'expliquer que pour eux-mêmes, malgré que lors de l'interprétation, ils n'aient jamais eu voix au chapitre.

Pour aller jusqu'au bout de la franchise, il n'est pas impossible que les praticiens aient cherché à dérouter ceux qu'ils regardaient comme leurs ennemis acharnés ; s'il en était ainsi, ils n'y auraient que trop bien réussi.

Cette clause, Ferrière l'a remarquée et rapportée au livre 4, chapitre 22 du Parfait Notaire, et voici comment il l'explique et l'interprète, sans s'apercevoir que la donation était toujours conjointe, ce qui veut dire double imputation s'il y a lieu, parce qu'en réalité il y a double donation, et que l'excédent, s'il y en a un après la première imputation, est précisément ce qu'a donné l'époux survivant :

« Quelquefois, on stipule, mais *rarement*, que toute la somme s'imputera sur la première succession à échoir ; auquel cas il faut égaler tous les autres enfants, à ce qui a été donné en mariage, auparavant que le marié puisse rien prétendre. »

C'est très bien jusqu'ici, mais la suite !

« Si en la succession à laquelle le rapport se doit faire, il ne se trouvait pas assez de bien pour égaler au rapport les autres enfans, du moins jusqu'à la concurrence de leur légitime, celui qui a esté avantagé, est obligé de parfaire ladite légitime *sur ce qu'il a eu*, suivant l'article 307 de la Coutume de Paris, quand même il n'aurait eu que de l'argent comptant, laquelle légitime est la moitié de la part et portion que lesdits enfans eussent eu chacun, si celui de la succession dont est question, n'eut point disposé par donation ou autrement, sur le tout déduit, les dettes et frais funéraires, suivant l'article 298 de la Coutume de Paris. »

Ferrière, celui que les autres théoriciens ses pairs ont réprouvé comme un défenseur de l'usage, l'auteur du Parfait Notaire n'a pas soupçonné le rapport indéterminé, et ce qu'il réduit, ce n'est pas l'imputation, mais la donation. Il en a fait bien d'autres.

Maintenant, que le lecteur consulte un théoricien de nos jours, n'importe lequel, car tous se répètent, qu'il lise ce que les ouvrages actuellement entre les mains de tous les étudiants, comme ils ont été dans les miennes, ceux par exemple de M. Baudry-Lacantinerie, professeur de droit civil à la Faculté de Bordeaux, disent sous l'article 1438 (1er alinéa) du Code civil : pas plus que Ferrière, ses successeurs ne soupçonnent le rapport indéterminé, et s'ils ne parlent pas comme lui, c'est qu'ils ne commentent pas le même texte. Le plus merveilleux est que M. Baudry-Lacantinerie, et aussi les autres invoquent la tradition : la tradition de qui? Celle de Ferrière qui n'a jamais su lire un contrat de mariage qu'avec une opinion préconçue allant jusqu'au parti pris, et qui cependant s'est permis d'écrire le « Parfait Notaire ». Les théoriciens ayant eux aussi leur tradition, il reste à savoir laquelle est la bonne. Voici ce que contient sur ce point le précis de M. Baudry-Lacantinerie, au tome 3 : je le soumets à la méditation du lecteur, comme fin de chapitre; il verra la question pratique examinée juridiquement, et comprendra tout le parti que l'on peut tirer, quand on a le sens juridique et que l'on sait bien s'y prendre, de la théorie romaine des actions, cette inépuisable source de toutes les procédures, qu'il appréciera ainsi par ses résultats : Les juristes sont parvenus à expliquer l'imputation proportionnée et à l'admettre en se basant sur le principe du rapport par moitié; ils l'ont expliquée sans la comprendre : cela n'est pas un comble, mais plutôt un vrai chef-d'œuvre de subtilité et de finesse d'esprit.

« *Clause d'imputation sur la succession du prémourant
des Constituants.* On rencontre souvent dans les constitutions
de dot faites par les père et mère au profit de leurs enfants une
clause ainsi conçue : *La presente dot s'imputera pour le tout
sur la succession du prémourant des constituants* ; ou bien
encore : *La présente dot est constituée pour le tout en avancement d'hoirie sur la succession du prémourant des constituants.*

« Dire que la dot devra être imputée *pour le tout* sur la
succession du prémourant des époux, c'est dire que la dot
sera rapportée tout entière à cette succession, et par suite que
le prémourant sera considéré comme étant seul donateur,
puisque le rapport ne se fait qu'à la succession du donateur.
(Art. 850.) On exprime exactement la même idée, quand on dit
que la constitution de dot est faite pour le tout en avancement
d'hoirie sur la succession du prémourant des constituants.
Les deux clauses dont il s'agit, ou plutôt les deux variantes
qui viennent d'être rapportées, signifient donc que le prémourant des constituants sera considéré comme ayant constitué
seul la dot tout entière, et que par suite cette dot sera
supportée en entier par sa succession : ce qui permet au
survivant, ainsi dégagé de toute contribution au paiement
de la dot, de conserver sa fortune personnelle intacte.
Les parents se montreront ainsi plus disposés à doter, puisque
chacun d'eux n'aura à craindre, en cas de survie, de voir sa
fortune personnelle diminuée. — Notre ancien droit autorisait
cette clause, et c'est sans aucun fondement qu'on chercherait à
soutenir qu'elle ne doit pas être considérée comme licite dans
notre droit actuel.

« *La clause qui nous occupe étant traditionnelle, doit être interprétée d'après la tradition.*

« Pendant la vie des constituants, il est impossible de savoir lequel des deux devra supporter définitivement la dot, puisque c'est le prémourant qui sera considéré comme étant seul donateur. Est-ce à dire que l'enfant doté sera obligé d'attendre la mort d'un de ses parents pour demander le paiement de sa dot? Non. Telle n'a pas été vraisemblablement l'intention des constituants. L'enfant doté pourra donc obtenir le paiement de sa dot immédiatement ou à l'expiration du terme fixé par le contrat. Mais à qui le demandera-t-il? Si la dot a été constituée solidairement par le père et par la mère, l'un ou l'autre pourra être poursuivi par le tout. Si la dot a été constituée conjointement sans expression de solidarité, chacun des constituants pourra être poursuivi pour la portion indiquée au contrat ou, à défaut d'indication, *pour la moitié* sauf règlement ultérieur des droits des constituants, lorsque la condition de survie se sera réalisée. Chacun des constituants peut en effet être considéré *comme donateur d'une moitié sous la condition résolutoire de sa survie, et comme donateur de l'autre moitié sous la condition suspensive de son prédécès.* Ajoutons que si les constituants sont mariés sous le régime de la communauté, la communauté et par suite le mari pourront être poursuivis pour la totalité, sauf récompense s'il y a lieu. (Cassation, 13 novembre 1882; Sirey, 83-1-289, note de Labbé.)

« Voilà ce qui se passera pendant la vie des constituants. Après le décès de l'un d'eux, ce sera autre chose. Si la dot a été payée tout entière du vivant des constituants, et sur les biens de celui qui est prédécédé, tout sera définitivement réglé. Au cas où elle aurait été payée en tout ou en partie par celui qui a survécu, ce dernier aura action contre la succession du prédécédé pour se faire rembourser ce qu'il a payé. *Si le paiement de la dot n'est pas encore effectué, l'enfant doté ne pourra le réclamer que contre la succession du prédécédé, qui, par l'événement, se trouve être seul débiteur.*

« Mais il faut prévoir une complication. La succession du prédécédé, ou la part revenant à l'enfant doté dans cette succession est inférieure au montant de la dot ; le survivant doit-il le complément ? Par exemple, la dot constituée est de 20,000 francs, la succession du prédécédé qui revient tout entière à l'enfant seul héritier, ne contient que 15,000 francs d'*actif net* ; le survivant doit-il le surplus, soit 5,000 francs, en supposant que la dot ne soit pas encore payée ? Tout dépend de la volonté des parties contractantes, qui devra être suivie toutes les fois que les termes de l'acte permettront de la découvrir, comme il arriverait par exemple si la dot a été constituée avec imputation sur la succession du prémourant des constituants, *et subsidiairement sur celle du survivant*. (Cassation du 14 décembre 1885 ; Sirey, 86-1-481 et la note de Labbé.) *Dans le doute il faudrait, ce semble, admettre que le survivant n'est aucunement tenu ; car la clause interprétée suivant la tradition signifie que chaque époux n'est débiteur que sous la condition résolutoire de sa survie. Donc le survivant ne doit rien.* Et non seulement il n'est pas obligé de payer, si la dot est encore due, mais de plus, s'il l'a payée en tout ou en partie sur ses biens personnels, il a le droit de répéter ce qu'il a payé contre la succession du prédécédé. Mais nous croyons qu'il ne pourrait pas, en cas d'insuffisance de cette succession, agir en répétition contre l'enfant, car celui-ci n'a reçu que ce qui lui était dû. Il l'a reçu à la vérité de quelqu'un qui, par l'événement, se trouve n'en avoir jamais été débiteur; mais le paiement n'a pas été fait par erreur, ce qui exclut la répétition. »

On voit que M. Baudry-Lacantinerie, quand il s'agit d'apprécier des faits, prévoit toutes les hypothèses, avec une grande ingéniosité, mais qu'il n'a jamais pensé à la contradiction évidente de ces deux idées : imputation *pour le tout* sur la succession du prémourant, et *subsidiairement* sur celle du survivant. Là cependant est le secret, et l'École l'aurait trouvé si elle l'avait cherché : mais elle ne critique pas plus les contradictions de la pratique, que celles de la loi, elle s'en tient là-dessus au système des intentions probables ; est-elle donc capable de tout, excepté d'avouer qu'elle n'y comprend rien? Les raisons qu'elle nous donne, la doctrine les a soufflées à la jurisprudence, soit : mais les magistrats, pris entre l'interprétation donnée par la doctrine au texte impératif de la loi qui condamne sans entendre, et les formes usuelles de la pratique qui ne peut cependant que changer pour l'avenir les mots condamnés, rendent la justice comme ils peuvent et ne sont point dupes des motifs qu'ils adoptent. La doctrine est-elle dans le même cas ? Pour elle, toutes les opinions sont bonnes, pourvu qu'elles soient fondées sur des raisons suffisantes, et elle sait, quand il le faut, se montrer accommodante sur la suffisance des raisons, au point d'oublier le principe du partage du passif de plein droit, et de nous parler volontiers de l'actif net : c'est ainsi qu'on s'enferre soi-même jusqu'au manche, et qu'on fait du galimatias. Certainement, si elle s'en donnait la peine, elle tirerait du sang d'une pierre. C'est par d'aussi ingénieuses combinaisons, d'aussi heureuses

finesses, qu'on acquiert l'art de tourner la loi, tout en ne se sou-
ciant que de l'expliquer, et qu'on lui fait dire tout ce qu'on veut.
en ne feignant que de l'appliquer avec une généreuse tolérance.
Par de pareils procédés on peut tout autoriser et tout défendre ;
le sens juridique n'admet pas l'impossibilité : donnez à un
juriste des mots, n'importe lesquels, et en trois jours il vous
bâtira un système.

On ne trouve plus dans les contrats de mariage, malgré ce
qu'en dit M. Baudry-Lacantinerie, que l'imputation proportionnée dans la forme que j'ai indiquée, mais on trouve dans
les recueils de décisions judiciaires, des clauses qui nous peuvent
montrer la progression de la pratique vers sa formule actuelle :
Arrêt de la Cour de cassation du 11 juillet 1814 (Sirey, 14-1-279)
sur une clause portant que la donation conjointe était constituée
par les père et mère, *en avancement d'hoirie... sur la succession du prémourant d'eux.* L'expression *pour le tout* n'y était
pas, on l'y a seulement supposée. — Arrêt de la première
Chambre de la Cour d'appel de Paris, du 6 novembre 1854
(Sirey, 1855-2-607) sur une clause portant que : « en faveur du
mariage, M. et Mme de Sainte-Avoye ont donné et constitué en
dot à la future, leur fille, en avancement d'hoirie, *imputable
pour la totalité sur la succession du premier mourant, et
pour le surplus seulement sur celle du survivant....* » Enfin,
arrêt de la Cour de cassation du 3 juillet 1872 (Sirey, 1872-1-201,
avec une note de Labbé) rendu sur trois contrats de mariage
par lesquels les père et mère avaient doté leurs filles *conjointement et solidairement en avancement d'hoirie de leurs successions futures;* dans une disposition accessoire, il était dit :
la dot ci-dessus stipulée sera imputable en totalité sur la

succession du premier mourant des père et mère. Les trois
filles avaient été dotées de la même manière; après le décès du
premier mourant des donateurs, le Tribunal de Saint-Denis (île
de la Réunion), par un jugement du 25 avril 1870, admit le principe posé par le notaire commis pour le partage, que les trois
dots étaient rapportables en totalité, ce qu'il faut entendre, au
delà de la part héréditaire; le partage était contesté avec raison
par les trois filles intéressées, ou leurs représentants. Sur l'appel,
la Cour de l'île de la Réunion rendit, le 31 mars 1871, un arrêt
confirmatif. La Cour de cassation a rejeté le pourvoi, et cet
arrêt fait jurisprudence; c'est souverainement injuste parce que
toutes ces décisions reposent seulement sur l'appréciation faite
par un notaire qui était une évidente mazette, d'une clause
rédigée par un autre notaire qui était, celui-là, un authentique
maladroit : les trois filles ont été dupées, parce que les magistrats, mal renseignés, n'ont pas compris. On aurait beau tourner
et retourner ces clauses, elles n'ont pu avoir pratiquement qu'un
sens, bien qu'on ne le leur ait pas donné, celui de l'imputation
d'abord sur la succession du premier mourant, imputation totale
si elle est possible, mais elles montrent aussi combien les praticiens ont pataugé, après la promulgation du Code civil, avant
de retrouver leur équilibre.

Quelle est l'origine de l'expression *en totalité,* et non point
pour le tout, si l'on voulait chicaner la doctrine? Dans son
Répertoire, au mot Dot, Rolland de Vilargues nous apprend
qu'encore après la promulgation du Code civil, il est arrivé souvent que des père et mère, en dotant conjointement leurs enfants,
leur ont imposé la condition alternative de laisser jouir le survivant des donateurs de tous les biens du prédécédé, sans pou-

voir lui demander aucun compte ni partage, ou d'imputer en ce cas la totalité de la dot sur la succession du premier mourant. C'était donc une manière de retarder les partages jusqu'après le décès du survivant des père et mère, et voilà bien le crime que la doctrine, ce flambeau de la justice, poursuit à travers les âges ; l'indivision est sa bête noire, et c'est pour la vaincre que, depuis des siècles, car la question n'est pas d'aujourd'hui, elle impose le rapport et l'imputation par moitié de l'avancement d'hoirie, tandis que la pratique, par tous les moyens y compris le galimatias, se cramponne désespérément à l'imputation proportionnée.

CHAPITRE VI

RÉTABLISSEMENT A LA COMMUNAUTÉ

Un père et une mère mariés en communauté ont donné conjointement en avancement d'hoirie, à l'un de leurs enfants, une somme payée en espèces, par conséquent en biens communs, les espèces étant fongibles ainsi que je l'ai déjà expliqué : l'imputation doit se faire d'abord sur la succession du prémourant des donateurs, et pour l'excédent seulement, s'il y en a un, sur celle du survivant. Au décès du prémourant, commence une double indivision, celle de la communauté dissoute, et celle de la succession ouverte. Comment va-t-on déterminer la portion de l'avancement d'hoirie dont le rapport est dû à cette succession? La question est encore plus actuelle aujourd'hui que jamais, puisqu'elle se pose pour la seule forme maintenant usuelle de l'avancement d'hoirie, la donation faite *par les père et mère conjointement et solidairement entre eux, par imputation d'abord sur la part du donataire dans la succession du premier mourant des donateurs, et subsidiairement pour l'excédent seulement, s'il y en a un, dans celle du survivant.*

Nous savons que le rapport est dû de ce qui doit s'imputer

sur la part héréditaire, que la proportion de cette imputation est variable parce qu'elle est indéterminée, et qu'enfin elle sera toujours égale à la part héréditaire nette à moins que l'avancement d'hoirie ne soit moindre, et jamais plus forte si cette part est inférieure à l'avancement d'hoirie, celui-ci ne pouvant s'imputer que sur l'actif net. Ce rapport et cette imputation peuvent donc être, suivant le cas, de la totalité de la dot ou seulement d'une partie ; le résultat de cette indétermination, nous le connaissons aussi : pour fixer la proportion, il faudrait savoir d'avance le résultat de la liquidation qui, de son côté, ne peut se faire sans le rapport de la même valeur. C'est la première impossibilité matérielle que nous connaissons déjà ; voici l'autre :

La question se complique de celle des récompenses dues pour l'avancement d'hoirie à la communauté qui l'a payé, par chacun des époux, suivant une proportion aussi inconnue mais qui est la même ; la succession du donateur défunt doit récompense d'une valeur égale à celle du rapport qui doit être fait par l'héritier à cette même succession : cette récompense sera donc elle aussi, de la totalité de la dot ou d'une partie seulement, suivant que la dot s'imputera en totalité ou en partie sur la succession échue ; le donateur survivant ne devra, dans le premier cas, aucune récompense parce qu'il n'aura rien donné, ne l'ayant fait que pour la forme, et dans le deuxième, il ne devra que celle de l'excédent, la différence.

Il y a donc un double cercle vicieux, d'un côté, celui de la succession et du rapport par l'héritier, de l'autre, celui de la communauté et des récompenses : voici comment la question se présente :

1° On ne peut liquider la communauté qu'en opérant le

rapport des récompenses. 2° Le quantum de la récompense due par la succession du premier mourant, pour le remboursement de la partie de la donation à sa charge, — celle due par le survivant ne devant être que de la différence, — est inconnu, mais égal à la valeur du rapport dû par l'héritier à la succession. 3° La valeur de ce rapport ne peut elle-même être connue que par la liquidation de la succession, parce qu'elle est égale à la part héréditaire. 4° Et nous venons de le rappeler, cette succession ne peut elle-même être liquidée sans le rapport de la même valeur. Mais il y a identité entre la récompense due par le défunt et le rapport dû à sa succession, de même qu'il y a identité entre la récompense due par le survivant et la différence possible r ; si bien que dans notre formule du rapport indéterminé à S^α, $R = Av - r$, R représente à la fois, non seulement le rapport par l'héritier et l'imputation sur S^α, mais encore la récompense due à la communauté par l'époux défunt ; tandis que la différence r représente en même temps que le rapport et l'imputation sur S^ω encore future, la récompense due par l'époux survivant, toujours à la communauté. Les rapports et les récompenses se coordonnent comme les parties de deux sécantes symétriques d'un même cercle, passant par le diamètre au même point.

Seule une combinaison mathématique pouvait tirer le praticien d'embarras, en lui permettant de faire la double liquidation de la communauté et de la succession, sans dégager l'inconnue, sans déterminer la proportion dans laquelle le rapport de l'avancement d'hoirie est dû à la succession par l'héritier, et en même temps dans laquelle la récompense est due à la communauté par le donateur défunt pour ce même avancement d'hoirie, sans déterminer la différence qui sera à la fois la valeur de la partie de l'avancement d'hoirie qui ne peut s'imputer sur la succession ouverte, dont le rapport n'est pas dû à cette succession, et dont la récompense est due cependant à la communauté par le donateur survivant. Ainsi, sur une somme totale connue, il faut calculer une inconnue et sa différence, ce qui s'impute et ce qui ne s'impute pas sur la succession ouverte, ce qui doit être rapporté à cette succession par l'héritier et ce qui doit l'être à la communauté par l'époux survivant; car c'est à cela que se réduit maintenant le problème : nous ne pouvons déterminer le rapport R dû par l'héritier à S^α parce que le rapport à S^ω, la différence r, est indéterminable; mais leur total $R + r$ est égal à l'avancement d'hoirie et aussi au total des récompenses $R + r$ dues à la communauté par le défunt et par l'époux survivant : Or, pour liquider la communauté, nous n'avons pas besoin de connaître R ni r, il nous suffit de connaître leur total Av; la différence r, si elle reste, sera connue par le calcul des parts différentes des intéressés. Ce calcul ne peut être que le résultat de la double liquidation de la communauté et de la succession indivises : en effet, chacune des deux impossibilités prise en soi séparément est insoluble, mais toutes deux réunies se résolvent sans même qu'on y prête attention, tant c'est simple.

C'est l'origine d'un autre calcul de proportion, celui des récompenses, qui se fait en même temps et par le même moyen que celui de la proportion de la part héréditaire sur la valeur de l'actif net, cherchée par la liquidation elle-même. Les deux calculs se confondent, parce que la proportion cherchée est la même, toujours la même ; la valeur du rapport que l'héritier doit à la succession du premier mourant, comme aussi de la récompense que le défunt doit à la communauté, est en effet toujours la même que celle de la part de l'enfant sur l'actif net de la succession du premier mourant, à moins que l'avancement d'hoirie ne soit inférieur à cette part, et cette égalité est le principe même de l'imputation proportionnée. La proportion déterminera le rapport et l'imputation de l'avancement d'hoirie pour la première succession, tandis que la différence ne déterminera, pour cette même succession, que la récompense due par l'époux survivant à la communauté.

Pour obtenir cette proportion et cette différence, on liquide donc à la fois la communauté et la première succession maintenant échue, ce qui permet de faire une opération spéciale qui, dans la pratique, porte le nom de *rétablissement à la communauté*. Le rétablissement à la communauté est on ne peut plus simple dans son application : il consiste à porter la valeur de tout l'avancement d'hoirie à l'actif de la communauté; on rétablit cette valeur à la masse dont elle est sortie.

La démonstration du rétablissement à la communauté est la proposition la plus abstraite que j'aie à expliquer : quand le lecteur aura compris comment la liquidation de la succession vient non pas se juxtaposer, mais se greffer sur celle de la communauté, de sorte que cette fusion est une combinaison spéciale pour l'application de la méthode au règlement de la double indivision d'une communauté et d'une succession ; pour mieux dire, quand il aura vu comment les deux masses de la succession se relient aux deux masses de la communauté, par le calcul de l'actif net de cette dernière, dont la moitié ou plus exactement un simple chiffre, la proportion équivalente à cette moitié figure ensuite à la masse active de la succession, pour y servir à son tour au calcul de l'actif net de celle-ci, alors seulement il pourra comprendre le mécanisme du rétablissement à la communauté ; il verra que le double résultat des deux liquidations, les deux proportions établies par elles se fusionnent à leur tour dans la fixation des droits des intéressés, dans leur transformation en une valeur proportionnelle calculée sur l'ensemble de l'actif net de la communauté et de l'actif net de la succession, et il sera étonné que le partage des deux indivisions réunies devienne aussi simple que celui d'une seule indivision.

Pour le montrer, mettons des chiffres dans notre exemple : Le père et la mère ont doté conjointement, par imputation indéterminée, l'ainé de leurs deux enfants, d'une valeur de 50 : le père meurt; les deux époux partis de rien et sans aucun bien propre, n'avaient que leur droit dans la communauté, chacun une moitié : — ceci pour la simplification de l'exemple. —

On liquide d'abord la communauté :

L'actif commun existant est d'une valeur de 250

Ajoutons le rétablissement de l'avancement d'hoirie fait à l'ainé 50

Nous obtenons un total représentant l'actif brut, qui est de. 300

Le passif est supposé d'une valeur totale de 20

Nous le défalquons, et nous obtenons la valeur de l'actif net de la communauté, qui est de 280

Dont la moitié est 140

140 est la proportion cherchée par la liquidation de la communauté : c'est à la fois la commune mesure et la valeur nette de la part de chaque époux, puisque cette part est là même.

On liquide ensuite la succession :

L'actif brut de la succession du père défunt n'est, dans notre espèce, composé que de sa part dans la communauté, d'une valeur nette de. 140

— C'est là, qu'on le remarque bien, une évaluation seulement, un simple chiffre : le partage de la communauté ne viendra qu'après la liquidation complète.

Le passif propre de la succession est supposé d'une valeur de. 10

— Il y en a toujours un, ne serait-ce que le montant des frais funéraires.

Nous défalquons et obtenons l'évaluation de l'actif net de la succession 130

Dont la moitié est de 65

65 est à la fois la commune mesure et la valeur nette de la part de chacun des enfants, puisque cette part est la même.

La répartition de la valeur totale est faite.

La réunion des résultats des deux liquidations montre le partage ainsi fait de la valeur totale de la communauté et de la succession; — dans notre espèce simplifiée, la succession n'a pas d'actif distinct de celui de la communauté.

La veuve a droit à une valeur nette de 140

L'aîné des enfants, à une valeur nette de 65

Et le cadet, à la même valeur 65

Si nous ajoutons :

La valeur du passif commun défalquée qui est de. . 20

Et celle aussi défalquée du passif successoral qui est de 10

Nous retrouvons la valeur totale de l'actif brut de la communauté 300

Le lecteur comprendra aisément que si nous avions supposé un actif personnel à la succession, ce qui n'a pas été fait parce que c'était inutile pour la démonstration, cet actif serait réparti en valeur, en même temps que celui de la communauté; au lieu d'avoir la répartition totale de 300 seulement, on obtiendrait pour résultat ce nombre augmenté de la valeur de l'actif propre de la succession.

Si nous passons à ce qui nous intéresse tout particulièrement, à l'imputation de l'avancement d'hoirie fait à l'aîné des enfants, on voit que dans notre espèce, elle aboutit à l'imputation totale sur la première succession, et l'on comprendra maintenant l'expression employée par les praticiens d'avant le Code, imputation sur la première succession à échoir. L'aîné des enfants recevra comme attribution, pour sa valeur de 50, le rétablissement de sa dot dont il doit le rapport total, et un complément d'une valeur de 15. Il opérera donc en moins prenant le rapport de l'avancement d'hoirie, et sur ce premier cas la démonstration est faite.

Passons donc au second, à celui de l'imputation partielle, en nous servant des mêmes chiffres, sauf que nous supposerons un passif successoral plus élevé.

L'actif brut de la succession est donc toujours d'une valeur de 140

Le passif est supposé d'une valeur de. 60

Ce qui va nous donner comme actif net. 80

Et pour les droits de chacun des héritiers, une valeur proportionnelle de 40

La répartition de la valeur totale se trouvera faite de la manière suivante :

La veuve a toujours droit à une valeur nette de . . 140

L'aîné des enfants n'a plus droit qu'à 40

De même le cadet 40

En ajoutant la valeur du passif commun qui est de. 20

Et celle du passif successoral qui est de 60

Nous devons retrouver le total de l'actif brut de
communauté, qui est toujours de. 300

Il ne reste plus qu'à transposer sur l'actif lui-même la répartition que nous venons de faire sur sa valeur :

Si pour l'acquit du passif, on met de côté, on laisse des biens déterminés d'une valeur égale au montant réuni du passif commun et du passif successoral, soit 80

Si on attribue au cadet des enfants, qui, lui, n'a rien reçu en avancement d'hoirie, une partie des autres pour une valeur de 40

On aura déjà disposé d'une partie de ces biens, pour une valeur de 120

Il ne restera donc, en biens réellement existants, qu'une valeur de 130

Nous avons, en effet, un actif total composé de 250 seulement en biens existants, et de 50, valeur d'un rétablissement, simple rapport en compte.

Ces 130, on les attribue à la veuve, à qui il ne manquera plus qu'une valeur de 10, pour parfaire le montant de sa part : et sauf ce complément dû à la veuve, il ne restera plus que l'aîné des enfants à pourvoir.

L'aîné va recevoir sur le rétablissement à la communauté, de l'avancement d'hoirie à lui fait, une valeur de 40 égale à la fois à celle de sa part et à celle dont il doit le rapport à la succession ouverte, rapport qui se trouvera ainsi opéré en moins prenant.

Et les 10 qui forment l'excédent du rétablissement, puisque cette fois il y a un excédent, la différence dont l'héritier ne doit pas le rapport à la succession ouverte, sont attribués à la veuve, à la mère, parce qu'ils représentent ici seulement la valeur de la récompense qu'elle doit personnellement à la communauté, pour la part à sa charge dans l'avancement d'hoirie, récompense qu'elle opérera ainsi elle-même en moins prenant ; cela n'a jamais voulu dire que la mère aurait droit au remboursement de cet excédent : le rapport en sera seulement dû plus tard à sa succession quand elle sera ouverte. L'excédent de l'avancement d'hoirie sur la proportion de la part héréditaire, ce qui veut dire sa valeur nette, doit donc toujours être attribué au survivant du père et de la mère, parce que ce n'est qu'une récompense. Il va sans dire que si la dot n'avait pas été entièrement payée, on rétablirait à la communauté seulement la partie qui en est sortie, la portion acquittée, et l'on opérerait comme dessus : l'enfant trouvera la différence dans sa part héréditaire si elle est supérieure à la dot touchée, sinon l'excédent de la dot promise sur la part héréditaire dans la succession du prémourant reste à la charge du donateur survivant, soit à titre de récompense due à la communauté pour la partie payée, soit à titre de dette envers l'enfant, exigible au terme fixé par son contrat de mariage.

Le principe pratique suivant lequel l'imputation sur la première succession est indéterminée, donc inconnue d'avance, a une conséquence extrême, mais logique : si la part de l'enfant qui a reçu un avancement d'hoirie est de zéro dans la succession du premier mourant, la totalité de l'avancement d'hoirie doit être attribuée au donateur survivant à titre de récompense opérée en moins prenant, ce qui veut dire qu'aucun rapport ne doit être fait à la première succession, et que la totalité de l'avancement d'hoirie devra être rapportée à la succession future du survivant, parce qu'aucune imputation n'en peut être faite sur celle du défunt. Le résultat peut donc être théoriquement soit l'imputation totale sur la succession du premier mourant, soit l'imputation partielle sur chacune des deux successions, soit enfin l'imputation totale sur la succession du dernier mourant : il est purement mathématique et ne peut dépendre des termes mêmes de la donation ; il ne dépend que de l'importance de l'actif net de la première succession échue. L'ancienne clause d'imputation sur la première succession à échoir contenait tout cela en substance, potentiellement, mais elle n'exprimait du triple résultat possible que le plus ordinaire et le plus immédiat : il est impossible d'en douter quand on a compris le mécanisme de l'imputation que nous pouvons maintenant appeler *alternante*. Nous sommes loin de l'interprétation donnée par Claude de Ferrière, par M. Baudry-Lancantinerie, et même par tous les jurisconsultes passés et présents, puisque aussi bien ils sont tous du même avis.

Nous pouvons maintenant généraliser la formule de l'imputation, en remplaçant simplement par des lettres, le résultat des chiffres : R et r sont deux variables dépendant l'une de l'autre, dont le total est toujours égal à l'entier, et par conséquent, ayant pour limites l'une l'entier alors que l'autre a 0, alternativement : si nous supposons l'avancement d'hoirie égal à 1, nous aurons $R + r = 1$, et par conséquent $r = 1 — R$, aussi bien que $R = 1 — r$. Donc, dès que l'un des 2 termes R et r égale l'entier, l'autre égale zéro. Or, l'avancement d'hoirie est par lui-même variable, et si nous prenons Av pour le signe de tous les avancements d'hoirie possibles, Av sera le signe du fini, du concret, d'une quantité quelconque ; nous pourrons dès lors, par analogie, raisonner sur Av, comme sur 1 et poser la formule générale de toutes les différences possibles entre Av et O.

Appelons x la première proportion à établir, celle de l'actif de communauté, la première inconnue, variable indépendante, et y la deuxième inconnue, variable elle aussi, mais dépendante de x, et qui est la proportion sur l'actif net de la succession, et examinons séparément : 1° le cas où R est égal à Av, par conséquent où r n'existe pas ; 2° celui où R est plus petit que Av, ce qui fait naître r, la différence ; 3° celui où chaque enfant a reçu un avancement d'hoirie égal ; et 4° celui où il y a inégalité dans Av.

1° R=Av·

La part de la femme V$=140=x$. La veuve recevra 140. La part de l'aîné a$=65-50=15=y-$R ; l'aîné conservera Av, et recevra $y-$R$=15$.

La part du cadet b$=65=y$; le cadet recevra 65.

2° R $<$Av.

La part de la femme V toujours de $140=130+10=x$; la veuve ne doit toucher que $x-r$ et par conséquent ne recevra que 130 sans pouvoir réclamer la valeur de r.

La part de l'aîné est de : $40=50-10=$Av$-r=$R$=y$; or, l'aîné ne doit toucher que $y-$R, par conséquent il conserve Av et ne reçoit rien, mais reste débiteur de r, à la succession éventuelle de sa mère.

La part du cadet b est de $40=y$; il recevra 40.

3° Chacun des enfants a reçu un avancement d'hoirie égal :
Av=Av ; il a été rétabli à la masse commune, 2 Av ; nous
obtenons : $V=x-2r$; $a=y-R$; et de même $b=y-R$.

4° Les avancements d'hoirie faits aux deux enfants peuvent
être inégaux ; nous aurons pour a, $R=Av-r$; et pour b,
$R'=Av'-r'$; d'où $V=x-(r+r')$; $a=y-R$; $b=y-R'$; etc...
indéfiniment, s'il y a plus de deux enfants.

Les parts des enfants, peuvent, il est vrai, être inégales, par
suite d'un préciput p, mais cela n'a rien à voir avec l'imputation
qui ne se fait point sur le préciput ; il suffirait du reste de combiner
expérimentalement les formules avec celle de la partie double
dans laquelle $b=2a$ ou plus exactement $a+p$. Voyez 1re partie
chap. 3, p. 60, et faites des chiffres, avec les lettres c'est très simple.

On doit voir maintenant, le mécanisme du rétablissement à la
communauté : j'ai dit qu'il consistait à opérer le rapport en compte
de la donation totale, non à la succession échue, mais à la communauté directement ; qu'ainsi on rétablit la valeur à la masse dont
elle est sortie. Cette opération originale vaut à la fois rapport
de donation à la succession et rapport des récompenses à la
communauté, pour les comptes. La valeur dont le rapport est
dû par l'héritier à la succession échue, et à la fois, dont la
récompense est due à la communauté par le donateur défunt, (le
rapport de l'excédent, s'il y en a un, ne pouvant être dû par le
donataire qu'à la succession de l'époux survivant, non encore
ouverte, tandis que la récompense de ce même excédent est due
actuellement à la communauté par ce même survivant), cette
valeur, dis-je, est celle même pour laquelle le rétablissement
s'imputera sur la part de l'enfant doté. Elle est fixée par la
proportion qui est le résultat de la liquidation de la succession ;

l'imputation s'en fait par les attributions qui font ainsi partie intégrante de cette combinaison, non point qu'elles participent au calcul de la proportion, mais parce qu'elles sont nécessaires pour son application aux biens eux-mêmes, car nous savons que si pour liquider, il faut passer de la matière à la valeur, pour partager, il faut repasser de la valeur à la matière. L'attribution à l'enfant ou au donateur survivant termine tous ces calculs, parce qu'elle est faite d'après la proportion établie : la part attribuée à l'enfant représente le rapport dû par lui à la succession, tandis que l'attribution au survivant des époux représente la récompense due par lui à la communauté.

Il n'y a pas à s'occuper de la récompense due par le défunt, pour la raison bien simple que le rétablissement de l'avancement d'hoirie étant fait directement à la communauté, l'actif de la succession ne reçoit pas de l'héritier le montant de son rapport ; si la succession n'est pas créditée de la valeur de ce rapport, elle n'est pas non plus débitée de la récompense qui lui est égale. Les praticiens mettent dans leurs actes que *ce rapport et cette récompense, actif et passif de la succession, s'annulent dans les comptes,* qu'il est donc inutile de les opérer : aussi ne les font-ils point. Il serait plus exact de dire que le rapport se trouvant fait directement à la communauté et non pas à la succession, celle-ci ne doit pas de récompense : il n'en est dû que pour ce qui, étant payé, ne s'impute pas, la différence.

Par ainsi, la liquidation et le partage ne sont qu'un vaste calcul de proportion, d'abord sur la valeur des biens, ensuite sur les biens eux-mêmes, et le lecteur doit comprendre maintenant que le rétablissement à la communauté n'est pas une imputation sur la communauté, mais un moyen mathématique pour arriver à l'imputation sur les successions du père et de la mère.

Maintenant que le lecteur comprend le rapport indéterminé et ses conséquences, s'il veut se rendre compte des ravages que la doctrine et la jurisprudence, acceptées sans critique, peuvent faire dans l'esprit d'un praticien qui théorise en compilant, sans oser raisonner son opinion, il n'a qu'à lire ce que M. Amiaud écrit, tome 3, verbo Partage (Liquidation et) n° 1826 et suivants : lui aussi nous fait des hypothèses !

« Ce n'est qu'à défaut de convention que la dot est par « égale proportion à la charge des deux époux, et rien ne « s'oppose à ce que les *père et mère* dotent conjointement leurs « enfants dans des proportions inégales. Dans ce cas, la dot devra « être payée, et la récompense sera due dans la proportion « indiquée par le contrat pour chacun d'eux. Ils peuvent stipuler « notamment que la dot constituée conjointement *s'imputera* « *pour le tout, sur la succession du prémourant, ou encore* « *qu'elle devra être imputée d'abord sur la succession du pré-* « *mourant et subsidiairement sur celle du survivant.*

« Dans la première hypothèse, si la dot a été payée avec les « biens communs, la succession du prémourant des époux fait « *récompense à la communauté de la totalité de la dot qui est* « *ensuite rapportée à la succession par le donataire ; et si la* « *part de ce dernier dans la succession est inférieure à la dot,* « *il est obligé de restituer l'excédent, le survivant des époux* « *étant considéré comme n'ayant rien donné.*

« Dans la deuxième hypothèse, les *père et mère* sont consi- « dérés comme étant tous deux donateurs, le premier mourant « jusqu'à concurrence de la part de l'enfant dans la succession.

« et le second pour l'excédent de cette part, dans le cas où elle
« est inférieure au montant de la dot. Et si la dot a été payée en biens
« communs, chacun doit récompense à la communauté dans cette
« proportion. Mais comment calculer cette proportion, puisque,
« d'une part, on ne pourra la connaitre qu'après avoir liquidé
« la succession du prémourant, et que, d'autre part, pour
« liquider cette succession, il faudra avoir préalablement par-
« tagé la communauté, dans laquelle devrait figurer la récom-
« pense ? Voici comment dans la pratique on échappe à ce
« cercle vicieux :

« On porte à la masse active de la communauté la créance
« résultant de la dot constituée à l'enfant ; on liquide la com-
« munauté ; et on détermine la part de chaque époux dans la
« masse commune, sans se préoccuper de savoir par qui est due
« la somme portée à l'actif pour la dot.

« On passe ensuite à la liquidation de la succession du pré-
« mourant ; on porte à son actif la part lui revenant dans la
« communauté ; et après avoir balancé les masses, on détermine
« la part de chaque enfant, et par suite celle du donataire dans
« la succession.

« Puis quand on arrive aux abandonnements, on attribue à
« l'enfant doté la créance portée pour sa dot à l'actif de commu-
« nauté, et ce *jusqu'à concurrence de la part lui revenant dans*
« *la succession. Le surplus de cette créance est attribué à*
« *l'époux survivant* pour le remplir de ses droits jusqu'à
« due concurrence.

« *Chacun des époux se trouve ainsi avoir contribué à la*
« *récompense dans la proportion exacte de son obligation, et*
« *l'enfant se trouve avoir rapporté à la succession du pré-*

« *mourant la portion de la dot constituée par celui-ci.*»
(Joignez ce que dit M. Amiaud au n° 1966, même mot et tome 2,
verbo Donation par contrat de mariage, n°ˢ 15, 16 et 17.)

Tout ce que j'ai écrit jusqu'ici permettra au lecteur de
comprendre cette citation, du moins je l'espère. La seule différence entre les deux hypothèses est celle-ci : Dans la première,
l'excédent de l'avancement d'hoirie sur la part de l'enfant dans
la première succession doit être remboursé par lui; dans la
deuxième hypothèse, il ne doit pas être remboursé. Or, pratiquement, alors que la deuxième hypothèse est la confirmation de
tout ce que j'ai expliqué, la première est absolument gratuite :
le fait qu'elle représente est possible, mais il n'existe que dans
l'imagination de M. Amiaud.

L'erreur qui a fait séparer ces deux hypothèses, pour parler
comme lui, est la seule cause empêchant de voir l'unité de la
méthode pratique, si bien que l'on pourrait prétendre que
personne n'y comprend plus rien, même M. Amiaud apparemment. Je mets sous les yeux du lecteur qui devra apprécier,
tous les éléments qui lui permettront de se faire une opinion
personnelle; quant à moi qui tiens à la mienne, seulement parce
que je la crois exacte, et qu'elle éclaire la réalité, mais qui ai pris
l'engagement de mettre le point sur l'i, je suis bien obligé
de montrer que M. Amiaud n'est pas suivi aveuglément et
ne peut pas l'être par la pratique sachant et raisonnant ce
qu'elle fait, des prévisions et non point des hypothèses. Elle
n'est pas arrivée d'un bond à sa formule actuelle, mais par
tâtonnements successifs : l'imputation par moitié lui ayant été
imposée par le Code civil, elle a cherché à la ramener de son
mieux à l'imputation alternante, par l'obligation solidaire des

deux donateurs. Mais aujourd'hui la clause d'imputation par moitié, même avec ce correctif, est complètement abandonnée, parce qu'il a été décidé judiciairement que la solidarité stipulée ne devait s'appliquer qu'au paiement, et dans les contrats de mariage qui sont rédigés de nos jours, on ne trouvera plus que l'imputation alternante, telle que je l'ai rapportée, ou du moins avec le sens indiqué, car je ne puis répondre des fautes d'autrui.

La clause primitive de l'imputation sur la première succession à échoir a aussi disparu. Pourquoi? J'ai le courage qui paraît manquer à M. Amiaud : je ne n'inquiète ni de l'opinion de Pierre, ni de celle de Paul, je donne la mienne, en m'appuyant sur les faits d'aujourd'hui dont je cherche l'origine dans les faits d'autrefois. La clause d'imputation sur la succession du premier mourant, dans sa rédaction précise, n'a jamais compris ces mots : pour le tout; mais depuis Ferrière, les théoriciens égarés par les maladresses de praticiens, tel M. Amiaud, les y ont, pour les besoins de leurs systèmes, supposés comme nécessaires et habituels; ils ont raisonné comme si ces mots y étaient toujours, dans cette concision brutale, avec le sens qu'ils voulaient bien leur prêter, et l'interprétation littérale, s'il est permis de s'exprimer ainsi, donnée à la primitive rédaction, alors qu'elle n'était qu'une abréviation, est la seule cause qui a mis dans la circulation la formule actuelle. Tous les praticiens le savent si bien, que depuis longtemps ils n'emploient plus que celle-là; et M. Amiaud, quoi qu'il en dise, en est convaincu, malgré que dans les formules de donation par contrat de mariage, données par lui comme modèles, tome 2, on trouve (*horresco referens*) celle d'une *imputation intégrale et exclusive sur la succession du premier mourant*. Moi qui maintenant me méfie des « Parfait Notaire », je serais ravi que M. Amiaud me montrât sa formule, écrite dans un contrat, ne fût-ce qu'une fois. Si les praticiens ne l'emploient jamais, c'est qu'ils craignent sans doute de faire une sottise. Jamais le père et la mère constituant une dot, n'ont prévu qu'elle devrait leur être remboursée ; c'est le vieil adage : donner et retenir ne vaut. Il n'y a jamais lieu à restitution par l'enfant à l'un ou à l'autre des donateurs, mais en revanche, dans tous les contrats, on trouvera stipulé *le droit de retour*, pour le cas où l'enfant doté mourrait sans postérité avant les donateurs, parce que la donation est faite pour qu'elle profite à l'enfant et à ses descendants, et non point à des collatéraux. Il s'agit du retour conventionnel prévu par l'article 951 du Code civil, plus étendu que le droit de retour successoral résultant de l'article 747, qui a lieu seulement pour les objets se retrouvant *en nature* dans la succession de l'enfant défunt.

« C. C. 747. Les ascendants succèdent, à l'exclusion de tous
« autres, aux choses par eux données à leurs enfants ou
« descendants décédés sans postérité, lorsque les objets donnés
« se retrouvent en nature dans la succession. — Si les objets
« ont été aliénés, les ascendants recueillent le prix qui peut en
« être dû. Ils succèdent aussi à l'action en reprise que pouvait
« avoir le donataire. »

« 951. Le donateur pourra stipuler le droit de retour des
« objets donnés, soit pour le cas du prédécès du donataire seul,
« soit pour le cas du prédécès du donataire et de ses descendants.
« Ce droit ne pourra être stipulé qu'au profit du donateur
« seul. »

La réserve du retour conventionnel au profit des donateurs suit l'avancement d'hoirie dans tous les contrats : il en résulte, quand exceptionnellement la dot est constituée non point en espèces ou en valeurs mobilières, mais en immeubles, que le donataire ne peut vendre ni hypothéquer les biens donnés, ou plutôt, qu'on ne doit pas les lui acheter, ni en accepter l'hypothèque : il suffirait qu'il meure sans laisser d'enfants, pour que l'hypothèque et la vente soient nulles, car les biens feraient retour aux donateurs, libres de tous droits réels dont l'enfant donataire aurait pu les grever. C'est pour obvier à cet inconvénient que dans la pratique, la vente ou l'hypothèque ne sont acceptées qu'avec l'obligation solidaire des parents donateurs et de l'enfant.

CHAPITRE VII

COUTUMES D'EXCLUSION ET D'ÉGALITÉ
ET COUTUMES D'OPTION

Malgré la diversité des détails, au moment de la Révolution, les anciennes Coutumes de France étaient classées d'après leur rédaction, par les théoriciens, suivant deux types très distincts, les coutumes d'égalité et les coutumes d'exclusion. Dans les coutumes d'égalité, tous les enfants venaient au partage avec les mêmes droits, et ceux qui avaient antérieurement reçu devaient, en principe, tout rapporter. Dans les coutumes d'exclusion, les filles mariées, seules, étaient exclues, c'est-à-dire qu'elles ne pouvaient, en principe, revenir à la succession des père et mère, même en rapportant leur dot. Or, dans toutes les coutumes, sauf exception d'ailleurs très rare, la convention contraire au principe posé par le texte était permise, si bien qu'il suffisait de déroger au texte de la coutume par le contrat de mariage, pour aboutir à l'égalité dans les coutumes d'exclusion, comme à l'exclusion dans les coutumes d'égalité; c'est là ce que je veux établir et faire prouver par les théoriciens eux-mêmes, afin de montrer qu'entre les coutumes dites d'égalité et les coutumes dites d'exclusion, il n'y avait avant tout qu'une simple inversion de principe avec des différences de formes tenant à la rédaction.

Un point important à mettre d'abord en lumière : La question de texte mise à part, l'exclusion était l'usage général de la noblesse, tandis que l'égalité était plus particulière à la roture : « Entre la fille noble et la fille roturière, nous dit Laurière, sous la règle 25, livre 2, titre 5 des Institutes de Loisel, il y a cette différence, que *la noble dotée et apparagée ou mariée à une personne noble est exclue de plein droit des successions de ceux de ses père et mère, ayeul ou ayeule qui lui ont fait don, au lieu que la roturière n'est exclue que quand elle a renoncé.* » V. la Coutume de Touraine, art. 284, celle de Loudunois, chap. 7, art. 26 et du Poitou, etc. . . . . . » Je ne veux en tirer qu'une conséquence, c'est que pour la fille roturière, renonciation anticipée par contrat de mariage équivalait à exclusion. Mais Pothier qui tient au texte, nous apprend au sujet *de l'exclusion de succéder que donnent certaines coutumes aux filles mariées* (Traité des successions, chap. 1, section 2, art. 4, § 4) que dans quelques coutumes comme celle de Bourbonnois, *l'exclusion a lieu à l'égard de toutes personnes,* par conséquent même pour la fille roturière ; il est aisé de voir qu'il n'y avait là pour celle-ci qu'une pure question de forme tenant à la rédaction du texte, puisque dans cette même coutume de Bourbonnois, la roturière exclue de plein droit pouvait être réservée par son contrat de mariage, de même que dans la plupart des coutumes où elle était réservée de plein droit, elle pouvait par son contrat de mariage renoncer à la succession future de ses père et mère.

Voilà un point bien établi : entre les coutumes d'exclusion et les coutumes d'égalité, il n'y avait qu'une pure différence de forme pour les roturières. Mais les filles nobles, direz-vous, étaient bien exclues et définitivement ? Pas davantage : ce n'était qu'un principe, admettant la réciproque, et Pothier nous dit de la manière la plus générale : « *L'exclusion n'a pas lieu si la fille a été réservée par contrat de mariage à la succession de ses père et mère ;* » et il ajoute en aggravant : « *quoique la fille n'ait pas été réservée à la succession de ses père et mère, elle peut y être rappelée, et ce rappel lui rend le droit de succéder ; ce rappel a cela de moins que la réserve, que celle-ci est irrévocable, au lieu que le rappel est révocable.* » La fille primitivement exclue se trouvait bel et bien réservée, si le rappel une fois fait n'était pas révoqué ; le rappel étant possible et permis, oppose l'exclusion et la réserve, comme les deux termes d'une simple alternative : La fille noble était exclue à moins qu'elle n'eût été réservée, de même que la roturière était réservée à moins qu'elle n'eût renoncé ; dans les faits, l'alternative aboutit à une pure différence de forme. Cependant Laurière, sous la règle précitée de Loisel, nous fait part d'une différence plus grave : « Il faut seulement remarquer que la fille exclue par les coutumes, l'est pour toujours, et qu'elle ne peut plus être *héritière*, à moins qu'elle n'ait été réservée par son contrat de mariage, mais elle peut être *légataire*. Quant à celles qui ne sont excluses que parce qu'elles ont renoncé, le rappel les fait *héritières*. » Si la fille était rappelée, dirons-nous, que ce fût comme légataire ou comme héritière, peu nous importe le titre après tout, pourvu qu'elle revienne et qu'elle ait part égale ; mais nous ferons encore une constatation : entre l'exclusion et la renonciation anticipée, il n'y avait aussi, au fond, même pour les filles nobles, qu'une pure différence de forme; l'exclusion n'était qu'une renonciation présumée, de même que la renonciation par contrat de mariage n'était qu'une exclusion volontaire. Voilà encore un point établi.

Les coutumes d'exclusion différaient assez entre elles pour le détail. Pothier nous dit : « Quelques coutumes excluent les « filles mariées dotées des successions directes et non des « collatérales ; d'autres les excluent même des collatérales. « Il y en a qui les excluent, n'eussent-elles été dotées que « *d'un chapel de roses.* La Coutume de Normandie exclut « les filles mariées de la succession de leur père (et aussi de « leur mère) quand même elles n'auraient reçu aucune dot. *Ces* « *exclusions n'ayant pas lieu dans les Coutumes de Paris et* « *d'Orléans,* auxquelles nous nous attachons particulièrement, « continue Pothier, nous traiterons très sommairement cette « matière. » La Coutume de Paris et celle d'Orléans n'étaient donc pas coutumes d'exclusion : « A Paris et à Orléans, dit « Pothier, les filles mariées, quelque considérable que soit la « dot qu'elles ont reçue, ne sont point pour cela exclues de suc- « céder, elles sont seulement obligées *de rapporter la dot à la* « *succession de celui qui la leur a donnée.* » Elles étaient donc coutumes d'égalité? Non point, nous disent les théoriciens, elles étaient coutumes d'option, ce qui veut dire que l'enfant pouvait accepter la succession ou y renoncer. Où est donc la différence, direz-vous? Il y en a une, et très considérable, mais pour l'expliquer comme pour la comprendre, il y faut de la patience : Entre les Coutumes de Paris et d'Orléans d'un côté, et de l'autre, les coutumes d'exclusion comme aussi d'égalité, il

n'y avait en fait qu'une différence si peu sensible qu'elle se
réduisait à une pure question de mot; les mots ont beaucoup de
poids, cela est vrai, mais ici il ne s'agit que d'un mot, et dun' mot
de deux lettres. Malgré cela, vraiment, cette subtile différence
si difficile à saisir, a une extrême importance, car elle tient à la
règle théorique du rapport par moitié de l'avancement d'hoirie :
mais il faut d'abord bien nous entendre sur l'égalité.

Le principe de l'exclusion a pour contraire celui de la
réserve, l'obligation du rapport, caractère essentiel de l'égalité :
« Les rapports, nous dit Pothier (Traité des successions,
chap. 4, art. 2), sont un des objets des partages, car auparavant
que de partager les biens d'une succession, les copartageants
qui sont obligés à quelques rapports, doivent le faire, en faisant
ajouter *réellement ou par fiction* les choses qu'ils sont tenus
de rapporter à la masse des biens de la succession qui doivent
être partagés. » Pour qu'il y eût égalité, les cohéritiers devaient
toujours le rapport de ce qui leur avait été donné en avancement
d'hoirie, et ne pouvaient s'abstenir pour l'éviter, car dans les
faits il ne faut pas confondre la renonciation anticipée par contrat
de mariage, qui était une convention, avec la renonciation faite
après coup, quand la succession est ouverte et qu'il s'agit de
venir au partage ; celle-ci ne serait qu'un moyen pour l'enfant
ayant touché d'avance plus que sa part dans la masse totale,
d'éviter un rapport qui le réduirait à sa portion congrue. Aussi
les coutumes d'égalité, d'après Pothier, obligeaient-elles les
enfants à faire le rapport à « *la succession de leur* père et mère,
*de tout ce qui leur avait été donné, quand même ils auraient
renoncé à leur succession* » : cela veut dire que la renonciation
après le décès des père et mère n'était opposable qu'aux créan-

ciers ; elle permettait d'éviter la charge des dettes au delà de l'émolument qu'on pouvait retirer de la succession, elle ne permettait pas d'éviter le rapport entre cohéritiers.

Les coutumes d'égalité, de même que celles d'exclusion, considéraient les deux successions du père et de la mère comme une seule succession, *la succession des père et mère* ouverte seulement par le décès du dernier mourant; après la mort du père et de la mère, on procédait au partage : l'enfant exclu conservait ce qu'il avait reçu, mais n'entrait pas en partage, à moins qu'il n'eût été rappelé, auquel cas il y venait en rapportant; l'enfant réservé ou rappelé opérait en une seule fois à la masse de cette unique succession le rapport de l'avancement d'hoirie : Voyez-vous une différence entre le rapport à une succession unique, et ce que nous avons appelé le rétablissement à la communauté, maintenant que le résultat en est connu ? Il n'y en a qu'une, c'est qu'aujourd'hui on partage les deux successions séparément, mais le résultat est le même, grâce à l'imputation alternante : La succession unique d'autrefois comprenait la communauté et les deux successions, de même qu'aujourd'hui chaque succession comprend une moitié de la communauté; on ne fait le rétablissement à la communauté que pour imputer d'abord sur la première succession échue : telle est de nos jours la forme de l'égalité.

Or, si nous laissons toujours de côté les coutumes d'option, dans toutes les autres nous trouverons le principe de l'égalité à côté de celui de l'exclusion : ainsi les coutumes qui posaient le principe de l'exclusion pour les nobles, celle de Touraine par exemple, plaçaient à côté celui de l'égalité pour les roturiers; celles qui posaient le principe de l'exclusion à la fois pour les

nobles et les roturiers, telle que la coutume de Bourbonnois,
supposaient à côté le principe de l'égalité, quand même elles
ne l'auraient que énoncé, puisque d'après Pothier, elles
« *permettent aux* père et mère *de donner entrevifs à leurs*
enfans, sans charge de rapporter quand ils viendront à leur
succession. » C'est la donation par préciput ; évidemment, ce
qui n'est que permis n'est pas obligatoire ; les parents n'étaient
pas obligés de doter leurs enfants avec dispense de rapport, ils
pouvaient donc les réserver : l'avancement d'hoirie peut exister
là où il n'y a pas de préciput, mais le préciput suppose nécessairement l'avancement d'hoirie, puisqu'il est l'exception de
l'égalité. Et il en est ainsi encore aujourd'hui ; dans la pratique,
tout cela se tient très simplement et très logiquement ; des
parents à l'enfant, il ne peut y avoir que des donations en avancement d'hoirie, et exceptionnellement des donations par préciput.

Ainsi se constituait pratiquement l'unité réelle des coutumes ; partout l'exclusion était l'usage des nobles et l'égalité
celui des roturiers ; l'opposition absolue que l'on a voulu mettre
entre les coutumes, venait du défaut de suite dans l'esprit des
rédacteurs et par conséquent dans la rédaction, du manque
d'unité dans l'idée même de cette rédaction ; ce vice a été
exagéré par l'interprétation littérale combinée avec le sens
juridique, par la manie de tirer un *distinguo* de chaque mot,
la même qui permet aujourd'hui de délayer le Code civil en
cinquante volumes.

A côté de ces deux grandes classes se place la troisième,
la plus nombreuse, celle des coutumes d'option qui, nous dit
Pothier, obligent les enfants « *au rapport de tout ce qui leur a*
été donné par leur père ou mère, *lorsqu'ils viennent à leur*

succession, mais elles leur permettent de le garder, en renon-
çant à la succession ». Dans la Coutume de Paris, à laquelle nous
nous en tiendrons, parce que, d'après Pothier, ses principes
étaient *le droit le plus général du pays coutumier,* si bien que
la Coutume d'Orléans les avait adoptés, la règle, en matière
de rapport, se trouve dans l'article 303 : « *Père et mère* ne
peuvent par donation entrevifs, par testament et ordonnance
de dernière volonté ou autrement, en manière quelconque,
avantager leurs enfans venans à *leur succession,* l'un plus que
l'autre. » Cela paraît quelque peu contradictoire avec le principe de l'option ; mais voici le rayon de lumière : « La conséquence de cette règle, nous dit Pothier, est dans le suivant,
le 304 : « Les enfans venans à *la succession de père ou mère,*
doivent rapporter ce qui leur a été donné, pour avec les autres
biens de ladite succession être mis en partage entre eux ou
moins prendre. » On doit se rappeler que c'est par interprétation
de cet article que Ferrière nous a enseigné la règle théorique
du rapport par moitié de l'avancement d'hoirie. La distinction
des coutumes d'option, d'avec toutes les autres, repose essentiellement sur la conjonction qui relie dans le texte, les deux
mots « *père, mère* » ; tandis que dans les coutumes d'égalité
comme d'exclusion il s'agit de la *succession des père et mère,*
dans celles d'option il ne s'agit que de la succession du père *ou*
de celle de la mère. Cette distinction n'a jamais été réellement
effectuée que dans les mots, l'usage a résisté, et malgré la
conjonction séparative que porte le texte de la Coutume de
Paris, a conservé la conjonction copulative. Mais aussi pourquoi
l'article 303 dit-il *père et mère,* alors que les articles 278 et 304
disent *père ou mère ?*

Pratiquement, on parvenait malgré le *ou* du texte, à réunir
pour le partage les deux successions en une seule par deux
moyens préventifs, basés sur la liberté des conventions, que
l'on retrouvera dans les contrats de mariage : soit par la renonciation anticipée de la fille dotée aux deux successions encore
futures du père et de la mère, ce qui ramenait à l'exclusion;
soit par l'interdiction de demander le partage avant le décès
du survivant des donateurs; on rentrait ainsi dans l'égalité.

Examinons donc la pratique, pour l'exclusion d'abord : nous
constatons des faits et n'avons pas à nous préoccuper de
sentiments; on trouve chez nous des gens qui prônent les
mariages sans dot, et nous citent l'exemple des Anglais, en
s'imaginant que ceux-ci ne dotent pas leurs filles; c'est possible,
mais les Anglais font-ils de sots mariages? Épousent-ils sans
dot? C'est là le point : les Anglais sont quelque peu Normands
sans doute ; les petits-neveux de Guillaume le Bâtard auraient-
ils conservé intact le précieux dépôt de la foi punique? Croyez-
vous qu'ils épousent sans dot, plus communément que nous?
Leurs ancêtres normands ne le faisaient pas; le chapel de roses
n'était qu'une métaphore. Le praticien disait en substance :
Méfiez-vous des Normands; ils ont écrit dans le texte de
leur coutume des mots qui pourraient tromper les autres
honnêtes gens.

(Traité des contrats de mariage, 2ᵉ édition, page 290.)
« Il y a des Coutumes comme celle de Normandie, de Tours,
d'Anjou, du Maine, de Bretagne, d'Auvergne, où quand une fille
a été mariée par *ses père et mère*, elle ne peut plus rien prétendre à leurs successions, *si elle n'a réservé expressément par*
le Contrat de mariage la liberté de revenir à partage, ce qui

n'a lieu qu'à l'égard des filles nobles mariées noblement, dans les Coutumes de Bretagne, de Tours, d'Anjou et Maine, avec quelque dot.

« Cette réserve est un point de conséquence pour ceux qui vont prendre femme en Normandie, lesquels ne doivent pas manquer, autant qu'il leur sera possible, de faire apposer au contrat de mariage la clause suivante, permise par les articles 258 et 259, mais toujours à la charge de rapporter, suivant l'article 260 de la Coutume de Normandie :

« *Sans que les choses cy dessus données à ladite future épouse par sesdits père et mère, puissent en aucune façon l'exclure de sa part héréditaire en leurs successions futures, laquelle est expressément réservée à elle et à ses hoirs, pour être reçus à partage avec les frères, nonobstant l'intention contraire de la Coutume à laquelle est dérogé à cet égard, et l'empêchement desdits frères qui ne pourront s'en plaindre, en rapportant toutefois, par ladite future et ses hoirs, les choses cy dessus promises.*

« Cette stipulation cessante, les filles dans ces provinces doivent se contenter de ce qui leur a été donné en mariage par *leur père et mère*, fussent-elles mariées avec *un chapeau de roses*, comme parlent ces coutumes; c'est-à-dire que non seulement les père et mère peuvent les marier avec la moindre chose, mais encore qu'étant une fois mariées elles ne peuvent plus rien prétendre à leurs successions. C'est une disposition introduite en faveur des mâles, pour leur conserver les biens des familles, par les articles 250 et 252 de la Coutume de Normandie, et par l'article 25 de la Coutume d'Auvergne, titre des successions. *Sy rien ne lui fut promis lors de son mariage, rien n'aura*, dit l'article 250 de la Coutume de Normandie; et entre Nobles, par l'article 284 de la Coutume de Touraine, le 241 d'Anjou, et le 258 du Maine, l'article 557 de celle de Bretagne, qui dit : *fille mariée par père noble et dûment aparagée.....* Renusson, Traité des Propres, chap. 2, section 8, nᵒˢ 19 et 20 tient que le père ou la mère peuvent, dans les Coutumes d'Auvergne et de la Marche, rappeler par forme de legs la fille mariée. »

On voit que si par Coutume on entend le texte seulement, il faudrait distinguer entre la Coutume et l'Usage. Si les théoriciens qui ont tant joué du *Chapel de roses* avaient lu les contrats de mariage, ils se seraient aperçus que la pratique l'avait réduit à n'être qu'un mot à effet, tandis qu'eux en ont fait une légende.

Passons maintenant à la renonciation anticipée. (Traité des contrats de mariage, page 228.) « Les père et mère faisant ainsi renoncer leur fille à leurs successions futures, ont des moyens pour tempérer la rigueur de ces renonciations qui dans la suite pourraient *n'avoir pas tout le succès qu'ils s'en seraient promis.*

« L'une est de mettre au contrat de mariage une réserve de pouvoir rappeler leur fille à leurs successions, ce qui peut être conçu en ces termes : *Nonobstant laquelle renonciation faite par ladite future aux successions à écheoir desdits père et mère, lesdits père et mère se réservent expressément la faculté de rappeler leurdite fille toutefois et quantes, et par toutes sortes d'actes authentiques, ou privez à leurs successions, en rapportant par elle auxdites successions ce qui luy est donné en faveur de mariage.*

« Ils peuvent encore en mariant un autre de leurs enfants, ou par leur testament, dans quelques coutumes, luy donner un supplément de dot pour *l'égaler à leurs autres enfans.*

« L'autre remède dont peuvent user les père et mère est de faire *ex post facto*, et quand bon leur semble, pareil rappel à leurs successions de leur fille qui a renoncé. Mais il y en a (des théoriciens) qui prétendent que cette dernière qualité de rappel est différente de la première, en ce que le premier rappel étant fait en conséquence d'une faculté de rappeler réservée par le contrat de mariage, il équipolle à une institution d'héritier, et attribue à la fille rappelée le même droit dans les successions que si elle n'avait pas renoncé ; au lieu que l'effet de ce dernier rappel, quand il n'y a pas eu de réserve, est plus borné et ne peut valoir que par forme de legs et *jusqu'à concurrence de ce qu'il est permis de disposer par la Coutume au profit d'é-trangers.* » Soyez certain de trouver dans tous les contrats de mariage contenant renonciation anticipée, la clause qui devait permettre aux père et mère le rappel de leur fille à titre d'héritière, droit dont ils usaient n'en doutez pas, s'ils parvenaient à meilleure fortune ; les parents de ce temps là n'étaient guère différents de ceux du nôtre. Mais quel pouvait bien être *tout le succès* que les père et mère se promettaient de la renonciation anticipée de leur fille.

Le grand argument contre les anciens usages, de tous ceux qui, au lieu de chercher à les connaître, préfèrent en médire, est dans le malheureux sort des filles ; ces pauvres filles, si elles échappaient au couvent qui cependant pouvait être un bénéfice, étaient exclues des successions, et sous les coutumes d'égalité on les obligeait à y renoncer d'avance. Il ne faut rien exagérer, puisque entre les usages dont les diverses coutumes n'étaient que la rédaction, plutôt mauvaise, il n'y avait guère que des différences de forme ; un mot dans le contrat de mariage pouvait tout

changer : dans les coutumes d'option, pour que la fille fût exclue
en fait, il suffisait qu'elle renonçât par anticipation et encore
pouvait-elle être rappelée ; de même il suffisait qu'elle eût été
réservée pour qu'elle ne se trouvât pas exclue. Dans toutes les
autres coutumes, qui étaient généralement à la fois d'égalité
pour les roturiers et d'exclusion pour les nobles, il suffisait
aussi que la fille eût été réservée pour qu'elle ne fût pas exclue ;
même exclue, elle pouvait aussi être rappelée. Mais exclue ou
renonçante par anticipation, la fille n'était pas déshéritée : elle
avait touché sa part d'avance, et tout dépendait de la dot reçue.
Le lecteur sera-t-il étonné d'apprendre que sous l'ancien régime
les parents se ruinaient pour doter les filles exclues ? Voici ce
que nous en dit l'auteur du Traité des contrats de mariage,
page 204 :

« Dans les premiers temps de la monarchie françoise, cette
exclusion avait non seulement lieu, mais elles (les filles) étaient
encore mariées gratuitement, pour ne pas diminuer par leur dot,
la substance des familles destinée aux mâles, seuls en état d'en
soutenir et perpétuer le nom et l'éclat, à quoy ne peuvent
servir les filles qui s'éclipsent des maisons, perdent leurs noms,
et deviennent comme étrangères à leur famille par le mariage.
Transmutantque domum, et transeunt in altera jura. Quelques-uns croient que c'est de là qu'est venue la Loy qu'on
appelle Salique, en vertu de laquelle on pratique l'exclusion des
Filles de France de la succession de la Couronne, quoiqu'on voie
dans le factum de Montbar, imprimé à la fin des œuvres de
M. du Plessis, des exemples en la proposition 2, de Filles de
France dotées en Terres en propriété, jusqu'au règne de Phi-
lippe-Auguste ; nos Rois disposaient alors librement de leurs

acquets, sans être obligez de les réunir à leur Couronne, comme il parait par les testamens de Philippe le Bel. Ce n'a donc été que longtemps depuis l'établissement de la troisième Race de nos Rois, qu'on s'est accoutumé à ne point donner aux Princesses du Sang, des établissements en Terres de la Couronne, mais bien en argent comptant, comme le rapporte du Tillet en ses mémoires. Encore depuis s'est-on attaché à les réduire à des dots médiocres comme nous lisons que l'entreprit Charles V, surnommé le Sage qui pour en faire un exemple d'autorité et d'éclat, ordonna que les Filles de France n'auraient que dix mille livres en dot; les sœurs et les Filles de Saint-Louis n'en avaient pas eu davantage; mais Elisabeth, Fille de Philippe le Bel, mariée au Roy d'Angleterre, en avait eu douze mille; il est vrai que l'argent était alors très rare et que douze mille livres de ce temps-là valaient plus que cent mille livres d'aujourd'hui; mais aussi il y a bien de la différence de cette somme à celles dont les Filles de France sont aujourd'hui dotées.

« François premier fut obligé de faire un édit au mois de juin 1532, par lequel, art. 3, il deffendit aux Financiers, de donner une dot à leurs filles, excédante la dixième partie de leurs biens eu égard au nombre de leurs enfans.

« Charles IX a voulu par le même principe de Politique, faire une Loy générale dans le Royaume, pour réprimer l'excès de la libéralité des pères et des mères dans la constitution des dots de leurs filles, en deffendant par son Ordonnance du mois de janvier 1563, art. 17, à tous père, mère, ayeul ou ayeule, en mariant leurs filles dans les Villes du Royaume, de leur donner plus de dix mille livres. Il est vrai que cette Ordonnance n'a pas eu lieu, ni même été vérifiée au Parlement, comme le remarque Guenois en sa conférence des Ordonnances ; l'Argent commençait alors de devenir plus commun, depuis la découverte des Indes.

« Cela nous fait voir néanmoins que, dès ce temps-là, l'ancienne Coutume était bien tombée, les *père et mère* pour lors ne gardant plus de mesure, et ne feignant pas de s'incommoder eux-mêmes, dès qu'il s'agissait de procurer à leurs filles des établissements considérables : ce qui est aujourd'huy plus commun que jamais, tant par cette première raison qui flatte la vanité des parens, qu'à cause que le luxe des femmes est monté à un si haut degré, et que les dépenses qu'elles font à leurs maris sont si excessives, qu'elles trouveraient rarement à se marier, si elles n'apportaient en mariage de quoy y satisfaire, ce siècle fournissant peu d'hommes qui veuillent épouser des femmes sans biens, tandis que pour suivre l'usage du monde d'à présent, il faut souvent, comme parle Sénèque, leur pendre aux deux oreilles la valeur de deux riches successions.

« La dot des femmes est donc une chose parmy nous devenue si nécessaire, et dont l'objet est si important dans les familles, qu'elle fait l'un des principaux points de notre droit françois, et qu'elle mérite un Traité particulier, pour bien entendre sa destination, ses privilèges et tout ce qui en dépend. »

Les filles exclues ou renonçantes avient-elles besoin que la loi leur réservât la légitime ? Elles étaient mariées à forfait, le père et la mère croyaient avoir fait le nécessaire, en leur procurant un établissement sortable et le plus avantageux qu'ils pouvaient. Après tout il est possible que l'exclusion des filles ou leur renonciation aux successions, leur mariage à forfait, fussent aussi un acte de sage prévoyance, dans le but d'éviter pour plus tard des démêlés entre les fils et les gendres ; quant à prétendre

que les filles étaient déshéritées, c'est une exagération, puisqu'elles avaient touché d'avance leur part, jugée suffisante par
ceux qui les épousaient (et nous venons d'apprendre qu'ils étaient
difficiles), quelquefois même plus que leur part : aussi certains
ont-ils prétendu que malgré la dispense de rapport résultant de
l'exclusion ou de la renonciation, la fille dotée devait à l'occasion
compléter la légitime des autres enfants. (Bretonnier, Questions
de droit.) C'était l'opinion du Président de Mesme ; Daguesseau
en a fait un principe en l'insérant dans sa célèbre ordonnance
de 1731, sur les donations (articles 34 à 38) : « Le cinquième
objet de l'ordonnance, nous dit Laferrière, tome 1, page 489, est
le retranchement des donations en faveur de la légitime. La
légitime est une dette de la nature, plus privilégiée que tous
les contrats de la société civile. L'ordonnance, en faisant porter
la réduction sur les dernières donations, pour remonter gra-
duellement aux plus anciennes, en cas de nécessité, a sanctionné
une jurisprudence généralement établie, et qui était conforme
au droit romain. Mais elle a, contre la jurisprudence de Toulouse,
enlevé à la dot en argent payée par les *père* et *mère* à leur fille,
l'inviolabilité que cette jurisprudence lui attribuait ; et contre
la doctrine d'Henrys et de Ricard, elle a soumis au retranchement la dot même de la fille, qui en la recevant, avait renoncé
à la succession de ses parents, ou qui en était privée par les
coutumes. » L'ordonnance de 1731 était donc sur ce point
contraire non seulement à la doctrine de juristes tels que Henrys
et Ricard, mais encore à la jurisprudence du Parlement de
Toulouse. Si l'on veut bien tenir compte de ceci, que le Parlement de Toulouse était pour les pays du midi de la France ce
que le Parlement de Paris était pour les pays du Nord, on peut

aisément conclure que l'innovation de Daguesseau était contraire peut-être aux usages mêmes de la moitié de la France
dite latine, où fleurissait naturellement et sans culture nécessaire, la légitime. Moi qui ose le dire, ô Seigneur, préservez-moi
de la foudre ! Tous les principes de Daguesseau ont passé dans
le Code civil, et ils y sont encore : nous retrouverons celui-là.

Les filles nobles n'étaient donc pas déshéritées ; on les mettait dans la dentelle plus souvent que sur la paille quand on le
pouvait, les parents du moins. Mais les roturières ? Celles-là
n'étaient pas exclues, elles étaient réservées, elles avaient de
plein droit part égale. Le lecteur connaît l'imputation alternante, et la suite des clauses qui l'ont imposée : Que dirait-il
si à la veille de la révolution, il retrouvait dans un contrat de
mariage une clause d'après laquelle, un avancement d'hoirie
constitué conjointement par le père et la mère n'est en fait
rapportable qu'après le décès du dernier mourant des donateurs,
parce qu'elle exige que le partage des deux successions soit
fait en même temps, et retardé jusqu'après la mort du survivant;
celle-ci par exemple :

« En faveur duquel mariage, lesdits sieur et damoiselle
« Mirebaut ont promis et se sont obligés solidairement envers
« ledit futur époux, pour leurdite fille, de leur bailler et délivrer,
« la veille des épousailles, en avancement d'hoirie de leurs
« successions futures, la somme de 10 mille livres en argent
« comptant, et de lui délaisser avec garantie, excepté des faits
« du Roi, quinze cens livres de rente à prendre sur l'Hôtel de
« Ville de Paris, au principal de trente mille livres ; au *moyen*
« *de quoi la future épouse ne pourra demander compte ni*
« *partage au survivant desdits père et mère (demeurant en*

« *viduité) des biens du prédécédé*, en faisant toutefois bon et
« fidèle inventaire, et faisant observer le semblable par ses
« autres enfans (1) ; desquelles deux sommes montantes en-
« semble à quarante mille livres, le tiers entrera en la future
« communauté, et le surplus avec tout ce qui aviendra et écherra
« à ladite future épouse, en meubles, immeubles, par succession,
« donation, legs ou autrement, lui demeurera propre et aux
« siens de son côté et ligne. »

Je l'ai trouvée, non point dans un contrat de mariage, ce
qui ne veut pas dire qu'on ne le pourrait pas, mais dans le
livre 4, chapitre 22, du Parfait Notaire. Ferrière n'a pas compris
l'imputation alternante, mais sans doute il a compris l'imputation totale. Au livre 12, chapitre 4, du Parfait Notaire, on lit :
« Touchant le partage, il faut observer que les héritiers en ligne
« directe sont obligés d'y rapporter tous les avantages qu'ils
« ont reçus de celui de la succession duquel il s'agit, d'autant
« que nos coutumes ne permettent point aux père *et* mère
« d'avantager leurs enfans venant à leurs successions, l'un plus
« que l'autre, afin qu'en conservant l'égalité entre les enfans,
« il n'y ait aucune occasion de différend entr'eux, » et il cite
l'article 303. « Père *et* mère ne peuvent, par donation entrevifs,
par testament et ordonnance de dernière volonté, ou autrement
en quelque manière que ce soit, avantager leurs enfans venans à
leur succession, l'un plus que l'autre, dit l'article 303 de la Coutume de Paris ; de sorte que si ceux qui ont été avantagés

(1) Ce dernier membre de phrase, pris à la lettre, rendrait la clause
absurde : il contient une obligation non point pour le futur ni la future,
mais bien au contraire pour le père et la mère de celle-ci, ou du moins
le survivant d'eux, d'imposer la même obligation à leurs autres enfants,
frère et sœur de la future épouse, en les mariant.

veulent appréhender la succession de leur père *ou* mère, ils doivent faire le rapport de l'avantage qu'ils ont reçu, comme il est dit dans l'article 302 de ladite Coutume, lequel fait exception de l'avantage que la Coutume fait aux aînés, dans les biens possédés noblement, lequel ne procède pas de la disposition des père et mère, mais du bénéfice de la Coutume, et lequel par conséquent n'est point sujet à rapport. » Là-dessus, Ferrière cite l'article 304.

« L'article 304 porte que les enfans venans à la succession de père *ou* de mère doivent rapporter ce qui leur a été donné, pour avec les autres biens de la succession être mis en partage entre eux ou moins prendre des biens de ladite succession.

« Ainsi notre coutume ne souffre point qu'entre les enfans qui viennent à la succession de leur père *ou* mère, un soit plus avantagé que les autres ; ce qui doit s'entendre de tous les avantages de quelque manière que ce soit, c'est-à-dire par donation entrevifs, par acte de dernière volonté, par acquisition faite par le père de ses deniers, au nom d'un de ses enfans, pour l'acquit de ses dettes ou autrement.

« Toutes les coutumes sont presque en cela conformes à la nôtre, excepté quelques-unes. . . . »

On ne saurait mieux poser les principes : aussi est-ce seulement par l'application que Ferrière pèche, comme tous les théoriciens. Au chapitre 5 du même livre, tome 2, page 338, il nous donne l'exemple « d'un partage de successions de *père et mère* par leurs enfants » : il procède par lots, et par compensation des rapports d'avancement d'hoirie, ce qui équivaut à la constatation qu'il n'y a pas de prélèvements à faire parce que les rapports s'équivalent : quand on partage en même temps les deux successions, quel que soit le procédé employé suivant les circonstances, cette prétendue compensation ou le prélèvement, la formation des lots et leur tirage au sort ne blessent pas l'égalité voulue par les parents autant que par la coutume.

Mais où nous ne nous entendons plus, où, j'ose le dire, Ferrière se met à divaguer (je parle mathématiquement), c'est dans le partage des deux successions fait séparément, parce que Ferrière veut à tout prix que le rapport de l'avancement d'hoirie s'opère par moitié, afin de pouvoir faire des lots. Dans la pratique, dès qu'on partage les deux successions séparément, l'imputation alternante s'impose mathématiquement; l'enfant doté ne doit rien pouvoir toucher avant l'imputation de tout ce qu'il a reçu; il est déjà servi, il faut donc servir les autres; l'imputation par moitié, la fente de l'avancement d'hoirie, est une erreur mathématique.

Si l'on s'attache à tous les détails, rien n'est plus divers que les contrats de mariage, aujourd'hui comme autrefois, ce qui n'empêche pas qu'on puisse poser des règles générales. L'auteur du Traité du contrat de mariage nous apprend, dans son chapitre 12, qu'au commencement du dix-huitième siècle il en était ainsi :

« S'il était possible de donner autant de formes de contrat de mariage qu'il peut s'en faire, selon l'intention des différentes parties qui contractent, cela pourrait être de quelque secours à ceux qui désireraient trouver tout fait un pareil ouvrage.

« Je conviens même que cette voye serait très utile pour fixer tout d'un coup les réflexions des personnes qui s'en mêlent, et que en faisant un formulaire de contrats de mariage pour toutes sortes de conditions, chacun n'aurait qu'à prendre ce qui conviendrait à la sienne, sans être exposé à l'impression des doutes que le défaut d'expérience en cette matière est capable d'exciter.

« Mais outre que cette idée ne saurait produire qu'un chaos de formules toutes défectueuses et pleines d'omissions essentielles, et qu'on serait obligé d'emprunter dans l'une ce qui manquerait dans l'autre, sans pouvoir après tout en faire un composé assez juste pour n'avoir plus rien à désirer à la perfection de l'acte, on peut dire qu'il n'y entrerait pas assez de réflexion de la part de ceux qui y auraient part. Or, comme la forme d'un contrat de mariage est une opération de la prudence de l'homme qui luy fait prévoir tout ce qui peut être de conséquence à l'état des mariez, et à leur postérité, il est nécessaire qu'elle agisse aussi en cette occasion. Car enfin la variété des intérêts est si grande, les volontés des hommes si incertaines, la disproportion des facultés des mariez si difficile à concilier, les esprits si scrupuleux et si défians, les tempéramens aux difficultés si équivoques, et les stipulations générales si pleines de retour, autant de mariages qui se font autant de formules qui ont leurs règles à part, et qui produisent des effets tous différens.

« C'est ce qui fait qu'en cette matière on ne peut établir que des principes généraux moyennant lesquels je ne réponds pas encore qu'on puisse se garantir contre toutes sortes d'événements tant ils sont infinis et difficiles à prévoir, et tant le commerce de mariage est devenu dangereux par la subtilité des clauses qu'on invente tous les jours pour surprendre les gens qui traitent de bonne foi : c'est pourquoi l'on dit communément, *qu'en mariage trompe qui peut.*

« Cependant, comme chaque dessein demande certaines règles pour s'y conduire avec circonspection, nous avons dans les chapitres précédens proposé ces règles des contrats de mariage, mis les raisons sur lesquelles elles sont proposées, pour déterminer les parties à les suivre, ou à les éviter selon leurs intérêts, et réduit en formule les clauses les plus convenables selon les principes de la justice et de l'équité, qu'il ne faut que rassembler pour avoir un contrat de mariage en son entier et éviter la pratique de ce déraisonnable proverbe, *en mariage trompe qui peut.*

« Pour mettre sous les yeux quelques assemblages des clauses qui forment les contrats de mariage, je me contenteray seulement d'insérer icy quatre formules de contrats, l'une à l'avantage du mari, l'autre à l'avantage de la femme, une troisième pour les secondes noces et une dernière pour ceux qui contractent en pays de droit écrit. »

Aujourd'hui l'adage *en mariage trompe qui peut* est oublié, et cependant bien des gens l'appliquent encore, même à d'autres conventions; il n'a jamais été le fond de l'usage, puisqu'il n'a pas survécu alors que l'usage réel est encore intact. Si l'on tient aux mots à effet, ce ce n'est pas trompe qui peut, mais bien trompe qui veut, qu'il faudrait dire, car rien n'est plus facile que de tromper un homme de bonne foi, ignorant et qui a confiance, pour un fripon s'entend, le plus clair de son habileté ne consistant qu'à être pris pour un honnête homme. Ce qui nous intéresse, c'est l'avancement d'hoirie, je le cherche dans ces formules, et dans a première qu'il propose, l'auteur, à l'inverse des professionnels, évitant le terme d'avancement d'hoirie, fait donner au futur époux par son père et sa mère, conjointement et solidairement, la charge de Conseiller du Roi détenue par le père qui promet « *de fournir sa procuration* ad resignandum, *et tous les actes nécessaires pour par le futur époux s'en faire pourvoir en dedans* », et fait accepter cette donation par le fils, à condition « *d'en rapporter seulement le titre si bon lui semble, ou le prix qu'il a coûté audit sieur son père, à son choix, à la masse des successions desdits père et mère* ». Vous lisez bien : le tout à la masse des deux successions réunies, et non pas la moitié à chacune. Il y a maintenant quatre siècles que les théoriciens persévèrent dans l'erreur monumentale de croire que c'est la même chose, sans s'arrêter à l'idée que si l'on partage les deux successions séparément à de longues années d'intervalle, le rapport à la première succession échue, de la moitié de l'avancement d'hoirie reçu par l'un des enfants, aboutit nécessairement au détriment des autres, à une inégalité qui se chiffre précisément par la moitié de l'avancement d'hoirie, inégalité qui ne pourra cesser qu'au partage de la deuxième succession, sans s'arrêter non plus à cette autre idée, que les deux successions sont toujours inégales, et que si la première est bonne, l'autre peut être mauvaise. Ils ont toujours vu que la pratique leur était contraire, et durant ces quatre siècles ils n'ont pas supposé, une seule minute, qu'ils pouvaient se tromper.

Cet exemple sort de la règle générale, celle de la donation conjointe faite en biens communs : c'est toujours le cas, pour les époux donateurs mariés sous un régime exclusif de la communauté ; il nous amène à l'avancement d'hoirie constitué en biens propres à l'un des époux : il y a toujours la double dona- tion rapportable aux deux successions des donateurs, mais ce

qui a été donné n'était pas commun. Aujourd'hui, d'après le paragraphe 2 de l'article 1438 du Code civil, « l'époux dont l'immeuble
ou l'effet personnel a été constitué en dot conjointement, a sur
les biens de l'autre, une action en indemnité pour une moitié
de ladite dot, eu égard à la valeur de l'effet donné au temps de
la donation ». Or, dans la pratique, si on ne prévoit plus, il est
vrai, le rapport à la masse totale des deux successions, on ne
prévoit pas davantage le rapport par moitié ; on prévoit le
rapport indéterminé à la succession du premier mourant, même
si l'époux propriétaire de ce qui a été donné survit, dans notre
exemple, le père. Le cas échéant, la succession de la mère devra
récompense au père survivant, d'une valeur égale à celle de
l'imputation qui sera réalisée, de même que si la donation avait
eu lieu en biens communs, récompense serait alors due pratiquement à la communauté.

Je ne puis qu'indiquer ici le mécanisme de l'opération : La
mère étant défunte, si l'on partage sa succession isolément, la
valeur du bien donné conjointement, bien qu'il appartint au
père, est portée à l'actif de la succession ouverte, parce que
c'est sur celle-là que l'avancement d'hoirie doit d'abord s'imputer ; mais en même temps, on porte au passif une somme
égale, comme récompense due par la succession de la mère, au
père survivant. C'est encore le contraire du deuxième paragraphe
de l'article 1438 du Code civil, qui ne donne indemnité que
pour la moitié de la dot.

Si la valeur du rapport se trouve supérieure à la part de
l'enfant doté dans cette première succession, (et c'est là qu'est
tout l'intérêt de cette opération de pure comptabilté), l'excédent
est attribué au père qui ne peut le réclamer, puisqu'il est dona-

teur solidaire, et qui le touche en moins sur la récompense qui lui est due : supposez que cet excédent soit de 15,000 fr. et que la donation totale soit d'une valeur de 50,000 fr., le père n'aura que 35,000 fr. à toucher. Ici encore, l'attribution détermine seulement la part qui reste à la charge du survivant des père et mère, dans la donation conjointe, 15,000 fr. dans l'espèce, part qui ne peut s'imputer sur la succession de la mère défunte, et dont le rapport sera dû seulement plus tard, à la succession encore future du père survivant, parce que ce dernier en aura fait la récompense à la succession de sa femme. Qui ne voit que cela n'est que de la comptabilité ?

Supposons au contraire le père mort le premier : le bien donné lui était propre et doit être rapporté à sa succession, non à cause de cela, mais parce qu'elle s'ouvre la première. La mère survivante ne peut devoir de récompense, cela est évident, mais elle sera tenue de l'excédent, s'il y en a un, ce qui veut dire que cet excédent devra lui être attribué, si elle vient au partage à un titre quelconque, sans que pour cela elle puisse le réclamer à l'enfant ; et si elle ne vient pas au partage, ou si cet excédent plus fort que son droit devait être attribué à un autre enfant, c'est elle, la mère, qui devra le supporter sur ses biens personnels et rembourser l'enfant évincé, ou plus pratiquement, tenir compte à l'autre enfant de la valeur qui lui a été attribuée, pour que l'enfant donataire ne soit pas évincé ; c'est la conséquence de la donation conjointe et de l'obligation solidaire résultant de la constitution de l'avancement d'hoirie ; ce qui ne peut s'imputer sur la succession du premier mourant est précisément ce qui se trouve donné par l'autre époux.

Ces principes, tous ceux qui n'ont pas l'esprit prévenu, dès qu'ils les auront compris les trouveront très simples et très justes, parce qu'ils ne relèvent que du bon sens; mais chez nous, ce sont toujours les gens de parti pris qui décident. Que l'avancement d'hoirie ait été constitué en biens communs ou en biens propres à l'un des époux, l'imputation doit en être faite d'abord sur la succession du premier mourant, à proportion de la part héréditaire sur l'actif net, et cela se faisait sous l'ancien régime. Mais Ferrière et même l'auteur du Traité des contrats de mariage ne paraissent pas avoir été très au courant de la pratique notariale. Dans sa lutte séculaire contre les chimères tirées du droit romain, à propos de l'indivision qui suit la dissolution de la communauté par la mort de l'un des époux, la pratique n'a jamais eu qu'un moyen de résistance, l'usage, par lequel elle se défendait pas à pas; et le jour où elle a dû céder sur le partage et faire celui de la première succession échue, séparément, avant que la deuxième fût ouverte, elle trouva le principe de l'imputation alternante : et depuis ce jour les théoriciens battent la campagne. La clause qui renvoie le partage après le décès du dernier mourant est évidemment celle dont est sortie l'imputation alternante, par opposition à l'imputation par moitié. Aussi, à l'époque de la Révolution, la clause primitive avait-elle à peu près disparu, puisque les magistrats des Cours impériales qui, les premiers, durent appliquer le Code civil, ne trouvèrent plus dans les contrats de mariage que l'imputation sur la succession du premier mourant des père et mère. Voici la première décision de la Cour de Cassation, sur laquelle le lecteur pourra méditer à l'aise. Elle fut rendue avant les Cent-Jours, sous Louis XVIII :

Le général Durand meurt en 1807, laissant une veuve, deux

fils majeurs non mariés qui acceptent sous bénéfice d'inventaire sa succession fort obérée, et un petit-fils mineur qui représente sa mère, une dame Crusillat, décédée peu de temps avant son père. Ce troisième héritier renonce à la succession échue.

Et la veuve du général Durand? L'arrêt ni les commentaires ne parlent point d'elle, mais elle existait, puisque Favard de Langlade nous dit : « Le général Durand est décédé le premier; » d'ailleurs, même morte, elle aurait été représentée, puisqu'il s'agissait seulement de partager la succession du mari, qui comprenait bien entendu la moitié de la communauté, au cas d'acceptation par la femme, et la totalité, au cas de renonciation.

La dame Crusillat, fille aînée du général Durand, avait été dotée en commun par son père et sa mère d'une somme de 20,000 francs, consistant en un trousseau évalué 3,000 francs et le surplus en numéraire. Elle n'avait reçu que son trousseau et 7,000 francs, en tout la moitié de sa dot. Le mineur Crusillat renonçait à la succession pour retenir la donation, à concurrence de la portion disponible, c'est-à-dire un quart de la succession.

Alors s'est élevé entre le mineur Crusillat et les deux fils du général la question de savoir quelle était la somme dont le mineur devait le rapport à la succession de son aïeul.

Les deux fils du général demandaient le rapport des 10,000 francs reçus sauf la retenue de la portion disponible, et fondaient leur prétention sur la disposition littérale de la clause que portait le contrat de mariage Crusillat, du 17 messidor an XI. La dot avait été constituée par le père et la mère *en avancement d'hoirie... sur la succession du prémourant d'eux;* les constituants s'étaient réservé un droit de retour conventionnel pour le cas de prédécès de leur fille.

On répondit pour le mineur Crusillat :

1° Qu'il n'y avait de sujet à rapport que la moitié de la dot, attendu la constitution en commun (C. C. 1438); 2° Que de cette moitié il fallait excepter le trousseau, lequel ne pouvait être considéré que comme frais de noces ou présent d'usage (852 C. C.).

Les frères Durand ont répliqué que le contrat de mariage ayant tout réglé de manière spéciale, il n'y avait plus à consulter le droit commun : or, d'une part, le contrat de mariage règle : 1° Que la dot est constituée à titre d'avancement d'hoirie du prémourant; 2° Que le trousseau sera considéré comme faisant partie de la dot et en ayant le caractère.

30 août 1811, jugement du Tribunal civil de Chambéry, et 14 janvier 1813, arrêt de la Cour d'Appel de Grenoble, qui ne soumettent au rapport que moitié de la dot, sauf la retenue de la quotité disponible, et qui en exceptent le trousseau : — en ce qui touche la dot, attendu que l'article 1435 C. C. la répute faite en commun par le père et la mère, chacun pour moitié ; en ce qui touche le trousseau, attendu que l'article 852 C. C. ne permet d'y voir qu'un présent de noces. — Il en résultait, d'après Favard de Langlade : « 1° Que la somme de 3,000 francs, à laquelle le trousseau était évalué, ne devait pas être plus sujette à rapport que les présents d'usage et autres objets que l'article 852 du Code civil en affranchit ;

« 2° Que les 7,000 francs restant devaient être considérés comme ayant été payés, moitié pour le compte de la femme ; d'où il résultait qu'il n'y avait à rapporter à la succession du général Durand, de la part du mineur Crusillat, que les trois quarts de la somme de 3,500 francs. »

Arrêt de la Cour de Cassation du 11 juillet 1814 : « La Cour, vu les articles 843, 845 et 852 du Code civil ainsi conçus :

« 843 (ancien). Tout héritier, même bénéficiaire, venant à « une succession, doit rapporter à ses cohéritiers tout ce qu'il a « reçu du défunt, par donation entre-vifs, directement ou indi- « rectement ; il ne peut retenir les dons ni réclamer les legs à « lui faits par le défunt, à moins que les dons et legs ne lui « aient été faits expressément par préciput et hors part, ou avec « dispense du rapport. »

« 845. L'héritier qui renonce à la succession peut cepen- « dant retenir le don entre-vifs ou réclamer le legs à lui fait, « jusqu'à concurrence de la portion disponible. »

« 852. Les frais de nourriture, d'entretien, d'éducation, « d'apprentissage, les frais ordinaires d'équipement, ceux de « noces et présents d'usage, ne doivent pas être rapportés. »

« Considérant : 1° Que les 3,000 francs, auxquels le trous- seau donné à la feue dame Crusillat a été évalué, font partie des 20,000 francs qui lui ont été constitués en dot ; que ces 3,000 francs ont été stipulés, comme la dot entière, sujets au droit de retour au profit des donateurs ; et qu'une semblable donation ne peut pas se confondre avec les présents d'usage et autres objets énoncés dans l'article 852 du Code civil, dont, à cet égard, l'arrêt dénoncé a fait une fausse application ;

« Considérant : 2° Que c'est une maxime du droit coutumier à laquelle il n'a pas été dérogé par le Code civil, sous l'empire duquel (droit coutumier) le contrat de mariage de la dame Crusillat a été passé, que les père et mère ne sont pas obligés civilement à doter leurs enfants ;

« Que la dot par eux constituée est une libéralité purement

volontaire, une donation dont, comme tout donateur, ils sont libres de régler les conditions ;

« Qu'ainsi, ils peuvent à leur gré, ou ne pas doter, ou doter séparément, ou doter en commun par des sommes égales ou inégales, ou ne doter en commun, comme l'ont fait les sieur et dame Durand, que sous la condition que la somme donnée en dot serait reçue par les donataires à titre d'avancement d'hoirie de la succession du prémourant des donateurs ;

« Que cette condition dont l'effet légal, *ainsi que l'enseignent tous les jurisconsultes, est de faire que le survivant n'a rien donné, est d'un usage presque général dans les contrats de mariage qui se passent à Paris*, et qu'elle est très favorable aux enfants que les pères et mères dotent d'autant plus avantageusement que le survivant n'a pas à craindre de se voir ruiné par des constitutions dotales, tout à fait disproportionnées à l'état de sa fortune personnelle ;

« Que cette condition, *quoiqu'en ait pensé la Cour royale de Grenoble, n'a rien d'illégal, rien d'illicite, et ne peut sous aucun rapport être comprise au nombre des conditions que l'article 900 du Code civil veut qu'on regarde comme non écrites dans les actes de donation ;*

« Qu'elle n'est pas non plus, comme l'a supposé la Cour royale de Grenoble, étrangère aux donataires, puisqu'étant portée dans l'acte, ils n'ont pas pu séparer la donation qu'ils ont acceptée, de la condition sous laquelle elle leur était faite ;

« Qu'enfin, cette condition, convenue entre les parties contractantes, n'a pu, comme l'a encore supposé la Cour royale de Grenoble, induire les donataires en erreur, puisque, d'une part, suivant la disposition de l'article 1135 du Code civil, les conventions obligent non seulement à ce qui y est exprimé, mais encore à toutes les suites que l'équité, l'usage ou la loi donnent à l'obligation d'après sa nature ; puisque, d'un autre côté, ils devaient savoir que tout don fait en avancement d'hoirie devait, sans examiner si cette hoirie était avantageuse ou obérée, être rapporté au profit des cohéritiers, dans les cas prévus par les articles 843 et 845 du Code civil ;

« Qu'il suit de là, que rien ne peut justifier l'arrêt dénoncé et qu'en ordonnant *que la totalité de la dot ne serait pas considérée comme donnée à titre d'avancement d'hoirie sur la succession du général Durand,* la Cour royale, après avoir faussement appliqué, en ce qui concerne le trousseau, l'article 852 du Code civil, en a expressément violé l'article 1134, qui veut que les conventions légalement formées tiennent lieu de loi aux parties, et les articles 843 et 845, aux termes desquels l'héritier, soit qu'il accepte, soit qu'il répudie la succession, doit faire à ses cohéritiers *le rapport de tout ce qu'il a reçu du défunt, sauf la retenue de la portion disponible ;*

« Par ces motifs, la Cour casse, et annule l'arrêt de la Cour royale de Grenoble du 14 janvier 1813, etc. . . . . »

Voilà l'arrêt rendu sur une clause qui, prévoyant l'imputation sur la succession du prémourant des donateurs, ne contenait pas cependant ni les mots « pour le tout » chers à la doctrine, ni les mots « pour la totalité » que la Cour de Cassation y suppose. Cette jurisprudence a été maintenue par tous les arrêts qui ont été rendus depuis, et dont quelques-uns sont cités à l'un des précédents chapitres (page 203) ; dans un autre, nous examinerons cette question ; mais il faut bien nettement la poser.

La veuve du général Durand a-t-elle accepté la communauté, ou bien y a-t-elle renoncé ? C'est une question primordiale d'une importance capitale, à laquelle personne ne paraît avoir pensé : Il est possible qu'elle ait renoncé, c'est même probable, mais ce n'est point certain ; aucun renseignement n'est donné sur l'actif et le passif de la communauté, et de ce que la succession du général était onéreuse on ne peut inférer que la communauté l'était aussi, car il est très possible qu'une communauté soit bonne, tandis que la succession est obérée si le passif en est supérieur à l'actif augmenté de la moitié de l'actif net de communauté ; disons le mot : on ne s'est pas préoccupé de la veuve, parce qu'on ignorait complètement le mécanisme de la liquidation et celui de l'imputation de l'avancement d'hoirie. Nous devons donc examiner cette affaire dans la double alternative de la renonciation ou de l'acceptation par la veuve, puisque faute de renseignements précis nous sommes réduits aux hypothèses.

La renonciation par la veuve fait disparaître la communauté dont l'actif et le passif s'absorbent dans les biens du mari et se confondent avec eux ; l'espèce rentrerait dans le dernier cas que nous venons d'examiner, celui du rapport à la succession du père défunt d'un bien à lui propre, constitué en dot conjointement par lui et sa femme à l'enfant commun. La totalité de la dot doit être rapportée, et c'est la veuve qui se trouvera débitrice envers l'enfant doté, de ce dont il peut être évincé. (Voir pages 249 et suivantes.)

C'est donc sur l'hypothèse de l'acceptation de la communauté par la veuve que se porte l'intérêt de la question : d'ailleurs cet exemple n'est pour moi qu'un motif de démonstration, et dans la pratique on en trouvera bien d'autres, dans lesquels un enfant doté renonce à la succession malgré qu'elle ne soit pas onéreuse, la renonciation n'ayant alors pour but que d'éviter le rapport et d'obtenir une part plus forte que la part égale.

CHAPITRE VIII

LÉGITIME, RÉSERVE ET QUOTITE DISPONIBLE

Le principe **du rapport** par moitié est passé dans le Code civil (art. 1438) et **nous** savons par l'arrêt relaté en fin du chapitre précédent, que **c'est** seulement par respect pour les anciens usages, et par suite du commun accord de tous les juristes, que la Cour de Cassation admet l'obligation du rapport de *la totalité de l'avancement d'hoirie* à la succession du prémourant des donateurs, sous déduction de la quotité disponible. Il devient donc nécessaire de s'expliquer sur cette dernière expression.

De nos jours, des parents à l'enfant, la·quotité disponible est la portion de ses biens, d'ailleurs variable, dont chacun d'eux peut disposer à titre gratuit, soit au profit d'un tiers et au préjudice de l'enfant, soit au profit d'un enfant et au préjudice de ses frères et sœurs. La réserve est la partie indisponible de la succession, celle qui doit toujours revenir aux enfants par portions égales, même malgré la volonté du père et de la mère : il y a donc une très grande différence entre l'expression ancienne d'héritier réservé, c'est-à-dire tenu du rapport pour que tous les enfants aient part égale, et l'expression actuelle d'héritier réservataire ou à réserve, impliquant pour l'enfant le droit nécessaire d'héritier, avec une limite à son exhérédation possible : cherchons comment cette limite à l'exhérédation est devenue pour la France coutumière un principe légal.

Le lecteur se rappelle que la Coutume de Paris distinguait les biens en conquêts, acquêts et propres (voir page 115, 2ᵉ partie, chap. I).

Les époux pouvaient disposer entre eux des conquêts et des meubles par don mutuel, en usufruit seulement, c'est-à-dire pour la jouissance des fruits et revenus par le survivant pendant sa vie.

1º S'ils n'avaient pas d'enfants, art. 280 de la Coutume : « Homme et femme conjoints par mariage, étans en santé, peuvent et leur loist faire donation mutuelle l'un à l'autre, également de tous leurs biens meubles et conquests immeubles, faits durant et constant leur mariage, et qui sont trouvez à eux appartenir, et être communs entr'eux à l'heure du trépas du premier mourant desdits conjoints, pour en jouir par le survivant d'iceux conjoints, sa vie durant seulement, en baillant par lui caution suffisante de restitution desdits biens après son trépas, pourvu qu'il n'y ait enfans, soit des deux conjoints ou de l'un d'eux, lors du décès du premier mourant . »

2º Et lorsqu'ils avaient des enfants, s'ils se réservaient ce droit en les mariant, art. 281 de la Coutume : « Père et mère mariant leurs enfans, peuvent convenir que leursdits enfans laisseront jouir le survivant de leursdits père et mère, des meubles et conquests du prédécédé, la vie durant du survivant, pourvu qu'ils ne se remarient, et n'est réputé tel accord avantage entre lesdits conjoints. » D'après ces derniers mots, le don mutuel ainsi réalisé était une convention qui, au point de vue civil et même au point de vue fiscal, ne devait pas être considérée comme une donation.

Le caractère essentiel des donations réciproques entre époux, ce qui les différencie des donations entre vifs faites soit aux enfants, soit à des étrangers, est qu'elles ne reçoivent effet qu'au profit de l'un d'eux, après la mort de l'autre, et c'est pour cela qu'autrefois on qualifiait ces donations, à *cause de mort;* tandis que la donation entre vifs a un effet actuel et irrévocable, parce qu'elle est définitive dès qu'elle est faite et acceptée. Au contraire, les donations réciproques sont toujours révocables pendant la vie des deux époux. Tel est le droit actuel, sous la restriction indiquée déjà que ces donations bien que révocables par essence deviennent irrévocables si elles sont contenues dans le contrat de mariage. (Voir 2e partie, chap. II, page 137.)

Autrefois, d'après les articles précités de la Coutume, il existait deux cas de don mutuel : nous avons déjà vu l'application pratique du premier cas, dans la formule de contrat de mariage rapportée (2e partie, chap. II, page 129).

La deuxième se traduisait par la clause contenant à la fois la donation et l'interdiction à l'enfant doté de demander le partage avant le décès de l'époux survivant : on peut s'y reporter, on la trouvera au chapitre précédent (2e partie, chap. VII, page 242). Le principe en est très équitable, et ne manquera pas d'être rétabli, quand nous aurons enfin obtenu la liberté des conventions honnêtes et loyales.

Par testament, chacun des époux, le don mutuel eu usufruit restant intact, pouvait disposer de la propriété de ses meubles,

acquêts et conquêts, et du quint de ses propres : article 292 :
« Toutes personnes saines d'entendement, âgez (de 20 ans, sauf
pour les propres dont on ne pouvait, en principe, disposer qu'à
25) et usans de leurs droits, peuvent disposer par testament, et
ordonnance de dernière volonté, au profit de personnes capables, de tous leurs biens meubles, acquets et conquests immeubles, et de la cinquième partie de tous leurs propres héritages,
et non plus avant, encore que ce fut pour cause pitoïable. » Il en
résultait que les enfants avaient toujours droit aux quatre quints
des propres, dont le père et la mère ne pouvaient disposer à leur
préjudice. Les réformateurs crurent devoir le faire ressortir par
l'article 295 de la Coutume : « Si l'héritier se veut contenter de
prendre les quatre quints des propres, et abandonner les
meubles, acquêts et conquêts immeubles, avec le quint desdits
propres à tous les légataires, faire le peut ; en quoi faisant, il
demeurera saisi desdits quatre quints, et lesdits légataires
prendront le surplus ; les dettes toutefois préalablement payées
sur tous les biens de l'hérédité. » Pratiquement, dans toutes les
successions en ligne directe, ce texte devait avoir bien rarement
occasion d'être appliqué, les époux qui ont des enfants n'ayant
pas pour habitude de faire des donations sérieuses aux étrangers ;
mais les juristes raisonnent toujours sur ce qui est possible,
aussi bien que sur tout ce qui est simplement probable, et même
sur tout ce qui est.

Ces diverses dispositions qui fixaient le droit de disposer à
titre gratuit, étaient logiques, bien que compliquées par une
autre distinction, celle des meubles et des immeubles, et peut-
être étaient-elles pratiques malgré cela, parce que du moins,
elles concordaient avec ces distinctions ; à les bien prendre,

elles avaient tout au moins l'avantage de n'être pas contradictoires : elles permettaient à l'héritier de conserver les quatre cinquièmes des biens familiaux, des immeubles propres, ce qui conciliait le droit des enfants d'être héritiers et le droit des parents de disposer à titre gratuit, sauf à ces derniers de ne pas le faire, ou de ne disposer qu'entre eux, en usufruit seulement Or, à côté d'elles, les Réformateurs introduisaient le principe romain de la légitime, par l'article 298 : « La légitime est la moitié de telle part et portion que chacun enfant eût eu en la succession desdits père et mère, ayeul ou ayeule, ou autres ascendants, si lesdits père et mère ou autres ascendants n'eussent disposé par donations entrevifs, ou dernière volonté, sur le tout déduit les dettes, et les frais funéraux. » L'introduction de cette disposition dans le texte de la coutume a eu pour résultat, sinon pour but, de créer des confusions qui pourraient bien avoir été volontaires, afin de faire disparaître la distinction des biens en propres et acquêts, biens de famille et biens de provenance quelconque, parce que la légitime étant de droit romain, n'admettait pas cette distinction qui était coutumière seulement ; la légitime devait être calculée sur tous les biens, par conséquent à la fois sur les propres, les acquêts et la moitié des conquêts, sur les meubles et les immeubles ; dans l'idée romaine, elle représentait pour chaque enfant, pris séparément, ce que les quatre quints étaient dans le droit coutumier pour les enfants pris en bloc, la quotité dont le père et la mère ne peuvent disposer à leur préjudice, malgré que cette quotité d'ailleurs différente ne dut pas être calculée sur les mêmes biens ; mais il faut prendre garde que la loi romaine reconnaissait pour le pater familias le principe de la libre

disposition de tous ses biens, sauf, comme restriction, la
légitime de l'enfant, tandis que l'esprit de la Coutume était
l'interdiction de disposer au préjudice des enfants, avec seulement une atténuation, en ce que le père et la mère pouvaient disposer d'un quint de leurs propres, et aussi des acquêts
et conquêts ; il ne faut pas exagérer l'importance de cette atténuation ; à l'origine, dans une société aristocratique et qui ne
faisait pas le commerce, les biens auxquels il importait aux
enfants d'hériter étaient les immeubles propres, car les autres
biens, les acquêts et les conquêts, de même que les meubles,
étaient nécessairement insignifiants, toute proportion gardée.

Le principe coutumier de l'interdiction de disposer, conforme
du reste à l'usage, puisque les parents disposent peu, aujour-
d'hui encore, malgré qu'ils en aient le droit, est l'inverse de
l'idée romaine ; il oblige à s'occuper non point de la portion
indisponible, qui en principe est tout ou à peu près, mais seulement de l'autre, de la quotité disponible, sinon on brouille tout ;
on mêle maladroitement, à moins que ce ne soit par malice,
deux principes opposés, celui de l'exhérédation permise qui est
romain et celui de l'usage français qui consiste à économiser,
pour laisser davantage à ses enfants, deux principes qui d'après
le simple bon sens ne peuvent avoir de rapprochement possible
que par leur commune atténuation, tout en restant directement
opposés ; cette atténuation consiste à permettre aux parents
français d'ôter quelque chose à leurs enfants, de les déshériter
en partie, s'ils le veulent, de même que l'usage romain qui
permettait au père de tuer ou de vendre son enfant, comme
aussi de le déshériter en totatité, était atténué par la loi qui
réservait à cet enfant sa légitime pour lui éviter l'exhérédation

totale. Aux gens dont l'usage est de tout laisser à leurs enfants, par portions égales, il faut parler de ce qu'ils peuvent leur ôter, s'ils le veulent, et non point ce qu'ils doivent leur laisser ; la preuve en est que la légitime ainsi introduite comme portion réservée, devait occasionner une confusion de sens entre la réserve qui était l'obligation du rapport et la réserve qui est aujourd'hui le droit de ne pas être entièrement déshérité. On est tenté de croire que cette confusion a été cherchée sournoisement par des hommes qui n'admiraient dans le droit romain que l'habile politique de ses auteurs, d'autant plus que les quatre quints des propres ont été appelés *réserve coutumière* ; la légitime étant présentée comme une *réserve légale* autant que naturelle, la confusion de sens du mot réserve s'est ainsi aggravée et s'est ajoutée à la confusion des biens.

A la discussion du projet de Code civil, nos bons juristes ont prétendu que tout le mal venait de la coutume et de la distinction en propres et acquêts : le résultat que nous connaissons déjà, a été que sous prétexte d'opérer la fusion de la coutume et du droit romain, les auteurs du Code civil ont confondu les anciens propres et les anciens acquêts dans les biens qui portent aujourd'hui le nom de propres, et ont appelé acquêts les anciens conquêts. Dans son rapport au Conseil d'État, séance du 30 Nivôse an XI, tenue aux Tuileries, sous la présidence du Premier Consul, Bigot-Préameneu s'exprime ainsi : « Il ne faut pas confondre les réserves coutumières avec la légitime. La réserve coutumière (quatre quints des propres) s'étendait à tous ceux que la loi appelait à succéder ; elle tenait au système de la division des biens en propres et acquêts, système qui lui-même était fondé sur celui de *la conservation des mêmes immeubles dans les familles.* La légitime proprement dite est celle (la réserve) qui est indépendante de cette ancienne distinction entre les propres et les acquêts. *La légitime a sa cause dans le droit naturel, la réserve n'est que de droit positif.* » Tout cela est admirable, et ne croirait-on pas que le droit naturel oblige les familles à se ruiner plutôt qu'à conserver leurs biens? Le galimatias ne date pas du Code civil; celui-ci ne l'a qu'augmenté : il a été préparé par quatre jurisconsultes célèbres : Tronchet, Bigot-Préameneu , Portalis et Malleville, quatre Pic de la Mirandole très savants qui firent leur projet en quatre mois, en découpant par tranches les introductions de Pothier aux différents titres de la Coutume d'Orléans, et ajoutant du leur, avec l'admirable compétence qu'auront de nos jours MM. Guesde, Jaurès, etc..., grâce à la précieuse collaboration de M. Berteaux, pour régler la question des hypothèques, quand ils seront convertis, c'est-à-dire quand ils seront ministres, car si je ne doute pas de leurs bonnes intentions, je doute cependant de leur puissance; il est vrai que par contre, en ce qui regarde la pratique, ces savants auraient été sans doute facilement roulés par un simple recors d'huissier : on ne peut point tout savoir, la politique et le reste. Pendant la discussion du projet, Bonaparte qui présidait les séances, drapé dans son beau manteau Directoire, et le chef couvert d'un immense chapeau à longues plumes, a dû quelquefois bien rire en dedans, lui qui se promettait déjà de rétablir sous le nom de majorats les anciennes substitutions à l'infini, nées d'ailleurs du droit romain et prohibées par le Code civil, articles 1048 et 1049 :

« 1048. Les biens dont les père et mère ont la faculté

« de disposer, pourront être par eux donnés, en tout ou en partie,
« à un ou à plusieurs de leurs enfants, par actes entre-vifs ou
« testamentaires, avec charge de rendre ces biens aux enfants
« nés et à naître, au premier degré seulement, desdits dona-
« taires. »

« 1049. Sera valable, en cas de mort sans enfants, la dispo-
« sition que le défunt aura faite par acte entre-vifs ou testa-
« mentaire, au profit d'un ou de plusieurs de ses frères et sœurs,
« de tout ou partie des biens qui ne sont point réservés par la loi
« dans sa succession, à charge de rendre ces biens aux enfants
« nés et à naître, au premier degré seulement, desdits frères ou
« sœurs donataires. »

La subtitution n'est permise qu'au premier degré seulement,
ce qui entraîne sa prohibition au delà. Napoléon institua en effet
les majorats, supprimés depuis, deux ans à peine après la
promulgation du Code civil, ce qui montre bien que, pour lui,
cette compilation ne fut qu'une cote mal taillée qu'il accepta
faute de mieux, mais sans aucune illusion sur la valeur du
chef-d'œuvre; il était évidemment bien loin de se douter qu'on
nous l'épèlerait mot par mot. « Si le Code civil a opéré la fusion
des idées anciennes avec les idées de la révolution, dit Troplong,
s'il est empreint de cet éclectisme qui est la philosophie du
dix-neuvième siècle, c'est principalement à Napoléon qu'il faut
en attribuer l'honneur; son esprit de conciliation prudente
brille dans le Code, comme dans la réunion des partis politiques qui déchiraient l'État. » C'est ainsi que la légitime a
été fusionnée avec ce que Bigot-Préameneu appelait la réserve
coutumière : on a fait de l'éclectisme à coups de poings.

Aussi qu'arrive-t-il? A la mort de son père ou de sa mère,

l'enfant doté peut légalement : ou bien accepter sa succession et la recueillir en rapportant ce qui lui a été donné par le défunt, en principe la moitié de l'avancement d'hoirie constitué conjointement par le père et la mère; ou bien renoncer à la succession pour se dispenser du rapport, et conserver ce qu'il a reçu jusqu'à la limite de la quotité disponible, suivant une jurisprudence aujourd'hui bien arrêtée. Pour cette jurisprudence relative à la renonciation, voir arrêt de Cassation du 10 novembre 1880; Sirey, 1881-1-97, avec une note de Labbé, qui rend sensible l'enchaînement de la jurisprudence antérieure et nous montre la doctrine contraire et favorable à l'imputation sur la part du renonçant dans la réserve, augmentée de la quotité disponible. Tout cela est très juridique, mais si le lecteur s'est bien pénétré du principe de l'imputation alternante, il doit voir que la renonciation par un des héritiers à la succession du premier mourant des père et mère, quand les autres acceptent, fait du partage de cette succession un problème mathématiquement insoluble, parce que les données en sont contradictoires, disons absurdes : Mathématiquement, par le seul fait de la renonciation, aucun rapport n'est dû par le renonçant à la première succession échue, et la totalité de l'avancement d'hoirie devra être rapportée par lui à la deuxième succession encore à échoir, puisque ce qui ne s'impute pas sur l'une doit s'imputer sur l'autre; mais par la renonciation de l'un des enfants seulement, l'égalité est détruite. Or, la solution juridique n'est pas la solution mathématique; la loi impose au renonçant l'obligation d'un rapport à la première succession, ce qui, l'imputation alternante étant admise, devient tout aussi absurde que ce rapport soit de la totalité ou qu'il soit seulement de la moitié.

Que le lecteur se reporte à l'arrêt cité en fin du chapitre précédent, il verra que si la décision de la Cour de Grenoble à l'égard de la succession du général Durand a été logiquement cassée parce qu'elle était inique, celle de la Cour de Cassation ne vaut guère mieux : elle implique le rapport à la première succession échue, par interprétation des conventions matrimoniales, de la totalité de la dot sauf la retenue de la quotité disponible. Le lecteur sait que le quantum du rapport dû à la première succession est toujours inconnu d'avance, parce qu'il doit être égal à la part héréditaire ; il sait tous les calculs nécessaires pour déterminer celle-ci, et qu'il faut d'abord liquider la communauté ; il comprendra donc que le problème juridique posé par la renonciation est mathématiquement insoluble, parce que mathématiquement la renonciation réduit à zéro le rapport à la première succession. Par conséquent toutes les décisions sont mauvaises, sauf une seule qui consisterait à annuler la renonciation, ou du moins à la déclarer inopérante entre les cohéritiers ; mais la loi ayant posé le principe de la renonciation, la seule solution équitable est aussi la seule qui n'a jamais pu être adoptée.

Cela dure ainsi depuis des siècles ; et si la question peut se poser tous les jours, elle est tranchée par l'arrêt de Cassation du 10 novembre 1880 plus haut cité. Cette jurisprudence a ceci de bon, qu'elle aboutit pratiquement à la suppression de la renonciation à la première succession échue, l'héritier donataire devant presque toujours avoir intérêt à l'accepter, parce que sa part ne peut être moindre par le fait de cette acceptation que s'il existe plus de quatre enfants ; à partir de ce nombre seulement la part héréditaire diminue, alors que la quotité disponible est toujours invariable (art. 913, C. C. 1ᵉʳ alinéa). Cela dure, dis-je, depuis des siècles, parce que les juristes d'avant le Code se sont permis de badiner avec l'arithmétique, et que les auteurs du Code ont fait comme eux : leur excuse aux uns et aux autres est qu'ils ne s'en sont pas doutés; la doctrine a brodé par-dessus, les magistrats ont dû rendre leurs arrêts, et le droit s'est perdu dans le plus effroyable des pathos.

La conclusion est bien simple : l'imputation de l'avancement d'hoirie doit toujours être faite sur les deux successions réunies, même lorsqu'elles sont partagées séparément, d'où le principe de l'imputation alternante ; et il n'y a pas de renonciation qui tienne ; l'exclusion comme aussi les renonciations anticipées qui l'équivalaient n'ont disparu qu'avec l'ancien régime, car l'usage ne disparaît qu'avec les gens ; l'arithmétique maintenant exige, pour l'égalité des enfants, qu'on supprime la renonciation entre eux.

Depuis que l'exclusion a disparu, il n'y a plus dans l'usage de distinction à faire entre les donations par les parents aux enfants, que celle de la donation en avancement d'hoirie, parce qu'elle est faite comme telle, et de la donation qui n'est pas un avancement d'hoirie, parce qu'elle contient ce qu'on appelle théoriquement une dispense de rapport, parce qu'elle est un préciput. Le préciput c'est tout simplement l'ancien droit d'aînesse que le Code civil n'a pas supprimé, qu'il a seulement rendu facultatif; la distinction des biens nobles et des biens roturiers ayant disparu, nous savons même qu'en fait ce droit d'aînesse, lorsqu'il est accordé par les parents à l'un de leurs enfants, est tout aussi considérable que l'ancien, et même peut l'être plus, jusqu'au nombre de trois enfants, puisque les proportions primitives ont été maintenues. (Voir 1ʳᵉ partie, chapitre 3, page 50.)

Tous les anciens usages se sont synthétisés dans la distinction du préciput et de l'avancement d'hoirie ; mais il faut bien s'entendre sur le sens des mots : L'avancement d'hoirie est la règle ; il doit être rapporté pour être imputé sur la part héréditaire dans les deux successions du père et de la mère, pour qu'en principe tous les enfants aient part égale. Le préciput est l'exception à cette égalité, la donation hors part que l'on considère improprement comme *dispensée de rapport ;* dispense de rapport se traduit pratiquement par *dispense d'imputation* sur la part héréditaire, puisque tout ce que les enfants ont reçu devant être rapporté en compte, le préciput se réalise dans le partage en prenant plus, jusqu'à la limite de la quotité disponible. (Voir la règle générale des préciputs, 1re partie, chapitre 2, page 33.)

C'est aux donateurs à savoir ce qu'ils veulent faire, et à le dire : s'ils n'entendent pas réduire leurs enfants à la portion congrue, ce qui est bien la règle générale, s'ils veulent tout leur laisser et par portions égales, sans faire aucune différence entre l'aîné et les puînés, entre les fils et les filles, la part réservée, celle qui ne peut leur être ôtée, qu'on l'appelle légitime ou qu'on l'appelle réserve, n'a rien à faire ici ; tous les enfants doivent avoir le même intérêt à accepter la succession si elle est bonne, ou à la répudier si elle est mauvaise : il ne doit pas y avoir, même pour ce dernier cas, de renonciation entre eux, sous peine de détruire l'harmonie de l'imputation alternante.

Lorsque le père et la mère ayant fait à quelques-uns de leurs enfants, sinon à tous, des avancements sur leurs successions futures, veulent user du droit que la loi leur laisse de disposer par préciput d'une partie de leurs biens, au profit de l'un des enfants, alors seulement se pose la question de la légitime, de la réserve des enfants au sens actuel : ceux qui ont été dotés, en commençant par celui dont la donation est la plus ancienne, peuvent-ils, en acceptant la succession, opposer à cette disposition par préciput l'avancement d'hoirie qu'ils ont reçu, pour conserver plus que les autres ne reçoivent ? Peuvent-ils garder au delà de leur quote-part dans la partie indisponible, et ne pas exécuter la volonté paternelle ? Peuvent-ils ainsi mettre à néant cette dernière disposition de la quotité disponible ? En d'autres termes, ce que le père (et aussi la mère) aura donné en avancement d'hoirie peut-il lui être opposé comme donation définitive suivant le principe que toutes les donations entre-vifs, soit aux enfants, soit à des étrangers, sont irrévocables ? Oui, d'après la jurisprudence issue de la loi : l'avancement d'hoirie, étant considéré comme une donation ordinaire, empêchera le père de disposer soit par préciput au profit d'un enfant, soit au profit d'un tiers, les donations entre-vifs étant irrévocables par essence.

Le 3 août 1870, la Cour de Cassation a décidé en cassant un arrêt de la Cour de Nîmes, que la donation en avancement d'hoirie excédant la part de l'enfant acceptant, dans la réserve, peut s'imputer pour l'excédent sur la quotité disponible, au mépris d'un legs par préciput de cette même quotité disponible, fait postérieurement à un autre enfant. L'avancement d'hoirie, la donation en compte, la forme mathématique est confondue avec la forme arbitraire et rigide que la loi a prescrite pour les donations entre-vifs, elle est assimilée à la forme saugrenue que nous tenons de Daguesseau, et cela, pour la faire entrer de vive force dans le système de réduction imposé par l'ordonnance de 1731, en commençant par la donation la plus récente, système maintenu par le Code civil ; nous y reviendrons bientôt. Cela constitue un privilège pour la donation la plus ancienne, au profit de l'enfant premier doté ; l'avancement d'hoirie lui, ne peut admettre que la réduction proportionnelle, et quand arrivera-t-on à comprendre que c'est précisément pour cela que l'avancement d'hoirie est la forme pratiquement la seule employée ?

Cet arrêt (Sirey, 1870-1-393) et les décisions de Cours d'Appel qui l'ont suivi, (Agen, 31 décembre 1879, Sirey 1880-2-97; Paris, 14 février 1881. Sirey, 1881-2-139 ; Pau, 3 mars 1886, Dalloz, 1866-2-252), ont donné quelque importance à une ancienne théorie de Troplong, que lui-même tenait de ses prédécesseurs qui la devaient à Lebrun mort en 1708, bien longtemps avant le Code, et reprise par Demolombe, le système de l'imputation des donations sur la réserve des héritiers prise en masse ; Aubry et Rau n'hésitèrent pas à changer d'avis entre deux éditions, ce qui peut montrer toute l'importance pratique de la jurisprudence qui ressort de ces arrêts : il est inutile d'exposer ici ce système absurde, d'ailleurs judiciairement condamné, qui ne repose que sur des mots, et se recommandait seulement par la nécessité de se défendre comme on peut, contre les décisions dictées par une loi mal écrite et juridiquement interprétée pour l'appliquer à des faits que le législateur n'a jamais ni prévus ni peut-être compris ; si l'on tient à le connaître, qu'on se reporte aux ouvrages juridiques (Troplong, tome 2, nᵒˢ 982 et 1012; Demolombe, Successions, tome 4, nᵒ 291 et Donations, tome 2, nᵒ 488-489; Laurent, tome 12, nᵒ 108; enfin Aubry et Rau qui ont adopté successivement les deux opinions en présence : dans leur troisième édition, tome 5, page 572, § 684 *ter*, texte et

18

note 14, ils défendent l'opinion que la jurisprudence devait consacrer, et dans leur 4ᵉ édition, tome 7, page 215, § 684 ter, texte et note 36, l'opinion opposée); qu'on se reporte à la note de Labbé sur l'arrêt de la Cour d'Agen que j'ai relaté déjà (Sirey, 1880-2-97); cette note vaut un long poème : un savant ingénu et plein de vigueur y gambade et bondit parmi les chiffres, sans crainte des précipices : « La Cour de cassation, nous dit-il, en y parlant de l'arrêt du 3 août 1870, a posé un principe bien précieux à recueillir : La règle de l'irrévocabilité des donations s'applique aux donations en avancement d'hoirie, comme à toute autre donation entre-vifs. » Et Labbé en félicite la Cour parce que c'est l'application à l'avancement d'hoirie des articles 1082, 1083 et 1090 du Code civil ; et cependant, jamais magistrats n'ont en toute loyauté posé un principe aussi erroné, bien que juridique et légal sans conteste possible, depuis qu'il y a plus de trois siècles, le Parlement de Paris érigé en législateur condamna la théorie de Dumoulin.

Eh bien, voici la chose extraordinaire : l'usage (et, disons-le, aussi le bon sens qui ne peut changer pour suivre les fantaisies du législateur) a toujours été et est encore aujourd'hui tel que l'a indiqué Dumoulin dont les praticiens ignorent jusqu'au nom : certainement l'avancement d'hoirie a toujours été une clause d'égalité sur les deux successions paternelle et maternelle ; mais la loi a posé ce principe, que le père et la mère peuvent disposer, s'il leur plaît, de la quotité disponible de leurs successions : elle a rendu facultatif pour eux ce qui autrefois était un droit pour l'aîné des enfants. Ils le savent et s'étonnent de la jurisprudence quand on la leur explique : jamais le père et la mère, par le seul fait de l'avancement d'hoirie, n'ont en-

tendu faire abandon du droit que la loi leur donne de disposer
d'une partie de leur succession par préciput, puisqu'ils n'ont
voulu faire qu'une avance, à moins que par une mention expresse ils n'aient renoncé au droit de disposer de la quotité
disponible de leur succession au détriment de l'enfant doté, en
d'autres termes, à moins qu'ils n'aient voulu disposer de tout
ou partie de cette quotité à son profit, et qu'ils ne l'aient dit.
Ils le disent quelquefois indirectement : c'est une question
d'usage ; ainsi la clause par laquelle le père et la mère en dotant
un enfant s'interdisent de disposer de la quotité disponible à son
détriment, est d'un usage courant aux anciens pays de droit
écrit, et elle a toujours été interprétée dans le sens d'une disposition par préciput au profit de l'enfant doté, de sa quote-part
dans la portion disponible ; et c'est ainsi que dans les pays du
ressort tout au moins de la Cour de Montpellier, on rentre dans
l'égalité, quand les père et mère veulent contredire à l'usage
de donner un préciput à l'aîné des enfants. Dans le Nord
de la France, à Paris par exemple, l'usage est pour l'égalité en principe, sans être contraire à l'inégalité dans les limites
permises, il n'exige qu'une chose, que l'harmonie de l'imputation alternante ne soit pas détruite et que l'avancement d'hoirie
ne soit jamais interprété comme un préciput.

Tous les donataires aussi savent bien que l'avancement
d'hoirie doit toujours être rapporté pour rétablir l'égalité entre
eux et leurs cohéritiers, sauf toujours les dispositions permises
sur la quotité disponible, quand elles ont été faites, et ils ne
l'auraient jamais entendu autrement, si la loi ou plutôt l'interprétation qui en est faite, car le Code civil n'emploie pas l'expression d'avancement d'hoirie, ne leur permettait de prétendre

après coup le contraire quelquefois plus conforme à leurs intérêts.
Il n'y aurait même aucun inconvénient à ce que l'avancement
d'hoirie fût fait par préciput, car alors de lui-même il se divi-
serait en une donation hors part, ce qui ne veut pas dire hors
compte, faite à proportion de la quotité disponible ou d'une
portion déterminée de cette quotité, tandis que le surplus rentrerait dans la règle. Ce qui est contraire à l'usage, c'est que
l'avancement d'hoirie puisse jamais être considéré comme fait
par préciput, comme imputable sur la quotité disponible, sans
l'intention exprimée par le donateur, et même contre sa volonté,
par le seul fait du donataire, qu'il soit héritier acceptant ou qu'il
soit renonçant : la clause d'égalité ne peut jamais d'elle-même
produire un préciput, et si la loi le disait, il faudrait en conclure
seulement que la loi ne sait pas ce qu'elle dit : on n'a qu'à la
bien faire ; pour les hommes de bons sens, il existe une limite
nécessaire à l'absurdité.

Or la Cour de cassation, harcelée par la doctrine interprétant la loi, a posé nettement, après plus d'un demi-siècle de
controverses et d'arrêts, ce principe que l'avancement d'hoirie
n'est pas une forme particulière de donation, qu'elle est donc
soumise aux règles ordinaires de la réduction :

« C. C., 922. La réduction se détermine en formant une
« masse de tous les biens existants au décès du donateur ou
« testateur. On y réunit fictivement ceux dont il a été disposé
« par donations entre-vifs, d'après leur état à l'époque des
« donations et leur valeur au temps du décès du donateur.
« On calcule sur tous ces biens, après en avoir déduit les dettes,
« quelle est, eu égard à la qualité des héritiers qu'il laisse, la
« quotité dont il a pu disposer. »

« 923. Il n'y aura jamais lieu à réduire les donations entre-
« vifs, qu'après avoir épuisé la valeur de tous les biens compris
« dans les dispositions testamentaires; et lorsqu'il y aura lieu
« à cette réduction, elle se fera en commençant par la dernière
« donation, et ainsi de suite en remontant des dernières aux plus
« anciennes. »

La conséquence est que l'avancement d'hoirie étant regardé
comme une donation ferme et définitive, la réduction, lorsqu'il
y a lieu, doit se faire d'abord au détriment de l'enfant doté le
dernier ou de ceux qui n'ont rien reçu : c'est comme cela
qu'on entend chez nous l'égalité, et vous le trouverez à toutes
les pages que Labbé a écrites. La conséquence nécessaire est
encore que, même en l'absence de toute disposition postérieure
par préciput, l'enfant doté le premier peut imputer ce qu'il
a reçu en avancement d'hoirie, d'abord sur la quotité disponible ; la Cour de cassation était obligée de le décider en
pure logique, et elle n'y a pas manqué; il lui aurait fallu
revenir sur une jurisprudence dont la seule base est un texte
de loi, c'est vrai, mais rédigé par des législateurs qui n'ont pas
parlé de l'avancement d'hoirie, et qui peut-être ne savaient pas
ce que c'est. Le 31 mars 1885 (Sirey, 1885-1-302), elle a rendu
un arrêt d'après lequel la donation par avancement d'hoirie
faite à un héritier à réserve, acceptant, s'impute d'abord sur la
part personnelle de cet héritier dans la réserve, et ensuite sur
la quotité disponible. C'est légal sans aucun doute, mais c'est
de la justice à coups de marteau.

Jusqu'ici, quant au droit actuel, nous n'avons examiné la
question de la quotité disponible et de la réserve qu'entre
les enfants; il nous reste à voir le concours des différentes

quotités disponibles, le problème qui représente aujourd'hui celui d'autrefois sur le droit de disposer des conquêts, des acquêts et du quint des propres : Un homme meurt laissant une femme et des enfants : voilà, je crois, un exemple assez banal. L'article 913 du Code civil lui a permis de disposer au profit de n'importe qui, enfant ou étranger, sans charge de rapport, d'une fraction de ses biens variable suivant le nombre des enfants, la moitié s'il n'a qu'un enfant légitime, le tiers s'il en a deux, et le quart s'il en a trois ou davantage, en un mot, sauf le dernier terme de la gradation, ce qui autrefois constituait le droit d'aînesse sur les biens nobles ; le surplus est réservé aux enfants par portions égales, sans qu'on en puisse rien distraire.

« C. C., 913, § 1. Les libéralités, soit par actes entre-vifs, soit « par testament, ne pourront excéder la moitié des biens du « disposant, s'il ne laisse à son décès qu'un enfant légitime ; le « tiers, s'il laisse deux enfants ; le quart s'il en laisse trois ou « un plus grand nombre. »

L'article 1094, § 2, lui a permis de laisser à sa femme, quel que soit le nombre des enfants, une autre portion de ses biens qui est à son choix de un quart en propriété et un quart en usufruit, ou de moitié en usufruit :

« C. C., 1094. L'époux pourra, soit par contrat de mariage, « soit pendant le mariage pour le cas où il ne laisserait point « d'enfants ni descendants, disposer en faveur de l'autre époux, « en propriété, de tout ce dont il pourrait disposer en faveur « d'un étranger, et, en outre, de l'usufruit de la totalité de la « portion dont la loi prohibe la disposition au préjudice des héri- « tiers.— Et pour le cas où l'époux donateur laisserait des enfants

« ou descendants, il pourra donner à l'autre époux, ou un quart
« en propriété et un autre quart en usufruit, ou la moitié de
« tous ses biens en usufruit seulement. »

Le concours ou la combinaison de ces différentes quotités
disponibles est une question primaire dont la solution ne devrait
laisser place à aucun doute. Ah bien oui! le législateur n'y a
jamais pensé; aussi la question est-elle une autre bouteille à
l'encre, si oncques il y en eut, et sur laquelle moins que jamais
on peut s'entendre aujourd'hui; et toutes les difficultés viennent
de ce que chacun de ces textes, visant une quotité disponible
différente, a été rédigé comme s'il devait s'appliquer isolément,
si bien qu'il n'y a aucun lien entre eux, et qu'ils ont l'air d'avoir
été écrits pour qu'ils ne puissent pas s'entendre. Les fractions
qui représentent la réserve des enfants, et celles qui représentent les différentes quotités disponibles, non seulement ne
peuvent être en fait que des proportions sur l'actif net, mais
encore elles ont été combinées si ingénument, qu'elles ne
peuvent pas être ramenées à un dénominateur commun, sans
excéder l'entier! Et la loi n'a même pas indiqué un ordre de
préférence. Je vois très bien d'ici un de nos grands Lycurgue
disant : dans tel cas on pourra disposer d'un tiers. Un autre
Solon arrive, et non moins solennellement dit : non, un cinquième suffit. Un troisième survient, c'est un homme sage, un
politique avisé, il dit : ce sera un quart, pour vous mettre d'accord. Et voilà comment nos lois sont faites! Il convient de rappeler nos législateurs au respect de l'arithmétique, et de leur
apprendre, puisque c'est nécessaire, qu'il n'y a que quatre quarts
dans un entier. Ces braves gens-là raisonnent comme des hanne-
tons dans un tambour, et distribuent les quarts comme si

c'étaient des bureaux de tabac. On peut leur appliquer ce que Montaigne disait des médecins de son temps : « Il leur échappe de belles paroles, mais qu'un autre les accommode; ils connaissent bien Galien, mais nullement le malade; ils vous ont déjà rempli la tête de lois, et si n'ont encore conçu le nœud de la cause, ils savent la théorie de toutes choses, cherchez qui la mette en pratique. »

N'est-ce pas ainsi qu'ont été fixées nos intéressantes fractions. Elles rappellent à peu près les anciennes, dira-t-on : c'est bien possible, mais il n'aurait pas fallu, si on maintenait celles-ci, supprimer la distinction des propres, des acquêts et des conquêts, et confondre tous les biens; d'ailleurs, elles ne sont pas exactement les mêmes, et les innovations ont été bien malheureuses. Il n'y a, dira-t-on peut-être encore, qu'à les réduire proportionnellement : c'est bien là que je vous attendais! Et l'article 923, qu'est-ce que vous en faites? La loi s'oppose en principe à la réduction proportionnelle, et les tribunaux ne peuvent l'admettre que pour les dispositions faites par un même acte. Personne n'a le courage de reconnaitre la vérité que voici, pourtant évidente, car elle crève les yeux : le fractionnement de ces diverses quotités est absurde. Les magistrats ont bu le calice sans se plaindre : ils se sont attaqués à ce problème et ils l'ont fait résolument; toutes les solutions sont à la fois bonnes et mauvaises, comme le triomphe de la cote bien taillée, du moins aussi bien que possible. Mais après bientôt cent ans de controverses, il y a sur la quotité disponible et la réserve, un tel déluge d'arrêts, une telle montagne de commentaires, que l'idée seule de l'escalade paralyse le plus brave; il demeure abasourdi devant l'énormité de ce labeur

inutile en ceci seulement qu'il n'a rien pu simplifier, bien au
contraire. Si les magistrats y perdent les yeux, que voulez-vous
que fasse le malheureux citoyen? Et cependant c'est à lui de
concilier l'article 913 avec l'article 1094, sinon sa dernière
volonté restera inexécutée par application d'une loi dont les
auteurs sont glorifiés pour avoir étendu la liberté de tester!
Désirez-vous un exemple bien simple?

Vous, Monsieur, qui êtes un brave homme, vous avez écono-
misé quelques sous; vous avez aussi quatre enfants, votre femme
et votre mère, celle-ci sans ressources, et vous dites : Je ne veux
pas déshériter mes enfants, je n'économise que pour eux, mais
je veux disposer au profit de ma femme qui n'est plus jolie, et de
ma mère qui est infirme, de ce que la loi me permet de leur
laisser; mes enfants n'y perdront rien, ce que je leur ôte
momentanément, ils le retrouveront après la mort de leur
grand'mère et de leur mère dont ils sont les seuls héritiers, et
qui les aiment autant que moi : ce n'est pas d'elles d'ailleurs que
j'ai à me méfier.

L'exemple n'est-il pas très simple et banal? Eh bien, une loi
ainsi rédigée vous a refusé le seul service qu'elle aurait pu vous
rendre, qui eût consisté à vous interdire de faire vous-même
votre testament; car, si vous suivez votre pensée, en vous
en rapportant à la loi, vous disposerez des cinq quarts et demi
de ce que vous avez: la loi réserve à vos quatre enfants les trois
quarts en propriété qui en principe sont irréductibles; et malgré
qu'il ne vous reste plus qu'un quart, elle donne à votre mère,
considérée dans ce cas comme une étrangère, un quart en
propriété, et à votre femme encore un quart en propriété
et un quart en usufruit, ce qui fait au total cinq quarts

en propriété et un quart en usufruit, soit un demi-quart en propriété par évaluation. Comment cela va-t-il s'arranger, me direz-vous? Est-ce vous auriez cru, par hasard, que j'allais résoudre le problème? On voit bien que vous ne connaissez pas toutes les hypothèses possibles! Cette question est aujourd'hui si insoluble, qu'un homme sincère ne peut pas donner un avis sûr, car pour la résoudre il faudrait concilier l'article 913 avec l'article 1094, sans parler des autres, et on le peut maintenant moins que jamais. Que serait-ce si vous aviez voulu faire quelque chose de compliqué, si par exemple vous aviez un enfant naturel que vous n'auriez pas abandonné? Longtemps, le praticien a dit : Quand on en fait des enfants naturels, il ne faut pas les abandonner, mais il ne faut pas non plus les reconnaître, parce qu'on ne peut plus leur donner ensuite autant que lorsqu'ils vous étaient étrangers; si invraisemblable que cela soit, cela a duré jusqu'au 25 mars 1896 ; vous pouvez maintenant les reconnaître :

« C. C., 908. (Modifié L. 25 mars 1896.) Les enfants naturels
« légalement reconnus ne pourront rien recevoir par donation
« entre-vifs au delà de ce qui leur est accordé au titre des
« successions. Cette incapacité ne pourra être invoquée que par
« les descendants du donateur, par ses ascendants, par ses frères
« et sœurs et les descendants légitimes de ses frères et sœurs.
« Le père ou la mère qui les ont reconnus pourront leur léguer
« tout ou partie de la quotité disponible, sans toutefois qu'en
« aucun cas, lorsqu'ils se trouvent en concours avec des des-
« cendants légitimes, un enfant naturel puisse recevoir plus
« qu'une part d'enfant légitime le moins prenant. Les enfants
« adultérins ou incestueux ne pourront rien recevoir par do-

« nation entre-vifs ou par testament au·delà de ce qui leur est
« accordé par les articles 762, 763 et 764. »

L'enfant naturel peut aujourd'hui recevoir autant que l'enfant
légitime le moins prenant, grâce à une disposition sur la quotité
disponible ; mais je voudrais bien voir celui qui parviendra à
concilier le nouvel article 908 avec l'article 913 et l'article 1094,
si nous ajoutons seulement un enfant naturel à l'exemple si
simple que j'ai donné ; ce sont jeux de théoriciens, dont je ne me
mêle point, mais il y en a et de très huppés qui s'y amusent comme
des astrologues au fond d'un puits. Et notez bien que nous n'en
sommes qu'au premier alinéa de l'article 913 ; je ne parlerai
même pas du reste ni des autres articles de la quotité disponible
913 à 919 modifiés par la loi du 25 mars 1896 et remodifiés par
une loi du 24 mars 1898. Lisez-les et tâchez d'en rire, puisque
le rire est divin :

« C. C., 913, § 2. (L. 25 mars 1896.) L'enfant naturel léga-
« lement reconnu a droit à une réserve. Cette réserve est une
« quotité de celle qu'il aurait eue s'il eût été légitime, calculée
« en observant la proportion qui existe entre la portion attri-
« buée à l'enfant naturel en cas de succession *ab intestat* et celle
« qu'il aurait eue dans le même cas s'il eût été légitime. (L. 25
« mars 1896). Sont compris dans le présent article, sous le nom
« d'enfants, les descendants en quelque degré que ce soit.
« Néanmoins, ils ne sont comptés que pour l'enfant qu'ils repré-
« sentent dans la succession du disposant. »

« 914. (L. 25 mars 1896.) Les libéralités, par actes entre-vifs
« ou par testament, ne pourront excéder la moitié des biens, si
« à défaut d'enfant le défunt laisse un ou plusieurs ascendants
« dans chacune des lignes paternelle et maternelle, et les trois

« quarts, s'il ne laisse d'ascendants que dans une seule ligne.
« Les biens ainsi réservés au profit des ascendants seront par
« eux recueillis dans l'ordre où la loi les appelle à succéder :
« ils auront seuls droit à cette réserve, dans tous les cas où un
« partage en concurrence avec des collatéraux ne leur donnerait
« pas la quotité de biens à laquelle elle est fixée. »

« 915. (L. 25 mars 1896.) Lorsque, à défaut d'enfants légi-
« times, le défunt laisse à la fois un ou plusieurs enfants naturels
« et des ascendants dans les deux lignes ou dans une seule, les
« libéralités par actes entre-vifs et par testament ne pourront
« excéder la moitié des biens du disposant s'il n'y a qu'un
« enfant naturel, le tiers s'il y en a deux, le quart s'il y en a
« trois ou un plus grand nombre. Les biens ainsi réservés seront
« recueillis par les ascendants jusqu'à concurrence d'un hui-
« tième de la succession, et le surplus par les enfants naturels. »

« 916. A défaut d'ascendants et de descendants, les libéra-
« lités par actes entre-vifs ou testamentaires pourront épuiser la
« totalité des biens. »

« 917. Si la disposition par acte entre-vifs ou par testament
« est d'un usufruit ou d'une rente viagère dont la valeur excède
« la quotité disponible, les héritiers au profit desquels la loi
« fait une réserve auront l'option, ou d'exécuter cette disposition
« ou de faire l'abandon de la propriété de la quotité disponible. »

« 919. (L. 24 mars 1898.) La quotité disponible pourra être
« donnée en tout ou en partie, soit par actes entre-vifs, soit par
« testament, aux enfants et autres successibles du donateur,
« sans être sujette au rapport par le donataire ou le légataire
« venant à la succession, pourvu qu'en ce qui touche les dons
« la disposition ait été faite expressément à titre de préciput et

« hors part. — La déclaration que le don est à titre de préciput et
« hors part pourra être faite, soit par l'acte qui contiendra la
« disposition, soit postérieurement dans la forme des dispo-
« sitions entre-vifs ou testamentaires. »

Le défunt a pu, il est vrai, oublier son conjoint; la loi y a
pourvu par l'article 767 (L. 9 mars 1891) qui fait disparaître le
quart en propriété, mais ne supprime pas pour cela toutes les
difficultés ; jugez-en :

« 767. (L. 9 mars 1891, art. 1ᵉʳ.) Lorsque le défunt ne laisse
« ni parents au degré successible, ni enfants naturels, les biens
« de sa succession appartiennent en pleine propriété au conjoint
« non divorcé qui lui survit et contre lequel n'existe pas de
« jugement de séparation de corps passé en force de chose
« jugée. Le conjoint survivant non divorcé qui ne succède
« pas à la pleine propriété, et contre lequel n'existe pas de juge-
« ment de séparation de corps passé en force de chose jugée, a,
« sur la succession du prédécédé, un droit d'usufruit qui est :
« D'un quart si le défunt laisse un ou plusieurs enfants issus du
« mariage; d'une part d'enfant légitime le moins prenant,
« sans qu'elle puisse excéder le quart, si le défunt a des enfants
« nés d'un précédent mariage ; de moitié dans tous les autres
« cas, quels que soient le nombre et la qualité des héritiers.
« Le calcul sera opéré sur une masse faite de tous les biens
« existant au décès du *de cujus*, auxquels seront réunis fictive-
« ment tous ceux dont il aurait disposé, soit par acte entre-vifs,
« soit par acte testamentaire, au profit des successibles, sans
« dispense de rapport. Mais l'époux survivant ne pourra exercer
« son droit que sur les biens dont le prédécédé n'aura disposé ni
« par actes entre-vifs, ni par acte testamentaire, et sans préju-

« dicier aux droits de réserve ni aux droits de retour. Il cessera
« de l'exercer dans le cas où il aurait reçu du défunt des libé-
« ralités, même faites par préciput et hors part, dont le montant
« atteindrait celui des droits que la présente loi lui attribue,
« et, si ce montant était inférieur, il ne pourrait réclamer que le
« complément de son usufruit. Jusqu'au partage définitif, les
« héritiers peuvent exiger, moyennant sûreté suffisante, que
« l'usufruit de l'époux survivant soit converti en une rente
« viagère équivalente. S'ils sont en désaccord, la conversion
« sera facultative pour les tribunaux. En cas de nouveau ma-
« riage, l'usufruit du conjoint cesse s'il existe des descendants
« du défunt. »

La seule sauvegarde de celui qui veut assurer l'exécution de
ses dispositions libérales, est encore de s'en rapporter à l'expérience d'un praticien connaissant le double tranchant des textes
et la sévérité de la jurisprudence, habitué à peser les mots,
habile à côtoyer les difficultés en de soigneuses formules, et
malgré cela toujours embarrassé ; et dire qu'il y a des gens
qui s'imaginent qu'il n'y a qu'à prendre une formule.

Franchement, l'ancien droit était plus simple, malgré la
légitime accolée aux quatre quints, ce qui n'est pas peu dire.
Ceux qui pourraient en douter n'ont qu'à étudier maintenant,
dans la doctrine et dans la jurisprudence, l'imputation des libéralités sur la réserve et la quotité disponible; ils m'en don-
neront ensuite des nouvelles. Michelet se doutait-il de cela,
quand il écrivait : « Rome fut la vraie patrie du droit. Fils de la
moralité, c'est au droit de réformer la nature et non de la suivre.
La France est le vrai continuateur de Rome. » Sans doute il
avait appris le droit dans les œuvres de Montesquieu, et comme

lui il nous éclaire de toutes les vessies qu'il a prises pour des lanternes : on ne réforme pas la nature, tout au plus peut-on essayer de corriger les mœurs qui sont vicieuses, et les sentiments qui sont mauvais, d'après les règles habituelles du bien vivre que connaissent tous les honnêtes gens ; et ce ne sont pas nos législateurs qui nous les enseignent. Après avoir réglé avec tant de bonheur toutes les questions de réserve et de quotités disponibles, ils nous laissent le moyen de déshériter entièrement tous les nôtres, si nous le voulons. Vous avez 100,000 francs et douze enfants ; pour les déshériter, si vous en êtes capable, voici le moyen bien simple : vous palabrez avec une Compagnie d'assurances sur la vie, n'importe laquelle, toutes accepteront ; vous mettez vos 100,000 francs en viager, doublant ainsi votre revenu pendant votre vie ; à votre mort, vos héritiers n'auront rien à recueillir sans réclamation possible, à moins que vous ne mouriez dans le délai de vingt jours.

« C. C., 1974. Tout contrat de rente viagère créée sur la tête « d'une personne qui était morte au jour du contrat ne produit « aucun effet. »

« 1975. Il en est de même du contrat par lequel la rente a « été créée sur la tête d'une personne atteinte de la maladie « dont elle est décédée dans les vingt jours de la date du « contrat. »

Hors cette exception la convention que vous aurez faite est la plus valable qui soit : vous avez aliéné vos biens à fonds perdus. Or la loi a prévu la vente à fonds perdus faite à un héritier au détriment des autres et ne la permet pas, ou plutôt la considère comme une donation sujette à rapport.

« C. C., 918. La valeur en pleine propriété des biens aliénés,

« soit à charge de rente viagère, soit à fonds perdu, ou avec
« réserve d'usufruit, à l'un des successibles en ligne directe,
« sera imputée sur la portion disponible; et l'excédent, s'il y
« en a, sera rapporté à la masse. Cette imputation et ce rapport
« ne pourront être demandés par ceux des autres successibles en
« ligne directe qui auraient consenti à ces aliénations, ni, dans
« aucun cas, par les successibles en ligne collatérale. »

La loi ne veut qu'un seul héritier profite d'une pareille convention mais elle la permet, parce qu'elle ne la défend pas, si
tous sont dépouillés, car le sens juridique autorise tout ce qui
n'est pas prohibé. Parlez-nous après cela, en termes lyriques, de
l'admirable prévoyance de nos législateurs; ils nous servent de
providence, et comme vous voyez n'oublient guère que l'essentiel : nous vivons quand même.

CHAPITRE IX

FORME DES RAPPORTS

Le problème de l'imputation des libéralités sur la réserve et la quotité disponible, nous ramène tout droit à la forme des rapports, car pour le préciput, comme pour l'avancement d'hoirie, l'imputation est liée au mécanisme du rapport dont elle n'est que l'exercice. Comment devait s'opérer les rapports d'après les différentes coutumes ? Lebrun n'était pas de l'avis de Pothier divisant les coutumes en trois classes : « Nos coutumes, disait-il, sont bien opposées les unes aux autres sur cette matière. » Si j'en crois Demolombe, tome 16, successions tome 4, nº 155, après avoir exposé onze genres de coutumes différentes, non sans en perdre le fil, Lebrun s'arrête découragé en s'écriant : « On n'aurait jamais fini si l'on voulait rapporter toutes les dispositions des coutumes sur ce sujet. » (Livre 3, chap. 7, nᵒˢ 3, 17.) Nous nous en tiendrons à la Coutume de Paris : Pour les théoriciens de nos jours, il n'y a que deux manières sérieuses de faire les rapports, en nature ou en moins prenant. Eh bien, lisez l'article 305 de la Coutume de Paris : dans la version de Ferrière, le rapport s'opérait *en essence*, ou *en espèce*, ou *en moins prenant*. « Si le donataire, lors du partage, a les héritages à lui

19

donnés, en sa possession, il est tenu de les rapporter en *essence ou en espèce, ou moins prendre* en autres héritages de la succession, de pareille valeur et bonté ; et faisant ledit rapport en espèce, doit être remboursé par ses cohéritiers, des impenses utiles et nécessaires ; et si lesdits cohéritiers ne veulent rembourser lesdites impenses, en ce cas le donataire est tenu de rapporter seulement l'estimation d'iceux héritages, eu égard au temps que division et partage est fait entre eux déduction faite desdites impenses. »

Nous savons assez ce qu'est le rapport en moins prenant ; le rapport en espèce n'est que le rapport en nature, *in specie*, comme disaient les Romains. Qu'est-ce donc que le rapport en essence ? Le commentaire de Ferrière va peut-être nous l'apprendre.

« La Coutume dans cet article, nous dit-il, donne le choix aux enfans avantagés, de faire le rapport en espèce *ou* en essence au cas que lors du partage ils aient encore en leur possession les héritages à eux donnés ; de sorte qu'ils peuvent les retenir en prenant moins des héritages de la succession ; les autres enfants non avantagés ou moins avantagés, prenant d'autres héritages, jusqu'à concurrence de la valeur de ceux qui ont été donnés aux autres, afin que par ce moyen l'égalité soit conservée.

« Et quoique dans la succession il n'y eut point d'autres héritages, mais seulement des meubles et effets mobiliaires, rentes et autres biens, ceux qui auraient reçu des héritages, *ne seraient pas tenus de les rapporter en espèce, mais seulement en essence,* c'est-à-dire d'en rapporter la valeur et l'estimation, à l'effet de moins prendre jusques à concurrence et tel est l'usage. »

Il est au moins permis de douter que Claude de Ferrière ait exactement approfondi la nature de cet usage : pour lui, quand le rapport n'était pas fait en nature, l'héritier devait rapporter la valeur à l'effet de moins prendre. Je ne conteste point cela, mais il est complètement inexact que le rapport de la valeur fût lié au rapport en moins prenant, comme le croit le commentateur : j'entends dire par là qu'il ne lui était pas exclusif, qu'au contraire il était commun à tous les rapports. Ferrière a soupçonné le rapport en compte, mais il n'est pas parvenu à en dégager le principe, parce qu'il n'a pas compris la partie double : il est vrai qu'avant moi aucun praticien n'a cherché à l'analyser et à la faire comprendre. Mais Ferrière a cru avoir compris, et nous allons voir ce dont il était capable pour mettre le texte d'accord avec l'usage.

Dans une édition de la Coutume publiée en 1699, avec le commentaire d'Eusèbe de Laurière, le texte de l'article 305 est légèrement différent, et porte : *en essence et espèce, ou moins prendre*, reliant ainsi le rapport en essence au rapport en espèce. Or, l'explication donnée par Ferrière exige qu'il y ait *ou*. Il est difficile de conserver un doute sur l'exactitude du texte de Laurière : dans son épître dédicatoire, il dit : « J'ai conféré la nouvelle coutume avec l'ancienne ; j'ai recherché dans le commentaire de du Molin ce qui a pu déterminer les réformateurs aux corrections qu'ils ont faites, et en m'appliquant à cette recherche, j'ai trouvé de quoi démontrer, etc... » De plus, on lit dans l'avertissement, « ce n'est pas un commentaire.... ce n'est qu'un texte avec des notes..., on a pris d'abord un extrême soin de corriger le texte sur les éditions de la Coutume qui ont été faites immédiatement après la réformation ; on l'a ensuite

conféré tant avec le procès-verbal qu'avec l'ancienne coutume,
et l'on a distingué par des caractères italiques les articles
nouveaux et les dispositions ajoutées aux anciens ; ce qu'on a
fait avec une exactitude que personne n'avait encore apportée. »
Ferrière, venu après Laurière (la première édition du Commentaire de Ferrière est de 1714), n'a pas eu les mêmes scrupules,
et bien que depuis la Réformation de 1580, celle dont il est
question ci-dessus, aucune modification officielle n'ait été faite
à la Coutume, il est à remarquer que dans le texte de Ferrière
l'orthographe a été corrigée : il est vrai que de là à rectifier
les conjonctions, il y a plus qu'une nuance ; si vous ajoutez que
dans l'ouvrage de Laurière l'article 305, inséré dans la Coutume
en 1580, se trouve suivant l'indication donnée, imprimé en
caractères italiques, il faut bien en conclure qu'au point de
vue du soin et de l'exactitude, le texte donné par Laurière est
préférable à celui que Ferrière nous a transmis. On me dira
sans doute : Vous auriez dû rechercher le texte du procès-verbal.
A cela je réponds : C'est le procès-verbal authentique qu'il
faudrait voir et non une copie ; Laurière l'a pu voir sans doute.
D'ailleurs la question n'est pas tant de savoir ce qu'il y avait
dans le texte du procès-verbal lui-même, que de connaître la
raison de la différence des textes donnés par les commentateurs.
Cette raison est tout ce qui m'importe pour l'instant ; le
procès-verbal viendra à son tour.

Ce *ou* et ce *et* qui se substituent si facilement l'un à l'autre,
montrent bien que les théoriciens n'ont jamais apprécié le rapport en essence : il leur était inutile, il les gênait, et ne sachant
qu'en faire, tandis que les uns le rattachaient au rapport en
nature, les autres, comme Ferrière, le reliaient tant bien que

mal au rapport en moins prenant; mais dans le partage par
lots, tel que les théoriciens l'ont toujours entendu et imposé, le
rapport en moins prenant disparaît complètement, il est balancé
par un prélèvement immédiat et préalable au partage, il n'y a
donc pas, et il n'y peut pas avoir de valeur rapportée. Par là,
il devient évident que cet usage, que Ferrière a cru nous
apprendre, n'entendait pas les rapports comme les théoriciens
les entendaient, et Claude de Ferrière lui-même, l'auteur du
« Parfait Notaire », n'était qu'un praticien d'occasion, un théoricien qui s'est déguisé, mais qui n'a pas très bien compris ce
qu'il disait : cependant, il s'est douté de quelque chose, il a vu
la divergence de la pratique sans parvenir à en démêler la
cause, et comme il voulait soutenir l'usage qu'il a si mal défini,
croyant bien faire, il n'a pas hésité à modifier la conjonction.

Outre que Ferrière paraît bien s'être isolé dans sa version,
parmi tous les commentateurs de la coutume, voici la preuve
que l'article 305 portait bien *et* : il est devenu l'article 306 de la
Coutume d'Orléans, réformée en 1583, qui le reproduit presque
textuellement. Pothier, dans son célèbre Commentaire, ne conteste pas le *et*; mais alors que Ferrière rattachait le rapport en
essence au rapport en moins prenant seul, Pothier, qui du reste
lui non plus n'a pas soupçonné la partie double, le relie au
rapport en nature exclusivement. Voici ce qu'il en dit dans son
Traité des successions, chapitre 4, article 2 :

« § VII. En quoi consiste l'obligation du rapport?

« Notre Coutume d'Orléans, article 306, qui doit servir de
« droit commun en ce point, explique en quoi consiste l'obliga-
« tion du rapport, lorsque ce sont des héritages qui ont été
« donnés. Voici comment elle s'en explique.

« Si le donataire, lors du partage, a les héritages à lui donnés
« en sa possession, il est tenu de les rapporter *en essence*
« *et espèce*, ou moins prendre en autres héritages de la succes-
« sion de pareille valeur et bonté. Et faisant ledit rapport en
« espèce, doit être remboursé par ses cohéritiers des impenses
« utiles et nécessaires qu'il aura faites, pour l'augmentation
« desdits héritages. Et si lesdits cohéritiers ne veulent rem-
« bourser, est tenu de rapporter seulement l'estimation desdits
« héritages, eu égard au temps que division et partage est fait
« entre eux, déduction faite desdites impenses.

« Il résulte de cet article, que la donation d'un héritage
« faite à un enfant contient la charge tacite du rapport de l'héri-
« tage *en nature,* dans le cas où il viendra à la succession du
« donateur; qu'il s'oblige tacitement envers le donateur à ce
« rapport, qu'il devient débiteur de l'héritage *en essence et*
« *espèce, in specie.*

« L'enfant donataire sujet au rapport n'est donc pas débi-
« teur du rapport de *la valeur* de l'héritage qui lui a été donné,
« il est débiteur de l'*héritage même* en essence et espèce, ce
« qui a été prescrit pour établir entre les enfants venant à la
« succession une *égalité parfaite* qui ne le serait pas, si l'un
« pouvait conserver les bons héritages, pendant que les autres
« n'auraient que de l'argent dont ils auraient souvent de la peine
« à faire un bon emploi.

« Ce rapport, en *essence et espèce,* étant ordonné par la loi
« pour établir cette égalité, il s'ensuit qu'il ne doit pas plus être
« au pouvoir du donateur de permettre à l'enfant donataire, de
« retenir l'héritage *en rapportant seulement la valeur,* que de
« le dispenser entièrement du rapport, car les conventions des

« particuliers ne peuvent donner atteinte à ce qui est ordonné
« par les loix. *Privatorum pactis juri publico non derogatur.*

  « Il est donc inutile d'agiter la question si l'estimation qu'un
« père met aux héritages qu'il donne à son fils ou à sa fille est
« censée mise *venditionis causa,* pour lui donner la faculté de
« retenir l'héritage en rapportant l'estimation qui y est mise,
« puisque, quand même le père aurait eu cette intention, quand
« même il aurait voulu dispenser l'enfant du rapport *en essence*
« *et espèce, il n'était pas en son pouvoir de l'en dispenser. Ces*
« *estimations qu'on met dans les contrats de mariage des*
« *enfants, n'empêchent donc point que les héritages donnés*
« *ne doivent être, nonobstant ces estimations, rapportés en*
« *essence et espèce.*

  « L'enfant donataire d'héritage étant débiteur de l'héritage
« même en essence et espèce, il suit de là que cet héritage est
« aux risques de la succession, à laquelle il doit être rapporté,
« qu'il doit y être rapporté tel qu'il se trouve au temps du rapport
« qui doit en être fait, soit qu'il se trouve meilleur et augmenté,
« soit qu'il se trouve péri et déprécié, pourvu que ce soit sans
« le fait ni la faute de l'enfant, et qu'enfin s'il était péri entiè-
« rement sans le fait ni la faute de l'enfant, cet enfant serait
« libéré de l'obligation du rapport.

  « Ceci est conforme à un principe touchant la nature des
« obligations d'un corps certain, *species debita solvi debet*
« *qualis est. Lucrum et periculum circa speciem debitam,*
« *spectat creditorem, obligatio speciei extinguitur rei debitæ*
« *interitu, passim tit. de peri. et comm. rei vend. tit. de*
« *legatis, tit. de solutio. tit. solut. matrim.* »

  Ainsi par ce § VII, Pothier n'admet pour les immeubles que

le rapport en nature ; mais nous trouvons une autre note dans le § VIII.

§ VIII. *De l'effet du rapport, et de l'alternative de moins prendre*....

« Le rapport de l'héritage ne se fait pas toujours réellement;
« la Coutume donne à l'enfant donataire l'alternative de *moins*
« *prendre en héritages de pareilles valeur et bonté*. Lorsque le
« donataire veut jouir de cette alternative, le rapport ne se fait
« que par fiction ; c'est-à-dire qu'on ajoute seulement à la masse
« des biens de la succession l'héritage qui est sujet au rapport
« pour le prix qu'il vaut au temps du partage, afin de fixer le
« montant de toute la masse, et de régler à quoi doivent monter
« les parts que chacun des cohéritiers doit y avoir ; ce rapport
« fictif étant fait, le donataire retient sur la part qu'il doit avoir
« dans ladite masse l'héritage sujet à rapport sur le prix qu'il
« est estimé, et prend d'autant moins dans les biens de la
« succession. Par exemple, s'il y a quatre héritiers, que la masse
« des biens, y compris l'héritage qu'il y a rapporté par fiction,
« et distraction faite du préciput de l'aîné, monte à 400,000 livres,
« que l'héritage sujet à rapport ait été estimé à 80,000 livres,
« en retenant cet héritage pour ladite somme de 80,000, il ne lui
« restera plus à prendre dans les biens délaissés par le défunt,
« que la somme de 20,000 livres pour achever les 100,000 livres
« à laquelle somme se monte la part de chacun des héritiers ; il
« y prendra donc 80,000 livres de moins que chacun de ses co-
« héritiers étant rempli de cette somme de 80,000 livres par
« l'héritage sujet à rapport qu'il retient. »

Ce rapport fictif est bel et bien un rapport de la valeur : il serait le rapport en compte usité dans la pratique, à une condition : c'est qu'on défalquât des 400,000 livres la valeur du passif ; Pothier ne le fait pas : il appelle très logiquement rapport fictif le rapport en moins prenant dont il explique le mécanisme, parce qu'il raisonne sur un actif brut. Le rapport en compte exige l'évaluation de l'actif net : Supposez que les 400,000 livres sur lesquelles Pothier opère, soient non point un actif brut mais la valeur d'un actif net, et vous trouverez dans cet exemple l'application des règles que j'ai posées.

De même que pour le rapport fictif de Pothier, on ne peut voir dans le rapport en essence dont parle l'article 305 de la Coutume, si avec Ferrière on le distingue du rapport en espèce, autre chose que le rapport en compte. Y eût-il *et* dans le texte, y eût-il *ou*, y eût-il même un pâté, pour qu'il soit alors compréhensible, et pour que le rapport en essence ait un sens, il faut faire la distinction pratique de la liquidation et du partage, connaître ou tout au moins comprendre la partie double : dans le partage une fois fait, le rapport pouvait bien se trouver opéré de deux manières différentes, en nature ou en moins prenant, mais dans la liquidation préalable il ne pouvait avoir qu'une seule forme, celle de la valeur : nous le savons bien maintenant, la liquidation avait pour base l'évaluation de l'actif net ; ce calcul rendait nécessaire le rapport de la valeur de tous les biens rapportables indistinctement, que le rapport en dût être fait théoriquement en nature ou en moins prenant : l'évaluation de l'actif net étant obtenue par la défalcation du passif sur l'actif brut, il fallait bien, pour que le calcul fût exact, que la valeur de l'actif brut comprît celle de tous les rapports ; le rapport de la valeur, qu'on l'appelle fictif, en essence ou en compte, était donc pour la liquidation la forme nécessaire de tous les rapports, avant le Code civil comme depuis.

Comment expliquer alors l'énigmatique rédaction de l'article 305, qui, si l'on donne avec Ferrière au rapport en essence le sens de rapport de la valeur, paraît bien admettre les contradictoires ? Cet article serait-il une cote mal taillée entre deux influences contraires, celle des théoriciens d'un côté, celle des praticiens de l'autre, car il ne faut pas oublier que la nouvelle rédaction de la Coutume aurait été préparée au Châtelet de Paris ? Chacun y mettant un peu du sien, on finit par obtenir une de ces combinaisons panachées, comme nos législateurs contemporains les réussissent si bien, en faisant du droit une dépendance de la politique : Si cela est, nous le saurons bien, sans doute.

Quoi qu'il en soit, bien que les théoriciens de la Coutume de Paris n'aient pas été d'accord, puisqu'ils ont trouvé deux explications si contradictoires du rapport en essence, et bien qu'il fût permis d'en présenter une troisième qui a pour elle l'avantage d'être conforme à la réalité des faits, sinon à la lettre du texte, je dois reconnaître que la plus rationnelle comme interprétation exacte de l'intention probable du législateur ne paraît pas être celle de Ferrière. Alors, que venait faire là le rapport en essence, s'il n'était que le rapport en nature ? Le mot espèce aurait suffi, mais il devient évident que les Réformateurs de la Coutume n'avaient pas compris le rapport en compte, qui cependant existait dans l'usage, le *ou* de Ferrière en est la preuve, par cela seul qu'il a été possible, et que Ferrière l'a pu croire nécessaire au point d'en arriver à modifier le texte de la Coutume : l'intention d'ailleurs était bonne, et peut-être a-t-il cru que c'était un *et* que les Réformateurs avaient mis pour un *ou;* il l'a rectifié, et dès lors, pour peu que l'on ait procédé ainsi à l'égard de chaque coutume, nous ne devons plus nous étonner qu'elles fussent toutes si différentes les unes des autres.

S'il est évident que l'article 305 de la Coutume était d'une rédaction vicieuse, puisqu'il ne donnait pas au rapport en essence, dans l'hypothèse d'ailleurs improbable où il l'aurait entendu au sens de « rapport de la valeur », toute l'importance qu'il devait avoir, ou plutôt parce qu'il ne rendait pas cette importance sensible, du moins les réformateurs paraîtraient, sinon avoir uniquement tâché de formuler les usages en toute conscience, en avoir pourtant fait encore quelque cas. Ces usages, les auteurs du Code les ont contrecarrés : ils ont laissé au partage amiable une liberté qu'ils ne pouvaient d'ailleurs lui ôter, mais oubliant que la loi pour durer ne devrait poser que des principes, et que la pratique seule peut, avec le temps, réaliser dans l'application la forme simple et nécessaire, pour le partage judiciaire, celui qui intéresse les incapables, ils ont rêvé le partage en nature, qui se fait dans la tête, et dans lequel ils n'ont voulu à aucun prix laisser entrer le principe des comptes comme base essentielle; ils se sont butés à la formation des lots après expertise, et au tirage au sort qu'ils ont prétendu imposer coûte que coûte.

Non seulement le Code imposait le lotissement et le tirage au sort, mais, — et c'était une conséquence logique, — il conciliait Ferrière et Pothier en supprimant l'expression de *rapport en essence;* il interdisait tout rapport de la valeur par des dispositions tranchantes, auxquelles la doctrine a toujours donné une terrible interprétation littérale (art. 858, 859, 868, 830).

« C. C., 858. Le rapport se fait en nature ou en moins « prenant. »

« 859. Il peut être exigé en nature, à l'égard des immeubles, « toutes les fois que l'immeuble donné n'a pas été aliéné par « le donataire, et qu'il n'y a pas, dans la succession, d'im- « meubles de même nature, valeur et bonté, dont on puisse « former des lots à peu près égaux pour les autres cohéritiers. »

« 868. Le rapport du mobilier ne se fait qu'en moins prenant. « Il se fait sur le pied de la valeur du mobilier lors de la « donation, d'après l'état estimatif annexé à l'acte ; et, à défaut « de cet état, d'après une estimation par experts, à juste prix « et sans crue. »

« 830. Si le rapport n'est pas fait en nature, les cohéritiers « à qui il est dû prélèvent une portion égale sur la masse de « la succession. Les prélèvements se font, autant que possible, « en objets de même nature, qualité et bonté que les objets « non rapportés en nature. »

On ne peut faire à la doctrine un reproche de ce qu'elle n'a trouvé dans ces dispositions du Code civil, que la distinction du rapport en nature et du rapport en moins prenant ; elle n'y a pas cherché autre chose : du reste, on aurait beau les tourner et les retourner, il serait difficile d'en faire sortir le rapport de la valeur même si on l'y cherchait avec l'intention arrêtée de l'y trouver. L'article 858 ne peut permettre aucun doute : le rapport de la valeur était bel et bien supprimé, si tant est qu'il ait jamais été prévu par aucun texte, il était bel et bien interdit, puisque indiscutablement il existait dans l'usage. Adieu les combinaisons mathématiques : Pauvres gens ! Eux qui se sont aventurés dans toutes les subtilités, ils se sont effondrés devant quelques abstractions mathématiques : la distinction des esprits fins et des esprits géométriques est-elle donc si absolue, et ne pourrions-nous pas empiéter un peu les uns sur les autres ? Ils ont exigé le rapport en nature entendu matériellement, opposant au rapport en moins prenant qui ne se ferait pas, ce rapport matériel qu'ils prétendaient bien devoir s'exécuter à la lettre, et la preuve en est que comme conséquence, la doctrine en est arrivée à exiger aujourd'hui encore, le rapport matériel de la monnaie. Quand le partage se fait de tête, tout se déplace avec une merveilleuse aisance; un théoricien remue les maisons comme des sous, à la pelle, le rapport d'un champ se réalise en apparence effectivement, et pour donner à ce champ une place dans un lot, il semble qu'on le prend d'une main pour le mettre dans l'autre. C'est le résultat d'une illusion d'optique, d'une erreur d'autant plus prodigieuse qu'elle dure depuis des siècles et des siècles, sans qu'il nous soit permis de prévoir quand elle finira.

Mais réfléchissez-y, si vous en doutez encore, on ne déplace ni un champ, ni une maison, et le rapport ne peut en être réalisé que sur le papier : Qu'il s'agisse d'une montagne ou d'une pièce de cent sous, prendre l'expression de rapport en nature à la lettre est tout simplement de l'aberration. Le seul rapport fictif, non plus au sens juridique, mais au sens du bon sens, est précisément celui que les théoriciens appellent rapport en nature, et le seul rapport effectif est le rapport de la valeur, le rapport en compte, le rapport sur le papier. De subtilité en subtilité, les théoriciens ont fini par prendre une fiction pour la réalité, et depuis ils nous enseignent que la réalité n'est qu'une fiction.

Oh ! l'idée n'est pas nouvelle, elle est renouvelée des Romains :
c'est chez leurs théoriciens que les nôtres l'ont prise toute faite,
mais les Romains, après tout, étaient bien capables d'errer, ne
fût-ce qu'une fois.

Ainsi la distinction du rapport en nature et du rapport en
moins prenant ne peut pas avoir dans la pratique l'excessive
importance que lui donnent les théoriciens ; pour elle, au lieu
d'être des principes, ils ne sont que des conséquences, les résultats des attributions réalisées après que le rapport de la
valeur dans la liquidation a permis de fixer les sommes proportionnelles correspondant aux fractions qui, jusque-là, représen-
taient les droits des intéressés. L'attribution faite au débiteur
de ce rapport entraîne l'exercice du rapport en moins prenant ;
faite à un autre que le débiteur, elle donne naissance au rapport en nature, qui est simplement l'obligation de payer ou de
livrer après le partage. La pratique a donc séparé les deux
idées du rapport et de la livraison, ce qui n'est qu'un progrès
nécessaire, car on ne peut pas faire autrement : aussi, lorsque
pour la rédaction du Code civil, on s'est avisé de reprendre les
expressions de rapport en nature et de rapport en moins prenant,
dans le sens précis et matériel que leur donnaient les juristes
romains, et que leur avaient peut-être laissé les rédacteurs des
Coutumes, afin d'en faire des principes positifs pour le partage,
on a de nouveau bouleversé des usages traditionnels : la liquidation se pratiquait couramment, et son origine déjà était immémoriale ; avec elle existaient aussi, bien qu'elles fussent ignorées,
des règles et des nécessités qui n'avaient rien de féodal.

CHAPITRE X

RAPPORT DES RÉCOMPENSES

Le rapport de la valeur, s'il n'était pas dans le texte, existait dans l'usage. Il ne s'appliquait pas seulement aux rapports dus à une succession : si nous passons à la liquidation d'une communauté, nous le voyons s'appliquer aux récompenses dues par les époux à cette communauté, et il s'agit ici des récompenses en général, de toutes les récompenses, et non pas seulement de celles qui rentrent dans la combinaison du rétablissement à la communauté ; le lecteur comprendra aisément que l'avancement d'hoirie n'est pas la seule cause qui puisse faire naître une dette à la charge des époux ou de l'un d'eux, au profit de la masse commune. Dans la liquidation de la communauté, les récompenses figuraient toujours pour leur valeur à la masse active, sous la forme pratique du rapport en compte. Il y a 150 ans, Pothier indiquait comme une pratique traditionnelle le rapport en moins prenant des récompenses : ce rapport en moins prenant ne se faisait et ne pouvait se faire, à l'époque même où vivait Pothier, qu'à la suite du rapport de la valeur des récompenses, sans lequel on ne pouvait liquider la communauté ;

et le rapport en moins prenant de la récompense n'était ainsi que la conséquence d'une attribution que seul le rapport de la valeur avait rendu possible.

Je cite l'exemple donné par Pothier, parce que depuis le Code civil il a pris une extrême importance dans les œuvres, même des théoriciens. (Pothier, Traité de la communauté, 4ᵐᵉ partie, chap. 2, du Partage des biens, n° 705.)

« Lorsqu'une des parties, par la liquidation, s'est trouvée débitrice envers la communauté d'une certaine somme, déduction faite de ce qui lui est dû par la communauté, elle en doit faire raison au partage des biens de la communauté. » (Ces mots, déduction faite, ne s'appliquent pas à la défalcation du passif, mais à la compensation, dont j'ai posé la règle que Pothier applique ici inconsciemment. Voir 1ʳᵉ partie, chapitre 3, page 66.)

« Cela peut se faire de deux manières : la première est en ajoutant à la masse des biens de la communauté la créance que la communauté a contre la partie débitrice, et en la lui précomptant sur sa part dans ladite masse.

« Par exemple, si outre une créance de 10,000 livres que la communauté a contre l'une des parties, les biens de ladite communauté montent à 90,000 livres, en y ajoutant cette créance de 10,000 livres, la masse montera à 100,000 livres. C'est pour la moitié de chacune des parties, 50,000 livres ; en précomptant à la partie débitrice, sur la part qu'elle doit avoir dans cette masse, la créance de 10,000 livres que la communauté a contre elle, et en lui délivrant pour 40,000 livres des autres effets de ladite masse, elle sera remplie de ses 50,000 livres, et il en restera 50,000 livres, pour la part de l'autre partie. »

Cette première manière seule nous intéresse ; mais débarrassons-nous d'abord du reste. « La seconde manière est que sans ajouter à la masse de la communauté la créance de la somme de 10,000 livres qu'elle a contre moi, je laisse l'autre partie prélever avant partage, sur les 90,000 livres dont la masse est composée, une somme de 10,000 livres pareille à celle dont je suis débiteur envers la communauté et que nous partagions ensuite les 80,000 livres restantes.

« Suivant cette seconde manière, j'aurai, comme dans la première opération, 40,000 livres, ma dette de 10,000 livres acquittée, ce qui fait 50,000 livres : et l'autre partie aura pareillement 50,000 livres savoir 10,000 livres qu'elle a prélevées et 40,000 pour sa moitié dans les 80,000 livres, qui après le prélèvement fait étaient restées à partager. »

Cette deuxième manière n'est pas suivie dans la pratique : elle repose sur le principe du prélèvement corrélatif au rapport en moins prenant entendu au sens de rapport fictif : cela ne veut pas dire qu'elle n'a jamais été appliquée, mais elle a disparu depuis l'époque déjà ancienne où la partie double s'est imposée ; depuis le jour où les deux successions paternelle et maternelle sont partagées séparément ; il est impossible que les mêmes praticiens, qui employaient la première, se soient servis de celle-là ; ces formes particulières, qui en elles-mêmes ne sont qu'un détail, dépendent de deux méthodes opposées.

Pothier cite une troisième manière qui s'appelait autrefois le mi-denier, et qui, elle aussi, n'a qu'un intérêt tout à fait rétrospectif : « S'il n'a pas été fait raison de cette dette lors du partage, je dois pour la moitié que j'ai dans les biens de la communauté faire confusion de la moitié de la dette de 10,000 livres, dont je suis débiteur à la communauté, et payer

5,000 livres à l'autre partie pour sa moitié; ce qui revient au même que les opérations précédentes. »

Ainsi présentée comme un moyen de rectification, cette troisième manière est de tous les temps. Mais les théoriciens de nos jours lui restituant son nom primitif de mi-denier, pour nous la présenter comme un moyen d'opérer dans le partage même, qui s'appliquerait encore, et tel, comme M. Laurent (tome 22) le faisant avec arrogance, j'ai été curieux de savoir d'où ils avaient tiré le mi-denier : je l'ai trouvé dans Loisel, Institutes Coutumières, livre 3, titre 3, règle 14 : « Mari ou Femme aïant melioré leur Propre ou réuni quelque chose à leur Fief et Domaine, ou fait quelque Ménage, qui regarde le seul profit de l'un d'eux, sont tenus d'en rendre le Mi-denier. » M. Laurent peut dormir tranquille : il y a beau temps que le Mi-denier est oublié comme moyen de procéder dans le partage même, parce qu'il est incompatible avec la liquidation par évaluation de l'actif net, qui, elle, est nécessaire.

Revenons maintenant à la première manière, et à l'exemple qu'en a donné Pothier : l'exemple est exact en lui-même, mais il n'a que l'importance d'un cas particulier, celui de la partie double qui s'ignore : Pothier raisonne sur 100,000 livres et ne suppose pas de passif; ces 100,000 livres sont donc un actif net, une valeur, dont la moitié, 50,000 livres, est non pas une fraction, mais une proportion; parce qu'il n'a pas compris la partie double, Pothier n'a pas vu que le procédé qu'il expliquait suppose la défalcation du passif. Pour arriver à son résultat, il est obligé de n'en pas supposer; il supprime donc l'essentiel, sans s'apercevoir que son exemple en perd toute son importance. En fait, il applique la défalcation du passif sans s'en douter : il

raisonne sur un actif net, et grâce à la trop grande simplicité de
son exemple il fait dans sa tête un calcul qui pratiquement ne
peut être que le résultat d'une accumulation de chiffres : il opère
le rapport en compte qui dans son hypothèse aboutit à une
imputation, mais qui avec d'autres chiffres, d'après la méthode
exacte, aboutirait à l'obligation de payer, si la récompense due
par l'un des époux, au lieu de lui être attribuée, devait faute
d'actif suffisant être attribuée à l'autre, ou encore était affectée
à l'acquit du passif. En deux mots : le rapport en compte de la
récompense n'aboutit pas nécessairement à l'imputation, c'est-
à-dire au rapport en moins prenant.

Pour bien montrer en quoi consiste l'erreur d'observation
que Pothier a commise, il suffit de supposer un passif dont
nous augmenterons l'actif qu'il suppose lui-même, pour ne pas
changer ses chiffres. Prenons un actif de 150,000 livres, un
passif de 50,000 : défalquons ce dernier, nous retombons dans
l'exemple des 100,000 livres qui cette fois sont bien un actif
net, dont la moitié, 50,000 livres, n'est qu'une simple proportion. Maintenant il est aisé de comprendre que suivant l'importance du passif et aussi de la récompense due à l'époux, le
résultat du partage sera différent et aboutira soit à une
imputation totale entraînant le rapport en moins prenant, soit
à une imputation partielle obligeant au paiement de la différence : Si nous prenons l'exemple des 100,000 livres, comme
actif brut cette fois, et que nous supposions un passif de 90,000,
il n'en restera plus que 10,000 comme actif net : l'actif existant étant absorbé par le passif, les époux n'auront à se partager
que la valeur de la récompense, ce qui veut dire que l'époux
débiteur devra en payer la moitié à l'autre, aussitôt les comptes

arrêtés. Ce qui est destiné à l'acquit du passif, reste dans l'indivision; un des copartageants, généralement celui qui adminis-
trait, reçoit les pouvoirs nécessaires pour faire le règlement,
dont il doit ensuite rendre compte.

Or les théoriciens, malgré l'existence d'un passif, ne modifient
pas l'exemple de Pothier, parce que d'après leurs principes qu'on
a d'ailleurs aveuglément insérés dans le Code civil, le passif se
fractionne de plein droit, et par conséquent, ne doit pas entrer
en compte; et lorsqu'il s'agit d'attribuer la récompense à l'époux
qui n'en est pas débiteur, ils raisonnent comme si l'époux
débiteur était insolvable, ce qui est inexact. Le cas est le même
pour les deux époux : supposons la femme morte, et le mari en
présence des héritiers, que veulent ceux-ci? Leur part toute
nette ; ils disent au mari : Il nous revient 5,000 fr. nets, donnez-
nous-les, gardez le reste et payez les créanciers : quand vous
l'aurez fait nous vous demanderons des comptes définitifs.
L'attribution de 5,000 fr. à prendre sur la récompense signifie
donc seulement, 5,000 fr. à payer sans délai. Notez que si la
femme avait une somme à réclamer à la communauté, une
reprise en deniers devant s'opérer théoriquement avant partage,
cette reprise se trouve nécessairement comprise dans le passif
défalqué. Les héritiers auraient droit dans ce cas, à leur part
d'actif net et à cette reprise ; or, avec la méthode que j'explique,
lorsqu'un actif net peut être partagé, c'est que tout le passif
peut être payé, et même qu'il est pourvu au paiement. Les
créanciers, quels qu'ils soient, n'ont aucunement besoin d'un
tour de faveur, cette manière de procéder aboutissant au même
résultat qu'un prélèvement opéré en masse.

Les créanciers le savent bien : le mari les paiera et ils lui font crédit, s'il vaut ce crédit, si le gage est suffisant ; sinon, ils réclament le paiement immédiat, et s'ils ne l'obtiennent pas, s'opposent au partage, ce qui est leur droit : mais si tous ne peuvent être payés, que nous parlez-vous de partage ? Puisqu'il n'y a pas d'actif net, il ne reste à faire qu'une contribution au marc le franc entre les créanciers : les héritiers, comme tels, même acceptants, n'ont pas droit à un centime, ils sont seulement tenus de compléter le paiement du passif, puisqu'ils ont accepté.

Le mari, d'ailleurs, ne paiera pas aux héritiers 5,000 francs sans savoir ce qu'il fait, fiez-vous-en à lui ; et s'il les paie, les créanciers n'ont rien à craindre, et ils le savent bien aussi, car c'est la preuve que l'opération n'est pas dangereuse pour le mari, par cette raison bien simple que l'estimation de l'actif dans le partage a été modérée, et par conséquent inférieure à la valeur réelle. Donc, l'un des époux étant mort, le survivant après les comptes paie aux héritiers leur part nette, en espèces ou autrement, et la situation des créanciers est la même, parce que précisément on ne peut régler les comptes sans laisser de côté de quoi satisfaire les créanciers : il n'y a que les théoriciens qui puissent s'en étonner.

Au point de vue de la question des récompenses, pour l'exemple qu'il a posé, il importe peu que Pothier n'aie pas connu la partie double, mais il n'en est pas de même au point de vue des conséquences : la doctrine actuelle, interprétant le Code civil, est arrivée au résultat inverse, au rapport en nature des espèces, avant le partage, et n'a vu dans le mécanisme si mal relevé par Pothier, qu'une simple routine qu'on peut bien à la rigueur tolérer, mais seulement quand elle n'est pas nuisible, alors que ce procédé rétabli dans toute son exactitude est le seul réellement possible.

La doctrine est partie de cette idée que la loi a supprimé l'usage, et que dès lors il n'y en a plus : elle en a conclu que le Code civil doit paraître parfait, même s'il ne l'est pas, elle en a fait l'Arche qui doit sauver notre société mourante, et se croyant obligée de la défendre comme le prêtre défend l'autel, elle s'en est instituée la fidèle gardienne qui ne connait pas la critique, et nous l'épelle pieusement, ainsi qu'un livre saint. Sur ses obscurités et ses contradictions, elle a jeté comme un manteau le tissu fragile mais brillant de ses systèmes. Incapable de reconnaître que le Code civil puisse contenir la plus minime des erreurs, à moins que ce ne soit nécessaire pour ses théories, elle a cherché de bonnes raisons pour toutes celles qu'il contient, et elle les a trouvées : ainsi la loi nous est présentée sous un angle faux ; là où il n'y a de place que pour le bon sens et la critique, on met le respect aveugle et le parti pris de l'admiration.

Je suis loin de méconnaître l'importance et l'utilité des systèmes, pour interpréter les textes et déterminer leurs cas d'application, et pour en faire ressortir la contradiction, s'il y en a une ; l'École serait ainsi le guide du législateur, et par l'enseignement créerait des courants d'idées vers le progrès, tandis qu'elle moisit dans la plus antique des routines.

Dès qu'on quitte les principes, dès qu'on passe à la question de forme, avec la ferme intention de trouver la loi parfaite, et de l'imposer malgré tout, en cherchant des motifs apparents, des excuses à ses contradictions et à ses impossibilités, les systèmes ne sont que jeux d'esprit, quelquefois une explication toujours inutile, le plus souvent une échappatoire; et bien loin de rendre pratique une forme qui ne l'est pas, ils n'aboutissent qu'à une exagération qui la condamne. La doctrine qui ne veut pas concevoir le rapport de la valeur, parce qu'elle y verrait une apostasie, a exagéré le rapport en nature, et cette exagération l'a conduite à l'extraordinaire théorie du rapport en nature des espèces, de la monnaie, avant et pour le partage.

La récompense en nature! Le rapport effectif des deniers, au lieu de faire des comptes! Ah! il ne nous manquait plus que cela! Le Code civil pourtant dit seulement rapport, sans spécifier de forme : « C. C., 1468. Les époux ou leurs héritiers « rapportent à la masse des biens existants tout ce dont ils « sont débiteurs envers la communauté à titre de récompense « ou d'indemnité, d'après les règles ci-dessus prescrites, à la « section II de la 1re partie du présent chapitre. » Or à la section indiquée, qui a pour titre : « De l'administration de la communauté, et de l'effet des actes de l'un ou de l'autre époux relativement à la société conjugale, » section d'ailleurs trop longue pour être relatée ici autrement que pour mémoire, parce que ce serait inutilement, il est question de tout ce qu'on voudra, mais nullement de la forme du rapport. Passons à l'article suivant : « C. C., 1469. Chaque époux ou son héritier « rapporte également les sommes qui ont été tirées de la commu- « nauté, ou la valeur des biens que l'époux y a pris pour doter « un enfant d'un autre lit, ou doter personnellement l'enfant « commun. » Notez encore l'article 869 : « Le rapport se « fait en moins prenant dans le numéraire de la succession. « En cas d'insuffisance, le donataire peut se dispenser de « rapporter du numéraire en abandonnant, jusqu'à due concur-

« rence, du mobilier, et à défaut de mobilier, des immeubles
« de la succession. »

De tout cela la doctrine n'a cure, elle a peut-être raison,
mais elle a tort d'ajouter au mot rapport, employé par l'article 1468, ces deux autres mots, en *nature*, qui n'y sont point,
et alors que le mot *valeur* est employé par l'article 1469 et que
l'article 869 parle de rapport en moins prenant. Comment, par
quel aveuglement, n'a-t-elle pas vu qu'appliquer sa théorie, si
c'était possible, serait tout simplement retourner à l'époque
heureuse où nos pires ancêtres réglaient les comptes sur leurs
doigts? Il y a trop de siècles que les hommes en ont perdu
l'habitude, depuis qu'ils connaissent et pratiquent l'arithmétique.

La doctrine répond-elle que le système du Code lui-même
conduit à ce résultat? S'il en est ainsi, cela montre seulement
combien ce système est vicieux : du reste, cette théorie du
rapport des espèces est non seulement inefficace, elle est même
d'une réalisation toujours impossible pour la femme à qui tous
les régimes de communauté font perdre la propriété de ses
biens fongibles dont la monnaie est le type ; comment la
femme pourrait-elle faire le rapport en nature? Le mari aussi
serait dans le même cas, s'il n'avait à sa disposition les espèces
de la communauté qu'il administre ; mais si la communauté
est insolvable, ce qui peut arriver, comment fera-t-il lui-même
cet extraordinaire rapport? Enfin, quand bien même cette manière puérile de procéder serait possible, comment pourrait on
faire le rapport en nature d'une récompense indéterminée?
Or, les récompenses indéterminées sont dans la pratique aussi
banales que l'imputation alternante de l'avancement d'hoirie,
puisque l'une est la cause des autres.

La doctrine, il est vrai, admet le rapport en moins prenant
tel que Pothier l'avait entendu, mais seulement à titre exceptionnel, et parce que c'était l'avis de Pothier : elle réserve et
maintient son principe. Ainsi, elle qui est si hardie dans la
spéculation pure, en est encore à nous apprendre, quand il s'agit
de régler un compte, la vertu du rapport matériel de la monnaie,
comme s'il s'agissait de la vertu dormitive de l'opium. Depuis
un siècle elle s'en tient là sans en démordre : de la loi humaine,
elle a voulu faire une loi presque divine, une loi infaillible en
lui donnant la grâce qui lui manque ; la pratique, hélas ! est
obligée de rester sur la terre : voilà pourquoi théoriciens et praticiens ne s'entendent ni se comprennent.

La pratique ne peut pas suivre les fantaisies de son imagination, ses règles sont plus sévères : dans la liquidation, il n'est
fait et ne peut être fait que des rapports de la valeur. Après les
comptes établis, seul leur solde permet d'exiger le payement,
et le rapport en compte, le rapport sur le papier, comme l'appellent les théoriciens étonnés, est une simple valeur dont
l'addition permet précisément de régler les comptes. C'est, en
effet, le seul moyen employé, le seul qui puisse l'être, parce
qu'il rentre dans la partie double ; sous les modifications que
j'ai indiquées, c'est le procédé expliqué par Pothier. Les théoriciens peuvent, si cela leur plaît, appeler rapport fictif ce que
j'appelle rapport de la valeur, mais ils dépassent toute mesure,
quand ils nous apprennent que les praticiens ont d'autres moyens
de réaliser le rapport fictif : ceux-ci ne sont pas si habiles, ils
n'ont qu'un tour dans leur bissac ; les théoriciens en connaissent
d'autres. Voici comment s'exprime l'un d'eux, M. Baudry-Lacantinerie, Précis de droit civil, tome 3, sur l'article 1468 : « Le

rapport fictif ne se fait que sur le papier, il peut s'opérer de trois manières. Et après avoir donné les trois manières qui sont précisément celles de Pothier, il continue :

« Telles sont les diverses variantes du rapport fictif. On a pu constater qu'elles conduisent exactement au même résultat que le rapport réel, mais par une voie plus simple ; et c'est toute la légitimité du rapport fictif, qui n'est qu'une combinaison imaginée par les praticiens pour simplifier les opérations de la liquidation. *La règle, c'est le rapport réel; la loi ne parle nulle part de rapport fictif.* Le liquidateur peut imaginer toutes les combinaisons qu'il voudra pour éviter les complications du rapport réel, mais à la condition qu'elles n'en *troublent* pas *l'économie.* »

On comprend très bien en lisant cela, que si la loi disait 2 et 2 font 5, M. Baudry-Lacantinerie n'en douterait plus. Des trois procédés qu'il nous cite, aucun n'est conforme à la réalité : il faut le féliciter cependant ; comme il ne peut ignorer l'article 869 et qu'il affirme pourtant que la loi ne parle pas de rapport fictif, c'est donc qu'il a trouvé, lui aussi, une distinction entre le rapport fictif et le rapport en moins prenant ; il ne le dit pas, mais il le sous-entend ; tout de même il reconnaît enfin que ce qu'il appelle rapport fictif est plus simple que le rapport réel, mais il faut s'étonner qu'à ce propos il ne nous ait pas indiqué les cas où *le rapport fictif trouble l'économie du rapport réel,* car il doit s'en trouver. Ces cas ne sont pas nouveaux, ils se réduisent à celui où le débiteur de la récompense est insolvable : il est bien sûr que le rapport en compte ne peut pas lui donner de crédit. C'est sur cette pauvreté que la doctrine a édifié tout son système, sans faire attention à cette vérité de La

Palisse, que celui qui ne pourra pas payer après le partage, ne le pourrait pas non plus avant : On voit quelquefois un copartageant réclamer à un autre le solde d'un compte, on n'en a jamais vu demander en justice le rapport de la monnaie pour le partage.

Pourquoi M. Baudry-Lacantinerie ne s'est-il pas abstenu aussi de nous parler de la compensation ? On en use certainement dans la pratique et même beaucoup : mais on ne l'y entend pas comme lui ; on y distingue soigneusement les sommes qui doivent être additionnées ensemble, de celles qui doivent être retranchées l'une de l'autre, pour l'évaluation de l'actif net et le calcul de la proportion ; en d'autres termes, on y observe les règles de l'addition et de la soustraction, ce dont les théoriciens ne paraissent pas trop se préoccuper : aussi arrivent-ils aux hypothèses les plus abracadabrantes qu'ils nous citent comme des faits pratiques. La compensation est le levier de la liquidation, son principe le plus important après celui de la défalcation du passif (voir 1re partie, pages 66 à 77); mais n'ayant jamais compris celui-ci, les théoriciens ne peuvent pas comprendre la compensation : ils connaissent de la pratique seulement ce qu'en a dit Pothier qui du reste l'a lui-même bien mal comprise ; toutes leurs hypothèses peuvent-elles prévaloir contre les règles de l'arithmétique ?

Voici la citation complète de M. Baudry-Lacantinerie, afin que le lecteur puisse contrôler : il trouvera d'ailleurs les mêmes principes et les mêmes exemples dans tous les auteurs, car ils se répètent tous, y compris M. Guillouard, de la Faculté de Caen, malgré qu'il dise en quelque endroit que les notaires font bien de liquider en même temps communauté et succession.

« Le rapport dont il vient d'être parlé peut être réel ou fictif.

« Le rapport réel consiste à verser effectivement dans la masse la somme représentant l'indemnité due à la communauté. Ainsi les biens existants consistent en une somme de 10,000 francs, le mari doit une récompense de 2,000 francs à la communauté. Si l'on procède par la voie du rapport réel, le mari versera 2,000 francs dans la masse, qui se trouvera ainsi portée à 12,000 francs ; chaque époux en prendra la moitié, soit 6,000 francs.

« Le rapport fictif ne se fait que sur le papier ; il peut s'opérer de trois manières :

« 1° En ajoutant à la masse des biens existant en nature le montant de la créance de la communauté contre l'époux débiteur, et en la lui précomptant sur sa part. Ainsi, en reprenant l'exemple ci-dessus, on dira : 10,000 francs de biens existants, plus la créance de 2,000 francs appartenant à la communauté contre le mari; cela fait 12,000 francs. Voilà la masse partageable. Sur ces 12,000 francs on attribuera 6,000 francs en argent à la femme ; il restera pour le mari un lot de 6,000 francs ainsi composé : 4,000 francs en argent, plus la créance de 2,000 francs dont il est débiteur envers la communauté. On lui donne cette créance en paiement jusqu'à due concurrence. C'est bien plus simple que de faire verser au mari 2,000 francs dans la masse pour lui en donner ensuite 6,000.

« 2° En faisant prélever sur la masse, par l'époux non débiteur, une somme égale à celle que son conjoint doit à la communauté. Ainsi dans notre espèce la femme prélèvera 2,000 francs sur la masse, et les 8,000 francs restants se partageront par moitié entre les deux époux.

« 3° En employant le procédé connu dans la pratique sous le nom de mi-denier : On partage la communauté comme s'il ne lui était rien dû, sauf ensuite à l'époux débiteur à faire confusion, pour la moitié qu'il a dans les biens de la communauté, de sa propre dette et à payer l'autre moitié à son conjoint. Ainsi, en reprenant l'exemple sur lequel nous avons raisonné jusqu'ici, chaque époux prend la moitié des biens existants, soit 5,000 francs, et le mari paie 1,000 francs à la femme.

« Telles sont les diverses variantes du rapport fictif. On a pu constater qu'elles conduisent exactement aux mêmes résultats que le rapport réel, mais par une voie plus simple; et c'est là toute la légitimité du rapport fictif, qui n'est qu'une combinaison imaginée par les praticiens pour simplifier les opérations de la liquidation. La règle c'est le rapport réel; la loi ne parle nulle part du rapport fictif. Le liquidateur peut imaginer toutes les combinaisons qu'il voudra pour éviter les complications du rapport réel, mais à la condition qu'elles n'en troublent pas l'économie.

« Nous avons supposé qu'un seul des époux était débiteur d'une récompense envers la communauté. S'ils sont débiteurs l'un et l'autre, ils peuvent se faire raison de plusieurs manières :

« 1° *Par la voie du rapport réel, qui en pratique ne sera guère employé, mais qui doit encore ici servir de type à toutes les autres combinaisons.*

« 2° En ajoutant à la masse des biens existants le montant des diverses créances de la communauté contre l'un et l'autre des époux, et en précomptant à chacun d'eux sur sa part les créances dont il est débiteur. Ainsi les biens existants consistent en une somme de 10,000 francs; le mari doit une récom-

pense de 4,000 francs à la communauté, et la femme une récompense de 6,000 francs. On dira : 10,000 francs + 4,000 francs
+ 6,000 francs = 20,000 francs. Voilà la masse partageable,
dont chaque époux doit avoir la moitié, soit 10,000 francs. Le
lot du mari sera composé de la créance de 4,000 francs, dont il
est débiteur, plus de 6,000 francs en argent, total 10,000 francs.
Celui de la femme comprendra la créance de 6,000 francs dont
elle est débitrice, plus une somme de 4,000 francs, total égal
10,000 francs.

« 3° On peut faire jusqu'à concurrence compensation des
dettes de chaque époux envers la communauté. Ainsi, dans
l'espèce précédente, on dira : Le mari devant une récompense
de 4,000 francs à la communauté, et la femme une récompense
de 6,000 francs, compensation faite, la femme reste débitrice de
2,000 francs. Par suite on procédera comme s'il n'y avait
qu'une récompense de 2,000 francs due par la femme. Si les
récompenses dues par chaque époux s'élèvent à un chiffre égal,
la compensation sera complète, et on procédera comme s'il
n'était rien dû de part ni d'autre.

« *Mais ici revient l'observation faite il y a quelques
instants. La loi ne connaît que le rapport réel; tout autre procédé ne peut être employé que comme moyen de simplification
et à la condition de ne pas troubler l'économie du rapport
réel, c'est-à-dire à la condition de conduire finalement au
même résultat que lui.* C'est ainsi que le mari pourrait s'opposer à l'emploi du procédé de la compensation, s'il avait pour
effet de réduire la masse partageable à un chiffre inférieur au
montant des reprises de la femme, et que celle-ci demandât le
paiement du surplus sur les biens personnels du mari (art. 1472).

Exemple : il y a 10,000 francs de biens existants; le mari doit à la communauté une récompense de 10,000 francs, la femme une récompense de 10,000 francs également; en outre, les reprises de la femme s'élèvent au chiffre de 30,000 francs. Si on procède par voie du rapport réel, on arrive à une masse de 30,000 francs, qui suffit à l'exercice des reprises de la femme; le mari en est quitte pour le paiement des 10,000 francs qu'il doit à la communauté. Supposons au contraire que l'on procède par la voie de la compensation; les deux récompenses se balançant, on ne trouve plus qu'une masse partageable de 10,000 francs, et, ce chiffre étant inférieur de 20,000 francs au montant des reprises de la femme, on serait conduit à dire que le mari doit payer cette dernière somme à la femme sur ses biens personnels (art. 1472). *Le mari, auquel dans l'espèce le procédé du rapport réel permet de ne débourser que 10,000 francs, a le droit de repousser tout autre procédé qui conduirait à un résultat différent.* »

Les théoriciens sont bons diables; quoiqu'ils en aient, ils supportent les procédés de la pratique, et même ne s'arrêtent qu'à l'extrême limite de la tolérance, celle qu'on ne peut point dépasser, puisque leur magnanimité qu'on pourrait à bon droit qualifier d'excessive, vu la rigueur des lois, ne cesse que lorsqu'elle devrait autoriser ce qui paraît à ces braves gens une évidente injustice. Malheureusement, toute la peine qu'ils ont prise, pour équilibrer sur des textes malvenus un système acceptable, n'arrive qu'à cet extraordinaire résultat dont il faut bien faire ressortir l'absurdité, mais sur lequel il serait cruel de trop insister, de dire qu'il est des cas où l'on paie moins avec le rapport matériel de la monnaie qu'avec le rapport de la valeur sur le papier ; pourquoi aussi font-ils des hypothèses, quand ils n'auraient qu'à ouvrir les yeux et regarder? Rassurez-vous : ils ont peut-être perdu le nord, mais non point la logique ; leur système est la conséquence judicieuse de cet article de foi, d'après lequel, le passif se partageant de plein droit, ne doit pas entrer en compte ; il est en même temps la preuve qu'ils raisonnent très bien, dès qu'ils ne nous parlent plus de l'actif net ; ils ne déraisonnent et ne font de galimatias que lorsqu'ils en parlent : mais il ne suffit pas de raisonner. Alors même qu'ils parviendraient à justifier leur procédé du rapport des récompenses, le résultat n'en serait pas moins démonstratif ; leur système est peut-être légal, mais en tous cas il est absurde.

Pour le dernier état de la question, voir M. Huc, tome 9 (1896), page 364, n° 309 ; il nous dit lui aussi sur l'article 1468 à propos du rapport des récompenses : « Ces rapports peuvent avoir lieu soit d'une manière réelle, c'est-à-dire en nature, soit d'une manière seulement fictive. C'est le rapport en nature qui est la règle. » Il y apporte ensuite les mêmes restrictions que M. Baudry-Lacantinerie et nous cite deux arrêts : Caen, 9 juillet 1889, Dalloz, 1890-2-137, avec une note de M. de Loynes, de la Faculté de Bordeaux ; et Cassation, 23 juin 1869, Dalloz, 1870-1-5, avec une note de M. Ch. Beudant, de la Faculté de Paris. Enfin si l'on veut être complètement édifié, on peut lire dans le *Journal du Notariat*, année 1899, n°s 47 et 48, l'article de son rédacteur en chef, sur un arrêt de la Cour d'Angers, rendu le 30 novembre 1897 et maintenu par la Cour de cassation (arrêt de rejet du 8 novembre 1899). Il est plaisant de retrouver débitées par tranches, les théories de la doctrine, dans un recueil qui se dit pratique; je dois le reconnaître, à ma confusion, M. Bonnet triomphe aisément, avec un syllogisme, mais il semble bien que si le syllogisme est l'art de raisonner indéfiniment, il n'empêche pas de raisonner quelquefois à côté, tout au moins, quand il est basé sur des métaphores. Assurément la casuistique ne paraît avoir guère rien de commun avec l'analyse ni avec la synthèse, mais c'est une très grosse question que de décider si l'arithmétique est légale.

TROISIÈME PARTIE

CHAPITRE PREMIER

ORIGINE DE L'IMPUTATION ALTERNANTE

Nous avons maintenant fait le tour de la question du partage et l'on doit voir que l'imputation alternante de l'avancement d'hoirie constitué par donation conjointe, est pour la pratique, le grand principe, un cheval de bataille. Quelle en est donc la première origine ? La Coutume de Paris, rédigée en 1510 par Thibault Baillet et Roger Barme, a été réformée en 1580 par Christofle de Thou : l'ancien article 123 qui a été supprimé et remplacé par l'article 304, sert de lien entre ce dernier et la décision 236 de Jean des Mares dont Laurière nous a déjà fait apprécier toute l'importance, au sujet de l'origine de l'avancement d'hoirie. Pour retrouver celle de l'imputation alternante, il faut avoir ces trois textes réunis sous les yeux ; leur rapprochement fait saillir les différences.

I. — Décision 236 de Jean des Mares.

« Se enfans sont mariez de *biens communs de père et*
« *de mère* et autres enfans demeurent en celle, c'est à dire, en
« domicile de père et de mère, iceux enfans renoncent taisi-
« blement à *la succession de père et de mère*, ne ni puent

« rien demander au préjudice des autres demeurans en celle,
« supposé qu'ils rapportassent ce que donné leur a été en
« mariage, car, par le mariage, ils sont mis hors la main de
« père et de mère, si ce n'est que par exprès il eut été réservé,
« au traitié de mariage, que par rapportant, ce que donné leur
« a été en mariage, ils puissent succéder à *leur père et mère,*
« avec leurs frères et sœurs qui sont demeurez en celle : Et si
« tous les enfans avaient été mariez, *vivant père et mère,* et au
« traitié de leur mariage ait été dit que par rapportant, etc...
« comme dit est : Toutesfois après *la mort de père et mère,*
« ils viengnent à *la succession d'iceux* sans rapporter ; car il n'y
« a nuls enfans demeurez en celle, mais tous sont de pareille
« condition, c'est à sçavoir mariez. »

II. — Article 123 de l'ancienne Coutume.

« Enfans mariez de *biens communs de père et de mère*
« après *leur trépas* peuvent venir à *leurs successions* (au plu-
« riel) avec les autres enfans leurs frères et sœurs, qui n'ont
« esté mariez des biens desdits père et mère, en rapportant ce
« qui leur aurait esté donné en mariage ou moins prenant esdites
« successions. »

III. — Article 304 de la Coutume réformée.

« Les enfans venans à *la succession de père ou de mère,*
« doivent rapporter ce qui leur a été donné, pour avec les
« autres biens de ladite succession être mis en partage entre
« eux ou moins prendre. »

Rapprochez les mots en italique dans la décision de Jean des
Mares, et vous verrez qu'il considérait les deux successions du
père et de la mère comme une seule succession ; le partage n'en
était donc fait primitivement qu'après la mort de tous les deux,

parce que le rapport de l'avancement d'hoirie ne devait lui-même être opéré qu'après le trépas du dernier mourant du père et de la mère, à leur double succession indivise considérée comme une seule succession; ce que nous appelons aujourd'hui le rétablissement à la communauté, n'était que le rapport en compte fait à la masse totale. Nous avons vu que l'imputation alternante n'a pratiquement d'intérêt que si l'on partage séparément les deux successions : qu'au contraire, lorsque le partage a lieu sur les deux successions confondues, elle aboutit à l'imputation totale sur la masse totale. Elle dérive logiquement du principe du rapport intégral opéré après le décès du dernier mourant des donateurs, et nous allons en avoir la preuve par l'article 123.

Cet article dont j'ai trouvé la rédaction dans l'édition définitive des œuvres de Dumoulin, publiée il est vrai, après sa mort et après la réformation de la Coutume, contient les mêmes principes que la règle de Jean des Mares, sauf qu'il suppose : 1° la réserve, c'est-à-dire l'obligation du rapport de plein droit, sans mention expresse ; 2° la distinction des deux successions, mais non leur disjonction, car ces mots, *leur trépas*, doivent s'entendre logiquement du trépas des deux et non du trépas de l'un des deux; c'est de là qu'est sorti pratiquement le principe de l'imputation alternante, parce que les théoriciens, tous les admirateurs du droit romain, tous les détracteurs de l'usage, pour disjoindre à tout prix les deux successions, ont adopté la deuxième interprétation et voulu imposer l'imputation par moitié. Dans ces deux interprétations contraires se trouve aussi toute la différence des coutumes d'égalité et des coutumes d'option.

Dumoulin, qui seul a commenté l'article 123 ou, du moins,

qui est le seul dont le commentaire soit venu jusqu'à nous, nous a transmis des clauses de donation insérées aux contrats de mariage de cette époque ; elles ne sont pas nombreuses, il est vrai, mais la pratique est routinière : il lui faut des siècles pour modifier ses formules qui alors comme aujourd'hui devaient être sinon absolument identiques, du moins analogues pour tous les contrats, c'est-à-dire faites d'après les mêmes idées, tournant dans le même cercle. Or, les clauses que relate Dumoulin, obligeaient le donataire à faire le rapport intégral de l'avancement d'hoirie, après le trépas du dernier mourant des donateurs ; supposez qu'au décès du premier mourant, l'un des enfants demandât le partage, sans attendre la mort de l'époux survivant : pouvait-on diviser l'obligation du rapport ? et si oui, de combien le rapport était-il dû à la première succession ? Telles étaient les questions qui se posaient. Nous en avons la preuve dans les consultations que Dumoulin a mises à la suite de l'article 123, sous forme de commentaire :

Dans un contrat de mariage on trouve la clause suivante : « Accordé que lesdits mariez pourront venir si bon leur semble, « aux successions desdits père et mère, en rapportant *auxdites* « *deux successions*, ou moins prenant, lesdits dix huit cens « escus, et ou ils ne voudraient venir *esdites successions, après* « *le décès du dernier mourant*, prendront sur tous les biens « meubles et immeubles qui appartiendront auxdites deux « successions, la somme de quatre mil livres. »

Dumoulin nous gâte, car il nous donne aussitôt une autre clause analogue bien qu'un peu différente, avec le mot qui éclaire la difficulté : « *Filiæ datæ erant* dix mil livres, pour tenir droict de père et de mère, *salvo quod venire poterat ad succes-*

sionem patris et matris, en rapportant, si mieux n'aymaient, *filii masculi,* pour lesdites deux successions, lui suppléer cinq mil livres. *Masculus bene vult dare dimidiam summæ, et excludere à successione patris opulenta; sed eam vult admittere ad successionem matris onerosam. Respondi quod non potest dividere, licet casu oneroso filia posset : quia ipsa de damno vilando certat, sed masculus de lucro captando.* »

Ainsi dans ce deuxième exemple : une fille a été dotée de dix mille livres, pour lui « tenir droict de père et de mère, » sauf qu'elle pouvait revenir à *la succession des père et mère,* en rapportant, si mieux n'aymaient les enfans mâles, pour lesdites deux successions, lui suppléer cinq mille livres : or, il n'y a que deux enfants, le frère et la sœur, ce qui nous montre la généralité de ces clauses insérées dans les contrats, quel que fût le nombre des enfants. Donc le père et la mère sont morts, laissant deux héritiers : la fille dotée et un fils ; celui-ci veut bien donner à sa sœur, la moitié des cinq mille livres, *dimidiam summæ,* pour l'exclure de la succession paternelle qui est opulente, mais il consent à l'admettre à la succession maternelle qui est onéreuse, autrement dit, il refuse à sa sœur les autres deux mille cinq cents livres, et il entend bien encore l'obliger à rapporter à cette succession, la moitié des dix mille livres primitivement reçues. Dumoulin répond : *non potest dividere,* le frère ne peut pas séparer les deux successions, bien que la sœur pût y consentir, mais à son préjudice, d'où partage des deux successions en une seule masse, si la fille ne reçoit pas intégralement le supplément promis.

La rédaction de ces deux clauses nous montre clairement par le texte relaté, que les praticiens réunissaient les deux successions grâce à l'obligation du rapport après la mort du survivant, tout en les considérant et les indiquant comme distinctes; et c'est non pas eux, mais Dumoulin qui dans son Commentaire les réunit en une seule par le terme qu'il emploie, puisque à propos de la deuxième clause, il dit : ad *successionem patris et matris,* alors que la clause parle de *deux successions.*

Du principe primitif du rapport intégral de l'avancement d'hoirie, après le trépas du dernier mourant des donateurs, s'imputant sur la masse totale de leurs successions confondues, devait sortir, dès qu'il devint nécessaire de partager séparément les deux successions, le principe du rapport égal à la proportion de la part héréditaire dans la succession du premier mourant, s'imputant sur cette part, et réservant pour la deuxième succession, le rapport et l'imputation de l'excédent; Dumoulin se contente de nous dire qu'il n'est pas de l'avis du fils : a-t-il eu l'idée précise de l'imputation alternante telle que nous l'entendons? Il est permis d'en douter, j'irai même plus loin, il est probable que les praticiens d'alors n'en avaient pas eux-mêmes l'idée très nette, et que cette idée ne s'est précisée que plus tard, quand par une conséquence nécessaire, pour assurer l'application de l'usage et l'exécution de la volonté des donateurs, et pour arriver à l'égalité dans le partage, la pratique a dû transformer sa clause primitive du rapport intégral après le décès du dernier mourant, en celle du rapport indéterminé après le décès du premier mourant; cette transformation était nécessaire mathématiquement : il pouvait y avoir alors une raison toute spéciale qui n'existe plus aujourd'hui, l'exclusion de la succession à laquelle on ne rapportait pas ; il eût été inique, dans les exemples cités, que le droit de la fille pût être différent, suivant qu'il aurait plu au fils de séparer les deux successions, ou bien d'en opérer le partage sur leur masse totale comme les donateurs l'avaient prévu, et dans le premier cas, moyennant la dispense du rapport de la moitié de sa dot et le paiement de 2,000 livres (et de 2,500 livres au deuxième cas) d'exclure la fille de la succession qui est bonne et sur laquelle la dot aurait pu s'imputer entièrement, pour l'obliger ensuite à rapporter l'autre moitié à la succession qui est mauvaise, et dans laquelle elle perdra tout au moins une partie de son rapport qui serait de 900 écus au premier cas et de 5,000 livres au second, sans parler des 2,000 ou 2,500 livres qu'elle ne recevra pas. Le seul procédé logique, dès qu'il pouvait devenir nécessaire de disjoindre les deux successions, était l'imputation égale à la proportion de la part à recevoir dans la première succession, parce qu'elle permettait d'arriver par le partage des deux successions opéré séparément, au même résultat que par l'imputation totale opérée en une seule fois, sur les deux successions réunies en une seule masse.

Aujourd'hui qu'il n'y a plus de coutumes d'exclusion, l'imputation alternante est encore nécessaire, mais seulement dans l'intérêt des enfants non dotés. Elle empêche que l'enfant doté puisse rien toucher avant l'imputation de tout ce qu'il a déjà reçu; qui ne voit le résultat inique de l'imputation par moitié ? L'enfant doté ne rapportant à la première succession que la moitié de ce qu'il a reçu, pourra, si cette succession est avantageuse, toucher encore, au détriment de ses frères et sœurs qui ne pourront plus tard lui être égalés sur la deuxième succession si elle est mauvaise. Aussi les praticiens s'obstinent-ils à faire sur les deux successions réunies, tout en les partageant séparément, ce que de leur côté les théoriciens s'obstinent à ne faire sur chacune, que séparément et par moitié.

Autre exemple : que Dumoulin n'ait pas parlé d'imputation alternante dans les exemples précédents, cela prouve que la question ne s'en posait sans doute pas encore ; dans tous les cas, il s'est opposé à l'imputation par moitié, il était donc pour l'imputation totale ; il aurait sans doute opiné pour l'imputation alternante qui en est la conséquence, quand la question s'en serait posée ; et s'il ne nous l'a pas montrée dans son commentaire de l'article 123, telle que nous l'avons vue depuis, il a aperçu cependant le principe de la proportion, et il l'a appliqué théoriquement dans un exemple qui n'est qu'une hypothèse : Dumoulin suppose qu'un père ayant des biens situés dans le ressort de deux coutumes différentes, a doté sa fille sans que le contrat ait prévu la moindre des difficultés qui se poseront plus tard, en raison de la contradiction des coutumes, ou des divergences de de leurs textes.

Un père (veuf sans doute, à moins que cette expression soit une abréviation de celle de père et mère) riche de 20,000 livres, a 10,000 livres au Mans et le reste à Blois. Il case sa fille, qu'il dote de 2,000 livres, et meurt, laissant cette fille et un fils. Pour comprendre l'exemple, il faut se rappeler la distinction des coutumes en coutumes d'exclusion, coutumes d'égalité et coutumes d'option (voir 2ᵉ partie, chap. 7, page 226) : dans les premières, la fille dotée était exclue de la succession du donateur, à moins qu'elle n'eût été réservée par son contrat de mariage, ou rappelée postérieurement par le donateur à sa succession future. La fille se trouvait exclue par la coutume du Mans : là est tout l'intérêt de l'exemple, en se rappelant cependant que c'étaient seulement les filles nobles que la coutume du Mans excluait ; les roturières étaient, au contraire, si bien réservées, qu'elles ne pouvaient même en renonçant se dispenser du rapport.

La fille qui n'a touché que le dixième de la succession, le maximum pourtant de ce que le père avait pu lui donner, d'après les ordonnances royales, veut rapporter ses 2,000 livres pour recevoir une part plus forte ; comme elle ne peut hériter sur les terres du Mans, elle entend rapporter à la succession, non pas toute la somme qu'elle a reçue, mais seulement une valeur proportionnelle aux biens dont elle peut hériter : *Non vult totam summam conferre, sed solum pro rata bonorum in quibus succedit.* Dumoulin conclut qu'elle ne doit pas le rapport au prorata des biens dont elle est exclue, ce qui complète l'idée qu'elle doit le rapport seulement, *pro rata bonorum in quibus succedit,* de même, dit-il, que si elle était exclue de tout, elle ne devrait rien rapporter, soit parce que le père, en la dotant, a vraisemblablement tenu compte de toute la valeur de son patrimoine, soit parce que les coutumes d'exclusion doivent être entendues : *la dot congrue intacte.* Il me paraît incontestable que Dumoulin, adversaire résolu des coutumes féodales, entendait, par ces mots *salva dote congrua* », invoquer le principe romain de la légitime pour l'opposer à celui de l'exclusion, afin que la fille exclue grâce à une dot insignifiante, pût invoquer le droit à un complément, la légitime devenant ainsi la moindre part que la fille exclue devait toujours obtenir.

A première vue, on pourrait croire que l'exemple de Dumoulin s'applique à une seule succession, celle du père : il n'en est rien, et par cette seule succession, Dumoulin entend tous les biens indivis, tout le patrimoine, comme il le montre

par la suite de l'exemple, en modifiant les chiffres et en faisant
entrer en ligne, non seulement la succession de la mère, mais
aussi celle de l'aïeul : ce point est de conséquence.

« *Quid enim*, nous dit-il dans son extraordinaire patois, si
bona du Mans valent seize mil livres, *Bloesentia bona* quatre
mil livres, » et que la fille ait eu seulement 3,000 livres, ce qui
n'est pas la dot congrue s'il n'y a pas plus de trois enfants?
Le rapport de la totalité de la dot à la partie de l'indivision
soumise à la Coutume de Blois, rendrait inutile le droit que la
fille a d'hériter, parce qu'à Blois on déduit d'abord le droit
d'aînesse : ici encore Dumoulin admet que le rapport n'est
dû qu'au prorata du patrimoine à la succession duquel la fille
est admise, afin que le droit commun soit moins lésé : « *Puto
quod pro rata patrimonii ad cuius successionem admit-
titur, ut minus lædatur ius commune..... confert pro rata,* »
parce que, nous dit-il, la fille a été dotée et a dû être dotée
sur tout le patrimoine, eu égard à sa valeur totale, de même
que si elle avait été dotée par plusieurs : par le père, par la
mère et par l'aïeul « *quia dota est et dari debuit,-de omni
patrimonio seu contemplatione totius, quemadmodum quod
est dotata à pluribus, ut à patre et à matre et avo* ». Ainsi donc,
aux biens de Blois, la fille ne rapportera qu'une partie de sa
dot, à moins que (et cela nous montre bien que Dumoulin
entend les biens du Mans comme étant la succession paternelle), à moins que l'intention, soit expresse, soit même tacite
du père, n'ait été différente et qu'il n'eût voulu limiter sa fille
aux biens maternels (*ad materna*).

Sans aller plus loin, voilà cette fois un rapport indéterminé,
sans qu'aucun doute soit possible : mais est-ce bien le nôtre?

Non, il n'aboutit pas à l'imputation alternante. Dumoulin n'a vu que la proportion simplement arithmétique, entre deux masses indivises partagées en même temps, et il fait du principe de cette proportion, une application plus audacieuse que la pratique n'a jamais osé : dans le mécanisme mathématique que j'ai exposé, une première partie de la dot, primitivement indéterminée, s'impute sur la première succession, et la différence seulement sur la deuxième; Dumoulin ne propose le rapport *pro rata bonorum*, que pour arriver à la dispense de rapport d'une partie de la dot, qui reste en l'air et ne s'impute sur rien. La Coutume du Mans étant d'exclusion, la fille doit être dispensée du rapport total et ne rapporter qu'une partie, surtout si elle offre le rapport total, à la condition d'être admise à la masse totale des biens de Blois et des biens du Mans. C'est là aussi le raisonnement de la pratique, pour arriver par l'imputation alternante, au même résultat que par l'imputation intégrale, sur les deux successions réunies.

En somme, le système de la proportion tel que Dumoulin l'entend dans cet exemple, a pour but de faire recueillir à la fille plus qu'elle n'a reçu; or, pour cela, il lui permet de séparer les deux successions, de même que tout à l'heure il défendait au fils de le faire, au détriment de sa sœur : Voilà de mémorables finesses, et ce n'est pas d'aujourd'hui qu'on essaie de tourner le texte de la loi; il est vrai que c'était dans une intention équitable. Dans la pratique, le système de la proportion a pour objet de faire obtenir à chacun des enfants une part égale sur là masse totale des deux successions paternelle et maternelle, partagées séparément et successivement : la différence du but poursuivi explique la différence des procédés employés.

Si Dumoulin a émis le principe du rapport proportionnel, et l'a appliqué au partage d'un patrimoine territorial régi par des coutumes différentes, il y en a un autre, le rapport égal à la proportion qui déterminera la part héréditaire dans la première succession, le rapport indéterminé pouvant laisser un excédent, une différence à imputer sur la deuxième, mais il n'est pas dans l'œuvre de Dumoulin, et ne pouvait pas y être : il est né depuis, après sa mort, quand par la réformation du texte de la Coutume, et grâce à l'article 304, on est enfin parvenu à fendre définitivement la succession des père et mère, théoriquement du moins. La mention de la dot constituée en biens communs, que portait l'ancien article 123, a disparu ; on ne la retrouve plus dans le 304, et les deux successions du père et de la mère sont entièrement disjointes : il n'est plus question que d'une seule succession qui peut être indifféremment, celle du père *ou* celle de la mère. De cette dernière rédaction, les théoriciens ont pu, cette fois, tout à leur aise, en se mettant la tête sous l'aile, faire sortir la division par moitié du rapport et de l'imputation, la fente de l'avancement d'hoirie. Ferrière nous l'a si bien expliquée, qu'il est inutile d'y revenir. Maintenant que le lecteur la connaît, comme aussi sa cause, il peut voir le chemin que lentement et sûrement, la pratique a parcouru en quatre siècles : *Pratica non facit saltum*. Si pour l'instant nous laissons de côté l'exclusion, pour nous occuper seulement de la clause d'égalité, nous voyons que la Réformation de la Coutume, par l'article 304, a conduit la pratique à une modification profonde dans la forme de l'avancement d'hoirie, à une véritable transformation ; la clause primitive du rapport intégral après le trépas du dernier mourant est devenue celle du rapport indéterminé après le décès du premier mourant, avec l'imputation sur cette première succession, à proportion de ce que chaque enfant pouvait amender; c'est par abréviation, l'imputation sur la première succession à échoir. Cette petite révolution dans la formule s'est réalisée silencieusement sous la monarchie absolue, avant la Révolution française; tandis que le Code civil, depuis sa promulgation, n'a pu obtenir, lui, qu'un changement à peine sensible, une expression plus complète et plus précise quant au résultat, la clause d'imputation sur la première succession à échoir étant devenue ce qu'elle est aujourd'hui, celle de l'imputation d'abord sur la succession du premier mourant des donateurs, et pour l'excédent seulement, s'il y en a un, sur celle du survivant. La clause d'imputation alternante, bien que très ancienne, ne s'est généralisée que peu à peu, et nous avons appris par Rolland de Villargues, que même depuis le Code civil, il a existé des clauses tendantes à retarder le partage jusqu'après le décès du dernier mourant. Je ferai connaître toute ma pensée, en disant que malgré leurs apparentes différences, toutes ces clauses sont identiques, elles sont la même et n'en font qu'une, puisqu'elles arrivent au même résultat par les chiffres, à l'imputation intégrale sur les deux successions réunies, et non point à l'imputation par moitié, pas plus qu'à l'imputation sur la communauté qui, nous l'avons vu, se ramène à celle-là. Voilà comment, sous couleur d'une apparente équité, l'idée de l'imputation par moitié, la seule que les théoriciens aient jamais admise, et qu'à trois reprises successives les textes ont prétendu imposer, dérive d'une erreur mathématique, et comment l'imputation alternante a été inventée pour arriver avec beaucoup de peine au résultat qui, même aux temps

anciens où la règle de Jean des Mares faisait loi, s'obtenait aisément, comme aujourd'hui, avec l'aide du contrat de mariage,
par la liberté des conventions.

Ces faits révèlent l'importance capitale de la décision 236 de
Jean des Mares : il a posé le principe d'une coutume immémoriale, à un moment de son évolution, de l'usage antique qui
excluait les enfants, au jour de leur mariage, de la communauté
de biens familiale, exclusion dont le résultat était de laisser le
dernier-né seul à la maison paternelle : tel était à l'origine le
droit du juveigneur chez les Celtes ; cette exclusion a pris dans
la suite deux formes différentes, par la fusion des races et la
distinction des classes. D'une part, nous trouvons la tendance
à exclure les filles et les puînés, du jour de leur établissement,
l'aîné restant à la maison paternelle pour y perpétuer la race ;
de là devait sortir le préciput avec le droit d'aînesse ; l'exclusion
des autres enfants n'a jamais été définitive, que comme la conséquence d'un établissement convenable avec une dot à l'avenant,
ce qui constituait réellement un partage anticipé à forfait par
lequel l'enfant, en quittant la maison paternelle, touchait sa part
telle que la fixait le père de famille.

Dans un autre milieu, l'exclusion tend à n'être que tempo-
raire : l'enfant doté a touché une avance pour son établissement ; au décès du survivant des père et mère, tous les enfants
reviennent au partage en rapportant ou plutôt sans rapporter,
si les dots sont égales : c'est l'égalité parfaite.

Quoi qu'il en soit, les clauses d'avancement d'hoirie que
l'on trouvait dans les contrats de mariage, à l'époque de la
rédaction de la Coutume, telles que Dumoulin nous les a trans-
mises, nous montrent l'obligation du rapport pour être admis

au partage, mêlée à la faculté laissée aux mâles d'exclure les filles moyennant un complément, comme aussi au droit pour la fille de s'exclure elle-même en ne rapportant pas ; et si l'avancement d'hoirie entrainait en principe l'obligation de rapporter pour venir au partage, il laissait aussi la faculté de s'abstenir en ne rapportant pas, et de s'exclure en conservant la dot. Que se passait-il, en effet, dans la pratique ?

L'avancement d'hoirie équivalait à la réserve, c'est-à-dire à l'obligation de rapport, à moins qu'on ne s'abstint, et il devait déjà, alors comme aujourd'hui, se trouver dans tous les contrats de mariage. Mais comme la noblesse avait conservé l'antique forme de l'exclusion, dans les contrats de mariage des enfants nobles, le droit de revenir au partage en rapportant devait toujours se trouver réservé pour les mâles, à moins qu'ils ne s'abstinssent, c'est-à-dire qu'ils ne s'excluassent volontairement, et pour les filles, à moins que les mâles, leurs frères, ne les excluassent moyennant une somme fixée d'avance par les père et mère. Cette restriction faite, il n'y a exactement au fond de cet usage, qu'une alternative ; si vous partez de la réserve entendue au sens d'obligation au rapport, comme d'un principe, l'exclusion est une faculté : mais si au contraire, vous posez le principe de l'exclusion, la réserve cesse alors d'être une obligation pour devenir à son tour une simple faculté ; il n'y a pas d'autre différence. L'exclusion était devenue pour les deux successions réunies, ce qu'est aujourd'hui la renonciation pour chacune d'elles, à moins qu'elle ne fût, ce qui est encore bien possible, qu'un souvenir du droit romain lentement simplifié pendant les siècles qui se sont écoulés depuis l'invasion des Francs, jusqu'à la ruine définitive de la féodalité.

La rédaction de la Coutume, par l'article 123, devait faire disparaître à Paris, non pas le principe de l'exclusion, mais le mot seulement : Les nobles allaient bientôt la remplacer par la renonciation des filles dotées, aux successions futures de leurs père et mère, des deux successions à la fois ; il n'y a donc bien entre l'exclusion et cette double renonciation anticipée, qu'une simple différence de forme, et c'est bien aussi la preuve que dans l'assemblée des États, la noblesse, en acceptant la rédaction définitive de l'article 123, n'avait pas le moins du monde entendu renoncer à son usage immémorial. On le comprendra d'autant mieux, quand on saura qu'aux États-Généraux de la Vicomté de Paris, de 1510, les seigneurs féodaux, réclamant droit de justice sur leurs terres, se sont à peu près abstenus et ont fait défaut, à part quelques exceptions notoires, comme pour la Comtesse de Vendôme et le Grand Amiral de France ; si bien que la noblesse y était en majorité représentée par quelques douzaines d'ex-roturiers possesseurs de fiefs qui n'ont pas laissé passer une si belle occasion de jouer aux grands seigneurs.

Les roturiers, eux, n'avaient aucune raison pour adopter la forme de l'exclusion ; ils n'avaient point de biens nobles, et tant qu'ils restaient roturiers, ne connaissaient pas le droit d'aînesse. Les modifications postérieures de la clause d'avancement d'hoirie montrent que leur usage imposait l'obligation du rapport, c'est-à-dire l'égalité parfaite, par le partage des deux successions en une seule masse d'abord, ensuite par l'imputation sur la première succession.

La décision de Jean des Mares a donc une importance capitale : qu'en pensent aujourd'hui encore les théoriciens? Dans une étude sur le Don en avancement d'hoirie (Revue pratique, année 1861), Labbé ayant à cœur de laver les Réformateurs de la Coutume du reproche que leur fait a Pothier, « *d'avoir abandonné l'esprit de notre droit ancien, et d'en avoir seulement retenu la lettre,* » nous enseigne :

« La faculté de succéder en rapportant était évidemment « accordée à l'enfant qui était gratifié en avancement d'hoirie.

« Tel était encore le droit pratiqué aux xve et xvie siècles, « car les décisions de Jean de Mares ont été, suivant Brodeau, « la vive source dont on a tiré le cahier qui fut présenté aux « commissaires de l'an 1510, lors de la première rédaction offi- « cielle de la Coutume de Paris. »

« Ce projet contenait, au chapitre des successions, un ar- « ticle 123 ainsi conçu : « Enfans mariez de biens communs de « père et de mère après leur trépas, ne peuvent venir à *leur* « *succession* (au singulier), avec les autres enfans, leurs frères « et sœurs, qui n'ont esté mariez de biens communs desdits père « et mère, si par le traité de leurdit mariage faisant, ne leur a « esté réservé par leursdits père et mère. »

« Ainsi voilà une coutume qui a duré au moins deux siècles; « elle est sans doute respectable; elle ne peut encourir un « reproche de subtilité. Une méprise est possible dans l'inter- « prétation d'un texte, mais un usage se forme librement d'après « les besoins d'une époque. Il est bon ou mauvais suivant les « mœurs auxquelles il s'adapte. Mais il ne saurait être attribué « lui-même à une erreur de mots. Eh bien! d'après cette Cou- « tume des Prévosté et Vicomté de Paris, ce n'est pas le rapport « forcé des donations faites aux héritiers présomptifs qui est la « règle. C'est au contraire l'exclusion de la succession pater-

« nelle des enfants mariés et dotés. Les enfants qui sont restés
« au foyer paternel, dont le travail a sans doute enrichi ou sou-
« tenu la maison commune, ont seuls droit aux biens laissés par
« les père et mère.

« Dans la discussion qui a précédé la première rédaction de
« la Coutume de Paris, les gens d'Église, nobles et patriciens,
« ont été d'avis que l'article proposé devait être corrigé. »

Il l'a été; mais pour tout esprit non prévenu, il n'y a entre
les deux rédactions, celle du projet et celle du texte, qu'une
différence de forme, celle qui séparait les coutumes d'exclusion
et les coutumes d'égalité : la règle de Jean des Mares consacrée
par le projet, était simplement inversée dans la rédaction définitive de l'article 123. L'exclusion de l'enfant doté, à moins
qu'il n'eût été réservé, devenait la réserve à moins qu'il ne fût
exclu; et c'était là, moins un progrès effectif par l'admission du
principe de l'égalité parfaite, que la constatation de ce qui se
passait dans la pratique, l'approbation au moins apparente de la
forme usitée de l'avancement d'hoirie.

A quel mobile ont obéi les rédacteurs de la Coutume, en
inversant la règle de Jean des Mares dans la rédaction définitive
de l'article 123 ? L'assemblée des États a pu croire qu'elle
réalisait une réforme pratique, mais le but des rédacteurs, et tel
est bien l'avis unanime de l'École, de celle d'autrefois et de
celle d'aujourd'hui, a été de combattre l'usage par le droit
romain. On insérait dans la Coutume l'avancement d'hoirie,
c'est-à-dire l'obligation du rapport, pour faire brèche à l'usage
féodal, tout en feignant sans doute de régulariser la question
du relief. Toutes les mutations en ligne directe en seraient
exemptées ; mais ce n'était qu'une finesse, parce que cette

exemption avait en fait toujours existé. La mutation en ligne directe par voie de succession n'a jamais donné ouverture au relief : on lui assimilait dans l'usage la mutation en ligne directe par voie de donation, pourvu que la donation fût faite en avancement d'hoirie ; c'était l'extension du principe de la saisine, qui, pour la dévolution successorale, ressortait de l'adage : « le mort saisit le vif, » ce qui voulait dire : il n'y a pas d'interruption, par conséquent aucun impôt n'est dû, comme s'il n'y avait pas eu de mutation. La fiction de la saisine contient l'exemption du relief : par l'usage séculaire, elle s'étendait à l'avancement d'hoirie, et quand en rédigeant la Coutume on faisait dire à l'article 159 que toutes les donations en ligne directe seraient réputées faites en avancement d'hoirie, l'inversion du projet de l'article 123 qui marchait de pair avec la rédaction de l'article 159, ainsi présentée, ne pouvait gêner personne. On ne détruisait pas l'usage, au contraire, on le consacrait, puisqu'on introduisait dans le texte le principe de la saisine et de l'exemption du relief pour toutes les donations en ligne directe, principe qui est la raison d'être et l'origine de l'expression d'avancement d'hoirie. (Voir 2ᵉ partie, chap. 4, page 169.)

Cette largesse n'était qu'un trompe-l'œil : les réformateurs entendaient imposer le droit romain et faire de la succession unique des père et mère deux successions bien distinctes qu'on pût partager séparément, d'après la règle romaine que nul n'est tenu de rester dans l'indivision, règle très juste, tant qu'elle ne devient pas l'obligation d'en sortir malgré tous, et malgré soi.

Pour cela, il leur paraissait aussi très juste que le don fait en avancement d'hoirie par les père et mère fût rapporté par moitié à chacune de leurs successions ; la fente de l'avancement d'hoirie suivait la fente de la succession primitive ; mais ceux qui ont écrit la rédaction définitive de l'article 123, si telle était bien leur pensée, se sont gardés de le dire : ils auraient seulement ajouté des *s*, sachant d'avance tout le parti que d'autres pourraient en tirer. Le projet proposait : leur succession (au singulier), la rédaction définitive disait : leurs successions (au pluriel), et encore pas absolument, car le texte précis pourrait bien dire à la fois, oui et non. Il y a plusieurs rédactions connues de l'article 123 et elles sont différentes ; celle que j'ai déjà indiquée et qui se trouve dans l'édition complète de l'œuvre de Dumoulin, paraît la plus logique, la plus franche et la plus douteuse.

Tournet donne celle-ci : « Enfans mariez de biens communs de père et de mère, après leur trépas, peuvent venir à *leur succession* (au singulier) avec les autres enfans, leurs frères et sœurs qui n'ont esté mariez des biens communs desdits père et mère, en rapportant ce qui leur avait esté donné en mariage ou moins prenans *desdites successions* (au pluriel). »

Et Labbé cette autre : « Enfans mariez de biens communs de père et de mère (après leur trépas) peuvent venir à *la succession* (au singulier) avec les autres enfans, leurs frères et sœurs, qui n'ont esté mariez des biens communs desdits père et mère, en rapportant ce qui leur aurait esté donné en mariage, ou moins prenans *esdites successions* (au pluriel).

Dans ces deux dernières rédactions, il existe une contradiction évidente entre le commencement et la fin de l'article. puisque le mot succession y est d'abord employé au singulier, ensuite au pluriel. Labbé en adoptant la dernière ne pouvait ignorer les deux autres ; il ne nous a pas appris le motif qui l'avait déterminé dans son choix : il l'a prise sans doute dans le procès-verbal, mais peut-on s'en fier à lui ? il était totalement dénué de sens critique et n'a jamais discuté la valeur de ses documents. Mieux encore, il s'appuie sur l'article 125 de l'ancien Coutumier qu'il fait débuter ainsi : « Si par *le* père *et* mère, *ou* l'un deux,... » J'ai dû laisser de côté cet article dont l'importance est d'ailleurs accessoire, ne l'ayant jamais lu dans les éditions connues de l'œuvre de Dumoulin, posthumes et remaniées peut-être, que commençant ainsi : « Si par *le* père *ou* mère, *ou* l'un d'eux,. . », rédaction plus absurde encore, et ne rendant guère qu'une chose évidente, la falsification du texte, car la seule rédaction plausible est : « *Si par les père et mère ou l'un d'eux...* » Alors je me demande où un juriste comme Labbé a pu trouver sa belle assurance, avec la certitude.

Quel est le véritable texte de l'article 123 ? Les *s* ont-ils été ajoutés par les rédacteurs ou par les commentateurs ? Les rédacteurs en ont-ils d'abord risqué une paire à la fin de l'article, et les commentateurs complété plus tard les deux ? Cela ne manquerait pas d'originalité ; au point de vue de l'intention, les trois textes se valent ; après tout choisisse qui voudra, moi j'y ai gagné la conviction que rédacteurs et commentateurs avaient beaucoup de savoir-faire.

La pratique devait résister à la rédaction comme à l'interprétation judaïques de l'article 123, il le fallait bien. A la Réformation, on a cru l'écraser par l'article 304 dont la rédaction est moins ambiguë puisqu'elle fait un pas de plus, mais plus perfide encore. La disjonction définitive des deux successions paternelle et maternelle aurait été obtenue, grâce à des modifications précises et bien significatives, apportées par les Réformateurs au texte primitif de la Coutume. En même temps que l'article 123 ancien cédait la place au 304 qui était nouveau, le 159 ancien devenait le 278, mais avec un changement sensible. La rédaction primitive : « Quand *père et mère* ont donné à leurs enfans ou aulcun d'eux, aulcun héritage, tel héritage est réputé donné en advancement d'hoirie », devenait « meubles ou immeubles donnez par *père ou mère* à leurs enfans sont réputez donnez en advancement d'hoirie ». L'expression père et mère était remplacée par celle de père ou mère : et Ferrière qui ne nous l'avait pas dit ! (Voir 2ᵉ partie, chap. 4, page 163.)

De même pour l'article 17 devenu le 26 nouveau : L'ancien article 17 de la Coutume, relatif à l'exonération du relief, paraît avoir été ainsi conçu : « Item, le fils (auquel) *son père et mère,* ayeul ou ayeule ont donné aucun héritage tenu en fief, en advancement d'hoirie, ne doit que la bouche et les mains, au seigneur féodal dudit fief, ne plus que si ledit fief estait escheu par le trépas et la succession de ses *père et mère,* ayeul ou ayeule. » Il est à la Réformation, devenu l'article 26 avec la rédaction suivante : « Le fils auquel *le père ou mère,* ayeul ou ayeule ont donné aucun héritage tenu en fief, en advancement d'hoirie, ne doit que la bouche et les mains, au seigneur féodal, *encore que la chose donnée ait été évaluée ou qu'il renonce à la succession ou successions desdits père ou mère, ayeul ou ayeule, et que ladite portion vaille plus que sa portion hérédi-taire, ou que la chose lui soit baillée en payement de ce qui lui aurait été promis par contrat de mariage.* » Il y a dans ce dernier texte une expression qui est probante, celle qui parle de renoncer à *la succession ou successions desdits père ou mère :* Elle rend évidente la duplicité qui a présidé à la Réformation.

Enfin, la légitime introduite dans la Coutume par l'article 298, se trouvait mêlée à l'avancement d'hoirie par l'article 307. « Néanmoins (au cas) ou celui auquel on aurait donné se voudrait tenir à son don, faire le peut, *en s'abstenant de l'hérédité*, la légitime réservée aux autres enfans. » Grâce à ces expressions ambiguës, s'introduisait dans la Coutume le principe romain de la renonciation par l'enfant pour s'en tenir au don qu'il a reçu, mais cette renonciation s'appliquait à chacune des successions du père et de la mère, prise séparément. L'on doit bien voir à présent comment malgré le texte de la Coutume, la noblesse a pu maintenir l'usage de l'exclusion que les juristes voulaient supprimer : la renonciation anticipée par la fille dotée, aux deux successions encore futures de ses père et mère, produisait le même effet.

Maintenant que nous apparaît l'esprit dans lequel a été fait la Réformation, l'esprit des lois, comme disait Montesquieu qui n'y a vu goutte, il nous reste à examiner le procédé. Les trois ordres convoqués pour la Réformation de la Coutume se réunirent à Paris, dans la Grand salle de l'Évêché, le 22 février 1580 et jours suivants. Le procès-verbal de la Réformation de la Coutume contient ceci, *in fine :* « Et ledit jour, — 23 du mois de février, — voulant procéder à la lecture des coustumes de ladite Prévosté, Maistre Séguier, lieutenant de ladite Prévosté de Paris, après avoir fait entendre à l'assistance le bien que pourrait apporter la réformation et nouvelle rédaction desdites coustumes, a dit qu'ayant receu la commission et mandement du Roy, il aurait fait assembler, en la Chambre Civile du Chastelet de Paris, les officiers dudit lieu et anciens avocats et procureurs dudit Chastelet; lesquels,

après avoir plusieurs journées et vacations conféré ensem-
blement, tant des anciennes coustumes que de ce qu'ils avaient
vu juger en la Cour de Parlement et Prévosté de Paris, garder
et observer par commun usage, et qu'ils pensaient devoir être
ajouté, interprété, corrigé ou abrogé de ladite coustume, aurait
été dressé un cahier, duquel ils auraient envoyé copie aux
Prévosts de Corbeil, Montlhéry, Chasteaufort, Tournan, Gournay,
Poissy, Brie-Comte-Robert, La Ferté Aleps et autres sièges,
justices et juridictions de ladite Prévosté : Aucuns desquels, à
sçavoir lesdits Prévost et sous-Bailly de Poissy, Prévosts de
Montlhéry, Corbeil, Torcy, Chasteaufort, Tournan et Mont-
morency, auraient fait assembler les avocats et procureurs de
leur ressort, et en leur assemblée veu ledit cahier, et sur iceluy
dressé mémoires et avis de ce qu'ils pensaient devoir être receu
pour coustume, qu'ils auraient mis par devers luy. Et depuis
auraient été faites autres assemblées audit Chastelet, auxquelles avec lesdits officiers et procureurs audit Chastelet.
auraient été appelez et assemblez plusieurs avocats et procureurs anciens de ladite Cour, en présence desquels et par
leur avis, aurait été dressé le cahier d'articles des coustumes,
qu'il nous aurait présenté pour en faire lecture. » (En une autre
édition il y a : qu'ils nous présentaient.)

Aujourd'hui, nous connaissons trop bien les habitudes des
assemblées délibérantes : La Réformation de la Coutume de
Paris, dont le projet aurait été préparé au Châtelet, n'est guère
plus l'œuvre de l'assemblée des États, que nos lois ne sont celles
de nos assemblées parlementaires.

Pothier, dans son traité des Propres, section des Propres de
subrogation, nous dit sur l'article 385 de la Coutume d'Orléans,

d'après lequel l'immeuble acquis en échange d'un propre devient lui-même propre par subrogation, ce qu'aujourd'hui nous appelons un remploi : « Cette disposition de la Coutume d'Orléans, « étant fondée en droit et en équité, doit, quant aux deux « parties, être suivie dans la Coutume de Paris, et dans les « autres Coutumes, d'autant que celle d'Orléans ayant été « réformée après celle de Paris *par les mêmes Réformateurs* « et cette disposition étant un article de la Réformation, *elle* « *doit passer pour une explication de celle de Paris.* »

Par *Réformateurs*, Pothier entend donc ceux qui ont présidé l'assemblée ; que le projet eût été rédigé sous leur inspiration, ou qu'ils l'aient accepté tout préparé des procureurs du ressort, ils se sont fait présenter comme une humble requête par l'assemblée des États, ce qu'ils lui imposaient, ne demandant qu'un vote de confiance. Du reste la lettre patente de Henri III aux commissaires, porte ceci : « En présence et du consentement desquels Estats, vous enjoignons ou à trois de vous, pourveu que vous, premier Président (de Thou), soyez l'un des trois, de nouvel rédiger et accorder, et si besoin est, muer, corriger, augmenter et diminuer lesdites Coustumes ou parties d'icelles : Et faire bons procez verbaux des débats et oppositions qui seront faits, en procédant par vous, au nombre que dessus, à la rédaction et accord d'icelles, en la manière deüe et accoustumée. »

Par *les mêmes Réformateurs*, Pothier entend donc le Premier Président du Parlement de Paris et ses assesseurs : c'est le successeur de Christofle de Thou, Achilles de Harlay qui présida la Réformation de la Coutume d'Orléans. S'il est bien entendu que la Réformation des Coutumes de Paris et d'Orléans est l'œuvre du Parlement de Paris, de la noblessse de robe, dirigeante ou dirigée, restons-en à la Coutume qui nous intéresse, celle de la Prévosté et **Vicomté de** Paris.

Le procès-verbal de la **Réformation** que je connais seulement jusqu'ici par la copie qu'en ont donné au **dix-septième** siècle Tournet, Joly et Ch. Labbé dans leur commentaire de la Coutume, n'est qu'une longue énumération de toutes les personnes présentes, et des protestations faites non contre le texte de l'ancienne Coutume ou du projet de la nouvelle, mais bien contre son application territoriale au point de vue du ressort : il ne porte trace d'aucune discussion sur les questions qui nous intéressent.

« Et nous par l'advis desdits assistants, disent les commissaires, avons fait faire lecture de l'ancien Coustumier de ladite Prévosté et Vicomté de Paris, ensemble dudit Cahier à nous présenté, rapportant et faisant lire ledit *nouvel* sur chacun article dudit *ancien*. » Ainsi finit la première partie du procès-verbal.

La deuxième contient l'énumération des modifications apportées au texte, article par article, sans explications. Elle présente des particularités notables, et débute ainsi : « En procédant à la lecture des susdits cahiers et articles de la Coustume par l'advis des trois Estats, a esté l'intitulation mise comme il s'ensuit : « Coustumes de la Prévosté et Vicomté de Paris. »

Suit l'énumération, article par article. « Au premier article, commençant *le Seigneur féodal*, etc..... A la lecture du 122 article, commençant legs pitoyables, etc..... A lecture du 123 article, commençant *cens portant directe*, 124 commençant *le droit de cens* » etc....., L'article 123 dont il est question, c'était le nouveau : il n'est fait aucune mention de la disparition de l'ancien.

« A l'article 159, commençant *le fief venant*, qui estait le 183 de l'ancien Coustumier, etc.....» Aucune mention non plus n'est faite de l'ancien 159.

Il n'y a rien d'étonnant à ce que la suppression des articles 123 et 159 ne soit pas mentionnée, puisque le procès-verbal ne parle pas non plus d'autres articles également supprimés ; mais, et voilà ce qui est extraordinaire, il ne mentionne pas davantage les articles nouveaux 278 et 304 qui les remplaçaient. Est-ce pour que l'assemblée ne se doutât pas des modifications profondes qu'ils apportaient, pour qu'elle crût à de simples changements de numéros, comme par exemple pour les articles 302 et 303, qui étaient simplement les anciens 121 et 124, non modifiés ? N'est-on pas autorisé à prétendre que le complet remaniement apporté par la substitution des articles 276 et 304 aux anciens 159 et 123, a été fait à l'insu de l'assemblée, d'ailleurs ignorante et piteuse, le clergé ne songeant qu'à ses bénéfices, la noblesse qu'à ses privilèges, et le tiers-état à rien, sinon à faire de l'opposition aux deux autres.

Ce n'est pas tout : l'expression *père et mère* aurait été remplacée dans les nouveaux articles 26, 278 et 304, par celle de père *ou* mère, sans qu'il en soit nulle part fait mention ; cette modification est cependant très significative au point de vue de l'intention, et l'omission l'est plus encore. Ce serait l'excuse de Ferrière qui dans l'article 305, devait plus tard changer de son autorité privée, un *et* en *ou*, pensant sans doute qu'un *ou* de plus ou de moins n'était pas une **affaire**, alors surtout qu'il lui était si utile. Il n'effaçait qu'un péché ! Ne serait-on pas autorisé à prétendre que le cahier présenté à l'assemblée, de même que le procès-verbal de la Réformation, ont été rédigés avec l'intention évidente de tromper l'Assemblée des États, de l'empêcher de comprendre, au cas où elle en eût été capable, la portée des modifications qu'on lui a fait accepter sans qu'elle le sût, et de voir les *et* devenir des *ou* ? Ces modifications, le procès-verbal devrait les faire ressortir, les mettre en relief, parce qu'elles sont essentielles, tandis qu'il n'en parle pas. Y a-t-il eu escamotage, est-ce ainsi que la Coutume de Paris a cessé d'être par son texte, une coutume à la fois d'exclusion et d'égalité parfaite? Était-il nécessaire qu'elle fût ainsi démarquée, pour que les théoriciens aient pu en faire, comme a dit Pothier, le « droit le plus général du Pays Coutumier? » Est-ce enfin avec ces procédés que sous prétexte d'égalité, on a imposé le droit romain à la France? Ne le croirait-on pas avec raison? Laferrière. qui avait une façon originale d'écrire l'histoire, nous dit : « Les trois ordres de la province envoyèrent des députés et nombreux et distingués; parmi les commissaires à la rédaction se trouvaient des jurisconsultes d'un grand mérite, comme A. Loysel, l'auteur des Institutes Coutumières; Christophe de Thou présidait l'assemblée : et cependant les Réformateurs se bornèrent à corriger *certaines traditions vicieuses*, à modifier des expressions, à insérer dans les dispositions de la Coutume divers points de jurisprudence fixés par arrêts du Parlement. » Changer quelques *et* en *ou* c'est bien peu en effet.

Consultons maintenant les profanes : l'admirable historien qu'est Augustin Thierry, nous répète sur la foi de Laboulaye : « Ce travail de rédaction et en même temps de Réformation de l'ancien droit coutumier a pour caractère dominant la prépondérance du tiers-état, de son esprit et de ses mœurs dans la législation nouvelle. Un savant jurisconsulte en a fait la remarque, et il cite comme preuve les changements qui eurent lieu, pour les mariages entre nobles, dans le régime des biens conjugaux. A ce genre d'altération que les coutumes subirent presque toutes, se joignit pour les transformer la *pression* que le droit romain exerçait de plus en plus sur elles, et qui, à chaque progrès de notre droit national, faisait perdre à ce dernier quelque chose de ce qu'il tenait de la tradition germanique. » (Essai sur l'histoire de la formation et des progrès du Tiers-État.)

Le résultat est très clair : le texte de la Coutume en effet fut changé, mais la coutume ne changea pas : théoriquement, elle a cessé d'être à la fois d'exclusion et d'égalité parfaite, mais pratiquement l'usage n'a pas suivi les modifications qu'on lui imposait, et la Coutume de Paris est restée, malgré le texte, d'exclusion pour les nobles, et d'égalité pour les roturiers ; elle n'a jamais été d'exhérédation pour personne. L'exclusion a enfin cédé la place à la renonciation telle qu'on l'a tirée du droit romain et disparu définitivement, à la Révolution Française. Cet épisode inattendu de la guerre sourde du droit romain et de la coutume, de la noblesse de robe et de la noblesse d'épée dont les champions étaient, d'un côté, les procureurs, et de l'autre, les tabellions, marque la dernière étape du pouvoir absolu, l'arrivée inopinée du troisième larron, comme eût dit La Fontaine, qui les accorda net ; le droit absolu du Peuple souverain prima le droit divin du roi par un moyen aussi énergique que radical, la suppression de la personne, comme si le supplice du plus débonnaire des souverains devait être la rançon du meurtre du plus sincère des législateurs, de l'assassinat politique de Jean des Mares commis en 1383 par les grands vassaux de Charles VI. La monarchie théocratique a été punie par où elle a péché, en abusant du précepte machiavélique : Divisez pour régner. Mais aussi, quelle idée pour un roi, que de faire des serrures.

CHAPITRE II

COUTUME ET DROIT ROMAIN

On a partagé l'ancienne France, en pays de droit écrit et pays de droit coutumier, suivant une division artificielle qui se rapproche de la limite des langues d'oc et d'oil. En réalité, la France entière était pendant la période féodale régie par des coutumes dont l'esprit était différent comme l'origine. Parmi ces coutumes, dans les unes le droit romain modifié à travers les siècles avait prévalu ; dans les autres, nées de la fusion de races qui suivit l'invasion barbare, et d'où sortit la féodalité, les usages locaux avaient triomphé ; la dénomination de pays de droit écrit et de pays de coutumes a ceci d'étrange qu'on a réservé l'appellation de pays de droit écrit pour ceux du Midi de la France, dont les usages dérivés du droit romain ne furent pas rédigés, sauf quelques exceptions locales, une partie de l'Auvergne par exemple, tandis qu'on donnait celle de pays coutumiers aux pays du Nord, dont seules les coutumes furent recueillies et rédigées. Si après Charles VII, Louis XI en a eu l'intention, la réalisation effective de cette rédaction, après quelques essais antérieurs, n'a guère été accompli que sous

Louis XII, reprise et modifiée sous Henri III. Les pays dits coutumiers étaient excessivement morcelés, puisqu'il n'y a pas eu moins de 285 coutumes différentes, recueillies et rédigées; mais toutes n'avaient pas la même importance, et sauf pour les pays de législation très spéciale, comme la Normandie, la Coutume de Paris devait avec le temps devenir prépondérante et former une sorte de droit commun, non point par son texte et parce que cela pouvait plaire à quelques théoriciens, mais par l'usage et simplement parce que Paris est le plus grand foyer d'activité, le centre d'où les idées rayonnent.

A l'époque même où l'on entreprenait la rédaction des coutumes, se développait en France, avec Cujas, ce qu'on a appelé la renaissance du droit romain, la floraison de la glose importée d'Italie depuis plusieurs siècles, par Azo et Accurse; les textes latins exhumés révélèrent la loi d'une société puissante, parvenue à son dernier développement, mais d'une société morte, à nos juristes éblouis qui jusque-là n'avaient connu qu'un résumé du Code Théodosien, le Bréviaire d'Alaric; «ce fut, dit Portalis, une sorte de révélation. » Reprenant pour leur compte comme si elles étaient de la veille, les vieilles disputes des Proculéiens et des Sabiniens qui étaient tous morts et enterrés depuis des siècles, nos légistes prétendirent faire du droit romain le droit commun de toute la France. Pour les pays du Midi, il semble qu'il n'y ait pas eu de difficulté, puisque dès l'origine la loi romaine y était la loi commune, bien qu'il existât entre cette loi et les usages réels, la même différence qu'entre la langue latine et la langue d'oc. Dans les pays du Nord il n'en fût pas de même, et commença la longue lutte du droit romain et du droit coutumier; pour fonder l'autorité royale aux dépens de la féodalité, les légistes ont opposé le premier au deuxième : mais quand enfin la féodalité fut brisée, la question avait changé de face. Dans le droit coutumier, à côté des usages féodaux, il existait un autre facteur qui pour avoir gardé le silence, n'en avait pas moins une importance capitale, par sa tendance contraire au droit romain.

Ce facteur nouveau était l'usage d'une société également éloignée de la féodalité et de la vilenie, dans laquelle a son origine, si même elle n'en est pas la continuation directe, notre société actuelle de moyenne bourgeoisie. S'il est avéré que la noblesse d'origine s'est à peu près ruinée aux croisades, le Tiers-État avait bien déjà quelques Turcaret, comme il a aujourd'hui ses banquistes. Mais noblesse sans fief et bourgeoisie de médiocre fortune ont, malgré les idées différentes, bien des points communs, tout au moins les besoins toujours croissants, ceux d'une société beaucoup moins frivole qu'on n'est convenu de le dire, que ses habitudes polies rendent craintive, que le souci de parvenir, et sa hâte vers la richesse dispersent et désarment, en l'empêchant de rien voir au delà de son intérêt particulier et immédiat. La noblesse sans fiefs ne rêvait guère de féodalité, trop occupée à joindre les deux bouts ensemble, et s'embourgeoisant malgré elle, s'acheminait vers l'égalité. Son régime de mariage était la communauté.

L'origine de la communauté entre époux reste confuse : est-elle gallo-romaine ou même barbare, comme certains le prétendent, ou même celtique ? On peut la trouver où l'on veut, puisque Laurière l'a découverte dans le droit romain. On sait d'une façon certaine, d'après les textes si souvent cités de Beaumanoir et du grand Coutumier, que pendant la période féodale,

la communauté taisible, c'est-à-dire tacite, se constituait entre
serfs, par la codemeurance pendant l'an et jour : là-dessus,
quelques-uns ont prétendu que la communauté était d'origine
servile ; or, elle a un lien étroit avec l'avancement d'hoirie
qu'elle a précédé, et qui, lui, bien certainement n'a pas cette
origine. Communauté n'a jamais signifié que : indivision. La
communauté, c'est-à-dire la réunion des biens acquis et possédés
par les deux époux, ne se partageait pas entre eux quand ils
avaient des enfants. Pratiquement, après le décès de l'un des
époux, la communauté, l'indivision se continuait entre le survivant et les enfants non mariés ; et seulement après le décès du
survivant, la communauté ainsi continuée se partageait entre
les enfants non mariés seuls, et plus tard, entre tous les enfants,
ceux qui étaient mariés ayant été réservés. L'indivision totale
ne formait qu'une seule succession, la succession des père et
mère.

La communauté servile, celle des gens qui vivaient au même
chanteau et au même *piot*, parce qu'ils n'avaient pas autre chose
à mettre en commun que le pain et l'eau, avec le désenchante-
ment de leur vie de misère, n'en était que la grimace.

Dans cette première idée de la communauté, la société
moyenne qui se formait d'elle-même de ce qui monte et de ce
qui descend, destinés fatalement à se fondre, devait trouver le
lien d'une famille nouvelle, fondée sur une même tendance à
l'égalité des époux et à l'égalité des enfants. Pendant que la
monarchie écrasait la féodalité, l'humble praticien forgeait dans
le silence, par un lent mais invincible effort, à la fois contre le
droit féodal et contre le droit romain, l'unité précise qui relie
aujourd'hui la communauté d'acquêts à la forme mathématique

du partage, par l'imputation alternante de l'avancement d'hoirie. Ce dernier n'était pas une forme féodale, par cela seul que les gens de noblesse ont pu être les premiers à l'utiliser, et de ce que son origine serait féodale il en faudrait conclure, comme pour la communauté, qu'il s'est démocratisé. Le droit romain, avec l'institution d'héritier, avait la légitime, la part de sa succession que le père ne peut ôter à l'enfant; avec l'exclusion des filles, plus tard leur renonciation aux successions futures, la féodalité avait le droit d'aînesse ; et nous ne devons pas oublier que ce dernier, sous le couvert de la Loi Salique, a fait l'unité de la France. Les autres, en commençant par la noblesse sans fiefs, n'avaient que l'avancement d'hoirie, directement ou par le rappel ; et l'imputation alternante n'était que la forme modeste de donation, presque un expédient, employé par ceux qui tout en donnant peu donnent cependant beaucoup, ceux qui ne peuvent établir leurs enfants sans presque excéder leurs forces, ceux dont le dernier souci est la liberté de tester. Préciput de l'aîné, et avancement d'hoirie, le premier, principe politique, le deuxième, principe de droit privé, devenaient donc deux principes opposés, synthétisant deux courants d'idées étrangères l'une à l'autre, deux usages différents, unis seulement dans la rédaction de la coutume par la juxtaposition des textes.

L'avancement d'hoirie ne dépend pas du préciput; il existe par lui-même comme la forme nécessaire de l'égalité des enfants, mais il a le préciput pour exception, tandis que l'exclusion était le principe inverse de la réserve entendue au sens d'obligation au rapport et accompagnant le droit de revenir au partage. Comme l'avancement d'hoirie entraînait la réserve, il en résultait une conséquence nécessaire : l'enfant doté en avancement d'hoirie était réservé, même dans les coutumes d'exclusion, et Eusèbe de Laurière nous dit sous l'article 278, à propos de l'ancien 159 : « Dumoulin qui n'ignorait point la raison de cet article, était si persuadé de cette vérité, qu'il *a été jusques à soutenir que celui qui a eu en avancement d'hoirie, était obligé de se porter héritier ou rendre ce qu'il avait reçu*, mais ce sentiment a paru outré, ainsi qu'il se void par l'article 307 de la coutume. » Ce sentiment était peut-être outré pour ceux qui avaient réformé la coutume comme pour ceux qui la commentaient sans avoir compris l'avancement d'hoirie, mais il l'était moins pour l'usage que Dumoulin avait bien vu. Pour Dumoulin qui considérait la succession des père et mère comme une seule succession, la Coutume de Paris était d'égalité parfaite : Aussi devait-il enseigner, en principe, que le rapport de l'avancement d'hoirie était dû même par l'héritier renonçant : C'est là ce qui m'importe, car je n'ai à chercher chez Dumoulin, comme chez tous les autres, que des documents, des preuves ou des lardons. Pour moi qui étudie les faits et les expose en spectateur, en critique, qui suis parti de l'observation des faits actuels à la recherche de ceux d'autrefois, l'examen des textes et des systèmes ne présente qu'un intérêt de comparaison : L'étude de Labbé n'offre, à mon avis, aucun caractère scientifique, elle n'a que la valeur d'une opinion personnelle, du reste mal fondée, parce qu'elle ne l'est que sur des mots, et encore juridiquement interprétés, des mots qui ont bien pu autrefois être l'expression de la loi, mais qui en tous cas ne le sont plus ; elle n'est même un document qu'en ce qu'elle indique quel était sur cette question, le sentiment d'un professeur de Faculté en 1861, de même que pour savoir quel était ce sentiment en 1714, on peut lo chercher dans les ouvrages de Ferrière. Dans le même volume de la Revue Pratique (année 1861) un des confrères de Labbé à la Faculté de droit de Paris lui reproche d'avoir fait des recherches historiques, parce que, disait-il, elles étaient inutiles à la question qui les divisait : il s'agissait de l'imputation de l'avancement d'hoirie sur la réserve et la quotité disponible. Les recherches historiques ont cependant beaucoup d'intérêt pour suivre la formation et l'évolution d'une idée ; à ce point de vue l'étude de Labbé est pitoyable, parce qu'il ne s'est occupé que des textes, et bien loin de chercher leur relation avec les faits, a dénaturé ces derniers qu'il ne connaissait pas. Mais que dire de son confrère ? Celui-là surtout n'avait pas l'habitude de la comparaison, ni l'esprit des sciences exactes.

Relisons donc l'article 307 ajouté lui aussi, si on se le rappelle, au texte de la Coutume, en 1580 : « Néanmoins, — au cas — où celui auquel on aurait donné se voudrait tenir à son don, faire le peut, en s'abstenant de l'hérédité, la légitime réservée aux autres enfans. » Or, la légitime n'étant que la moitié de la part héréditaire, il en résultait éventuellement un avantage pour celui des enfants qui ayant reçu un avancement d'hoirie considérable, peut en s'abstenant se dispenser du rapport, à charge seulement de compléter la légitime, la demi-part des autres, s'ils ne l'ont pas : C'est ainsi que les affolés de droit romain comprenaient l'égalité ; et Laurière nous dit :

« *Cet article a été fait pour rejeter l'opinion de du Molin,* ainsi qu'on l'a remarqué sur l'article 278. Voyez ce qu'on y a observé et joignez la note sur l'article 26. Du Molin, sur la Coutume de Paris, art. 17 et art. 159. A la fin du dernier siècle (XVIe), on doutait si l'enfant qui avait reçu en avancement d'hoirie, pouvait n'être pas héritier, en se tenant à son don, et l'on doute à présent si la fille mariée à Paris qui a reçu sa dot en avancement d'hoirie, peut être héritière en rapportant dans les coutumes d'exclusion, même dans celles qui ne requièrent qu'une réserve tacite. *C'est ainsi que l'usage varie, quand on perd de vue les principes.* (Voyez M. Louet, lettre h, sommaire 13, n. 4.) »

Voilà un petit détail qui a échappé à M. Viollet ; dans son Histoire du Droit civil français, il nous apprend, page 210 de la 2ᵉ édition : « Celles de nos coutumes qui furent revues et « remaniées après la mort de Du Moulin, l'ont été en général « sous l'influence de ses annotations : C'est le cas de la Coutume « de Paris. » L'avancement d'hoirie n'est pourtant pas un détail sans importance, mais il y a des gens comme cela, qui ne savent ou ne veulent point lire ; dans son opuscule sur l'avance-ment d'hoirie, Labbé nous dit :

« Les réformateurs de la Coutume, en insérant la disposition « nouvelle de l'article 307, pour faire obstacle à la théorie « aventureuse de Dumoulin, sont restés fidèles à l'enseignement « du passé. Ils auraient pu, par d'excellents motifs, consacrer « une semblable innovation qui aurait assuré aux donations en « ligne directe une plus grande stabilité. Mais ils n'ont pas eu « tant d'audace, ils n'ont pas mérité une telle louange. *Ils se* « *sont bornés à faire apparaître plus clairement l'esprit dans* « *lequel avait été conçue la première rédaction, et à combler* « *une lacune par laquelle un illustre théoricien avait essayé* « *d'introduire un système contraire à l'usage et à l'intention* « *probable des parties contractantes.* » Labbé me paraît bien osé de nous parler de l'usage et de l'intention probable des parties contractantes ; j'admets sa critique en ceci : Dumoulin était, comme il dit, un théoricien, un illustre théoricien ; il a donc pu donner de fausses raisons, mais encore reste-t-il à savoir si les siennes sont meilleures : Il nous refait, à ce qu'il dit, la théorie du « savant Laurière » et ne parle pas de cette simple phrase, pourtant significative, que Laurière a mise sous l'article 307 : « *C'est ainsi que l'usage varie quand on perd de vue les principes.* » Voilà quelques mots exprimant clairement une opinion, et qui ne paraît pas contraire à celle de Dumoulin.

Quelle est donc cette théorie de Dumoulin si bénévolement qualifiée d'aventureuse ? Nous savons qu'il vécut entre la rédaction de la Coutume et sa Réformation, et que seul, dans son commentaire célèbre, il a étudié sérieusement l'application de l'article 123 alors qu'il avait force de loi.

D'après l'article 159, toute donation en ligne directe était réputée un avancement d'hoirie : Dumoulin, partant donc du principe que toute donation par les père et mère à l'enfant devait être présumée faite en avancement d'hoirie, sauf indication contraire, distingue la donation faite expressément en avancement d'hoirie de celle qui, ne portant aucune étiquette, devait être présumée faite en avancement d'hoirie à moins d'indication contraire. Il sépare ainsi l'avancement d'hoirie *exprès*, de l'avancement d'hoirie *présumé*.

L'avancement d'hoirie exprès devait toujours être rapporté à la succession des père et mère, même par l'héritier renonçant, parce qu'étant seulement une avance sur la succession future, il ne pouvait être conservé que par le véritable héritier ; à l'inverse, l'héritier renonçant pouvait conserver l'avancement d'hoirie présumé, sans être tenu d'aucun rapport, comme s'il

eût été exclu ; l'enfant dans ce cas n'était pas héritier, sa renonciation devenait une exclusion volontaire, et comme ce qui lui
avait été donné sans étiquette, ne pouvait plus dès lors être
considéré comme un avancement d'hoirie, la présomption
tombant d'elle-même par la renonciation, aucun rapport n'en
était dû, d'après l'usage, puisque l'héritier exclu ne rapportait
pas.

Mais si l'avancement d'hoirie présumé était ainsi conservé
comme une donation pure et simple par l'héritier renonçant,
il devait au contraire être rapporté par l'héritier acceptant;
l'enfant recueillant la succession, la présomption d'avancement
d'hoirie devenait une certitude et le rapport était dû. L'avancement d'hoirie présumé aboutit donc par l'acceptation à la
réserve facultative, de même que par la renonciation il se
ramène à l'exclusion volontaire. Telle est dans toute sa simplicité la théorie de Dumoulin. Qu'elle ait été condamnée, cela ne
fait aucun doute, et toute la question est de savoir si, oui ou
non, elle était *contraire à l'usage et à l'intention probable des
parties contractantes*. « L'historique des articles 123 et 159 de
l'ancienne coutume, nous dit Labbé, porte en soi, si je ne me
trompe, la condamnation du système proposé par Dumoulin sur
la clause d'avancement d'hoirie. Imaginée afin de permettre
à l'enfant marié et doté de revenir à l'hérédité paternelle, cette
clause *n'a jamais été employée dans le but de faire dépendre
la donation, de l'acceptation de la qualité d'héritier*. Si le
reproche de subtilité peut atteindre quelqu'un, n'est-ce pas
le jurisconsulte qui a voulu *donner à tous les mots insérés dans
un acte de donation un sens efficace et particulier*, sans
s'arrêter à l'explication plus naturelle qui ressortait de la

radition. » Quelle était-elle la tradition? Labbé veut-il imposert
la sienne à Dumoulin? et surtout que faisait-il, Labbé, de ce
principe élémentaire que les conventions librement acceptées
sont la loi des intéressés? Il faut avoir la berlue pour prétendre
que *tous les mots insérés dans un acte de donation ne doivent
pas avoir un sens efficace*, alors surtout qu'il s'agit de donations
faites par contrat de mariage, par conséquent toujours et à
toute époque, dispensées de toute règle de forme. Ne vaudrait-il
pas mieux étudier les faits que d'émettre une opinion si peu probable sur les mots?

Labbé reproche à Dumoulin la distinction de l'avancement
d'hoirie exprès et de l'avancement d'hoirie présumé. Elle
reposait théoriquement, cela est vrai, sur une simple supposition :
c'est ce que l'on pût trouver dans la pratique, des donations
faites *ex generali et informi causâ liberalitatis, non autem ex
certâ causâ specificâ*, ce qui veut dire simplement, des
donations sans étiquette. Il n'y en a jamais eu, Dumoulin l'a fort
bien dit : toutes avaient des étiquettes rebelles, *omnes donationes habent clausulas, omnino huic intellectui repugnantes*.
Alors l'article 159 n'aurait jamais dû recevoir d'application;
il disait : « Quand père et mère ont donné à leurs enfans ou
aulcun d'eux, aulcun héritage, tel héritage est réputé donné
en advancement d'hoirie. » Dumoulin a pensé sans doute : nous
n'avions aucun besoin de cet article pour savoir qu'il y a des
donations faites expressément en avancement d'hoirie; donc, il
en suppose d'autres qui seront présumées faites en avancement d'hoirie, sauf preuve contraire, et ces autres, ce sont
évidemment toutes les autres, qu'il y en ait ou qu'il n'y en ait
pas : elles sont possibles. Dumoulin a donc tiré son système, à

la fois de l'existence même de l'article, et de sa rédaction, en raisonnant très juridiquement. Il établit ainsi la différence de l'avancement d'hoirie exprès et de l'avancement d'hoirie présumé, et nous verrons qu'elle lui était utile.

Nous savons ce qu'il pensait de l'avancement d'hoirie exprès : le rapport en était dû, même en renonçant ; voici comment Labbé traduit et interprète sa pensée, sans dissimuler combien à son avis elle est erronée : « *La donation faite expressément en avancement d'hoirie est subordonnée à la condition que le donataire sera l'héritier du donateur. Si le donataire ne devient pas l'héritier du donateur, soit qu'il ne veuille pas, soit qu'il meure avant ce dernier, sans postérité, la donation sera résolue.* » N'est-ce pas encore vrai aujourd'hui, pour ce dernier cas, puisque l'article 951 du Code civil consacre le principe du retour conventionnel ? L'expression est différente, mais l'idée est la même, et la stipulation du retour conventionnel accompagne toujours l'avancement d'hoirie : si l'enfant meurt sans descendance, l'avancement d'hoirie fait retour aux donateurs. Quant au premier cas, celui de la renonciation par l'enfant, j'ai longuement établi dans la deuxième partie du présent ouvrage, pourquoi cette renonciation doit être inopérante mathématiquement, ce qui revient à l'idée de Dumoulin, que le rapport est dû même en renonçant.

« *En outre*, continue Labbé, *elle* (la donation) *n'assure au donataire que ce que la loi assure à celui-ci, dans la succession du donateur, rien de plus. La donation est révocable ; elle peut être enlevée comme l'espérance de la succession, dont elle est purement et simplement une jouissance anticipée. Le donateur a donc le pouvoir de disposer au profit d'autres*

personnes de tout ce qui excède la légitime du donataire. »
C'est pourtant pratiquement exact, aujourd'hui encore, et voici
la preuve que l'avancement d'hoirie n'est bien pour l'enfant
qu'une jouissance anticipée : au partage, il doit le rapport
intégral des fonds, tandis qu'il ne doit pas le rapport des fruits,
si ce n'est de ceux qui sont courus depuis le décès, *ab obitu,*
comme dit Dumoulin. Mais pourquoi Labbé nous parle-t-il ici de
légitime ? Elle a été introduite dans la Coutume après la mort
de Dumoulin, pour rejeter son opinion quand il n'était plus là
pour défendre l'usage : Dumoulin aurait parlé non point de la
légitime mais seulement des quatre quints. Il est possible
qu'il ait invoqué ailleurs la légitime, mais pour l'opposer à quoi ?
à l'exclusion (voir 3ᵉ partie, chapitre 1ᵉʳ, page 333) ; il ne l'a jamais
mêlée à l'avancement d'hoirie ; ce n'est là d'ailleurs qu'un détail,
et voici qui est plus grave.

Labbé emploie dans la première citation, le mot *résolu,* et
dans la deuxième, celui de *révocable* ; si pour le premier, il
n'existe pas de différence essentielle avec l'expression droit de
retour, que tout le monde emploie, même la loi, il est tout à fait
inexact de prétendre que la donation soit révoquée par le seul
fait que les père et mère (ou l'un d'eux) disposent de la quotité
disponible. Par l'avancement d'hoirie, les père et mère ont fait
une avance à l'enfant, et c'est tout ; ils n'ont pas entendu lui
constituer un privilège, lui donner au détriment des autres, ni
abandonner leur droit de disposer en quoi que ce soit : l'avancement d'hoirie est une clause d'égalité, précisément parce qu'il
ne change rien ; c'est donc une erreur de parler de donation
résoluble ou révocable puisque, à proprement parler, l'avancement d'hoirie n'est même pas une donation, mais simplement

une jouissance anticipée, et les faits sont encore d'accord avec cette définition qui est celle de Dumoulin ; ce que nous appelons avancement d'hoirie est ce qu'il appelait avancement d'hoirie exprès ; la nature et les caractères en sont les mêmes ; le reste a disparu, mais il faut bien en parler pour que tout devienne clair et compréhensible. Donc, passons à l'avancement d'hoirie présumé, celui qui pouvait être conservé en renonçant, et qui aujourd'hui n'appartient plus qu'à l'histoire.

La libéralité, nous dit Labbé, *est-elle non pas déclarée, mais présumée faite par anticipation de succession ; si le donataire devient héritier du donateur, elle rentre par le rapport dans la masse. Si le donataire s'abstient de l'hérédité du donateur, elle s'exécute comme une donation ordinaire. La volonté de l'enfant réagit sur le caractère de la libéralité qu'il a reçue.* » Cela n'est pas permis par le droit romain. D'ailleurs, Labbé. bien qu'il ne jurât que par le Digeste, devait aussi connaître l'usage, puisqu'il nous a dit que la clause d'avancement d'hoirie n'avait *jamais été employée dans le but de faire dépendre la donation, de l'acceptation de la qualité d'héritier.* Il y a là une subtilité que Labbé ne pouvait pardonner à Dumoulin, aussi faut-il bien voir exactement ce que celui-ci a dit : La donation qui n'était pas faite expressément en avancement d'hoirie, ne pouvait être présumée telle que jusqu'à preuve contraire ; Dumoulin ajoutait que la présomption tombait par la renonciation de l'enfant, parce que *apparet non esse causa anticipationis.* Il ne peut pas y avoir avancement d'hoirie, puisque l'enfant n'est pas héritier. Est-ce une subtilité ? Je le veux bien, si on y tient, je n'ai pas autrement à défendre Dumoulin, Labbé lui a vu dans l'œil une paille, il faut bien qu'elle y soit. Quant à moi, je ne

vois là-dedans, que l'exacte application de la décision 236 de
Jean des Mares : L'héritier renonçant, qui s'abstient, est celui
qui s'exclut lui-même ; il doit le rapport seulement de ce qui
lui a été donné effectivement en avancement d'hoirie ; une présomption ne peut suffire que si elle devient une certitude par
le fait de l'acceptation. Mais une chose m'étonne, c'est que
Labbé ne nous ait pas de nouveau parlé de la légitime, c'eût été
encore le cas.

Labbé continue : « Dumoulin, en établissant une telle oppo-
« sition entre deux hypothèses qui ont entre elles une grande
« analogie, s'est abandonné à son imagination et aussi à la
« subtilité de son esprit, à sa puissance de concevoir, qualités
« remarquables sans doute, mais dont l'interprète d'une loi
« positive doit savoir se défier. Du reste notre célèbre juris-
« consulte a reconnu lui-même que ses principes sur l'avan-
« cement d'hoirie exprès recevraient une très rare application.
« Il a fini par leur faire une très large brèche, en exceptant les
« donations portant une clause d'irrévocabilité, et les donations
« en faveur de mariage. » Je le crois bien, c'est pour elles qu'il
a fait sa théorie de l'avancement d'hoirie présumé.

Si les principes de Dumoulin sur l'avancement d'hoirie
exprès devaient avoir, de son avis, à son époque même, une
application très rare, c'était pour une raison que Labbé n'a pas
soupçonnée, parce que Dumoulin ne l'a pas fait ressortir et ne
pouvait pas le faire, puisqu'il ne pouvait prévoir les critiques de
Labbé, pas plus qu'il ne pouvait prévoir la Réformation de la
Coutume et le Code civil. Cette raison, la voici : le principe de
l'égalité est contraire à la renonciation par l'un des enfants à la
première succession échue, pour s'en tenir à son don ; il faut

toujours en revenir là : la clause de l'avancement d'hoirie est
la forme de l'égalité dans la succession des père et mère, en
une seule masse. D'après Pothier, les coutumes d'égalité obligeaient les enfants à faire « *le rapport à la succession de
leurs père et mère, de tout ce qui leur avait été donné, quand
même ils renonceraient à leur succession* », (voir 2me partie,
chap. 7, page 230); deux siècles avant Pothier, Dumoulin le
disait déjà de la Coutume de Paris; il est vrai qu'elle n'était
encore que rédigée, elle n'était pas réformée. S'il concluait
logiquement à l'obligation pour l'héritier renonçant de rendre
ce qu'il avait reçu en avancement d'hoirie exprès, notre tra-
duction héritier renonçant que j'emploie dans le même sens que
les juristes, n'est pas l'image exacte de la pensée de Dumoulin,
ni de l'expression qu'il employait ; il ne parlait que de l'héritier
qui s'exclut lui-même, qui s'abstient de la succession des père et
mère, et non de celui qui renonce à une seule de leurs successions
disjointes, puisque le principe de cette renonciation n'a été
inséré dans le texte de la Coutume, d'une façon précise, qu'à la
Réformation. Jusque-là, ceux qui l'invoquaient l'y supposaient
seulement, en mettant le droit romain au-dessus de l'usage. Et
nous voyons maintenant pourquoi dans la pratique toutes les
donations avaient des étiquettes rebelles, et pourquoi Dumoulin
s'écriait : *Omnes donationes habent clausulas omnino huic
intellectui repugnantes.* La raison en est bien simple : Les
théoriciens entendaient appliquer le droit romain en même
temps que le texte de la Coutume, que dis-je, ils ne se servaient
des textes de la Coutume que pour inposer le droit romain; ils
invoquaient la légitime avant la lettre, ils disjoignaient la
succession unique des père et mère, et prétendaient que l'héritier

pouvait renoncer à la première échue de ces deux successions ;
il était impossible à la pratique d'admettre cette renonciation,
appliquée à l'une seulement des deux successions, indépendamment de l'autre. Et tandis que d'un côté on jouait sur les s
de l'article 123, de l'autre la pratique affolée se raccrochait à
l'exclusion en l'appliquant aux deux successions réunies en une
seule masse, et en lui donnant le caractère de la renonciation.
Et c'est aux donations rédigées dans cette prévision, à celles qui
n'étaient pas faites simplement en avancement d'hoirie (nous
pouvons dire pratiquement à toutes, puisque toutes étaient
rebelles) que Dumoulin appliquait sa théorie de l'avancement
d'hoirie présumé. C'était certainement une subtilité, une finesse ;
mais qui avait cet avantage de faire interpréter la donation
dans le double sens de la réserve et de l'exclusion facultatives,
auquel les praticiens l'entendaient, et suivant l'intention qui
l'avait dictée aux donateurs. Ne faisons pas trop de reproches à
Dumoulin pour ses subtilités, ses confrères nous en ont montrées
bien d'autres.

    « Voyons, nous dit Labbé, notre hardi théoricien descendre
« des hauteurs de la spéculation pure, et s'occuper plus utile-
« ment des faits de la vie réelle. Ayant à interpréter un contrat
« de mariage dans lequel un père (veuf sans doute, à moins que
« Dumoulin n'ait très innocemment (?) sous-entendu la mère,
« comme il l'a fait ailleurs) (voir 3ᵉ Partie, Chapitre 1, page 332)
« avait donné une terre à son fils, « *en faveur dudit mariage,*
« *en pur et vray don perpétuel et irrévocable entre vifs et en*
« *advancement d'hoirie, pour sondit fils, ses hoirs et ayans*
« *cause* », il s'exprime ainsi : *Ego muto sententiam et dico quod*
« *hæc clausula spectat solum quod est datum filio ut filio, ita*

« *ut computetur in parte suâ si velit esse heres, idem tunc ut*
« *possit habere etiamsi nolit esse heres.* » Je modifie ma décision et je dis que cette clause concerne seulement ce qui est
donné au fils en qualité de fils, de sorte qu'il l'impute sur sa
part s'il veut être héritier, et que pourtant il puisse le conserver,
même s'il ne veut pas être héritier. N'est-ce pas là, l'avancement d'hoirie présumé ?

Labbé qui prétend qu'on ne doit pas donner à tous les mots
insérés dans un acte de donation un sens efficace et particulier,
en conclut très vite que Dumoulin a changé d'avis, et le félicite
d'avoir fait une si large brèche à ses principes. « On a cherché,
« dit-il, à restreindre la portée du changement d'opinion auquel
« Dumoulin se résout noblement. Il maintient comme une vérité
« abstraite, qu'un don fait expressément en avancement d'hoirie,
« est résoluble si le donataire ne devient pas héritier du
« donateur. Mais il ajoute que lorsque le don est motivé par la
« faveur du mariage, et a le caractère de dot (ou lorsque le
« contrat renferme des clauses spéciales exclusives du sens qu'il
« donne au mot avancement d'hoirie) la disposition doit être
« considérée comme une donation parfaite, irrévocable, que le
« donataire conservera sans être héritier, et qui sera seulement
« imputable sur la part de succession à laquelle celui-ci préten-
« drait comme héritier donateur. » Ai-je dit autre chose, en
m'exprimant ainsi : l'héritier qui s'abstenait était celui qui
s'excluait lui-même. Relisez la règle de Jean des Mares : d'après
elle, l'enfant exclu ne rapportait pas, c'est l'enfant revenant au
partage qui devait le rapport ; et cependant là est l'origine de
tout le malentendu. L'avancement d'hoirie présumé, dans la
pensée de Dumoulin, s'appliquait aux deux successions réunies

et n'en faisant qu'une, ramenant ainsi à l'exclusion, tandis que
Labbé entend nous parler de la rénonciation à la seule succession du père, comme si ce brave homme, mort depuis quatre
cents ans, était de même que lui un fervent admirateur du droit
romain, et devait abonder dans son sens ; il n'y a plus qu'une
chose qui puisse étonner, c'est que cet excellent père, abondant
aussi dans le sens de M. Amiaud, n'ait pas quatre cents ans à
l'avance, employé sa formule prescrivant l'imputation sur une
seule des successions, exclusivement à l'autre ; au moins,
aurait-elle été employée une fois.

Quel pouvait être l'intérêt pratique de la clause en apparence bizarre, rapportée par Dumoulin ? Une clause n'a d'importance pratique que par sa généralité : telle aujourd'hui la clause
d'imputation alternante. Quelle était la clause correspondante,
avant la rédaction de la coutume ? Celle du rapport intégral après
le trépas du dernier mourant des père et mère. Ce rapport était-il
une obligation ou simplement une faculté ? En d'autres termes,
la réserve existait-elle par elle-même seule, ou bien n'était-elle
que l'accessoire de l'exclusion ? Après la rédaction de la coutume,
la clause que Dumoulin a rapportée, est-elle devenue habituelle,
parce que la rédaction de la coutume a été faite contre la coutume, et parce que les théoriciens ont donné au texte ambigu de
l'article 123, un sens contraire à l'usage ? Tant qu'on ne pourra
pas compulser les archives notariales, tant qu'elles ne serviront
d'asile qu'à des légions de rats, nous serons réduits à faire des
inductions.

Par cette clause, les praticiens n'ont dû chercher qu'à opposer
l'exclusion au principe romain de la renonciation à l'une ou
l'autre succession du père et de la mère, qu'on invoquait avant

même que la Réformation l'ait introduite dans le texte; examinons-la, puisqu'elle est si intéressante. Elle était un appel à la liberté des conventions, pour le maintien de l'usage antique de l'exclusion et de la réserve : le praticien est toujours gêné par une disposition législative qui prétend changer toutes ses habitudes; il ne sait plus à quel saint se vouer. Par le seul fait que la rédaction ambiguë de l'article 123 permettait aux théoriciens de supprimer la primitive exclusion supposant une succession massive indécomposable, pour imposer la renonciation distincte à l'un des deux tronçons de cette succession théoriquement fendue, la clause habituelle de l'avancement d'hoirie devenait complexe et présentait comme une alternative au choix de l'intéressé, l'exclusion et la réserve à la fois, sous une forme prévoyant toutes les éventualités, accumulant toutes les prévisions; l'exclusion devenait potestative parce que l'avancement d'hoirie était devenu le principe et la règle légale. L'exclusion n'existait plus légalement, soit; mais tous les intéressés d'accord entre eux pouvaient encore l'observer, la faire revivre. C'est bien l'appel à la liberté des conventions que Loisel a exprimé sous cette forme judicieuse : *On lie les bœufs par les cornes, et les hommes par la parole.* (Il est bon d'ajouter que pour Loisel, la parole ne signifiait que la signature.) Quel a toujours été et quel est encore aujourd'hui le principal intérêt du contrat de mariage? On n'en fait pas pour adopter la communauté légale; son seul intérêt consiste à opposer la liberté des conventions aux formes arbitraires imposées par la loi écrite, que cette loi s'appelle droit romain ou Code civil, et mettre ainsi la loi en contradiction avec elle-même; le contrat de mariage est l'outil de l'usage; mais les théoriciens ne paraissent guère s'en douter, parce qu'ils n'ont jamais voulu admettre que seuls les praticiens devaient être juges de la forme nécessaire, car la forme appartient à l'artisan, et le progrès ne se fait que par lui ; contentez-vous donc de poser des principes ; s'ils sont justes et simples ce sera déjà bien beau ; malheureusement il n'y a pire sourd que qui ne veut entendre, et au lieu de chercher dans les conventions écrites, les différences qui peuvent exister entre l'usage et la loi pour parvenir à les accommoder ensemble, s'il se peut, on fait des lois a *priori* imposant des règles arbitraires qui, loin de rien simplifier, aboutissent nécessairement aux complications les plus inextricables ; et ce ne sont pas toujours les décisions judiciaires qui, là-dessus, nous apportent la lumière.

Dumoulin qui lisait les contrats de mariage, n'a pas changé son système, et n'avait pas à le changer, puisqu'en bon juriste qu'il était, il l'avait déduit des textes même de la Coutume ; mais en homme intelligent et pratique, il s'en revenait à l'usage, c'est-à-dire à la réalité, pour les points sur lesquels la Coutume rédigée était muette. Et comme il n'a pas osé dire, ce qui d'ailleurs eût été bien inutile, sans doute : tous les contrats de mariage sont rédigés précisément pour éviter l'application de vos textes, et ce que je cherche c'est seulement une échappatoire, parce qu'elle est nécessaire, parce que l'usage glisse entre vos articles et vous échappe, il a dit simplement : *ego muto sententiam*, comme il eût pu répondre : il ne s'agit plus seulement d'avancement d'hoirie, il y a bien autre chose. Là-dessus, tous ceux qui se paient de mots, ont crié qu'il chambardait tout son système, et, tel Labbé, l'en ont félicité. Dumoulin n'était point si sot ; mais son ironie est incomprise parce qu'elle s'est exprimée en un patois qu'on n'entend plus. Qu'il fut acharné contre la féodalité, c'est certain, mais il savait faire la part des choses, de même que sans être tendre précisément à l'égard de la Cour de Rome, il ne rejetait point en principe le droit canon, pas plus que le droit romain. Dans l'interprétation de cette clause en apparence si contradictoire, il voyait bien ce qu'il y avait, l'opposition faite par l'usage au texte de la Coutume et surtout à son interprétation, et il appliquait cette règle élémentaire qu'une convention doit toujours être interprétée dans le sens où elle peut produire un effet, de même qu'une expression, si elle a deux sens, doit être entendue au plus raisonnable. En saurait-on demander autant à Labbé ? Non, évidemment, il était de parti pris, et c'est la tradition de l'École. Il a examiné la clause au point de vue de la légalité seulement, et encore telle qu'il l'entendait, et fidèle à ce qu'il dit, *à l'explication plus naturelle qui ressortait de la tradition*, il supprime tout simplement l'un des deux termes de la convention, celui qui le gêne, bien entendu, en disant que c'est une subtilité de *donner à tous les mots insérés dans un acte de donation, un sens efficace et particulier*. C'est au point de vue du bon sens, de l'équité, que la clause devait être interprétée, et dès lors la solution n'est pas douteuse, elle est celle que Dumoulin a indiquée en opposant finesse à finesse, puisqu'il n'avait pas d'autre moyen ; c'était de bonne guerre.

D'après le texte de Jean des Mares, qui n'était pas une règle arbitraire, mais une règle positive, bien que sans prétention, et rédigée par un esprit large et droit, l'enfant doté était exclu à moins qu'il ne fût réservé. C'était très simple et surtout exact. Cette règle posée par un calculateur a été inversée tranquillement dans l'article 123 rédigé, lui, par des acrobates ; l'exclusion, à moins que l'enfant ne fût réservé, était devenue la réserve à moins qu'il ne fût exclu, et cela dans un but inavoué ; les praticiens, eux, pouvaient bien accepter l'inversion, mais pas davantage : ils ne pouvaient pas séparer les deux successions pour faire plaisir aux théoriciens et fendre la chose avec autant d'aisance que ceux-ci fendaient les mots ; nous savons maintenant comment ils y sont parvenus à la longue, mais ils n'ont pas trouvé tout de suite le principe de l'imputation alternante de l'avancement d'hoirie, ils ont commencé par la résistance, et la clause rapportée par Dumoulin en est la preuve : elle accorde à l'enfant donataire le choix d'être exclu ou réservé comme il l'entendrait, des deux successions paternelle et maternelle considérées comme une seule succession, parce que pour Dumoulin, il s'agit toujours de tout le patrimoine, *de omni patrimonio* ; si l'enfant s'abstenait, il avait reçu en « *pur et vray don perpétuel et irrévocable* » ; au contraire, acceptait-il, il n'avait reçu qu'un avancement d'hoirie. Je me tromperais fort, si ce n'est point là précisément la subtilité que Labbé reproche à Dumoulin : *La volonté de l'enfant réagit sur le caractère de la donation qu'il a reçue.* Alors de quoi se mêle Labbé, quand il prétend que la clause d'avancement d'hoirie n'a *jamais été employée dans le but de faire dépendre la donation, de l'acceptation de la qualité d'héritier* ? Il le prouvait aisément, et nous connaissons sa méthode, mais au lieu de refuser un sens efficace à la partie de la clause prouvant le contraire, il aurait mieux fait de s'en tenir à l'intention probable du législateur.

Qu'en conclure ? Dumoulin et Labbé étaient deux théoriciens ;

mais entre les deux, il n'y a pas seulement trois siècles, il y a toute la différence de deux écoles ; Dumoulin est à part, il suit Jean des Mares ; c'était un homme pratique, un homme d'affaires qui s'est élevé au-dessus de son niveau, à tendance réellement scientifique ; il pensait que la loi des Français est dans la coutume des Français, judicieusement écrite, ce qui veut dire sans parti pris, un usage ne devant pas être supprimé uniquement parce qu'il est un usage, et s'il admettait le droit romain, ce ne pouvait être qu'à titre de complément ; mais il était seul, et on le lui a bien fait voir. Labbé est d'une autre école : toute sa vie, il a lu le Digeste comme un Évangile, et n'a jamais vu dans l'usage, que le *Jus asinorum*, il l'a d'ailleurs toujours ignoré, et quand il s'est permis d'en parler, n'a jamais débité que des sornettes ; son jugement portant à faux, il se grisait de sophismes et il allait comme un moulin.

Les praticiens sont des empiriques : ils ont leur langage, leurs habitudes, leurs subtilités, leurs manies, et aussi leurs absurdités, mais ils agissent; les théoriciens, si l'on met à part Dumoulin, ne les ont jamais compris, mais en revanche, ils connaissent tous les mots de la loi : ils ont aussi leur langage, leurs habitudes, leurs subtilités, leurs manies et même leurs absurdités; ils n'agissent pas, mais ils décident gravement, et n'hésitent jamais; avec la tranquille assurance que donne la certitude, ils nient doucement l'évidence; c'est d'une dérision amère.

Mais continuons notre chemin : Dumoulin considérait la succession des père et mère comme une seule succession, malgré l'article 123, et nous devons reconnaître qu'il avait quelque raison de ne pas s'attacher aveuglément à la lettre de cet article, maintenant que nous connaissons le vice de sa rédaction. Par sa théorie de l'avancement d'hoirie présumé, il rétablissait sous une autre forme le principe de l'exclusion; celle-ci avait donc bien été supprimée, mais comment? Serait-ce par l'article 159? Jusqu'ici j'avais pu croire qu'il n'intéressait que le relief, bien que le commentaire de Laurière ne soit pas clair. L'adjectif *réputé* que contenait l'article 159 a été maintenu par l'article 278 qui l'a remplacé à la Réformation, et puisque celle-ci rejetait l'opinion de Dumoulin, c'est que le mot réputé n'avait point le sens qu'il lui a prêté; au lieu de signifier que toute donation serait présumée avancement d'hoirie, sauf preuve contraire, il aurait voulu dire que toute donation, quelle que fût l'intention des intéressés, devrait être considérée comme un avancement d'hoirie, c'est-à-dire que toutes les donations par les parents à l'enfant seraient sujettes à rapport, sauf bien entendu le principe de la renonciation posé par l'article 307 lors de la Réformation. Ainsi, avant même que le principe de cette renonciation fût inséré dans le texte, l'article 159 : « Quand père et mère ont donné à leurs enfans ou aulcun d'eux, aulcun héritage, tel héritage est réputé donné en advancement d'hoirie, » aurait sous-entendu simplement, l'exclusion est supprimée. Vraiment, il fallait le savoir, et que ne le disait-on franchement? un honnête homme pouvait difficilement le deviner; je comprends maintenant que Laurière ait dit, en parlant de cet article : « *Peu de gens savent pourquoi il y fut mis par les rédacteurs;* » je comprends aussi l'inversion de l'article 123; on supprimait l'exclusion par le silence; le procédé est exquis et ne s'est pas perdu; il a été repris par les réformateurs. Si je comprends Laurière, bien qu'il n'ait jamais dit clairement ce qu'on avait voulu supprimer, je ne comprends plus Labbé, par exemple! Puisqu'on violait l'usage, puisqu'on le supprimait, comment se fait-il qu'il reproche à Dumoulin d'avoir *essayé d'introduire un système contraire à l'usage et à l'intention probable des parties contractantes?* Mais qu'entendait-il par usage, et que pensait-il donc qu'on avait voulu supprimer? Il va nous le dire : « Selon le très ancien « droit, nous dit le savant Laurière (c'est Labbé qui parle), « si le père avait donné au fils en avancement d'hoirie, le fils « était réservé, c'est-à-dire qu'il conservait le droit de revenir « à la *succession du père*, en rapportant la donation, sinon « il ne l'était pas. » Pour Labbé, il semble toujours qu'il ne s'agisse que d'une succession sur deux; il continue : « *Pour* « *abolir cet usage*, on érigea en présomption, que toute libé- « ralité faite par père et mère à leurs enfants était un avan- « cement d'hoirie. Dès lors, il devenait superflu de qualifier « d'avance sur la succession les dons que les parents faisaient « à leurs enfants; mais on sait que de fois il arrive qu'une « habitude survit à la cause qui la fait naître, et dans les « contrats de mariage que les père et mère marient, la clause « d'avancement d'hoirie est toujours de style. »

Si nous en croyons Labbé, c'est précisément l'avancement d'hoirie que rédacteurs et réformateurs auraient voulu supprimer, en écrivant le mot dans tant d'articles; cela serait plus que comique, et voilà un mort qui a la vie dure. Et pourtant, c'est vrai : de même qu'on croyait supprimer l'exclusion en n'en parlant pas, de même on prétendait supprimer l'avancement d'hoirie en ne parlant que de lui. L'intention des rédacteurs et réformateurs devient transparente : les enfants exclus n'étaient pas déshérités puisqu'ils étaient dotés à forfait ; si par une disposition légale, on considérait toute donation faite à un enfant, comme un avancement d'hoirie, il en résultait nécessairement l'obligation au rapport, et par là le droit de toujours revenir au partage en rapportant, et par là encore la suppression en douceur de l'exclusion, à laquelle on n'osait pas toucher ouvertement. Il suffisait d'admettre que le père et la mère avaient constitué la dot chacun par moitié, pour disjoindre leur unique succession en deux successions distinctes, à chacune desquelles le rapport serait dû aussi par moitié : il ne restait plus alors qu'à imposer le principe de la renonciation, et le tour était joué, grâce au double sens que pouvait prendre l'adjectif *réputé* : (exemption du relief et obligation au rapport. Dumoulin devait lui en trouver un troisième : retour à l'exclusion.)

On faisait d'une pierre deux coups ; tous les usages, celui des nobles et celui des roturiers, la partie sacrée de l'héritage, la tradition des uns et des autres, tout cela sombrait et disparaissait dans un croc en jambe ; ces candides législateurs n'oubliaient qu'une chose, ils avaient compté sans l'arithmétique, et depuis, l'École met toujours en avant le droit romain, pour s'imaginer plus tranquillement que les faits ont suivi la lettre, et que tous les usages ont disparu. Il est clair que les réformateurs ne sont pas directement responsables de la perfidie commise, ils ne l'ont que continuée ; vous trouverez le texte du coutumier primitif rédigé en 1510, avec le procès-verbal de la rédaction à la suite, à la Bibliothèque Nationale (F 1780, Inventaire réservé), sous ce titre : « Les Coustumes observées et gardées en la Prévosté et Vicomté de Paris ; on les vend à Paris, en la rue Neuve Nostre-Dame, à l'enseigne Saint-Nicolas. »

Pour l'article 159, le procès-verbal est, cela va sans dire, aussi muet que celui de la réformation pour l'article 278; quant à l'article 123, va-t-il éclaircir nos doutes ? Le texte du coutumier porte : « Enfans mariez de biens communs de père et de mère, après leur trépas, peuvent venir à *leur succession*, avec les aultres enfans, leurs frères et sœurs, qui n'ont esté mariez des biens communs desdicts père et mère, en rapportant ce qui leur avait esté donné en mariage, ou moins prenans *desdictes successions.* » Le procès-verbal à la suite donne : « Enfans mariez de biens communs du père et de la mère; après leur trépas peuvent venir à *succession*, avecque les aultres enfans, leurs frères et sœurs, qui n'ont esté mariez de biens communs desdicts père et mère, en rapportant ce qui leur aurait esté donné en mariage : ou moins prenans *esd. successions.* » Que la première partie du texte porte à *leur succession*, ou à *succession*, la contradiction avec la fin est flagrante, puisque dans les deux cas, le mot succession y est écrit à la fin, avec un *s*. Pour la première partie, Labbé a pris une rédaction intermédiaire et il a mis à *la succession*, ce qui ne change pas le sens, mais il est impossible qu'il n'ait pas vu la contradiction qui saute aux yeux et rend évidente pour tout autre que lui, l'intention qui l'a dictée; Dumoulin qui connaissait cette intention secrète, feignant de ne pas comprendre, a fait aux zélateurs du droit romain, la malice qu'ils ne lui ont du reste pas encore pardonnée, d'interpréter les articles 123 et 159 comme des textes ordinaires et non point comme des textes à tiroir ; et c'est pour cela qu'on réforma la coutume. On n'en saurait douter, car Labbé nous dit à propos de l'article 307 : « L'intention dans laquelle cet article a été inséré, n'a échappé à aucun commentateur ; elle a été de proscrire la doctrine émise par Dumoulin sur l'avancement d'hoirie, » et il s'agit notez-le bien, autant de la théorie sur l'avancement d'hoirie exprès, que de celle de l'avancement d'hoirie présumé. Ce que nous raconte Labbé, après Laurière, n'est que la tradition entêtée à laquelle l'École s'est toujours butée comme une borne : Tout pour le droit romain, tout, même le galimatias ; pourtant Laurière malgré son admiration pour le droit romain, s'est vu obligé d'écrire : « *C'est ainsi que l'usage varie, quand on perd de vue les principes.* » Il est vrai qu'il se trompait, quand il disait : l'usage varie ; c'étaient seulement sa rédaction, son interprétation qui variaient ; malgré les siècles et les révolutions, l'usage n'a pas changé, et ne le pouvait pas : Dumoulin avait vu juste, et sur cette question fondamentale qu'est l'avancement d'hoirie, malgré le texte de la coutume comme malgré le Code civil, malgré la doctrine et malgré la jurisprudence, le droit romain n'a pas entamé l'usage, la question s'est déplacée, voilà tout ; l'usage s'est transformé pour rester identique, car les modifications successives des formules ne sont que la conséquence et la contre-partie de celles que les textes ont subies.

Si le lecteur m'a suivi jusqu'ici, si je lui ai expliqué, quoique péniblement, l'idée de l'égalité des enfants, il doit être fixé maintenant et comprendre combien le principe de l'avancement d'hoirie est différent de celui de la légitime (voir 2e partie, chap. 8) : celle-ci se comprend, quand les parents veulent déshériter l'un de leurs enfants, au profit d'un autre ou même d'un étranger ; elle ne se comprend plus, quand bien loin de vouloir déshériter aucun de leurs enfants, le père et la mère veulent laisser à chacun d'eux une part égale sur leurs deux successions, ce qui est le cas de l'avancement d'hoirie entrainant l'obligation du rapport : les enfants dotés doivent compte de leur dot à ceux qui n'ont encore rien reçu. Or, c'est par l'article 307, que les réformateurs ont mêlé la légitime et l'avancement d'hoirie, la demi-part qui ne peut, être ôtée dans chaque succession, et la part égale sur le patrimoine entier, sur les deux successions réunies, en confondant et mêlant de force deux idées différentes, disparates, absolument étrangères l'une à l'autre, n'ayant entre elles de lien que par leur contradiction, deux idées qu'il aurait fallu distinguer avec soin, au lieu de les réunir et de les confondre, parce que logiquement elles ne se tiennent pas, c'est une question de bon sens ; et la confusion est venue de ce que l'on avait oublié les principes, Laurière nous l'a dit. Alors que l'article 278 supposait tous les dons aux enfants faits en avancement d'hoirie, le principe romain de la légitime introduit par l'article 298, était appliqué par l'article 307 à tous les dons, comme une règle générale, et l'ancienne *réserve* était remplacée par la *légitime réservée*. Là est la faute capitale du législateur, commise malgré l'autorité de Dumoulin, quelques années après sa mort. Le malentendu de la doctrine et de la pratique existait déjà, car le contact a été perdu, non du jour où l'on a cru subordonner la coutume au droit romain, mais de celui plus ancien, où l'on a voulu interpréter l'usage avec des principes romains, et où l'on a considéré le droit romain comme le droit commun. Là est l'origine de l'étonnante confusion présente ; en deux mots, ouvrez le Code civil, il n'y est pas question d'avancement d'hoirie ; ouvrez un contrat de mariage, un acte de partage, et vous y trouverez le mot et la chose, avec l'imputation alternante.

Et pourtant, à lire les auteurs, on pourrait croire que l'avancement d'hoirie n'est plus : même les historiens l'ignorent. Dans son Histoire du Droit Civil Français, M. Viollet nous parle de tout, excepté de cela, et cependant il a suivi à ce qu'il dit, jusqu'au milieu du xixᵉ siècle, dans les contrats de mariage, la formule du douaire préfix : « *Du doaire qui est devisés entre mes amis et les tiens te deu.* » Il me semble tout à fait extraordinaire, qu'il n'y ait pas vu aussi celle de l'avancement d'hoirie, puisque je sais qu'elle y est, et plus communément. Je critique durement, mais aussi il est pénible, quand on lit un livre qui porte le titre d'Histoire du Droit Civil Français, où l'on doit reconnaître tant de science et tant de travail, de constater que l'auteur n'a omis que l'essentiel ; les historiens tout comme les théoriciens, doivent être rappelés à la réalité, puisque eux aussi sont victimes de l'illusion simiocentrique. Aujourd'hui plus que jamais, l'avancement d'hoirie est tout dans le droit de la famille, c'est le palladium de l'usage, et M. Viollet qui le trouvera dans les contrats de mariage, à toutes les époques et quand il le voudra, ne nous en dit même pas un mot.

C'est aussi une page qui manque, au livre si remarquable de M. Tarde, sur les Transformations du droit ; il ne nous parle pas du contrat de mariage qui est cependant assez commun. Ah ! si les Français étaient des Aztèques, ou s'ils habitaient seulement la lune, comme ils deviendraient intéressants ! Il faut cependant excuser l'auteur, puisqu'il a pris soin de nous enseigner que nous suivons nos habitudes.

On peut voir par là, combien est profond le dédain où est tombé l'avancement d'hoirie ; tout le mal est venu de ce qu'on a voulu imposer à la société moderne, sans connaître ses besoins

et ses aspirations, et même sans s'en inquiéter, des lois faites a
priori, la législation oiseuse d'une civilisation éteinte, et ce sont
tous ces morts qui nous étouffent, avec tous les hâbleurs qui en
vivent. Entre le droit romain qu'on a imposé, et l'usage libéral
qu'on a voulu détruire parce qu'on ne le comprenait pas, il y
avait toute la différence de deux civilisations inassimilables, de
deux manières différentes de comprendre l'existence. Le droit
romain ne s'est jamais affranchi de la barbarie des formes primitives ; il était arrivé à son dernier développement, et par la
liberté même avec laquelle ce développement avait pu se produire,
il s'était perdu dans l'immensité, l'infinité du détail, dans la
minutie de la forme, n'ayant cessé d'être le droit du conquérant
qui sait prendre et garder, le droit absolu du maître brutal, que
pour devenir celui des gens habiles et des procéduriers ; sa morale
se résume dans ces deux maximes abominables : *jura non
vigilantibus non prosunt*, et *de minimis non curat pretor.*
Des deux, la première s'applique toujours, car il est bien vrai
que le droit existe seulement pour ceux qui veillent, mais la
deuxième, ne faut-il pas déjà la retourner, pour exprimer l'idée
moderne, et dire : *de minimis curat pretor ?* Le droit romain
est, par excellence, le droit formaliste, celui des paroles sacra-
mentelles suivies de gestes prévus. L'usage, au contraire,
grandi dans la contrainte, est tout entier d'abstractions ; sans
elles, il n'aurait pu ni s'établir, ni résister, elles sont à la fois
sa raison d'être et sa force. La Coutume a été rédigée bien ou
mal, peu importe, elle n'était pas un droit mort, elle se développait ; mais à Paris, l'enseignement du droit était entièrement
abandonné aux canonistes et théologiens de la Sorbonne ; les
juristes, sorbonicoles enragés, en extase devant la grandeur

inerte du droit romain, la loi écrite immuable qu'ils appelaient la loi naturelle, étaient quelque peu enclins à ne voir dans la Coutume que le *jus asinorum*. Qu'est-ce donc qu'une loi qui n'a qu'un misérable texte en mauvais français, auprès du *Corpus juris Civilis?* Ce sont eux, du reste, ou leurs disciples, les magistrats des anciens Parlements qui leur étaient inféodés, qui ont rédigé puis réformé le texte de la Coutume livrée ainsi à ses pires ennemis. Ceux qu'en 1510 comme en 1580, Louis XII, puis Henri III avaient chargés de réunir les États Généraux de la Prévosté et Vicomté de **Paris**, d'abord pour rédiger le texte de la Coutume, puis ensuite pour le rectifier et le rendre plus conforme à l'usage, n'ont cherché qu'à étrangler cet usage, pour lui substituer le droit romain, et leur crime impardonnable est d'avoir introduit ce dernier **par effraction** dans la Coutume. Ils ont cru naïvement, que pour corriger ce qu'ils appelaient des traditions vicieuses, il suffirait de quelques textes judaïquement rédigés, qu'on interpréterait ensuite plus judaïquement encore. Ainsi le droit romain a triomphé. Les théoriciens ne se sont plus jamais occupé de la Coutume, mais seulement du texte qu'ils lui avaient donné, et de même qu'ils ne pouvaient connaître le **droit** romain que par les admirables et encore plus interminables commentaires qu'on en fait depuis Justinien, ils ne connaissaient de la Coutume, que celui qu'ils en faisaient eux-mêmes ; et pendant qu'elle continuait lentement son progrès, ils l'ont négligée, il l'ont méconnue, pour les mots qui l'avaient trahie.

C'est avec ces idées-là, qu'on devait nous faire le Code civil, par la fusion des textes et des commentaires, par le résumé ou la copie, agrémentés de discussions oiseuses, sans tenir compte

du temps écoulé, ni du progrès péniblement réalisé. A l'époque
même de la Révolution, si la communauté réduite aux conquêts,
l'imputation alternante de l'avancement d'hoirie, et la forme
mathématique du partage, bien que confuses, étaient déjà la
trinité qui règne aujourd'hui, elles n'étaient fondées sur aucun
texte, elles étaient fondées uniquement sur la liberté des conventions. Les théoriciens ont aperçu la communauté réduite aux
conquêts et lui ont fait sous le nom de communauté réduite aux
acquêts, une toute petite place qui montre combien elle a été
peu comprise, combien ont peu cherché à la comprendre, ceux
qui n'ont même pas eu le bon esprit d'imposer la communauté
universelle comme communauté légale. Ils ignoraient le reste ;
l'avancement d'hoirie, ils l'ont pris pour la dernière forteresse
féodale, et comme ils ne voulaient plus de féodalité, ils ont cru
encore que pour le détruire, le plus simple était de n'en pas
parler ; c'est ce qu'on avait fait autrefois pour l'exclusion, mais
le contraire de ce qu'on avait fait pour lui-même. Ils étaient très
logiques, ces vaniteux gonflés de leur importance, qui prévoyaient
tout, sauf le principal. Malgré qu'il y ait des morts qu'on ne peut
pas tuer, au moment même où par la disparition d'une classe,
l'avénement, l'ascension de la foule épargneuse innombrable
allait faire la fortune étonnante de la clause d'imputation alternante, ils combinaient la forme impérative non moins étonnante,
du partage judiciaire par lotissement et tirage au sort. A force
de jouer sur les mots, se seraient-ils pris à leur propre
piège ?

CHAPITRE III

LES DEUX TRADITIONS

Tous les praticiens ne sont pas des aigles, mais ils vivent dans la réalité et ne rient pas, quand ils font des comptes : les théoriciens vivent trop haut, la minerve ailée les emporte dans les nuages, et parce qu'ils dédaignent la réalité, ils se font des idées fausses; ils ne voient que des mots, là où on ne doit voir que des chiffres : ce qui, dans la réalité, ne peut se faire que sur le papier par des comptes, ils le font dans leur tête, comme Pothier, comme tous leurs prédécesseurs, en des hypothèses trop simples, supprimant tous les calculs, éludant toutes les difficultés, puis ils ne veulent plus entendre parler de papier ni de chiffres, perdant complètement de vue la distance qu'il y a de la théorie à la pratique, de l'idée à sa réalisation.

Certainement les praticiens n'ont jamais exagéré le souci de se faire comprendre (ce qui est quelquefois assez difficile), mais les théoriciens n'ont jamais cherché à comprendre tout seuls, ou plutôt ils n'ont jamais soupçonné qu'ils pourraient bien se tromper : Ceux qui ont fait le Code civil, trouvaient trop compliquée la forme pratique du partage, ils ont voulu la simplifier sans la connaître, car s'ils l'avaient connue, ils n'auraient pas osé ce qu'ils ont fait; pour obtenir la simplification qu'ils désiraient, ils ont imposé une forme impérative qu'ils ont pensé ne pouvoir faire assez sévère ni trop dure, et ce qu'ils ont pris pour une simplicité heureuse, n'était que de l'arbitraire : leur idéal a versé dans l'enfantillage, parce qu'ils ont voulu supprimer ce qu'ils ne comprenaient pas. (On peut lire dans Locré, le rapport de Treilhard à la séance du corps Législatif du 19 germinal an XI, et celui de Chabot (de l'Allier), au Tribunat, dans celle du 26 du même mois de germinal an XI.)

Le Code civil prescrit le lotissement et le tirage au sort, que l'indivision à partager soit une succession ou une communauté, n'autorisant la licitation, la vente pour le partage, que comme moyen exceptionnel.

Voici les articles essentiels pour le partage d'une succession :

« 822. L'action en partage, et les contestations qui s'élèvent
« dans le cours des opérations, sont soumises au tribunal du
« lieu de l'ouverture de la succession. C'est devant ce tribunal
« qu'il est procédé aux licitations, et que doivent être portées les
« demandes relatives à la garantie des lots entre copartageants,
« et celles en rescision du partage. »

« 823. Si l'un des cohéritiers refuse de consentir au partage, ou
« s'il élève des contestations soit sur le mode d'y procéder, soit
« sur la manière de le terminer, le tribunal prononce comme en
« matière sommaire, ou commet, s'il y a lieu, pour les opérations
« du partage, un des juges sur le rapport duquel il décide les
« contestations. »

« 824. L'estimation des immeubles est faite par des experts
« choisis par les parties intéressées, ou, à leur refus, nommés
« d'office. Le procès-verbal des experts doit présenter les bases

« de l'estimation; il doit indiquer si l'objet estimé peut être
« commodément partagé; de quelle manière; fixer enfin, en cas
« de division, chacune des parts qu'on peut en former, et leur
« valeur. »

« 825. L'estimation des meubles, s'il n'y a pas eu de prisée
« faite dans un inventaire régulier, doit être faite par des gens
« à ce connaissant, à juste prix et sans crue. »

« 826. Chacun des cohéritiers peut demander sa part en
« nature des meubles et immeubles de la succession : néanmoins,
« s'il y a des créanciers saisissants ou opposants, ou si la majo-
« rité des cohéritiers juge la vente nécessaire pour l'acquit des
« dettes et charges de la succession, les meubles sont vendus
« publiquement en la forme ordinaire. »

« 827. Si les immeubles ne peuvent pas se partager commo-
« dément, il doit être procédé à la vente par licitation devant
« le tribunal. Cependant les parties, si elles sont toutes majeures,
« peuvent consentir que la licitation soit faite devant un notaire,
« sur le choix duquel elles s'accordent. »

« 828. Après que les meubles et immeubles ont été estimés
« et vendus, s'il y a lieu, le juge-commissaire renvoie les
« parties devant un notaire dont elles conviennent, ou nommé
« d'office, si les parties ne s'accordent pas sur le choix. On
« procède, devant cet officier, aux comptes que les copar-
« tageants peuvent se devoir, à la formation de la masse
« générale, à la composition des lots, et aux fournissements à
« faire à chacun des copartageants. »

« 829. Chaque cohéritier fait rapport à la masse, suivant les
« règles qui seront ci-après établies, des dons qui lui ont été
« faits, et des sommes dont il est débiteur. »

« 830. Si le rapport n'est pas fait en nature, les cohéritiers à
« qui il est dû prélèvent une portion égale sur la masse de
« la succession. Les prélèvements se font, autant que possible,
« en objets de même nature, qualité et bonté que les objets non
« rapportés en nature. »

« 831. Après ces prélèvements, il est procédé, sur ce qui
« reste dans la masse, à la composition d'autant de lots égaux
« qu'il y a d'héritiers copartageants, ou de souches coparta-
« geantes. »

« 832. Dans la formation et composition des lots, on doit
« éviter autant que possible, de morceler les héritages et de
« diviser les exploitations; et il convient de faire entrer dans
« chaque lot, s'il se peut, la même quantité de meubles, d'im-
« meubles, de droits ou de créances de même nature et valeur. »

« 833. L'inégalité des lots en nature se compense par un
« retour, soit en rente, soit en argent. »

« 834. Les lots sont faits par l'un des cohéritiers, s'ils peuvent
« convenir entre eux sur le choix, et si celui qu'ils avaient
« choisi accepte la commission : dans le cas contraire, les lots
« sont faits par un expert que le juge-commissaire désigne.
« Ils sont ensuite tirés au sort. »

« 835. Avant de procéder au tirage des lots, chaque copar-
« tageant est admis à proposer ses réclamations contre leur
« formation. »

« 836. Les règles établies pour la division des masses à par-
« tager, sont également observées dans la subdivision à faire
« entre les souches copartageantes. »

Voici les articles essentiels pour le partage d'une communauté :

« 1468. Les époux ou leurs héritiers rapportent à la masse
« des biens existants, tout ce dont ils sont débiteurs envers la
« communauté à titre de récompense ou d'indemnité, d'après les
« règles ci-dessus prescrites, à la section II de la première
« partie du présent chapitre. »

« 1469. Chaque époux ou son héritier rapporte également les
« sommes qui ont été tirées de la communauté, ou la valeur des
« biens que l'époux y a pris pour doter un enfant d'un autre
« lit, ou doter personnellement l'enfant commun. »

« 1470. Sur la masse des biens, chaque époux ou son héritier
« prélève : 1° Ses biens personnels qui ne sont point entrés en
« communauté, s'ils existent en nature, ou ceux qui ont été acquis
« en remploi ; 2° Le prix de ces immeubles qui ont été aliénés
« pendant la communauté, et dont il n'a point été fait remploi ;
« 3° Les indemnités qui lui sont dues par la communauté. »

« 1471. Les prélèvements de la femme s'exercent avant ceux
« du mari. Ils s'exercent pour les biens qui n'existent plus
« en nature, d'abord sur l'argent comptant, ensuite sur le mobi-
« lier, et subsidiairement sur les immeubles de la communauté :
« dans ce dernier cas, le choix des immeubles est déféré à la
« femme et à ses héritiers. »

« 1472. Le mari ne peut exercer ses reprises que sur les
« biens de la communauté. La femme et ses héritiers, en cas
« d'insuffisance de la communauté, exercent leurs reprises sur
« les biens personnels du mari. »

« 1473. Les remplois et récompenses dus par la commu-
« nauté aux époux, et les récompenses et indemnités par eux
« dues à la communauté, emportent les intérêts de plein droit
« du jour de la dissolution de la communauté. »

« 1474. Après que les prélèvements des deux époux ont été
« exécutés sur la masse, le surplus se partage par moitié entre
« les deux époux ou ceux qui les représentent. »

« 1475. Si les héritiers de la femme sont divisés, en sorte
« que l'un ait accepté la communauté à laquelle l'autre a renoncé,
« celui qui a accepté ne peut prendre que sa portion virile et
« héréditaire dans les biens qui échoient au lot de la femme.
« Le surplus reste au mari, qui demeure chargé, envers l'hé-
« ritier renonçant, des droits que la femme aurait pu exercer
« en cas de renonciation, mais jusqu'à concurrence seulement
« de la portion virile héréditaire du renonçant. »

« 1476. Au surplus, le partage de la communauté, pour tout
« ce qui concerne ses formes, la licitation des immeubles quand
« il y a lieu, les effets du partage, la garantie qui en résulte,
« et les soultes, est soumis à toutes les règles qui sont établies
« au titre des Successions pour les partages entre cohéritiers. »

Enfin voici les articles sur la licitation :

« 1686. Si une chose commune à plusieurs ne peut être par-
« tagée commodément et sans perte ; ou si, dans un partage fait
« de gré à gré de biens communs, il s'en trouve quelques-uns
« qu'aucun des copartageants ne puisse ou ne veuille
« prendre, la vente s'en fait aux enchères, et le prix en est
« partagé entre les copropriétaires. »

« 1687. Chacun des copropriétaires est le maître de demander
« que les étrangers soient appelés à la licitation : ils sont néces-
« sairement appelés lorsque l'un des copropriétaires est mineur. »

« 1688. Le mode et les formalités à observer pour la lici-
« tation sont expliqués au titre des Successions et au Code de
« procédure. »

Les théoriciens sont convaincus qu'il n'y a qu'un moyen d'assurer l'équité du partage, et que ce moyen est la composition de lots faits après une expertise, sans aucune préoccupation des intérêts de chaque copartageant ; le sort attribue les lots, et de cette façon il est certain qu'aucun des intéressés ne sera avantagé au détriment des autres : mais est-ce bien certain ? Le tirage au sort n'assure pas plus que tout autre moyen l'équité du partage : quand sous l'égalité de valeur apparente des lots existe une inégalité réelle, il l'empêche seulement de profiter à l'un des intéressés choisi d'avance, du moins il l'empêche en principe, car dans la pratique ceux qui sont capables de créer une inégalité volontaire, par conséquent malhonnête, n'hésiteront jamais à corriger le sort : sur les questions d'intérêts, laissez donc faire les intéressés, ils savent se défendre.

Mais il y a les incapables, ceux que la loi protège : il faut prendre leurs intérêts en main, ou les confier à ceux qui peuvent les prendre, mais non pas les livrer au hasard. Le tirage au sort est né d'une méfiance universelle : on se méfie de l'expert qui fait les lots, et du notaire qui fait le partage, on se méfie des intéressés majeurs et maîtres de leurs droits, et aussi des représentants des incapables ; on se méfie de tout le monde, c'est la raison de la confiance exagérée qu'on met dans le hasard : avec le tirage au sort, tout le monde dort tranquille comme si le doigt de Dieu était dans l'urne. Seulement comme le sort né se tire pas tout seul, il faut bien, en fin de compte, faire confiance à quelqu'un, qui finit par être le premier venu, quand ce n'est pas le plus habile. Le tirage au sort n'assure pas plus que tout autre moyen l'équité du partage, mais en revanche, lorsqu'il manque de sincérité, il peut servir de manteau aux pires fraudes :

l'urne ne vaut pas mieux que celui qui la tient : Ce qu'il faut,
c'est que la part de chacun soit équitablement faite : le tirage au
sort n'avance à rien si les lots ne sont pas équitables, et la forme
du lot n'offre aucun avantage réel sur celle de l'attribution,
parce qu'il est tout aussi facile par l'examen des attributions
que par celui des lots, de s'assurer que l'un des copartageants
n'est pas désavantagé au profit des autres, ou avantagé à leur
préjudice ; si l'on veut, ce n'est pas plus difficile.

Le tirage au sort exige des lots d'une égale quotité : or, très
souvent, les droits des copartageants sont différents. La doctrine
s'est ingéniée à trouver des combinaisons permettant, même
dans ce cas, la formation de lots et leur tirage au sort : hélas!
que nous sommes loin de l'imputation alternante! Tous les
systèmes imaginés aboutissent à un fractionnement excessif ou
à une série indéfinie de tirages au sort : supposez, pour l'exemple
seulement, que de trois intéressés l'un ait droit à un tiers, un
autre à un quart, et le troisième au reste : il faudra diviser le
tout en 12 lots, dont le premier copartageant recevra 4, le
deuxième 3, et le troisième 5 ; on voit où peut mener l'inégalité
des droits, pour peu qu'elle se complique ; les complications ne
manquent pas : il faut noter que dans les partages en ligne
directe, les droits sont le plus souvent égaux, mais on trouve à
peu près toujours l'avancement d'hoirie, tandis que si on ne peut
pas le trouver en ligne collatérale, en revanche l'inégalité des
droits aboutit souvent à des fractions très minimes, le dénominateur commun s'élevant à des 376e, des 982e et même à des
chiffres plus considérables.

L'inégalité des droits est la seule difficulté que les théoriciens
veuillent bien reconnaître : malgré qu'elle soit insurmontable,

croient-ils qu'il n'y ait que celle-là ? La pratique en voit bien
d'autres : Les intéressés restent souvent dans l'indivision, et
quelquefois longtemps ; l'un se marie, un autre meurt, et l'indivision qui dure toujours, se complique d'autant. Le principe
que nul n'est tenu d'y rester est très juste, mais il ne peut aller
cependant jusqu'à obliger les gens à en sortir malgré eux,
lorsque tous sont d'accord pour y rester : pourquoi les indivisions
se prolongent-elles ? On croit que cela vient du praticien ; c'est
une erreur, il n'a aucun intérêt à compliquer, puisqu'il prend
toujours un honoraire proportionnel. Les indivisions durent
pour bien des raisons que nous savons déjà, et aussi à cause des
frais des partages judiciaires ; les intéressés majeurs et maîtres
de leur droit attendent la majorité des autres pour faire un
partage amiable ; mais il arrive qu'un décès inopiné dérange
cette légitime attente, en compliquant la situation par l'accession
d'autres intéressés plus jeunes et plus nombreux : un beau jour,
que ce soit à l'amiable ou judiciairement, il faut débrouiller tout
cela : ce n'est plus une simple indivision à partager, c'est à la
fois plusieurs successions et même plusieurs communautés ; des
comptes de toute espèce sont nécessaires, comptes d'usufruit,
comptes d'administration, pour chaque communauté et pour
chaque succession, comptes de tutelle; la distinction des fonds
et des fruits s'impose, et bien d'autres complications dont parfois
quelqu'une ne vient que de la loi. Tout cela s'entremêle et s'en-
chevêtre : ajoutez-y quelque avancement d'hoirie et essayez de
faire des lots, vous jugerez à sa valeur le partage en nature et
tous les systèmes imaginés pour l'étayer, vous comprendrez
pourquoi les praticiens s'ébaudissent aujourd'hui à l'idée du tirage
au sort, après l'avoir longtemps maudit.

Mais admettons un instant que le lotissement soit possible, supposons un copartageant ayant droit à 1/5, obligé au rapport d'un immeuble en nature : il y aura toujours à faire un minimum de 5 lots, d'après ce qui a été expliqué, peut-être beaucoup plus ; supposons-en 5 seulement : dans l'un d'eux se trouvera l'immeuble rapporté en nature : le cohéritier qui le rapporte a donc quatre chances sur cinq, pour que le tirage ne lui restitue pas son immeuble, et l'attribue à un autre qui sera dans le même cas. Les théoriciens voient cela sans broncher, ils ne tiennent qu'aux principes, et le tirage au sort est une conquête qui se place immédiatement après celle des droits de l'homme et du citoyen. Les intéressés voient les choses d'un autre œil, ils perdent complètement de vue les grands principes, et avant tout, tiennent à ne pas échanger leurs immeubles au petit bonheur quand ils en ont, ce qui ne blesse ni la liberté, ni l'égalité, ni la fraternité, surtout à la manière dont on les entend chez nous. Le rapport de la valeur, sur le papier, aboutissant à une imputation, leur suffit.

Le principe du tirage au sort entraîne nécessairement l'omission de l'avancement d'hoirie par donation conjointe, avec son inconnue et sa différence ? Le Code civil, dans deux articles du chapitre de la communauté, les articles 1438 et 1439, et deux autres articles du chapitre du régime dotal, les articles 1544 et 1545, parle bien des donations faites par le père et la mère conjointement ou par le survivant d'eux ; il prévoit l'imputation par moitié sur les successions des donateurs, il prévoit même l'imputation de la donation sur la communauté, il prévoit encore l'imputation d'abord sur la succession échue quand la donation est faite par le survivant (et nous savons que pratiquement ce n'est que l'application de l'imputation alternante à un cas accessoire). Il ne dit mot de l'imputation de la donation conjointe sur la première succession à échoir : il a tout prévu excepté la règle, mais vous trouverez quelque autre part, l'interdiction des pactes sur les successions futures.

« 1438. Si le père et la mère ont doté conjointement l'enfant « commun, sans exprimer la portion pour laquelle ils enten- « daient y contribuer, ils sont censés avoir doté chacun pour « moitié, soit que la dot ait été fournie ou promise en effets de « la communauté, soit qu'elle l'ait été en biens personnels à « l'un des deux époux. Au second cas, l'époux dont l'immeuble « ou l'effet personnel a été constitué en dot, a, sur les biens « de l'autre, une action en indemnité pour la moitié de la dite « dot, eu égard à la valeur de l'effet donné, au temps de la « donation. »

« 1439. La dot constituée par le mari seul à l'enfant commun, « en effets de la communauté, est à la charge de la commu- « nauté ; et, dans le cas où la communauté est acceptée par la « femme, celle-ci doit supporter la moitié de la dot, à moins « que le mari n'ait déclaré expressément qu'il s'en chargeait « pour le tout, ou pour une portion plus forte que la moitié. »

« 1544. Si les père et mère constituent conjointement une « dot, sans distinguer la part de chacun, elle sera censée « constituée par portions égales. Si la dot est constituée par le « père seul pour droits paternels et maternels, la mère, quoique « présente au contrat, ne sera point engagée, et la dot « demeurera en entier à la charge du père. »

« 1545. Si le survivant des père et mère constitue une dot « pour biens paternels et maternels, sans spécifier les portions,

« la dot se prendra d'abord sur les droits du futur époux dans
« les biens du conjoint prédécédé, et le surplus sur les biens du
« constituant. »

Il suffit de lire dans Locré le rapport du Duveyrier au Tribunat, dans sa séance du 19 pluviôse, an XII, et le discours de
Siméon à la séance du Corps Législatif (20 pluviôse an XII) pour
voir combien peu les orateurs se doutaient de l'importance de la
question traitée ou plutôt étouffée par ces articles.

Claude de Ferrière nous a bien appris que l'avancement
d'hoirie était une règle presque générale pour toute la France,
mais qu'on se le rappelle, il a omis lui aussi l'imputation alternante de la donation conjointe et les auteurs du Code civil ont
fait comme lui, ils l'ont omise et pour parler plus exactement,
ils l'ont ignorée, avec tous les juristes y compris Pothier, parce
qu'avant le Code, le principe de cette imputation était si peu
contestable et si peu contesté, qu'il n'avait nécessité aucun
arrêt : Les théoriciens ne connaissaient que les faits judiciaires ;
ils ne soupçonnaient pas la double imputation de la donation
conjointe, ou bien alors, c'est encore pis.

Il est vrai que les lots et leur tirage au sort ne sont possibles
qu'avec le rapport en nature et le rapport en moins prenant
strictement entendus à la lettre, car tout cela se tient très logiquement. Les auteurs du Code civil ne pouvaient donc admettre,
sinon concevoir l'imputation alternante de la donation conjointe :
l'imputation par moitié, la fente de l'avancement d'hoirie était
nécessaire à leur système, comme jadis au temps de la rédaction
des coutumes, et aussi de leur réformation. La division en lots de
la première succession échue n'est réalisable qu'à la condition du
rapport en moins prenant de la moitié de l'avancement d'hoirie,

exécuté fictivement, c'est-à-dire compensé avant le partage, par un prélèvement égal au profit des autres héritiers, qui permettra de fractionner ce qui reste : il est facile de voir que l'imputation alternante de la donation conjointe est le renversement du partage imposé par le Code, à cause de l'indétermination du rapport, tandis que dans ce même système, l'imputation alternante de la donation par le survivant est possible, parce que, en principe, elle ne donne pas lieu à un rapport à la première succession échue (voir 2ᵉ partie, page 174). Et c'est sur cette base erronée que s'est édifiée toute notre législation civile touchant le droit de la famille et la dévolution des biens par succession ; elle repose sur la distinction du rapport en nature et du rapport en moins prenant, du rapport réel et du rapport fictif pris à la lettre, sur des métaphores dont on a fait des absurdités.

Ainsi l'imputation alternante, la seule exacte, le principe, aujourd'hui si répandue, qu'elle deviendra si elle ne l'est déjà, la règle exclusive, la forme dernière et la plus parfaite d'une tradition immémoriale et dont l'origine se perd si loin dans le passé que tout le monde l'ignore, ne se trouve pas dans une loi qui a tout prévu et tout réglementé : Et cependant, tous les jours on l'applique, non point la loi, à peu près partout, car tous les jours, les père et mère dotent leurs enfants ; lisez dans votre contrat de mariage, toutes les dots petites ou grosses, dérisoires ou excessives, sont constituées sous la forme de l'avancement d'hoirie par imputation alternante, et cela sans distinction de classes et de partis. Les intérêts politiques et même les rêves humanitaires s'éteignent au foyer, le philanthrope lui-même se dédouble ; on ne l'est pas continuellement, et encore faut-il avoir des rentes; d'ailleurs, je ne vois pas bien les gens s'abstenant de doter leurs filles sous prétexte qu'ils attendent un avenir meilleur. Il faut laisser à Rome la tradition des pères barbares et brutaux; chez nous, on pèche plutôt par excès contraire; de même que chacun cherche à mener à bien ses petites affaires, sans y mêler en rien les grands principes, tous les pères et toutes les mères aiment leurs enfants et cherchent à les établir de leur mieux et le plus avantageusement; ils tâchent de concilier les sacrifices qu'ils peuvent faire avec le moins de gêne possible pour eux-mêmes et aussi pour le survivant, afin que sa situation en soit moins diminuée; telle est pour les donateurs la cause finale de l'imputation alternante; et tous, les plus savants et les plus ignorants, les plus intelligents et les plus niais, les plus vaniteux et les plus simples, les plus soumis et les plus indépendants, ceux qui défendent la tradition et ceux qui la combattent, les plus obstinés juristes aussi aveuglément que les autres, tous, parce que maintenant personne n'y comprend plus rien, suivent l'usage, le tyran impérieux et subtil qui nous enveloppe, nous enserre et nous conduit : Paris est plein de sages qui ne doutent pas de leur sagesse.

Ainsi s'est généralisé le principe de l'imputation alternante : le Code civil l'a méconnu, comme il a méconnu le rapport de la valeur et la défalcation du passif; c'est la tare profonde de notre droit civil, la cause de l'étrange scission qui a continué de s'exagérer, entre la doctrine et la pratique.

Or après avoir ainsi coupé les ailes à la méthode pratique, le Code civil, par une contradiction comique, la suppose ensuite pour le calcul de la quotité disponible.

« 922. La réduction se détermine en formant une masse de

« tous les biens existants au décès du donateur et testateur.
« On y réunit fictivement ceux dont il a été disposé par dona-
« tions entre-vifs, d'après leur état à l'époque des donations
« et leur valeur au temps du décès du donateur. On calcule
« sur tous ces biens, après en avoir déduit les dettes, quelle
« est, eu égard à la qualité des héritiers qu'il laisse, la quotité
« dont il a pu disposer. »

Cette quotité n'est une fraction qu'en apparence, car supposant la défalcation du passif, elle devient nécessairement
une proportion; on ne peut l'établir qu'en se basant d'abord
sur la valeur de l'actif net : ainsi la loi civile démocratique
s'est trouvée oppressive, par où le texte même de la coutume
était libéral. Ce n'est pas tout : bravement les théoriciens ont
complété la confusion qui a si profondément modifié le sens du
mot réserve, en faisant disparaître celle de légitime. Héritier
réservé, héritier à réserve : tout le passé tient dans la différence
de ces deux expressions; la réserve correspond aujourd'hui à
l'ancienne légitime réservée : au temps où sous ce nom, l'idée
romaine de la légitime a été introduite dans la coutume en
1580, l'héritier réservé comme nous l'a appris Jean des Mares,
était d'après un usage séculaire l'héritier tenu du rapport,
tandis que de nos jours l'héritier à réserve est celui qui ne
peut être entièrement déshérité. A qui fera-t-on croire que
cette confusion qui s'est accomplie en trois fois à plusieurs
siècles d'intervalle, est involontaire : elle a été longuement
calculée, l'idée s'en est transmise parmi les théoriciens, de
génération en génération; enfin, elle a été exécutée en sour-
dine, comme une mauvaise action.

La confusion de sens du mot réserve a, nous le savons

bien, sa source directe dans l'esprit de système qui dicta l'article 307 de la Coutume Réformée, et qui est la tradition néfaste de l'École; mais il ne faudrait pas croire que cette confusion fût particulière à la Coutume de Paris; l'erreur s'est perpétrée par une merveilleuse suite d'idées : on la retrouve dans beaucoup de coutumes dont la rédaction est même pour quelques-unes antérieure à celle de la Coutume de Paris; on la retrouve dans les Coutumes de Melun, rédigée en 1506, art. 104 et 105; Meaux, 1509, art. 11, 12, 13; Sens, 1506, art. 267; Troyes, 1509, art. 142; Vitry-le-François, 1509, art. 73; Senlis, 1539, art. 161; Clermont-en-Beauvaisis, 1539, art. 165 et 167; Montargis, 1531, chapitre XI, art. 2; Dourdan, 1556, art. 92 et 107; Monfort-l'Amaury, 1556, art. 151; Bassigny, 1580, art. 156; Calais, 1583, première rédaction; on la trouvera encore dans les Coutumes réformées d'Orléans, 1583, art. 273; Nantes, 1556, art. 159; Auxerre, 1561, art. 244. Il y a ainsi quelques siècles qu'un coup de pouce décisif fut donné, aiguillant sur une voie que depuis les moutons de Panurge suivent en bêlant.

Labbé rappelle avec complaisance toutes ces coutumes dans lesquelles on a, par la violence des mots, contrarié la nature de l'avancement d'hoirie, à l'instar de celle de Paris, puis il embouche sa trompette : « En résumé, dit-il, les faits historiques que nous venons de rappeler démontrent, en premier lieu, que les réformateurs de la Coutume de Paris, en y insérant l'article 307, et en condamnant par cela même la théorie de Dumoulin, ont sainement compris l'esprit général de leur temps et du pays où ils vivaient; en second lieu, que la clause d'avancement d'hoirie, introduite d'abord pour autoriser l'enfant marié et doté à revenir si bon lui semblait vers l'hérédité paternelle, n'a jamais été interprétée en ce sens qu'elle imposait à l'enfant gratifié par son père la nécessité de devenir l'héritier de celui-ci pour conserver le bénéfice de sa libéralité. »

L'erreur de Labbé doit paraître évidente, maintenant que le mécanisme de l'imputation alternante est connu et bien compris; il ne s'agit plus, comme au temps ancien où la succession des père et mère ne formait qu'une masse intégrale, de rapporter même en renonçant; il faut dire aujourd'hui : la clause d'avancement d'hoirie ne permet pas à l'héritier de renoncer pour éviter le rapport, et c'est parce que nos législateurs ne l'ont jamais compris, que depuis quatre cents ans, depuis la rédaction de la coutume, nous piétinons sur place et qu'il n'y a guère rien de changé : les questions qui se posent aujourd'hui sont précisément celles qui se posaient au temps de Dumoulin, et même peut-être avant lui. Est-ce moi qui le dis? Non, c'est Labbé, et voici le bouquet : « *Remarquez, fait-il, que le langage des parties contractantes, et surtout le style des notaires, n'ont pas changé avec la promulgation d'un nouveau code, et que le problème s'offre à nous aujourd'hui, exactement dans les mêmes termes, sous le même aspect que dans l'ancien droit.* » (Revue pratique, année 1861, page 224.) Ainsi, il n'y a rien de changé que les mots! C'était bien la peine de changer tant de fois de Gouvernement!

Il va sans dire que si la pratique ne se modifie pas, la doctrine ne change pas davantage, et pèse de tout son poids sur la jurisprudence qui, elle, tourne indéfiniment autour du pot. Depuis le Code civil, comme avant, il y a unanimité; seule, une Cour d'appel a osé se rebeller, et laquelle? Celle de Montpellier! C'est toujours Labbé qui nous l'apprend : « Un seul arrêt, à notre

connaissance, a troublé cette unanimité presque complète ! C'est
un arrêt de la Cour de Montpellier du 19 novembre 1830 vigou-
reusement motivé et très logique dans ses déductions. Il commence par affirmer que le don stipulé en avancement d'hoirie,
dans sa nature et dans son essence, n'est qu'une remise anticipée
de la part héréditaire que le descendant aurait dû recueillir plus
tard dans la succession de l'ascendant donateur auquel il aurait
survécu... » Vous croyez peut-être que Labbé a été convaincu
par cette leçon qui lui arrivait du pays de droit écrit ? Pas le
moins du monde ; et ce serait méconnaître cet état d'esprit particulier que de supposer un instant qu'il pût changer de lui-
même ; sa conviction était faite, parfaite, il n'écoutait plus rien,
et cela dura toute sa vie : « *Tel est le point de départ,* s'écrie-
t-il. *Là est le vice et le danger ; tout y est renfermé, et si les
conséquences sont mauvaises, c'est que la définition est
fausse.* » Et allez donc, il ne lâche la trompette que pour se
pendre à la cloche. Il avait là-dessus la foi des âges primitifs, la
ferveur qui transporte une montagne comme un cierge ; cette
conviction profonde, invariable, intraitable, le rendait exigeant,
et avec raison, sur l'exactitude des définitions ; aussi ne con-
fondait-il pas le rapport en nature avec le rapport en moins
prenant, le réel et le fictif, et comptait sur les doigts. Rien
n'aurait pu renverser sa certitude, ni convaincre son obstina-
tion ; il se serait laissé assommer, massacrer, il aurait subi le
martyre.

Comme il ne peut plus se défendre, je dois ici rendre justice
à sa mémoire, car j'ai longtemps écouté sa parole avec respect ;
il était sincère, loyal et bon ; ce qui chez un homme politique eût
été une duplicité évidente, n'était chez lui que de la candeur, il

ne raisonnait pas comme le commun des mortels, il vivait éperdu d'extase devant Justinien, l'immortel empereur Auguste qui compilait, compilait, compilait, oubliant de veiller sur l'empire ; et quand les écailles qu'il m'avait mises sur les yeux sont tombées, Labbé est resté pour moi un honnête homme, et même mieux, mais qui a vécu dupe d'une illusion pleine d'inconvénients pour les autres. Si je me suis permis de le railler, c'est d'abord parce qu'il m'a donné l'exemple en se moquant de Dumoulin, ensuite parce qu'il faut se hâter de rire pour ne pas pleurer, quand on brise ses idoles ; je n'en ai d'ailleurs qu'à sa doctrine, et non point à sa personne.

Il y a donc en France deux traditions, celle du droit romain et celle de l'usage ; la tradition romaine n'est point celle de la race, mais celle des dominateurs. Il y a beau temps que les conquérents latins ou barbares ont fondu dans la masse, et du Nord au Midi, de l'Est à l'Ouest, nous ne sommes plus que les descendants des Gaulois. Il n'y a plus ni pays de droit écrit, ni pays de coutume, mais elle vit toujours, la vieille Gaule, ardente et fière, *Gallia togata, Gallia bracata*, la France en blouse et la France en culottes, la France de probité et d'honneur qui a fait les révolutions et les croisades ; la lutte désespérée qui commença le jour où le premier hoplite romain mit son pied pesant sur la Gaule vaincue, mais non soumise et depuis toujours rebelle, est devenue avec la même âpreté celle des usages nés du sol, passés dans le sang contre le droit romain. Cette vieille querelle, qui jadis dans la France coutumière, s'était localisée entre les procureurs et les tabellions, a, depuis le Code civil, dévié pour diviser entre la doctrine et la pratique, ceux qui enseignent et ceux qui agissent, l'esprit des anciens procureurs paraissant

devenu aujourd'hui celui des dominateurs, grâce aux trop minu-
tieuses et mesquines procédures qui ont l'effet particulier de
transformer en niais les hommes les plus intelligents, en égarant
leur bon sens dans de pures questions de mots sur lesquelles
ils s'hynoptisent. Quant aux tabellions, cœurs nourris d'or po-
table, ils ont gardé la tradition seulement parce qu'ils n'ont pas
pu la perdre ; elle ne se maintient pas grâce à eux, mais bien
grâce à l'arithmétique toute seule, sans laquelle cette tradition,
qui est celle de Jean des Mares et de Dumoulin, n'aurait jamais
pu lutter contre l'hypocrite rédaction de la coutume, sa non
moins hypocrite réforme, ni contre le Code civil.

Jean des Mares ou Desmarest, avocat du Roy au Parlement
de Paris, sous Charles V et Charles VI, a laissé un manuscrit
de décisions, « dans lesquelles sont transcripts les usages et
« coustumes gardés en la cour du Chastelet, et certaines sen-
« tences données en plusieurs cas notables », publié plus tard
par Brodeau, et qui a été la première ébauche de la coutume.
Il était un des « Sages Coustumiers » appelés aux enquêtes
par Tourbe, qu'il nous définit dans sa décisien 275 : « *Item*,
« pour prouver Coustume duement Usage, ou Stile alléguez,
« il convient nécessairement que ladite prouve soit faite et
« rapportée en Tourbe, par dix Sages Coustumiers, rendant
« notoire et affirmative cause de leurs dépositions, ou par plus :
« et se par moens de dix personnes en Tourbe, la Coustume
« était tesmoignée, celle prouve ne suffirait pas, mes serait
« ainsi comme nulle de soy. » Il est nommé dans l'article 84
des Coustumes notoires du Chastelet de Paris, qui sont des
Tourbes et actes de notoriété au nombre de 186.

Sans doute que ses décisions contiennent pour nous d'autres

secrets ; encore faut-il les trouver. Son mérite est d'avoir tenté consciencieusement de formuler l'usage, sans connaître la vanité de le corriger, ni celle surtout de s'imaginer qu'on peut le changer avec des mots. Cet homme de bon sens, que ses habitudes réfléchies et son manque de parti pris devaient écarter certainement de toute intervention personnelle à la provocation des luttes politiques et de la guerre civile, fut cependant enveloppé dans la terrible répression qui suivit l'insurrection des Maillotins, au début du règne de Charles VI. Malgré sa vieillesse et sa belle vie, il fut condamné à mort et décollé en place de Grève, le 28 février 1383. Les historiens lui prêtent des mots à effet, sans doute apocryphes ; j'aime mieux croire qu'il porta sa tête au billot sans rien dire, et tout au moins sans qu'on pût rien entendre, d'autant plus que le meilleur gosier n'a jamais pu lutter contre une simple peau d'âne.

Charles Dumoulin ou du Molin eut une vie relativement tranquille jusqu'à la publication de son commentaire sur l'édit de Petites Dates, en 1552 : cet ouvrage contenait une doctrine « pernicieuse à l'Église et à tout l'ordre et dignité ecclésiastique, et à l'authorité du Pape qui en est le chef » ; il fourmillait, paraît-il, d'erreurs dont la dernière « est que presque tous les passages et les assertions et propositions ne font rien pour l'intention et le principal dessein de l'autheur, et sont des digressions recherchées et affectées, pour vomir le venin de son cœur ». Sans doute qu'il avait quelque chose à dire ; il fut « accusé de schisme et d'hérésie, et de vouloir établir le luthérianisme en France, par des propositions fausses et erronées, des authoritez mal entendues, et ineptement appliquées contre la foy de l'Histoire, et par des raisons sophistiques qui tendent à renverser l'ordre sacré et hiérarchique de l'Église, en attaquant le chef et tous les membres, dans l'explication et la glose d'un Edict qui est peut-être conforme à la raison, en quelque chose ». « Peut-être, nous dit Brodeau, que l'histoire ne nous fournit point d'exemple d'un homme de condition privée faisant profession des lettres, dont la vie ait été plus traversée et plus affligée de persécutions, de misères et d'angoisses. » Obligé de fuir, errant en Allemagne, tour à tour calviniste et luthérien, ballotté de la Communion de Genève à la Confession d'Augsbourg, emprisonné à son retour en France, il abjura, paraît-il, ses erreurs pour le repos tout au moins de ses cendres, et mourut « Catholique et bon chrestien, le jour des saints Innocents 1566 », six ans avant l'effroyable désastre où devaient disparaître ses derniers descendants.

Les querelles religieuses firent tort à son œuvre juridique. Tous ses livres ont été censurés distinctement, rapporte Brodeau, avec défense de citer son nom : on pensait par là « diminuer « l'autorité de ses écrits et de ses puissants raisonnements, « dans lesquels il n'a pas Dogmatisé contre la Foy, et ne « s'est point déclaré ennemy de l'Église, mais des abus que la « licence et le désordre du temps avaient introduits : mais en « tout cas, il faut considérer, non pas comme il a vécû, mais « comme il est mort, car, de ce dernier moment qui est la cou- « ronne et bénédiction de la vie, dépend l'éternité, comme « estant le jour critique du salut ». Dumoulin a été excommunié autant qu'on peut l'être, sans distinction entre ce qui pouvait regarder le spirituel et ce qui ne concernait que le temporel, entre le ciel et la terre, entre le droit divin et le droit positif.

Est-ce pour cela qu'il a eu si peu de disciples? Ceux qui l'étaient, ne fût-ce que pour le droit positif, n'avaient point sans doute à s'en vanter trop haut, en un temps où l'accusation d'hérésie pouvait conduire jusqu'au feu inclusivement; on lit au début de la 12ᵉ des Petites Lettres, publiées près d'un siècle plus tard : « Vous m'appelez impie, bouffon, ignorant, farceur, imposteur, calomniateur, fourbe, hérétique, calviniste déguisé, *disciple de Dumoulin*, possédé d'une légion de diables. » Tout le bruit soulevé par la dure voix de Calvin était loin de s'apaiser encore : c'est une raison. Certes, il est permis de penser que les guerres de religion ont été la plus terrible cause d'amoindrissement pour la France, mais peut-on aller comme il y en a, jusqu'à dire qu'il eût mieux valu pour son développement et sa grandeur que le schisme de Calvin eût prévalu? La belle affaire pour beaucoup d'entre nous! Ils seraient protestants au lieu d'être catholiques et penseraient que la transsubstantiation n'est qu'un symbole; ceux qui en pourraient douter n'y pensent plus aujourd'hui, et ce n'est point sur ce mot que recommenceraient les guerres de religion, si elles devaient recommencer; ce serait sur un autre, espérons-le.

La réforme religieuse a coupé la France en deux tronçons, deux éléments de guerre civile, dont l'apaisement et la conciliation, au moins momentanés, sont la plus belle part de la gloire du Béarnais, tandis que la Révocation de l'Édit de Nantes a privé la France d'un puissant noyau d'hommes énergiques et entreprenants : La Révolution de 89 a profondément modifié la question au point de vue religieux, dont le droit civil est maintenant bien indépendant, mais elle n'a pas changé, hélas! la méthode juridique. Si le droit romain a pu être jadis pour la

monarchie théocratique comme le droit canon pour l'Église, un
terrible instrument de domination et d'écrasement, notre société
civile, telle qu'elle est constituée, a moins à faire encore du
droit romain que du droit canon ; tout cela n'intéresse plus guère
les gens qui ont autre chose à faire que discuter des dogmes, et
qui demandent à grands cris la lumière sur toutes les affaires
publiques et privées, sans s'inquiéter, du reste, des moyens qui
peuvent la donner : ils veulent la lumière, toute la lumière, mais
pour l'obliger à se produire, ils trouvent plus aisément des
injures que des raisons. Voilà comment les querelles politiques
et religieuses, grâce au parti pris qui en paraît inséparable, sont
la cause évidente du prodigieux embrouillamini dans lequel
est aujourd'hui embourbé notre droit civil, sous tant de jeux de
mots.

Si le sens du mot réserve a été si bien détourné, le principe
de l'avancement d'hoirie ne s'est pas modifié pour si peu, et
l'usage du moins ne s'est pas perdu dans les mots : il a continué
contre le Code civil sa lutte séculaire contre le texte mal écrit,
le texte odieux qui restreint la liberté de bien faire, celle de la
forme libre et savante contre la forme ignorante et arbitraire,
celle de l'esprit contre la lettre, celle du droit vivant qui veut
vivre, contre le droit mort qui l'étouffe, celle de la coutume
contre le droit romain : et la vieille querelle de la liberté contre
la forme s'est concentrée sur la question du partage, parce que
le législateur n'a pas voulu seulement tout prévoir, mais qu'il a
voulu aussi tout réglementer, et sans y prendre garde, a réglementé même l'arithmétique. Depuis le Code civil comme avant,
les théoriciens ne voient que la loi : pour eux, elle vient du ciel :
ils ne parlent de l'usage qu'au passé, parce qu'ils ont convenu

que l'usage n'existe plus. Mais la loi inapplicable n'est qu'un corps sans âme, une accumulation de mots inutiles; le mal est non point qu'il y ait un usage, mais que cet usage soit la vraie loi, et que la loi écrite soit à côté, quand elle n'est pas contraire, en un mot, que la loi soit la négation de la loi. Il est pitoyable que l'usage ait raison, parce que les théoriciens ne veulent pas consentir à comprendre qu'il y a une réalité, et qu'il est déraisonnable de ne pas en tenir compte : le désaccord de la théorie et de la pratique aboutit au fossé qui se creuse entre ceux qui font la loi et ceux qui l'appliquent, ceux qui croient diriger et ceux qui croient suivre.

Maintenant lisez les dithyrambes, entendez moudre le moulin :

« Le spiritualisme des chrétiens et des jurisconsultes a travaillé pendant des siècles à pénétrer et transformer l'élément matériel et barbare, couche épaisse et féconde dont la Providence avait couvert la surface de l'Europe pour la renouveler et rouvrir ensuite son sein virginal aux semences de l'avenir...

« Le droit romain seul, après avoir traversé des formes différentes, après avoir *dispensé ses inspirations à ses auxiliaires,* conservait encore toute son énergie contre le droit né des coutumes; sa mission était et plus libre et plus large : « *Les* « *jurisconsultes romains ne s'étaient pas arrêtés à des usages* « *particuliers,* a dit très bien Lemaistre, *mais à la justice géné-* « *rale : ils avaient écrit la raison civile de tous les états;* » et les juristes français, en se formant à leur école, s'associèrent puissamment à ce mouvement scientifique. Ce droit, dans sa vie militante, ne devait s'arrêter que lorsque, s'étant assimilé ce que les coutumes et la jurisprudence pouvaient renfermer de *conforme* à sa *nature,* il aurait entièrement pénétré la société de son principe rationnel : alors il a pu dépouiller son nom antique et distinctif, et dans sa transformation nouvelle, épurée par la science et la civilisation modernes, il a pu s'appeler le Droit Civil Français. Mais il lui a fallu plus de cinq cents ans, depuis sa naissance, pour vivifier ainsi la société et pour se rajeunir lui-même par une féconde association dans un Code qui, à l'entrée du XIXᵉ siècle, a résumé les progrès de la société civile. » (Laferrière, Histoire du Droit Français.)

C'est ainsi qu'en de belles phrases et par d'outrecuidants sophismes, on nous apprend tous les jours, depuis un siècle, que le Code civil est un merveilleux chef-d'œuvre, et l'objet de l'admiration universelle ; enfin, que nous ne pouvons avoir trop de reconnaissance pour ceux qui nous l'ont donné. Le droit romain est devenu l'auge où chacun doit boire, le moulin banal où il faut aller moudre ; et c'est bien là ce que voulait Portalis, quand il disait avec colère : « La plupart des auteurs qui censurent le droit romain avec autant d'amertume que de légèreté, blasphèment ce qu'ils ignorent. » Brutus avait tout perdu, sa liberté chérie, et même son épée, il ne lui restait que ses dieux.

On peut maintenant juger du désarroi de la pratique à la promulgation : elle a défendu sa tradition, en la continuant de son mieux, c'était d'ailleurs tout ce qu'elle pouvait faire ; demandez aux praticiens pourquoi ils procèdent comme ils le font, et non pas autrement, ils vous répondront : nous avons toujours fait ainsi, et nous ne savons pas faire autrement.

La rencontre a été dure, les magistrats n'entendant pas raillerie sur l'application de la loi, et ne se payant pas de mauvaises raisons. Leurs premiers arrêts ont été sévères : la

jurisprudence a consacré maintes fois les principes du lotissement et du tirage au sort, ainsi que leur nécessité légale.

« La Coutume y résiste. » Le legs du passé, l'admirable
outil créé par l'ouvrier, lentement amélioré dans la suite des
siècles, l'ingénieuse partie double pouvait-elle être remplacée
par la trompeuse simplicité du système incohérent qu'avait
imaginé le théoricien inapte à la précision des chiffres ?
L'application d'usages séculaires ne pouvait disparaître ainsi,
cesser d'être indispensable : on ne badine pas non plus avec
l'arithmétique. La jurisprudence s'est calmée, Thémis a remisé
ses foudres, pour entrer dans la voie des concessions ; il a bien
fallu se rendre à l'évidence, et desserrer l'étau : alors même que
le système du Code eût été meilleur, alors même qu'il eût été
d'une cohésion plus parfaite, il n'aurait pas pour cela cessé
d'être inapplicable. Ses auteurs n'avaient tenu aucun compte
des faits pratiques : ils n'avaient étudié que des formes en elles-
mêmes, sans jamais distinguer celles qui s'appliquaient tous les
jours, de celles qui ne s'appliquaient pas ou ne s'appliquaient
que rarement, et la seule forme de donation dédaignée, celle de
l'avancement d'hoirie était prépondérante et d'un emploi
quotidien : dans les archives de tous les notaires existaient les
minutes de contrats de mariage qui contenaient la clause d'imputation exigeant le rapport en compte, le rétablissement à la
communauté et par conséquent, les attributions. Ces contrats
qu'il eût fallu compter par milliers, devaient nécessairement
recevoir leur exécution tôt ou tard : voilà ce qui rendait absolument inapplicable tout système autre que celui de la partie
double dont j'ai tâché de présenter l'idée générale.

Ce sera dans l'histoire du droit une page curieuse que celle où l'on verra la magistrature française obligée, malgré les textes et malgré elle, de faire sous les reproches et les attaques ce qu'à l'École on appelle du droit prétorien : la courbe qu'elle a dû suivre, pour aller du partage en nature imposé, au partage par attributions qui était interdit, est un phénomène auprès duquel les finesses et les subtilités du préteur romain sont de pures bagatelles. Les théoriciens se démandent encore ce qui rend cette forme de l'attribution si invinciblement attirante. Oh ! les magistrats la subissent, et seulement la tolèrent : eux aussi n'ont pas pu faire autrement, et pourtant cette seule tolérance a exigé d'eux un sacrifice sévère, celui de l'expertise qui d'une règle obligatoire est devenue, quand il s'agit de partage, une bien rare exception, au détriment peut-être des incapables qui ne reçoivent jamais leur part en immeubles ; c'est encore là un point facile à constater : en voyez-vous souvent, à Paris, des expertises et des lots ?

Grâce à la licitation devenue la règle, la forme impérative du partage judiciaire, à Paris même, a toujours été inappliquée, et jamais plus immédiat ni plus brutal démenti n'a été donné à ceux qui prétendent conduire les hommes en leur imposant des chimères. On ne remonte pas le cours des siècles ; le législateur s'égare et doit être fatalement vaincu, quand il ose lutter contre une idée séculaire, juste, scientifique et nécessaire, quand il veut la détruire, alors qu'il ne peut lui substituer qu'une conception puérile, impossible à réaliser. Il est vrai qu'il ne le sait qu'après : la pratique experte cherche aussitôt la fissure, le trou de souris par où elle pourra se faufiler, et le trouve : par là se compliquent les affaires, où seuls ensuite les initiés se débrouillent.

Ici, il est nécessaire d'entrer dans quelques détails pratiques :

Au point de vue fiscal, le partage par attributions est le moyen le plus avantageux pour sortir de l'indivision : il est actuellement tarifé à 0,15 % meubles et immeubles, et par sa seule forme entraîne une réelle économie, car cet impôt proportionnel n'est perçu que sur l'actif net ; aussi est-ce le moyen le plus employé.

La cession de droits successifs à l'un des cohéritiers, est un procédé de partage pratiquement exceptionnel, et ne peut être conseillé que pour des cas particuliers, car même lorsqu'elle fait cesser l'indivision, cette cession constituant une vente, est tarifée comme telle ; l'impôt perçu est de 2 %, plus les décimes, soit frs : 2,50 si la cession ne comprend que des meubles, et de 5,50 % plus les décimes, soit frs : 6,875, si elle porte sur des immeubles. La même cession comprend-elle à la fois des meubles et des immeubles, l'impôt le plus fort est perçu sur la totalité du prix ; de là l'habitude constante de faire deux cessions, l'une mobilière, l'autre immobilière.

La licitation au profit de l'un des copartageants est elle aussi sujette à la perception de l'impôt de vente, au même titre que la cession, mais cet impôt n'est perçu que sur la partie du prix s'appliquant à la fraction acquise de l'immeuble, parce que le colicitant qui même aux enchères achète la totalité de l'immeuble indivis, ne devient en réalité acquéreur que de ce qui excède sa part.

Toutefois, quand elles sont faites au profit d'un des copartageants, et produisent les effets civils du partage, c'est-à-dire, lorsqu'elles font cesser l'indivision, la licitation, comme aussi la cession immobilière profitent d'un dégrèvement : l'impôt principal de transmission de 5,50 % se décompose en effet en : droit de vente de 4 %, et droit de transcription de 1,50 % perçu lors de l'enregistrement. Or, les ventes constituant un partage ne sont pas sujettes à transcription, pas plus que le partage même, et par conséquent ne doivent que l'impôt de 4 %, plus les décimes bien entendu, sur le prix de la part acquise ; malgré cela, la cession de droits successifs et la licitation sont au point de vue fiscal plus onéreuses que le partage.

La licitation peut cependant devenir avantageuse, lorsqu'il y a plusieurs immeubles acquis par des colicitants différents, ou lorsque le seul immeuble licité et acquis par l'un des copartageants, n'est pas tout l'actif indivis, et qu'il existe d'autres biens. La licitation n'est alors qu'une opération préliminaire du partage, dans lequel on attribuera au copartageant adjudicataire le montant du prix d'adjudication dû par lui, jusqu'à concurrence du montant de sa part. Par suite de l'effet déclaratif du partage, la perception de l'impôt de transmission de 4 % ne peut avoir lieu que si le prix d'adjudication est supérieur au montant de la part de l'adjudicataire, et ne peut porter que sur la partie du prix excédante qui se trouve attribuée aux autres copartageants, et dans ce cas forme soulte. Si on peut attribuer la totalité du prix d'adjudication au copartageant qui en est débiteur, et c'est bien là ce que l'on cherche dans la pratique, aucun impôt de transmission ne peut être perçu, toujours par suite de l'effet déclaratif du partage ; la licitation, quel que soit le montant du prix, est enregistrée à un droit fixe ; d'où une économie souvent considérable ; mais pour cela, il faut que l'enregistrement du partage ait lieu en même temps que celui de la licitation.

On pourra trouver que ces notions fiscales sont des hors-d'œuvre ; il n'en est rien, le point de vue essentiellement pratique auquel je me suis placé, m'oblige, sans que j'aie à entrer dans trop de détails, à indiquer le motif qui fait adopter dans l'usage telle forme plutôt qu'une autre.

La combinaison que j'ai expliquée, par laquelle on parvient à exonérer, au moins en partie, la licitation, de l'impôt proportionnel de vente, a dans la méthode pratique une importance capitale : là est l'origine de l'homologation du partage judiciaire dans les 20 ou 10 jours de la licitation, suivant que cette dernière a lieu par jugement ou par procès-verbal devant notaire, et ce qui est plus important encore, là est le moyen qui a permis à la pratique de substituer la forme de l'attribution à celle du lotissement, quand le partage est judiciaire ; la licitation a ainsi remplacé l'expertise, le Code civil n'ayant avec le Code de procédure, laissé que cette alternative, l'expertise pour faire des lots, ou la licitation, quand le lotissement n'est pas possible. Les règles du partage par attributions sont donc les mêmes, que ce partage soit amiable ou judiciaire : la seule différence consiste dans la manière dont on détermine la valeur des biens indivis ; pour les partages judiciaires, la pratique n'a plus que la licitation ; c'est la fissure, le trou de souris par où elle a dû passer, pour tourner la loi.

CHAPITRE IV

LE TRIOMPHE DE LA COUTUME

Un contrat de mariage contient une clause bizarre d'appa-rence, et qu'on ne comprend pas : Qu'est-ce qu'elle veut bien dire ? tous les tribunaux s'en mêlent, et la question va jusqu'en Cassation. C'est le devoir des juges de décider, et leur décision fait loi : pourtant, il y a quelqu'un qui ne peut conserver la moindre illusion, celui qui a mis la clause dans le contrat : on ne lui a jamais demandé son opinion ; elle ne compte pas. Moi, je vous la donne en vous laissant libre d'en avoir une autre. Le jour où les historiens se décideront à écrire sérieusement l'Histoire du Droit Français, en se basant sur les faits, et non plus seulement sur les textes, ils pourront faire un chapitre intéressant, sur l'influence du clerc de notaire dans le contrat de mariage : il a toujours existé à Paris, le clerc de notaire, sous un nom ou sous un autre, depuis qu'on s'y marie, et que l'on y meurt; et l'un après l'autre vous passez tous devant ses yeux; même quand il ne dit rien, il n'en pense pas moins. Comme c'est lui qui fait la liquidation, il met dans le contrat de mariage ce qui pourra la simplifier, suivant cette règle pratique dont Loisel aurait pu faire une maxime : avec le régime légal que nous avons, les contrats compliqués font les partages simples, parce qu'ils prévoient. Mais si vous ne savez pas comment se font les liquidations et les partages, vous ne pourrez pas comprendre le contrat, quand même vous sauriez par cœur tout le *Corpus*.

A quoi servent, s'il vous plaît, les lois restrictives ? A l'usage que le droit romain n'a pu empêcher de se créer, de se fortifier et de grandir, le Code civil, en le contrariant, avait donné une vigueur nouvelle, car l'usage, avec l'irrésistible élan d'une force aveugle, s'est ramassé, limité à ses principes essentiels, pour combattre. Les théoriciens, voulant soutenir le Code chancelant et consolider les principes du lotissement et du tirage au sort, ont fait la loi du 2 juin 1841, incorporée au Code de procédure civile. Eh bien, c'est dans l'article 970 du Code de procédure, article provenant de cette loi, que la pratique a trouvé le moyen de la tourner. Pour abuser ? Non, pour pouvoir régler les comptes. Consolidez donc maintenant la loi de 1841, complétez la paire de béquilles ! L'arithmétique ne peut pas faire de concessions. Vous pouvez aussi, si cela vous plaît, bouleverser la société, il vous faudra toujours respecter les chiffres.

La Coutume a vaincu par l'égalité parfaite ; elle n'a jamais été plus vivante que depuis qu'elle est mutilée ; elle vit dans l'usage qu'elle a créé, et le Code civil passera sans l'atteindre, car elle a une triple assise formidable, trois bases essentielles et indéracinables, étroitement liées sans apparence de ciment romain. Elle aussi est un bloc qui entre comme un coin dans notre loi civile, et la brise. Est-elle aussi une arche, à la fois immatérielle et solide comme les chiffres, qui surnage intacte, malgré les sottises, les félonies et les crimes ? Arche ou non, elle ne peut être brisée qu'avec notre société, car l'usage a un outil, une arme irrésistible que la loi a dû lui laisser, qu'elle ne peut lui ôter qu'avec la liberté des conventions : cette arme est le contrat de mariage qui se relie au partage à travers les années, comme par une chaîne invisible ; sous l'ancien régime, la Coutume s'en est servie contre sa propre rédaction : ainsi naquit sans doute, la communauté réduite aux conquêts. Depuis, il a fait merveille contre le Code civil, et le partage par attributions est plus indispensable que jamais ; l'imputation alternante s'étale dans tous les contrats, bien que le mot de proportion n'y soit pas employé : les milliers se compteraient maintenant par dizaines. Tout en rêvant de socialisme, regardez à vos pieds et non pas dans la lune ; lisez donc votre contrat de mariage que vous n'avez jamais compris, et ne cédez pas trop vite au désir de railler ses expressions naïves et ses phrases moutonnières, car c'est un monument que toutes les révolutions n'ont pu encore briser, et tout ce que j'écris est entre ses lignes, avec combien d'autres choses encore.

Le plus simple ne serait-il pas d'accorder une liberté dont on sait si bien se passer ? La Coutume, après tout, n'est peut-être point si mauvaise, à condition qu'on s'en tienne à l'égalité. Il faudrait libérer la forme, parce qu'elle n'est que l'enveloppe de l'idée ; la forme appartient à l'artisan. Tandis que le magistrat doit être l'arbitre de la procédure, dont le seul but rationnel est de l'éclairer, pour qu'il puisse juger en connaissance de cause, au contraire, lorsque de simples citoyens rédigent entre eux une convention qui leur servira de loi, doivent-ils être les seuls maîtres de la forme qu'il convient de lui donner. Voulez-vous des exemples ? oh ! très peu !

Y a-t-il au point de vue de la forme, de différence plus subtile que celle posée par la loi entre les donations ? La donation est en principe un acte solennel, revêtu de formes tout aussi solennelles dont la plus importante consiste, avec la *présence réelle* de deux notaires ou d'un notaire et de deux témoins, dans l'obligation de *l'acceptation expresse* par le donataire : les mots *j'accepte* ou *qu'il accepte* sont essentiels, et s'ils n'étaient pas dans l'acte, il faudrait en dresser bien vite un autre tout aussi solennel pour les y mettre, faute de quoi la donation serait radicalement nulle, alors même qu'elle aurait été exécutée, et que le donataire serait déjà en possession.

Je sais bien qu'il y a des exceptions : Ainsi la loi pour se montrer bienveillante envers les jeunes époux qui entrent en ménage, les dispense d'accepter *expressément* les donations qui leur sont faites par leur contrat de mariage ; n'est-ce pas une grande faveur ! Il est vrai que la donation par contrat de mariage n'est pas un acte solennel, le contrat de mariage ne l'étant pas lui-même, d'après la loi ; aussi la présence du second notaire ne doit pas nécessairement être réelle. Quand l'acte est solennel, le second notaire doit être présent en chair et en os ; quand l'acte n'est pas solennel, il doit bien être présent, mais sans que cependant il y ait pour lui aucune obligation d'y assister réellement : la signature suffit, après coup ; c'est la contrefaçon d'un mystère, et voilà le second notaire, dont on a fait un quasi petit Jésus ; celui-là y est bien sans y être, ou plutôt, il n'y est pas du tout.

Pourquoi la donation ordinaire doit-elle être faite par acte authentique, en termes sacramentels, sous peine de nullité, alors que le testament peut être olographe, c'est-à-dire sous

seing privé ? Parce que le testament olographe n'est pas un acte
solennel, tandis qu'une donation pure et simple en est un.
Pourquoi le testament olographe est-il nul, bien qu'écrit en
entier de la main du testateur, s'il est daté par exemple à
l'aide de chiffres imprimés sur le papier ? Pourquoi les dispositions mutuelles entre époux, soit par acte entre vifs, soit par
acte de dernière volonté, seraient-elles nulles, si elles étaient
faites par un seul et même acte (sauf le contrat de mariage), de
même que deux testaments réciproques seraient nuls s'il étaient
écrits sur le même papier ? Pourquoi ? Parce qu'il a existé un
chancelier célèbre, appelé Daguesseau, qui a réglementé la
forme des donations et des testaments, et raisonné là-dessus
comme un enfant, nous apprenant à distinguer par des puérilités,
s'il y a eu captation ou non.

C'est bien pis encore pour le testament authentique ; les
notaires ne le rédigent qu'en tremblant, et la plupart se cachent
quand on vient les appeler auprès d'un malade, parce qu'ils ne
pourraient refuser d'y aller. Proposez à un notaire de recevoir
votre testament, et aussitôt il vous donnera une formule de
testament olographe. Si vous ne savez ou ne pouvez écrire, il sera
bien obligé d'agir autrement ; mais alors il lui faudra quatre
témoins pour un testament authentique ; il peut en falloir jusqu'à
7 pour un testament mystique ; malgré que la loi du 7 décembre
1897 ait donné capacité aux femmes, à Paris, les témoins sont
toujours les clercs d'autres notaires. J'ai été souvent de corvée,
et je dois reconnaître que les prescriptions du Code civil, malgré
les commentaires et l'interprétation judiciaire, et peut-être même
à cause de cela, sont à peu près impossibles à observer pratiquement : Ainsi, le testament authentique doit être *dicté* par

le testateur et écrit *tel qu'il est dicté* (art. 972, C. C.), cela seul n'est pas possible, une fois sur cent ; la personne qui ne peut faire un testament olographe, est par conséquent illettrée, ou infirme, ou âgée, ou très malade ; ajoutez à cela qu'elle ignore la loi et surtout le style spécial, et vous comprendrez que tout en étant encore saine d'esprit, elle est incapable de dicter ; elle ne peut que faire connaître d'une manière incorrecte toujours, son intention à laquelle le notaire donnera ensuite une forme précise qu'il écrit et lit au testateur ; si celui-ci approuve, que voulez-vous de plus ? Et cependant il faut que le testament, pour être valable légalement, soit *dicté et écrit tel qu'il est dicté* ; mais il y a des accommodements, puisqu'il suffit qu'il soit *fait du tout mention expresse* : le plus intraitable commentateur sera satisfait, pourvu qu'à la fin, le notaire ait écrit « que le testament lui a été dicté et a été par lui écrit tel qu'il lui a été dicté » et le sophisme consiste à croire sur sa signature, celui qu'on ne croirait pas sur sa parole.

On pourrait multiplier ces exemples, car il en est ainsi de toutes les questions de forme ; elles ont été réglées par des gens qui n'avaient jamais mis la main à l'œuvre ; aussi l'essentiel est-il, non point que toutes les minuties aient été observées réellement, mais seulement que l'acte déclare qu'elles l'ont été, et cette pétition de principes constitue une preuve suffisante. Ainsi toutes ces formes rigides, et toutes ces garanties certaines de la liberté, se transforment en de simples formalités et en clauses de style banales, toujours rédigées d'avance en forme solennelle.

Quelle est donc la différence non point nominale, mais réelle, de l'acte qui est solennel, et de l'acte qui ne l'est pas ? Il doit bien y en avoir une ; en effet, l'acte solennel est celui dont les formes sont *qualifiées* solennelles, et l'autre celui dont les formes ne le sont pas : c'est toute la différence, et nous la tenons des Romains. En matière civile, il ne devrait pas y avoir de nullité pour vice de forme ; telle est la règle de bon sens qui devrait s'imposer, mais comme nous n'y arriverons jamais, il faut savoir se borner, et se contenter de demander la suppression de ce qui est par trop absurde. On n'est point obligé d'aller jusqu'à la dernière conséquence d'une idée ; celle-là, poussée à l'extrême, aboutirait à supprimer l'acte authentique, ou tout au moins, à le rendre facultatif, sauf évidemment pour les illettrés. Sans aller si loin, pourquoi l'acte qualifié public est-il précisément le plus secret ?

Mais il ne suffirait même pas de libérer la forme ; on n'en veut plus, ni des actes compliqués, ni des procédures meurtrières, il faut changer l'axe, simplifier la loi ; à l'antique distinction du légal et de l'illégal, née de la forme arbitraire qui écrase le droit sous les nullités, faire succéder celle du juste et de l'injuste, qui naît de principes simples et clairs, s'orienter enfin par la Réforme juridique vers la liberté civile, celle qui ménage les intérêts généraux, et même, autant que possible, respecte les usages des honnêtes gens, usages qui ont une raison d'être, malgré que quelquefois on l'ignore. La loi humaine sera toujours imparfaite, mais bien que sa grandeur se réduise à tendre vers le mieux, pour y atteindre, encore faut-il qu'elle soit sincère, et qu'elle exclue le parti pris ; cela suffirait. Le progrès répugne aux solutions violentes, et les révolutions ne changent guère que les mots, en supprimant quelques personnes mais non les questions délicates et les problèmes difficiles ; les abus aussi survivent à l'énergie des sombres bûcherons. Nous devons profiter d'une expérience chèrement acquise : on ne supprimera ni la donation conjointe, ni l'imputation alternante de l'avancement d'hoirie ; personne ne demande la suppression de la liberté de tester ; tandis que ceux qui demandent la suppression de l'héritage ne demandent au fond, qu'à hériter. Il y aurait une chose très simple à faire, le demander est presque naïf, ce serait de mettre la loi d'accord avec l'arithmétique. Là-dessus, la contradiction est bien nette : La loi a cru séparer définitivement les deux successions paternelle et maternelle, tandis que l'usage les réunit ; depuis Jean des Mares, rien n'a pu le faire varier, et c'est lui qui là-dessus aura le dernier mot, quoi qu'on fasse. S'il y a des gens qui ne peuvent pas le comprendre, c'est qu'ils ne veulent pas admettre le principe de la défalcation du passif, comme axiome fondamental. Pour un calcul quel qu'il soit, il n'y a pratiquement de base équitable que dans une valeur nette, et les calculs fondés sur tout autre sont faux. La distinction de l'héritier acceptant et de l'héritier renonçant fait honneur à la finesse d'esprit des juristes romains qui l'ont inventée, mais il faudra bien tôt ou tard qu'on inverse leur principe ; l'héritier ne doit pas être tenu des dettes au delà de son émolument, si ce n'est par sa faute, et quand on voudra bien y réfléchir, on verra qu'il n'y a qu'une solution logique : la séparation des patrimoines de plein droit au profit du créancier, et le bénéfice d'inventaire pour l'héritier, de plein droit aussi, puisqu'il ne peut jamais lui revenir qu'un actif net. L'héritier ne doit être tenu personnellement, que par sa faute, des dettes de la succession, s'il a mésusé au détriment des créanciers, s'il n'a pas exécuté les obligations qui lui incombent, par exemple, si sans faire inventaire, il a confondu et mêlé les biens de la succession avec ses biens personnels; mais hors sa faute, c'est la succession qui est débitrice et non pas lui ; à l'égard des créanciers, il n'est qu'un administrateur, il ne doit que des comptes, et à défaut, le paiement intégral.

Il ne s'agit pas, bien entendu, d'empêcher les héritiers généreux de payer les dettes, au delà de leur émolument, ni surtout d'obliger les gens désintéressés à recueillir une succession opulente que leur bon cœur les porterait à refuser ; mais la renonciation n'a pas souvent été entendue de cette façon, malgré l'euphémisme ; elle n'a jamais été le renoncement aux biens de ce monde, tout au contraire, elle n'a toujours été qu'un moyen d'éviter la charge de dettes ou de rapports. Le principe légal que l'héritier est tenu pour acceptant sauf renonciation, ne doit être posé que pour obliger l'héritier au paiement de toutes les dettes, s'il ne profite pas du bénéfice d'inventaire, ou plutôt s'il n'exécute pas les obligations qui en dérivent pour lui, car il arrive toujours un moment où finalement l'intéressé doit accepter ou refuser, sans aléa; quand tout est liquidé, il sait bien ce qu'il fait; ce qui rend la renonciation immédiate inique, n'est point qu'elle permette d'échapper au paiement de dettes supérieures à l'actif, mais qu'elle permette à l'un des héritiers d'éviter un rapport au détriment de ses cohéritiers, ou d'en modifier la base pour conserver plus en s'abstenant qu'en acceptant. Cette iniquité, nous la devons au droit romain; certainement ce dernier est très intéressant surtout par l'histoire, parce qu'il est resté l'exemple unique de l'évolution entière dans son développement continu, de la loi d'une société antique depuis son origine jusqu'à sa chute, depuis les Douze Tables jusqu'aux compilations de Justinien. Cette loi n'est pas la nôtre, on nous l'a seulement imposée, mais si je m'élève de toutes mes forces contre les formes surannées que nous lui devons, aussi ridicules et gênantes dans les anciens pays de droit écrit que dans les anciens pays de droit coutumier, j'entends cependant respecter ses principes, en ce qu'ils ont d'équitable et d'universel. L'idée romaine de la légitime, devenue par confusion de mots la réserve, peut vivre côte à côte avec l'avancement d'hoirie; mais l'une est la limite de l'exhérédation, tandis que l'autre est une clause d'égalité dans les deux successions : en voulant les fondre, on n'a réussi qu'à tout confondre, et depuis, c'est tant pis pour l'égalité. Puisque l'article 278 de la Coutume, de même que l'ancien 159, n'avait qu'un intérêt de tendance, puisque l'article 1438, C. C. est né de la même idée fausse, puisque l'on n'a pas voulu continuer avec Dumoulin, de distinguer : 1° la donation en compte, toujours rapportable entre les enfants, comme une simple anticipation de jouissance, car tel est l'usage ; 2° et la donation qui n'était pas un avancement d'hoirie, le don pur et simple qui permettait de s'exclure, il faut aujourd'hui, parce que l'exclusion a disparu, distinguer le don fait en avancement d'hoirie qui est devenu la formule de l'égalité, et le don par préciput et hors part, dispensé non point de rapport à la masse, mais seulement d'imputation sur la portion nécessaire en prenant plus jusqu'à une certaine quotité ; tout ce qui a été donné, doit pour le partage être rapporté en compte, sauf l'imputation sur le disponible des libéralités par préciput. Mais s'il n'y a pas eu disposition par préciput, il ne peut plus être fait de distinction entre la réserve et le disponible, la succession tout entière revient aux enfants par portions égales, quels que soient l'ordre et la date des donations dont ils ont pu profiter. Les créanciers aussi ont droit au rapport pour les comptes qui, à leur égard aussi, doivent être exacts, mais ils n'ont pas droit au paiement de ce rapport, c'est-à-dire au remboursement de ce qui a été donné : les créanciers n'ont de gage effectif que sur les biens existants, et non point sur les biens rapportés en compte. Dans la pratique, rapport et paiement étant indépendants l'un de l'autre, puisque l'arithmétique les disjoint, tout cela se règle dans l'affectation au paiement pour le passif et dans les attributions, d'une façon très simple ; or les juristes partant du principe que le rapport n'est dû qu'à l'héritier et non pas au créancier, s'imaginent que les comptes doivent être différents pour l'un et l'autre, parce qu'ils n'ont jamais voulu admettre le rapport en compte et qu'ils distinguent entre le rapport réel et le rapport fictif, parce qu'ils raisonnent sur l'actif brut et non point sur l'actif net : aussi raisonnent-ils à côté de la question.

La succession légale c'est la succession en ligne directe ascendante comme descendante, avec la représentation ; tel est le principe : les enfants ou leurs descendants, à leur défaut, les ascendants sont héritiers nécessaires ; à leur côté, le conjoint survivant. Les successions collatérales, doivent être réglées par un principe opposé : elles sont testamentaires par essence ; là, le droit de tester ne peut admettre aucune restriction. A défaut de testament, le droit d'hériter appartient aux frères et sœurs ou leurs représentants, ceux que la loi appelle des collatéraux privilégiés. Mais au delà du cercle ainsi restreint de la famille, c'est une plaisanterie de prétendre régler la dévolution des successions d'après le degré de *l'affection présumée* du défunt, malgré que le principe vienne directement des Novelles : notre législation ne sert guère qu'à permettre à des parents éloignés qu'on n'a jamais vus, et qui ne s'intéressent à vous qu'à partir du jour de votre mort, de faire casser votre testament, en invoquant une affection qui n'a jamais existé, n'y eût-il que le testament pour le prouver. D'ailleurs, à notre époque, dans les faits, la succession collatérale n'est qu'un mot, sauf celle des incapables ; et il n'y a que les théoriciens pour en douter : on n'hérite guère même de son oncle que s'il vous fait son légataire, et il arrive encore assez souvent qu'il en désigne un autre. Quant aux père et mère, si l'on y tient, on peut sans inconvénient étendre leur droit de tester ; puisqu'à de rares exceptions près, ils n'usent pas de celui qu'ils ont, ils n'en abuseront pas ; autant en effet, les personnes qui n'ont pas d'enfants, font et refont leur testament, à moins qu'elles n'aient rien à donner, ce qui est d'ailleurs encore assez commun, autant au contraire, ceux qui ont des enfants disposent peu par testament et encore moins par donation entre vifs, surtout au profit d'étrangers ; et cela est logique.

Pour l'époux survivant, la loi du 9 mars 1891 lui accorde très justement un droit d'usufruit ; mais il est permis de penser qu'elle s'est montrée un peu chiche sur les proportions, au moins quand il n'y a que des héritiers collatéraux, puisque après tout elle permet que le conjoint soit déshérité ; elle ne répare que l'oubli, la négligence du défunt surpris par la mort ; les donations entre époux de tout ce que la loi autorise, étant très communes, la loi nouvelle en permettant aux époux qui se détestent de se déshériter, aurait dû être plus large pour les négligents. Mais voilà : *jura non vigilantibus non prosunt*, et pour une fois que sous la poussée de l'opinion publique, la loi a été obligée de dire le contraire, elle a pris soin de ne pas abuser : ne

serait-il point nécessaire qu'elle fût bien écrite et améliorée?
cela dérangerait trop d'égoïsmes, en tirant de leur douce quiétude
tant de gens qui ne veulent rien voir et se grisent de sophismes
dont profitent les gens habiles, ceux qui savent toujours se
mettre d'accord avec la lettre de la loi. Pendant que dans les
inextricables systèmes fabriqués à la douzaine par de naïfs abs-
tracteurs de quintessence, les braves gens apprennent seulement
l'art de couper les cheveux en quatre, les aigrefins, les gens
habiles y apprennent l'art de faire des dupes, en ménageant
Dieu et tous ses saints.

La doctrine du reste était, de par sa méthode et dès le début,
complètement fourvoyée : Pour cette maladroite codification qui
fera la joie de nos arrière-neveux, elle a rêvé d'un Sinaï tout
illuminé d'éclairs; elle a toujours étudié le droit civil comme
s'il était indépendant. Or, dans la pratique, sur chaque question
de droit civil, vient se greffer, comme une verrue, la question
fiscale, l'éternelle préoccupation du praticien : avant tout c'est
elle qui l'obsède, tandis que systématiquement la doctrine
l'écarte. Il n'est donc pas étonnant que les théoriciens et les
praticiens ne se rencontrent jamais pour se comprendre, le
contraire plutôt serait extraordinaire.

Sous l'article 26, ancien 17 de la coutume, Brodeau parlant
d'un fief donné à l'enfant, en paiement de la dot constituée
par les *père et mère*, conclut que le relief n'était pas dû :
« héritage tenu en fief, baillé en paiement de ce qui a esté
« promis par les père et mère, ou autres ascendants, à leurs
« enfans ou petits enfans, par contract de mariage, soit que les
« mesmes père et mère baillent l'héritage en paiement, de leur
« vivant, ou le fils ainé et autre héritier après leur décès ; et

« n'est rien dû de cet accomodement qui n'est à proprement
« parler, ny mutation, ny vente, quand il n'y a point de soulte
‹en argent, ne plus ne moins, que si primitivement et origi-
« nairement, le fief baillé en paiement de la somme promise en
« mariage eust esté donné par les père et mère, en pleine pro-
« priété. » Remplacez le mot fief par celui d'immeuble ou de
fonds de commerce par exemple, et vous retrouverez la pratique
d'autrefois dans celle d'aujourd'hui, avec l'exemple de Brodeau ;
mais nous répondrions : si le relief n'était pas dû, un droit de
mutation est perçu maintenant, de frs : 2,50 % pour un fonds de
commerce qui est meuble, et de frs : 6,875 % pour un immeuble ;
il est vrai qu'on ne met plus « un genouil en terre pour tendre
les mains, et se baiser en la bouche ». Mais ce qui est tout aussi
vrai, c'est que Brodeau encore, ne craignait pas à l'exemple de
Dumoulin, de mélanger le droit fiscal au droit civil : Aujourd'hui,
les juristes ne font que du droit pur, et c'est beaucoup plus facile,
car dans cette région éthérée, rien n'arrête l'imagination, on n'a
plus à se préoccuper de ce qui se passe, on vit au-dessus des
agitations terrestres et des misères humaines.

Dans le droit fiscal, on trouvera le motif de presque toutes
les bizarreries que l'on reproche à la pratique. Pour se rendre
compte de l'extrême importance de la question fiscale à notre
époque, il suffit d'apprécier l'énormité du Dictionnaire des
droits d'enregistrement, de compter ses in-folio ; le fisc est
l'ennemi tenace, contre lequel la pratique doit quotidiennement
lutter à armes inégales, dont elle cherche à se garer : c'est avec
lui qu'il faut craindre les surprises et peser les mots ; son contact
enseigne le respect des antiques formules que les siècles ont
éprouvées, car les innovations peuvent mener loin, les droits et

les amendes tombent comme la grêle : en voici un exemple entre
mille, celui d'une mainlevée hypothécaire, que je cite parce
qu'il est simple.

Un débiteur rembourse son créancier qui lui donne mainlevée de l'inscription d'hypothèque prise sur son immeuble,
et en même temps se désiste de tous les droits divers· que conserve cette inscription : ils peuvent être très variés, droits
d'hypothèque, de privilège, d'action résolutoire, d'action en
folle enchère, et d'autres ; par crainte d'oublier quelqu'un de ces
droits, ce qui pourrait obliger à recommencer, le praticien se
risque-t-il à ajouter ces mots : *et autres* (il ne le fait guère
qu'une fois dans sa vie), indication vague dont l'unique but est
de couvrir un oubli possible, et qui peut servir à tout. Elle y sert
si bien, que le fisc cesse aussitôt de voir dans l'acte une mainlevée, pour y voir une quittance bien que le mot n'y soit pas,
bien que l'acte au point de vue civil ne puisse en aucune façon
constituer une quittance : mais le droit de mainlevée est de
1 fr. 25 pour mille, tandis que celui de quittance est de 6 fr. 25 ;
voilà l'unique raison pour laquelle le fisc cesse de voir les
expressions employées et tout le texte de l'acte, pour s'arrêter à
ces mots : « et autres », auxquels il donne le sens de quittance.
L'hypocrisie de la loi fiscale, la duplicité toute romaine de ses
procédés pour faire suer l'argent, sa déloyauté, les embuscades
qu'elle tend sous les mots, ont déconsidéré, puis finalement
perdu tous les régimes, parce qu'aucun n'a su faire de cette loi,
une loi franche, une loi équitable, qui n'impose pas aux plus
déshérités le fardeau le plus lourd. Tout autant que le fisc
féodal et que le fisc royal, le fisc démocratique est rapace, mais
il est plus formidablement armé par sa loi fondamentale du

22 frimaire an VII et celles qui l'ont suivie ; ses agents ont quelquefois honte de les appliquer, bien qu'ils n'en soient pas responsables. Mais le législateur se croit tout permis, même de présenter comme un dégrèvement ce qui n'est souvent qu'un moyen détourné d'obtenir une augmentation de recettes.

Pendant que l'armée du fisc, grâce à quelques principes comme celui de la non distraction des charges et du passif, et celui de la pluralité des droits à percevoir pour une même convention, enserre la pratique dans un immense réseau de toiles d'araignée, qui la ficellent et la paralysent, l'École guidée par l'esprit de système, fait du droit civil pur, d'où toutes préoccupations pratique et fiscale sont absentes, et ce sont ces théories qu'elle prétend bien qu'il faut appliquer à l'interprétation de conventions dont le style et la rédaction sont subordonnés tout d'abord précisément aux seules questions pratique et fiscale. Ce serait à mourir de rire, si l'on n'avait pas peur de mourir. Ainsi chacun va de son côté ; depuis un siècle seulement, sans remonter plus loin, que des milliers et des milliers d'articles de lois ont été analysés, tiraillés, tournés et retournés dans tous les sens, torturés de toutes les manières, pour en tirer tout ce qu'ils peuvent contenir et même davantage, nous possédons comme lois, comme doctrine, comme jurisprudence, comme connaissances pratiques et comme procédure, comme science juridique et comme science fiscale, toute une série de compilations formidables, auprès de la moindre desquelles celle de Justinien n'est qu'un jeu d'enfants. Nous n'avons pas que le « maquis de la procédure » ; nous avons aussi la « forêt des lois » ; mais rien ne peut rendre l'épaisseur des commentaires. Nous sommes écrasés sous l'avalanche des volumes, noyés dans le déluge des mots ; et comme la prétendue science du droit ne connaît pas plus la synthèse que la critique, chaque année nouvelle apporte une couche épaisse de sédiment boueux, et les questions pratiquement les plus simples deviennent juridiquement de plus en plus insolubles ; il n'en saurait être autrement, avec le sens juridique.

Mais tout cela intéresse-t-il les législateurs ? Il est aisé de comprendre qu'on aurait beau refaire la loi, si on laisse durer l'antagonisme de la doctrine et de la pratique, si l'École en particulier conserve les mêmes errements, si elle ne renonce pas à l'emploi de la seule méthode déductive pour adopter franchement une méthode plus scientifique, si elle n'abandonne pas les hypothèses et les probabilités pour s'occuper enfin de la réalité et examiner les faits pratiques, si elle continue pour toute critique à faire aveuglément l'apologie de la loi imposée, au lieu de se baser sur les faits dont elle dégagerait la loi générale, pour l'opposer à la loi écrite et en provoquer l'amélioration, si laissant le *Corpus* aux historiens, elle n'oublie pas les usages romains qui ne sont pas les nôtres, pour étudier enfin les usages français, — et elle a de quoi faire, — le malentendu de la doctrine et de la pratique ne pourrait cesser qu'un instant et sur un point, pour recommencer aussitôt, en même temps qu'il continuerait sur le reste, et nos puînés comme nous, sortiront de l'École, avec pour tout rudiment des idées fausses.

Il y a dans notre société deux sortes de gens : ceux qui vivent dans le présent et que leurs occupations ou même leur oisiveté absorbent, et d'autres qui vivent dans le passé ou plutôt dans l'idée qu'ils s'en font; ceux-ci sont au milieu de nous comme des aveugles, ils ne voient rien comme nous ou le comprennent mal, et nous assomment avec les anciens qui certainement ne valaient pas mieux que nous, en particulier les Romains : nous en voyons d'autres, aujourd'hui. Quant à leurs juristes, c'étaient des braves gens qui radotaient quelquefois, des sophistes solennels qui ont fabriqué sans s'en douter, le plus formidable instrument de despotisme que les nationalités modernes n'ont pu encore réussir à briser. Ils ont fourvoyé les nôtres, et l'expérience est complète maintenant, car si la pratique fait du galimatias simple, il apparaît bien que la doctrine le fait double ; il est vrai aussi, j'en conviens, que de son côté M. Amiaud paraît bien le faire triple quelquefois. Quand les uns ne savent ce qu'ils font, les autres ne savent ce qu'ils disent.

Le temps n'est plus, des augures : Aujourd'hui, l'École, si elle veut retrouver quelque influence, doit renoncer à la doctrine pour la critique basée sur les faits, puisque la doctrine est la principale cause de toutes les complications ; son prétendu sens juridique n'est que la négation du libre examen, et ne sert qu'à faire passer des absurdités pour des articles de foi, en ne permettant de voir les faits que par réfraction, sous un angle apparent qui les déforme. Le bon sens n'est que l'habitude de raisonner sainement, de tirer d'un principe posé des conséquences logiques mais rationnelles, et de ne pas aller plus loin, si ce n'est pour démontrer l'absurdité du principe. Pour faire de ce sens logique le sens juridique, les juristes l'ont faussé de deux manières : d'abord en ceci, qu'ils en ont fait l'habitude de tirer des textes de lois toutes les conséquences possibles, même des conséquences absurdes ; ainsi, ils sont parvenus à démontrer, chiffres en mains, qu'avec le rapport réel de la monnaie, on paie moins qu'avec le rapport fictif.

C'est déjà beau, mais il y a mieux : Ils ont fait du sens juridique, en même temps que le refus du libre examen pour les autres, l'art pour les commentateurs de faire dire à la loi tout ce qu'ils veulent, et même le contraire de ce qu'elle prétend dire ; lancés sur la pente, les commentateurs ont porté cet art à un degré merveilleux : ainsi, il est vrai qu'ils y ont mis un siècle, ils sont parvenus à expliquer l'imputation alternante en partant du rapport par moitié, grâce à l'emploi judicieux de la condition suspensive et de la condition résolutoire, avec des raisons plus creuses que des radis.

Quel est en effet le bilan de l'École ? En réalisant l'idée fausse de Portalis, en faisant de la science du droit un corps de doctrine et de système, elle n'a fait ni la critique de la loi, ni celle de la pratique ; elle n'a produit qu'une vaine casuistique, une médecine niant le malade, et depuis des siècles qu'elle est perdue dans les mots, elle radote, elle aussi, réduite à faire la mouche du coche, à se conter à elle-même des billevesées que plus personne n'écoute, car ses théories ont abouti à des injustices sans nombre ; malgré qu'il ne s'agisse que d'argent, nous devons savoir gré aux Romains de nous avoir transmis cet aphorisme rassurant qui endort l'inquiétude des consciences délicates : *Error communis facit jus.*

Dans un autre ordre d'idées, l'École nous a insufflé toutes les subtilités qui ont perdu la civilisation romaine, et l'ont livrée sans défense à la rudesse des barbares ; elle nous a enseigné une fausse conception de la loi, soumise maintenant à toutes les fantaisies de ceux qui se croient des législateurs par cela seul qu'ils légifèrent, braves gens qui s'imaginent conduire les autres et ne sont même pas capables de les suivre, la loi formaliste, aujourd'hui bafouée par tout le monde, haïe même par les honnêtes gens qui la déclarent injurieuse, au lieu de la loi respectée et toute-puissante parce qu'elle est sainte, la loi sereine parce qu'elle cherche la justice par ses règles claires et précises, harmonieuses et simples.

La doctrine a cru pouvoir ajouter à celle que nous subissons la grâce qui lui manque, mais sa méthode était mauvaise ; aussi l'antinomie de la doctrine et de la pratique existe-t-elle à peu près en tout, mais si elle est malaisée à saisir, elle est bien plus difficile encore à expliquer ; j'ai tâché de la rendre évidente sur une question fondamentale, celle du partage, où c'était possible grâce aux chiffres ; livrée à elle-même, la pratique manque de critique, mais elle agit, elle synthétise, bien que ce soit à la diable ; elle est donc simplificatrice, à moins que son intérêt ne soit contraire. Hélas ! elle vit au jour le jour, opprimée par les intérêts matériels, et ne s'occupe que d'elle-même, car si les théoriciens ignorent la pratique, les praticiens ignorent encore plus le sens critique : il en est pourtant qui sont très forts et roués comme des pendules, qui tiennent les bons casuistes pour des optimistes, des naïfs vivant dans la lune, à qui d'un trait de plume ils donnent de quoi ergoter pendant des mois, et ils ont quelque raison ; la masse est finassière, et suit tant bien que mal, étrangère à tout ce qui n'est pas exclusivement professionnel, si bien que juristes et praticiens forment deux mondes différents, vivant côte à côte sur le même fonds, tous deux également encroûtés ; ils sont séparés par un fossé au fond duquel gît la justice ; l'antinomie est née de là, et durera tant que nous n'aurons pas acquis le sens critique.

La question précise que j'ai posée est celle de la forme du

partage; il faut que l'usage soit connu, et il suffit qu'on sache qu'il existe. La forme imposée est inapplicable et inappliquée. Comme la parole est vaine, quand elle n'est pas suivie d'effet, j'ai voulu en quelque sorte joindre l'action à la mienne, et dans la citadelle du sophisme ouvrir enfin la brèche, une brèche définitive; pour cela, ruiner le système de partage réglé par le Code, si bien que le législateur le plus rétif, le sophiste le plus diffus, le fanfaron le plus ignare n'ose plus nous le resservir. Les règles de la forme du partage sont au-dessus des arrêts, au-dessus de la loi bien ou mal écrite, au-dessus du vote de toutes les majorités, elles ne relèvent que de l'arithmétique : pour le montrer, j'ai tâché de donner une idée d'ensemble de la question. Ces règles sont celles qui permettent de liquider l'indivision la plus complexe, en arrêtant les comptes au jour où elle finit : mais il faut d'abord qu'elles soient posées en vue de comptes arrêtés au jour où l'indivision a commencé, de manière qu'il ne reste plus à faire qu'une simple inversion. Elles doivent être posées par les principes les plus simples, des principes évidents, pour qu'on puisse les contrôler sur les faits, les apprécier et les accepter au besoin. Qui les posera? Qui déterminera un point fixe?

Le législateur s'est jusqu'ici montré incompétent, et la pratique se tient coite. L'École aurait dû le faire, depuis un siècle que le Code civil est promulgué, en relevant les faits : aujourd'hui encore, bien qu'il soit puéril de s'accrocher aux mots, elle ne veut pas entendre parler de cette question qu'elle nie : c'est donc aux hommes indépendants, aux simples spectateurs, que revient le devoir comme aussi l'honneur de faire l'ouvrage : j'ai voulu le commencer, déchirer un coin du voile, poser les premiers prin-

cipes et les plus généraux, par ce premier essai de science
positive basée sur des règles mathématiques; si je n'ai pas
réussi, cela prouvera, non point que les règles n'existent pas,
mais seulement que je n'ai pas su les fixer : sans aucun doute,
un autre après moi fera mieux. Il suffit de cultiver notre jardin.

TABLE DES MATIÈRES

ERRATUM

A la page 169, au lieu des lignes 7 à 17, lire les suivantes :

A toute mutation de fief, le Seigneur féodal percevait en principe, un impôt appelé droit de rachat ou relief : « Droit de relief, dit l'article 47, ancien 33, est le revenu du fief, d'un an, ou le dire de preud'hommes, ou une somme pour une fois offerte de la part du Vassal, au choix et élection du Seigneur féodal. » Par exception, la transmission du fief à titre onéreux « par vendition ou bail à rente rachetable » ne donnait pas ouverture au relief; un impôt plus élevé était perçu, le *quint denier* du prix : Le roturier qui achetait un fief, ce qui était pour lui et ses descendants le point de départ des quatre quartiers, ce qui veut dire quatre générations nécessaires pour acquérir la noblesse par usucapion, ne rendait point l'hommage, à l'origine; il ne devait que le serment de fidélité, avec le *profit*, l'impôt du quint, et primitivement le droit dit de *franc-fief* parce qu'il n'était point gentilhomme. Aussi le roturier ainsi pourvu n'avait-il plus qu'un seul souci, celui d'être admis à rendre l'hommage. Il prenait le nom de la terre pour l'ajouter au sien. Depuis, les faux nobles et les ignorants aidés par la sottise des femmes, ont imaginé que le *de* était une preuve de noblesse. Au temps où elle existait, celle-ci était une qualité indépendante du titre et même de la particule ; du reste l'abus a été tel, que l'expression *homme de qualité* a fini par ne désigner qu'un valet, mais c'est une vanité qui finit quelquefois par se payer très cher, quand on devient des *ci-devant;* l'impôt du relief admettait une exception plus sérieuse : l'héritier en ligne directe descendante en était exempt.

www.ingramcontent.com/pod-product-compliance
Lightning Source LLC
Chambersburg PA
CBHW060527220326
41599CB00022B/3447